ATENÇÃO

Prezados(as) Alunos(as): todas as atividades serão inseridas diretamente no Portifólio referente à disciplina. O objetivo é aumentar a interação do(a) aluno(a) com a plataforma, além de atualizar as atividades. Entrem com sua senha e acompanhe as atividades no sistema. Se preferir, imprimam as atividades e anexem no seu material impresso. Guias de estudo que contenham as atividades são guias de estudo antigos, onde as atividades já foram modificadas. Por favor, observem.

Atenciosamente,

Direção da UNIGRANET

Graduação a Distância 3° SEMESTRE

Tecnologia em Gestão Comercial

ECONOMIA
E MERCADO

UNIGRAN - Centro Universitário da Grande Dourados

Rua Balbina de Matos, 2121 - CEP 79.824 - 9000
Jardim Universitário
Dourados - MS
Fone: (67) 3411-4141 / Fax: (67) 3411-4167

CEAD
Coordenadoria de Educação a Distância

Apresentação do Docente

Bem-vindo!

Alexsander Fuza Rozeno, Administrador de Empresas, possui especialização MBA Executivo em Administração com ênfase em Recursos Humanos. Atualmente, desenvolve suas atividades laborativas voltadas a Educação. É Coordenador dos cursos de Tecnologia em Logística, Tecnologia em Gestão de Recursos Humanos e Tecnólogo em Agronegócios EAD e Semipresencial da UNIGRAN. Docente, na modalidade a distancia nas disciplinas de Sistemas Agroenergéticos (Biodiesel e Sucroaucoleiro), Trabalho de Conclusão de Curso (TCC), Estágio Supervisionado, Administração da Produção I, Administração da Produção II, Marketing Aplicado á Logística, Logística e Contexto Econômico, Gestão e Comportamento Organizacional e Políticas de Remuneração.

ROZENO, Alexsander Fuza. REGES, Henrique.
Economia e Mercado. Dourados: UNIGRAN, 2019.

64 p.: 23 cm.

1. Economia. 2. Mercado.

Bem-vindo!

Henrique Reges possui graduação em Administração pelo Centro Universitário da Grande Dourados Unigran.

Especialista, pós graduado em MBA em Contabilidade Gerencial e Controladoria pelo Centro Universitário da Grande Dourados Unigran.

Docente no Curso de Administração, Ciências Contábeis, Tecnólogo em Gestão de Recursos Humanos e Tecnólogo em Logística. Tem experiência na área de Administração, com ênfase em Administração de Empresas.

Experiência nas áreas de Empreendedorismo, Análise e Produção, Gestão da Qualidade, Marketing Empresarial, Gestão Estratégica de Negócios, Logística operacional, Controle de compras, Recrutamento e Seleção. Atuou em empresas de rede como gestor no comércio atacadista de móveis e análise de crédito, empresa na área de automação comercial, empresarial, industrial e construtora. Docente no Centro Universitário da Grande Dourados UNIGRAN nos Cursos de Graduação em Administração, Ciências Contábeis, Gestão em Recursos Humanos, Gestão em Logística.

Minhas anotações

Sumário

Conversa Inicial

Caro (a) Aluno (a)

Bem-vindos (as) à disciplina de Economia e Mercado, convidamos você para embarcar conosco no estudo da Economia – uma introdução. Garantimos que dificilmente se arrependerá e que, ao final do percurso, se encontrará ainda mais motivado para aprofundar os conhecimentos adquiridos. Esperamos que os estudos empreendidos possam, ao final, auxiliar na aplicação dos conhecimentos adquiridos junto aos problemas locais, estaduais e nacionais, com o mundo por perto, na qual representa mais um passo para quem pretende ter sucesso em sua carreira acadêmica na Unigran.

Tenho certeza de que, neste momento, vocês já conhecem a seriedade de nosso curso e reconhecem nossas credenciais de qualidade! Se vocês chegaram até aqui, é porque são pessoas organizadas e dedicadas, que conseguiram dispor de um tempo regular para dedicar-se à ampliação de seus conhecimentos. Portanto, agora convidamos a todos a dar mais um passo entendendo um pouco mais sobre Economia e Mercado.

Todos nós fazemos parte da construção do conhecimento da Economia, com os nossos valores culturais, influenciando nos "avanços" e "retrocessos". É preciso que você traga consigo o quanto a nossa participação e construção do mundo tem importância. Aliás, cabe relembrar que todos somos produtores e consumidores de conhecimentos.

A Economia está nos mais diversos lugares e espaços, sendo uma ciência multicultural e que sempre envolve, muitos juízos de valor. Para saber um pouco mais a respeito dessa área de conhecimento, convidamos você a nos acompanhar e elaborar conosco os conhecimentos necessários à formação do Tecnólogo em Gestão Comercial.

O objetivo central desta disciplina é o de tratar das principais noções gerais da Ciência Econômica mencionando, de forma simples, conceitos, ideias e teorias que compõem essa ciência. Por meio de uma linguagem acessível, procuramos mesclar uma visão teórica simplificada com aplicações que estão no seu dia-a-dia. Esses conceitos, ideias e teorias serão apresentados ao longo das aulas através das unidades que as compõem.

É importante destacar também que nossa meta nesta disciplina será a formação e a capacitação de vocês para um planejamento referente à economia. No decorrer das aulas teremos a oportunidade de reiteramos à importância de se dedicar para relembrar alguns conhecimentos e conceitos a cerca de nossa disciplina.

Espero que nossas aulas sejam efetivamente produtivas e que vocês cresçam em conhecimentos, realizando as pesquisas sugeridas ao longo da disciplina.

Você já chegou até aqui, portanto está pronto para construir conhecimentos sobre esses conteúdos fundamentais para sua formação. Saiba que nós o acompanharemos nesta caminhada!

Boas leituras e bons estudos!

Abraços.

Prof. Alexsander Fuza Rozeno e Henrique Regis Junior

Aula 1º

Conceitos fundamentais da economia

Caro(a) Aluno(a),

Ao iniciarmos a nossa disciplina de Economia e Mercado é necessário que saibamos que é um sistema econômico em que os agentes econômicos (empresas, bancos, prestadoras de serviços, etc.) podem atuar com pouca interferência governamental.

Assim, iniciaremos fazendo um passeio teórico pela ciência econômica, a fim de podemos ter uma base real do que é e de que se trata a Economia.

Bom Trabalho!

Bons estudos!

Objetivos de aprendizagem

Esperamos que, ao término desta aula, vocês serão capazes de:

• entender o conceito de Economia e seu objeto de estudo, bem como compreender o principal dilema da Economia;
• conhecer a teoria da Curva de Possibilidades de Produção e compreender o que são custos de oportunidade;
• conhecer os tipos de Sistemas Econômicos, como eles estão organizados e suas principais ideias;
• conhecer e entender a divisão do estudo econômico;
• diferenciar a abordagem micro e a macroeconômica;
• conhecer e entender a divisão da Microeconomia.

Seções de estudo

1 - Por que estudar economia?

Muitas vezes, mesmo não sendo diretamente o ramo em que atuamos ou pretendemos atuar, nos deparamos com fatores ligados à Economia. Todos os dias, basta ligarmos a televisão, o rádio ou encontrarmos um amigo que escutamos e tratamos de assuntos como:

- o aumento do preço dos alimentos;
- o fato de nosso salário não conseguir mais comprar tudo o que comprava há algum tempo (em economia, este fato é chamado de perda do poder de compra do salário);
- os índices de desemprego;
- a desvalorização ou valorização de nossa moeda frente às principais moedas mundiais (dólar e euro);
- a vulnerabilidade ou dependência do país com relação ao exterior;
- o aumento ou redução da taxa de juros;
- o déficit ou superávit governamental;
- a elevação ou redução dos impostos e como o governo gasta o que arrecada;
- as diferenças de renda entre diversas regiões do país;
- períodos de crescimento e prosperidade econômica, como também períodos de recessão e crise econômica.

Vale acrescentar também o fato de a Economia ser o tema central no debate político de todos os países. Mais ainda, os eleitores e políticos são extremamente sensíveis aos fatos que afetam a Economia. Basicamente, os candidatos ao governo prometem acabar com o desemprego, controlar a inflação, melhor distribuição de renda, crescimento econômico, todas essas propostas estão intimamente ligadas à economia e, principalmente, à Macroeconomia.

> Você imaginava que a Economia estivesse tão presente em sua vida?

Todos os temas discutidos em Economia fazem parte do dia a dia dos cidadãos e, provavelmente, serão utilizados no futuro. Dessa forma, é importante aprofundar o conhecimento em Economia, estudando conceitos, teorias e problemas centrais que ela busca resolver.

1.1 - Introdução à Economia

1.1.1 - Economia como Ciência Social

As Ciências Sociais, também chamadas Ciências Humanas ou do Comportamento, estudam os diferentes aspectos do comportamento humano. Entre estes diferentes aspectos está o comportamento do homem dentro do sistema econômico (ROSSETTI, 2002, p. 31).

Dito isto, pode-se considerar as Ciências Econômicas como parte das Ciências Sociais, apesar de sempre relacionarmos a Economia a Matemática e Estatística.

Nas Ciências Econômicas estuda-se o comportamento dos indivíduos e suas decisões com relação à produção, troca e consumo dos bens e serviços. Em outras palavras, estuda-se a complexa relação do homem dentro das atividades econômicas.

As Ciências Econômicas são consideradas um dos mais complexos ramos das Ciências Sociais.

1.1.2 - O conceito de Economia

Economia é uma ciência social que estuda,

> como o indivíduo e a sociedade decidem (escolhem) empregar recursos produtivos escassos na produção de bens e serviços, de modo a distribuí-los entre as várias pessoas e grupos da sociedade, a fim de satisfazer as necessidades humanas (VASCONCELLOS, 2008, p. 02).

A partir dessa definição é possível fazer duas constatações básicas e importantes para o estudo de Economia.

Primeiramente, pode-se afirmar que não é possível estabelecer um limite para as necessidades humanas, consideradas ilimitadas (NUSDEO, 2008, p. 23).

As necessidades econômicas básicas dos indivíduos como alimentação e higiene, por exemplo, são contínuas, mesmo que estas já foram atendidas e satisfeitas hoje, elas ainda terão que ser atendidas amanhã e no dia seguinte, enfim, continuadamente. Esse fato exige que a produção dos bens que atendam e satisfaçam as necessidades econômicas básicas também precisa ser contínua.

Além disso, os seres humanos sempre estiveram em constante busca por novos bens e novos serviços, graças ao contínuo crescimento da população, ao crescente e justificável desejo de elevação do padrão social, às inovações tecnológicas e o poder dos meios de comunicação (os dois últimos são responsáveis por trazer novas necessidades ou descobrir diferentes maneiras de atender às necessidades antigas).

Em segundo lugar, ao contrário do que ocorre com as necessidades humanas, os recursos produtivos, usados na produção de bens e serviços que satisfaçam às necessidades, são limitados (NUSDEO, 2008, p. 25).

Recursos produtivos ou, também chamados, fatores de produção, são todos os fatores utilizados ou empregados no processo de produção de bens e serviços finais. A mão de obra, terra, água, energia, máquinas, equipamentos diversos, matérias-primas, dentre outros, são exemplos de recursos produtivos.

> **Recursos naturais =** solo, minerais e água.
> **Recursos humanos =** atividade humana usada na produção, mão de obra.
> **Capital =** bens materiais produzidos pelo homem e utilizados no processo de produção de outros bens. Exemplo: tratores, caminhões, computadores, colheitadeiras, máquinas e equipamentos.
> **Insumos =** são bens de capital muito utilizados na agricultura. Os insumos, depois de entrarem no processo de produção, se transformam e não podem ser reconhecidos no produto final. Exemplo: sementes,

fertilizantes, inseticidas, herbicidas, vacinas, rações, combustíveis, etc.

Sabemos que a maioria dos recursos produtivos (como o petróleo e as jazidas de minérios) não são renováveis, ou seja, os países possuem estoques fixos destes recursos. Mesmo aqueles recursos produtivos que podem ser renováveis acabam tendo sua capacidade de renovação comprometida pelo uso excessivo (é o caso do esgotamento do solo pela aplicação maciça de agrotóxicos) (NUSDEO, 2008, p. 27).

Nenhum país, seja ele rico ou pobre, ou ainda com acesso a avançadas tecnologias de produção, está livre de esbarrar no problema da saturação dos seus recursos produtivos que necessita.

Como os recursos são escassos, seu uso deve ser racional, bem administrado. O objetivo da economia deve ser a utilização plena de seus recursos produtivos, para que não existam recursos produtivos desempregados ou ociosos.

Assim, a economia tem de empregar seus recursos produtivos escassos da maneira mais eficiente possível na produção de bens e serviços que satisfaçam as necessidades e desejos infinitos da sociedade.

> A Economia é, pois, a ciência que estuda as formas do comportamento humano resultantes da relação existente entre as ilimitadas necessidades a satisfazer e os recursos que, embora escassos, se prestam a usos alternativos (ROBBINS, 1945, p. 16).

1.1.3 - Objeto de estudo da Economia

A partir da definição de economia mostrada acima, podemos derivar alguns tópicos importantes que são a base e o objeto de estudo da Economia. São eles:

- Escolha;
- Escassez;
- Necessidades;
- Recursos produtivos;
- Produção, distribuição e consumo.

1.1.4 - O Dilema da Economia: o problema da escassez

As constatações acima trazem à tona o problema da escassez: recursos produtivos limitados frente às necessidades humanas ilimitadas (PINHO & VASCONCELLOS, 2004, p. 12).

Tais recursos produtivos limitados serão utilizados no processo de produção de uma infinidade de bens e serviços que irão satisfazer as necessidades ilimitadas dos indivíduos, o que leva ao principal dilema da Economia: como alocar eficientemente os recursos produtivos limitados a fim de satisfazer as necessidades e desejos humanos ilimitados.

> **PRINCIPAL DILEMA DA ECONOMIA:**
> Necessidades infinitas vs. Recursos produtivos escassos

Com o objetivo de alocar eficientemente os recursos produtivos limitados, a economia deve tentar resolver seus problemas econômicos fundamentais (VASCONCELLOS, 2008, p. 03):

- O que e quanto produzir?
- Como produzir?
- Para quem produzir?

Os países devem decidir quais os produtos que serão produzidos e as respectivas quantidades a serem fabricadas. Terá também que decidir como será realizada a produção, ou seja, os produtores escolherão dentre os métodos mais eficientes, aquele que tiver o menor custo de produção possível. Lembrando também que há a preocupação com a distribuição da produção entre a sociedade.

Na tentativa de driblar tal dilema, a Economia deve estudar "como o indivíduo e a sociedade decidem (escolhem) empregar recursos produtivos escassos na produção de bens e serviços, de modo a distribuí-los entre as várias pessoas e grupos da sociedade, a fim de satisfazer as necessidades humanas" (VASCONCELLOS, 2008, p. 02). Perceba que, do problema da Economia chegamos a sua própria definição.

1.1.5 - A Curva de possibilidades de produção

A Curva de Possibilidades de Produção, também conhecida como Curva de Transformação representa a fronteira máxima que um país pode produzir, utilizando todos os recursos ou fatores de produção que possui.

Se o país estiver operando em sua Curva de Possibilidade de produção então ele, finalmente, conseguiu resolver seu problema econômico central. Driblou o dilema da escassez de recursos produtivos frente às necessidades ilimitadas e está produzindo da maneira mais eficiente possível.

> Quando um país está trabalhando em sua Curva de Possibilidades de Produção, ele está utilizando todos os seus recursos produtivos de maneira eficiente, portanto, ele está em máxima capacidade produtiva.

Sabemos que um país produz uma infinidade de produtos, portanto, seria difícil analisar todas as possibilidades de produção de um país ao mesmo tempo. Assim, para entendermos a teoria a respeito da Curva de Possibilidades de Produção será preciso supor que um país produza dois bens: pães e camisas.

Suponhamos também que há pleno emprego de todos os fatores de produção (matéria-prima, mão de obra, capital, terras, etc.). Com base em nosso exemplo, as alternativas de produção do país são mostradas no quadro abaixo.

Quadro 01: Alternativas de Produção

	Alternativas de Produção					
	A	B	C	D	E	F
PÃES (mil toneladas)	00	03	06	08	10	12
CAMISAS (mil toneladas)	15	14	12	10	07	00

Fonte: Gabrielle Pagliusi Paes de Lima (2011).

Sabemos que um país produz uma infinidade de produtos, portanto, seria difícil analisar todas as possibilidades de produção de um país ao mesmo tempo. Assim, para entendermos a teoria a respeito da Curva de Possibilidades de Produção será preciso supor que um país produza dois bens: pães e camisas.

Suponhamos também que há pleno emprego de todos os fatores de produção (matéria-prima, mão de obra, capital, terras, etc.). Com base em nosso exemplo, as alternativas de produção do país são mostradas no quadro abaixo.

> Observe atentamente a figura abaixo! Ela mostra a Curva de Possibilidades de Produção.

Observe atentamente a figura abaixo! Ela mostra a Curva de Possibilidades de Produção.

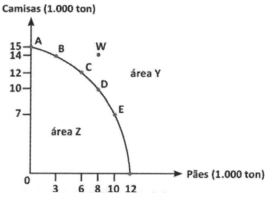

Figura 1.1: Curva de Possibilidade de Produção

Observe agora a área Y da figura. O país não é capaz se obter qualquer nível de produção nesta área, pois não possui recursos produtivos para conseguir realizar a produção. Dessa forma, o país não seria capaz de produzir, por exemplo, 08 mil toneladas de pães e 14 mil toneladas de camisas, pois lhe faltam fatores de produção para isto.

Por outro lado, o país é capaz de produzir na área Z. Entretanto, neste caso, dizemos que o país está operando com capacidade produtiva ociosa, ou seja, ele possui máquinas, terras, matérias-primas, mão de obra e não as utiliza totalmente. Se utilizasse tudo o que possui, estaria produzindo em plena capacidade e estaria na sua Curva de Possibilidade de Produção.

1.1.6 - Custos de oportunidade

Já sabemos que as alternativas de produção que estão na Curva de Possibilidades de Produção representam o nível máximo de produção do país e foram obtidas com o pleno emprego de todos os recursos produtivos que o país possui. Assim, como já está utilizando todos os recursos produtivos que possui, se o país quiser aumentar a produção de um dos bens, terá que sacrificar a produção do outro (ROSETTI, 2002, p. 212).

O custo de oportunidade mede o grau de sacrifício que se faz ao optar pela produção de um bem e sacrificar a produção de outro (VASCONCELLOS, 2002, p. 29). Observe novamente o quadro e a figura 01.

Se o país resolver passar da alternativa de produção B para a alternativa C, ele produzirá 3000 toneladas a mais de

pães. Em contrapartida, a produção de camisas será sacrificada, pois para aumentar a produção de pães, o país terá que reduzir a produção de camisas em 2000 toneladas. Neste caso, o custo de oportunidade é de 2000 toneladas de camisas.

Agora, se o país resolver passar da alternativa de produção E para a alternativa D, ele produzirá 3000 toneladas a mais de camisas e terá que reduzir a produção de pães em 2000 toneladas. Nesse caso, o custo de oportunidade é de 2000 toneladas de pães.

> Os países têm que fazer escolhas e o custo de oportunidade representa um sacrifício. O país deixa de produzir um bem, para poder aumentar a produção de outro bem.

O custo de oportunidade só existe se estivermos analisando a própria Curva de Possibilidades de Produção, pois para se produzir mais de determinado bem, o país deve sacrificar a produção de outro bem justamente porque não possui recursos produtivos para aumentar a produção de um bem sem reduzir a produção do outro.

Abaixo da Curva de Possibilidades de Produção o custo de oportunidade é zero, já que nesta área o país tem recursos produtivos ociosos e pode aumentar a produção de um bem sem sacrificar a produção do outro, ou ainda, pode aumentar a produção dos dois bens.

> A Curva de Possibilidade de Produção mostra as alternativas de produção máximas de um país.
> O custo de oportunidade é uma medida do sacrifício da produção de um bem, para obter mais de outro bem. Abaixo da Curva de Possibilidades de Produção não existem custos de oportunidade.

2 - Sistemas econômicos ou regimes econômicos

Todo país tem uma forma particular de se organizar com relação à produção, distribuição e consumo dos bens e serviços que produz e que serão utilizados pela sociedade, a qual tem como objetivo a melhoria de seu padrão social e bem estar.

Dizendo de outra maneira, cada país está organizado de acordo com uma forma política, social e econômica, ou seja, cada país se encaixa em um tipo de regime econômico.

Os sistemas econômicos são classificados em dois tipos: sistema capitalista ou economia de mercado e sistema socialista ou economia centralizada.

Nesta seção, faremos uma análise detalhada de cada tipo de sistema econômico. Suas principais características e a forma como os problemas econômicos são resolvidos em cada um deles.

2.1 - Tipos de sistema econômico

2.1.1 - Sistema capitalista ou economia de mercado

O capitalismo é caracterizado como um sistema econômico baseado na propriedade privada dos meios de produção (o capital), na divisão do trabalho e na importância da moeda.

Capital é definido como as máquinas, instrumentos, equipamentos, fábricas, terras, matérias-primas, tecnologia, dentre outros bens utilizados no processo de produção de bens e serviços. No capitalismo, esse capital é de propriedade privada do capitalista, o qual pode se apropriar de parte da renda gerada no processo de produção.

A divisão do trabalho trouxe consigo a especialização da produção, ou ainda, o uso mais intensivo de capital por trabalho – também conhecido como mecanização. A consequência da especialização é o aumento da produtividade.

Juntamente com o capital e a especialização, a moeda é a terceira característica da economia capitalista e é considerada uma das maiores invenções da história da humanidade. Os indivíduos não trocam mercadorias, mas sim, vendem mercadorias em troca de moeda e utilizam a moeda para comprar as mercadorias que necessitam. A partir disso, percebemos a importância da moeda na sociedade.

O sistema capitalista pode ser subdividido em dois outros sistemas econômicos:

2.1.2 - Sistema de concorrência pura

O sistema de concorrência pura baseia-se nos ideais do liberalismo econômico, do "Laissez-faire, Laissez-passer", que prevaleceram na economia norte-americana e europeia durante o final do século XIX até o início do século XX. Esta expressão sugere a não intervenção do Estado na economia, ou seja, o liberalismo econômico (ROSSETTI, 2002, p. 304).

A principal característica desse sistema é a não intervenção do governo no funcionamento da economia. O Estado deveria se preocupar em garantir a justiça, paz, segurança, saúde e educação, enquanto as questões econômicas ficariam a cargo do próprio mercado.

As ideias liberais, nas quais este tipo de sistema se baseia, defendem que a economia trabalha e funciona guiada por uma "mão invisível" (PINHO & VASCONCELLOS, 2004, p. 19), a qual regula e coordena a economia eliminando qualquer desequilíbrio do mercado através do mecanismo de preços. Assim, todos os problemas econômicos são resolvidos pelo mecanismo de preços.

Nesse tipo de sistema econômico os agentes econômicos (indivíduos e empresas) agem isoladamente, ou seja, cada agente se preocupa com seu próprio negócio, procurando apenas sobreviver à concorrência ao comprar e vender produtos finais e fatores de produção e maximizar seus lucros. Enquanto isso, os consumidores procuram consumir o máximo de bens e serviços de acordo com sua renda e maximizar a satisfação de suas necessidades.

Suponhamos que todos os indivíduos da sociedade desejem consumir mais pães. Se a quantidade disponível de pães no mercado (a oferta de pães) for menor que a demanda então, a própria disputa entre os indivíduos para adquirir pães forçará o preço dos pães para cima.

Consequentemente, aqueles que não tiverem condições de pagar o preço vigente serão eliminados do mercado. Além disso, com a alta do preço, os produtores estarão dispostos a produzir mais pães e colocar mais deste produto a venda no mercado e logo o preço do pão cairá.

Suponhamos, agora, que haja um excesso de camisas no mercado, ou seja, a quantidade de camisas a venda no mercado é maior que a demanda. Neste caso, a concorrência entre os vendedores para vender seus produtos aos poucos demandantes resultará na formação de estoques nas empresas, forçando o preço para baixo, pois como existe um excesso de oferta, vende quem tem o melhor preço. Um preço mais baixo das camisas acaba estimulando a demanda de sapatos e os produtores irão adaptar a quantidade ofertada à quantidade demanda.

Analisando estes dois exemplos, pode-se perceber que a flutuação do preço dos pães (no primeiro exemplo) e do preço das camisas (no segundo exemplo) é responsável para eliminar os excessos de demanda e oferta. Em outras palavras, o mecanismo de preços é o principal responsável para que as quantidades demandadas e ofertadas da economia estejam em equilíbrio.

> Tenham em mente que o equilíbrio entre oferta e demanda não é atingido de forma tão rápida e fácil, ou seja, "o mecanismo de preços é um vasto sistema de tentativas e erros, de aproximações sucessivas, para alcançar o equilíbrio entre a oferta e demanda" (PINHO & VASCONCELLOS, 2004, p. 19).
> O mecanismo de preços, ou mão invisível, atua da mesma forma no mercado de fatores de produção. Por exemplo, se houver maior demanda por jornalistas do que por advogados, as oportunidades de trabalho serão melhores para os jornalistas, assim como o salário.

2.1.3 - Críticas ao sistema de concorrência pura

As críticas a este tipo de sistema econômico são pertinentes:

• o mecanismo de preços não funciona tão livremente: os preços não podem flutuar tão livremente devido à existência de sindicatos (os quais têm poder para fixar os salários e não deixar que estes caiam abaixo de um mínimo) e dos monopólios e oligopólios (que têm poder de fixar o preço de seus produtos e não permitir a queda dos mesmos);

• o mercado sozinho não promove a perfeita alocação dos recursos produtivos;

• o mercado sozinho não promove a perfeita distribuição da renda, pois as empresas estão preocupadas em maximizar seu lucro e não com questões ligadas a distribuição justa da renda;

• existem investimentos que requerem muito investimento e somente trarão retorno depois de um longo prazo. Tais investimentos não são interessantes às empresas privadas e são muito importantes para a sociedade, por isso são considerados investimentos típicos do governo. São exemplos deste tipo de investimento, a construção de estradas, portos, usinas hidrelétricas.

Estas críticas justificam a intervenção do Estado na economia complementando a iniciativa privada (realizando investimentos que não são interessantes para as empresas privadas), regulamentando o poder dos monopólios e oligopólios (impedindo que estes fixem um preço muito alto para seus produtos e garantindo a cobrança de um preço justo), fixando salários e preços mínimos, protegendo o produto nacional da concorrência externa (através da cobrança de tarifas às importações), dentre outras ações que cabem ao governo.

2.1.4 - Sistema de economia mista

Os sistemas de economia mista passaram a predominar a partir de 1930 e é, atualmente, o sistema econômico predominante na maioria dos países. Nesse tipo de sistema econômico ainda prevalecem as forças do mercado, mas a principal característica deste sistema é o papel econômico desempenhado pelo governo.

O objetivo deste tipo de economia é a alocação eficiente dos recursos produtivos escassos, manter o crescimento econômico, baixas taxas de inflação, baixos níveis de desemprego, distribuição justa da renda (PINHO & VASCONCELLOS, 2004, p. 21), boas condições de trabalho, assistência social e bons serviços públicos. Tais objetivos podem ser atingidos com a intervenção do Estado nas questões econômicas.

O Estado intervém na economia complementando a iniciativa privada, principalmente com investimentos em infraestrutura básica, um setor que necessita de investimentos pesados que só gera lucro no longo prazo. Intervém também na formação de preços em alguns setores, por intermédia de agências públicas reguladoras como a ANATEL e a ANEEL.

Cabe ao Estado, fornecer serviços públicos, como saneamento básico e energia elétrica e bens públicos, como segurança nacional. Ambos levam a uma melhoria no padrão de vida e acabam gerando emprego e renda à sociedade. Além disso, as empresas governamentais são grandes demandantes de bens e serviços do setor privado.

Cabe à iniciativa privada produzir bens e serviços que a sociedade necessita de maneira competitiva, para que sempre tenham lucro e continuem produzindo. Estes bens e serviços, graças à competição no mercado devem ser de qualidade e bom preço.

Assim, por meio da interação entre a iniciativa privada e o governo, os problemas econômicos básicos são resolvidos em uma economia mista.

2.2 - Sistema socialista ou economia centralizada

O socialismo é formado por um conjunto de ideias sociais, políticas, econômicas e ideológicas que defendem a abolição das desigualdades entre as classes sociais, a limitação ao direito de propriedade privada e a propriedade coletiva dos meios ou fatores de produção via poder público.

Em um sistema socialista, as máquinas, instrumentos, equipamentos, fábricas, terras, matérias-primas usados na produção pertencem a toda a sociedade, representada pelo Estado. Porém, os meios de sobrevivência, como roupas, alimentos, automóveis e móveis, pertencem aos indivíduos (VASCONCELLOS, 2002, p. 26).

Ao contrário do capitalismo, os preços não seriam determinados pelas forças do mercado e não haveria a busca incessante por lucros excessivos. Os preços dos bens e serviços seriam determinados pelos custos de produção e existiria apenas uma margem de "lucro" para manutenção do capital.

Em uma economia centralizada o Estado é o centro decisório, ou seja, todas as decisões políticas, sociais e econômicas cabem ao governo. Os três problemas fundamentais da economia são resolvidos pelo governo, especificamente, pelos órgãos de planejamento centrais. Diferentemente do capitalismo, onde os problemas são resolvidos pelo mercado.

Basicamente, antes de realizar a produção, o Estado ou órgão de planejamento central faz um levantamento das necessidades do país a serem atendidas (pode ocorrer por meio de consultas à população ou outras formas de pesquisa) e dos recursos de produção disponíveis para realizar a produção. A partir daí faz-se uma avaliação das necessidades prioritárias a serem atendidas e as quantidades de cada bem que serão produzidas (PINHO & VASCONCELLOS, 2004, p. 25).

O problema da distribuição da produção entre a sociedade pode ser resolvido de duas formas. Em países ou economias menores e menos desenvolvidos, atribui-se uma quantidade física de bens e serviços a cada cidadão, família ou grupo de pessoas, os quais receberão cartões ou cupons de racionamento para realizarem suas compras em estabelecimentos públicos. A quantidade de produtos e serviços que cada um pode adquirir é determinada, também pelo órgão central de planejamento, conforme seu mérito e/ou necessidade.

Em países ou economias maiores e mais desenvolvidas, o Estado estabelece indiretamente a distribuição dos bens e serviços. Como único empregador, é o Estado que determina a hierarquia salarial e os níveis de salário, os quais dependem da produtividade e especialização do trabalhador.

Como único vendedor, ele fixa o preço dos bens e serviços, podendo taxar alguns produtos considerados supérfluos ou que possuem grande demanda e subsidiar produtos que existem em abundância no país, visando sempre eliminar qualquer excesso de demanda em relação à oferta e vice versa (PINHO & VASCONCELLOS, 2004, p. 27).

Atualmente, existem apenas 03 economias centralizadas no mundo, são elas: Cuba, Coreia do Norte e Mianmar (Birmânia).

Em qual das estruturas de mercado se encaixa o país onde você reside?

3 - As áreas de estudo da economia

O estudo da Economia é composto por um conjunto de teorias, entre elas existe uma diferença básica entre aquelas que analisam os agentes econômicos individuais e as que analisam a economia de forma agregada. Por isso, a Economia é dividida em quatro áreas de estudos: microeconomia, macroeconomia, desenvolvimento econômico e economia internacional.

3 - Divisão do Estudo Econômico

3.1 - Diferença entre a abordagem micro e a macroeconômica

A Microeconomia trata do funcionamento das unidades econômicas individuais, como famílias ou consumidores e as firmas e empresas ou produtores. A Macroeconomia trata das quantidades econômicas agregadas, como o nível de crescimento do produto nacional, as taxas de juros, desemprego e inflação.

Existem critérios que são adotados para a distinção entre a Micro e a Macroeconomia. O primeiro deles é o nível de abstracionismo envolvido, a microeconomia é considerada muito mais abstrata do que a Macroeconomia (PINHO & VASCONCELLOS, 2004, p. 69).

Em segundo lugar vem o fato de a Microeconomia apresentar uma visão microscópica dos fenômenos econômicos enquanto a Macroeconomia possui uma visão telescópica que possibilita a ela visualizar o funcionamento da economia global (ROSSETTI, 2002, p. 69).

Uma terceira forma de distinção diz respeito às formas de comportamento das variáveis individuais, que serão estudadas aqui na Microeconomia, e das variáveis agregadas, variáveis estas que estudaremos em Macroeconomia (PINHO & VASCONCELLOS, 2004, p. 70).

O último, critério de distinção está baseado na questão dos preços; de um lado, a Macroeconomia trata os níveis absolutos de preços e do outro lado, a Microeconomia trata os níveis de preços relativos, ou seja, como os preços de alguns bens variam em relação ao preço dos outros bens (PINHO & VASCONCELLOS, 2004, p. 70).

O conhecimento de ambas as áreas é fundamental. Este guia de estudos está focado na análise da Microeconomia e suas principais teorias.

3.2 - Desenvolvimento econômico

A área de desenvolvimento econômico também tem um enfoque macroeconômico e se preocupa com a melhoria do padrão de vida da sociedade ao longo do tempo. Esta área estuda o processo de acumulação de recursos escassos, o progresso tecnológico a fim de aumentar a capacidade produtiva de bens e serviços e também estratégias de crescimento econômico (PINHO & VASCONCELLOS, 2004, p. 28).

3.3 - Economia internacional

Em economia internacional, também é dado um enfoque macroeconômico para estudar as relações econômicas entre residentes e não residentes do país, as quais envolvem as exportações e importações e também os fluxos de capitais.

3.4 - A microeconomia

A Microeconomia se preocupa em analisar o comportamento individual dos agentes econômicos, tais agentes incluem os consumidores, trabalhadores, produtores, investidores, as empresas ou firmas e a indústria. Particularmente, a Microeconomia estuda as ações e decisões tomadas por cada agente no sistema econômico, bem como a distribuição da produção e da renda entre eles.

Este ramo da Teoria Econômica possibilita explicar as decisões de consumo tomadas por um indivíduo em função, principalmente, de alterações na sua renda e no nível de preços dos produtos que consomem.

Permite analisar, também, o comportamento de um produtor individual (ou empresa) frente aos custos de produção, ao preço do produto que ele comercializa e ao mercado em que atua.

Outra importante preocupação da Microeconomia é com a forma como os agentes econômicos interagem uns com os outros para formar unidades maiores, ou seja, os mercados e setores da atividade econômica. Estudando o comportamento das empresas e dos consumidores e a interação entre eles, ela é capaz de explicar, por exemplo, como são formados os preços no mercado de automóveis, quanto às empresas automobilísticas investem anualmente e ainda, quantos automóveis são produzidos a cada ano.

3.4.1 - Conceitos básicos em microeconomia

• Consumidores: representados pelos indivíduos ou famílias que compram (ou demandam) as mercadorias produzidas na economia, conforme suas necessidades, desejos e levando em conta sua renda;

• Empresa, Firma ou Produtor: é uma unidade que produz bens ou mercadorias e serviços e atua racionalmente, buscando a maximização dos seus resultados, ou seja, produção e lucro. Abrange um empreendimento de modo geral, que pode realizar atividades industriais, agrícolas e prestação de serviços;

• Fatores de Produção: são bens ou serviços transformados em produto. São fatores de produção: os recursos naturais, como solo, minerais, água; os recursos humanos, representado pela mão-de-obra; e os bens de capital, que são bens matérias produzidos pelo homem e utilizados no processo de produção de bens e serviços, como máquinas, equipamentos, automóveis, insumos;

• Produção ou processo de produção: é a transformação dos fatores de produção em produtos finais, os quais serão vendidos no mercado. Além da transformação dita acima, produção pode ser considerada também a oferta de serviços, como transporte de cargas, transporte coletivo, financiamentos, comércio e outras atividades prestadoras de serviços;

• Mercado: é um lugar determinado onde os indivíduos da economia realizam suas transações de compra e venda. O mercado deixou de ser uma conotação geográfica, um espaço física, atualmente, os mercados são também lugares abstratos, virtuais em que os indivíduos podem igualmente realizar qualquer tipo de transação.

3.4.2 - Divisão da microeconomia

Nosso estudo da Teoria Microeconômica será dividido em: Teoria do Consumidor, Teoria da Demanda, Teoria da Firma, Teoria da Oferta e a Teoria Elementar do Funcionamento do Mercado.

Quanto à Teoria do Consumidor, esta estuda as decisões dos indivíduos de demandarem uma combinação de mercadorias que maximizam sua satisfação, sempre levando em consideração suas rendas. É da Teoria do Consumidor que se origina a demanda ou procura por bens e serviços que depois serão transformadas nos rendimentos das firmas.

Por isso esta Teoria está intimamente ligada à Teoria da Demanda já que a demanda por um bem é o desejo do consumidor de adquiri-lo.

Na Teoria da Firma, a indivíduo é representado pelo empresário, o qual deve combinar fatores de produção (escassos) para obter um nível de produto que maximize seu lucro, porém levando em consideração os custos de realizar a produção.

É a partir da Teoria da Firma que surge a oferta de bens e serviços os quais são usados pelos consumidores para satisfazer suas necessidades e desejos.

Portanto, esta teoria se relaciona muito bem com a Teoria da Oferta, pois a oferta de determinado produto é determinada pelas várias quantidades deste produto que os produtores estão dispostos a oferecer no mercado, em função dos níveis de preços deste bem e das necessidades e desejos dos consumidores, em certo período de tempo.

A Teoria do Funcionamento do Mercado explica as relações entre demanda e oferta, o equilíbrio do mercado, os fatores responsáveis por mudanças na demanda e na oferta e os tipos ou estruturas de mercado.

Retomando a aula

Parece que estamos indo bem. Então, para encerrar nossa primeira aula, vamos recordar:

1 – por que estudar economia?

Conceituamos Economia e definimos seu objetivo. Nesta seção também analisamos o principal dilema da economia: recursos produtivos escassos e necessidades econômicas infinitas. Conhecem a teria das Curvas de Possibilidades de Produção e custos de oportunidade.

2 – Sistemas econômicos ou regimes econômicos

Estudamos os tipos de sistemas econômicos ou estruturas de mercado. Identificando suas principais características.

3 – As áreas de estudo da economia

Estudamos a divisão da Economia. Diferenciamos a Micro e a Macroeconomia. Conhecemos a divisão da Microeconomia.

Vale a pena

Vale a pena **ler,**

VASCONCELLOS, M. A. S. de & OLIVEIRA, R. G. de. *Manual de Microeconomia.* 2. ed. São Paulo: editora Atlas, 2009.

MANUAL DE ECONOMIA. Equipe de Professores da USP. 5. ed. São Paulo: Editora Saraiva, 2004.

Vale a pena **acessar,**

<http://bdadolfo.blogspot.com/>
<http://planetasustentavel.abril.com.br/home/blog>
<http://economiaecapitalismo.blogspot.com/>

Minhas anotações

Aula 2º

Princípios monetários

Na aula anterior, iniciamos o estudo da determinação do produto e da renda nacional pelo lado monetário. Nesta aula, daremos continuidade ao tema, mas focaremos a análise na oferta de moeda. Mãos à obra!

Bons estudos!

Objetivos de aprendizagem

Ao término desta aula, vocês serão capazes de:

* reconhecer os componentes do Sistema Financeiro;
* citar e entender as funções de um Banco Central, assim como sua importância na economia;
* citar e entender as funções dos bancos comerciais;
* conhecer os recursos dos quais os bancos comerciais podem dispor e também as obrigações dos mesmos;
* entender os conceitos de monetização e desmonetização da economia;
* entender como os bancos comerciais e o Banco Central criam ou ofertam moeda;
* classificar operações entre o sistema financeiro bancário e o público como criação ou destruição de moeda.

Seções de estudo

1 - Sistema financeiro

Juntamente com a evolução da moeda, no mundo todo, ocorreu também a evolução do sistema financeiro, o qual se tornou peça fundamental para o desenvolvimento dos países.

Atualmente, uma economia com um sistema financeiro forte, organizado, confiável e diversificado atrairá investimentos e capitais nacionais e estrangeiros. Além disso, é no sistema financeiro que aqueles indivíduos que não possuem recursos próprios podem captar os recursos necessários para realizar investimentos em determinados áreas de produção e também para financiar a educação.

Assim, um sistema financeiro eficiente contribuirá para que os objetivos de crescimento econômico e melhoria no padrão de vida da população sejam alcançados.

O sistema financeiro brasileiro é dividido em sistema financeiro monetário e sistema financeiro não monetário. Nesta seção estudaremos cada um deles em detalhes.

1.1 - Sistema financeiro não bancário (ou não monetário)

O sistema financeiro não bancário é composto por todas as instituições financeiras menos os bancos comerciais e caixas econômicas. São instituições que não recebem depósitos à vista, ou seja, os indivíduos não podem abrir uma conta nestas instituições e não possuem um talão de cheques delas.

Os principais exemplos são os bancos de investimentos – que repassam recursos para investimentos em capital das empresas, as financeiras ou sociedades de crédito, financiamento e investimento – que realizam financiamentos para a compra de bens de consumo duráveis, como casas, apartamentos, veículos e financiam também o capital de giro para pequenas e médias empresas.

Existem também as sociedades de crédito imobiliário – que proporcionam financiamentos para imóveis e as sociedades de crédito mercantil, chamadas também empresas de leasing – são as instituições que compram bens e os alugam aos clientes, que terão a opção de comprar o bem de leasing por um valor irrisório.

1.2 - Sistema financeiro bancário (ou monetário)

O sistema financeiro monetário é composto pelo Banco Central e por todas as instituições financeiras autorizadas pelo próprio Banco Central a receber depósitos à vista, ou seja, as instituições financeiras onde os indivíduos podem ter uma conta corrente.

Em outras palavras, o sistema financeiro bancário é formado pelo Banco Central, pelo Banco do Brasil, pelos bancos comerciais (públicos e privados) e pelas Caixas Econômicas federal e estaduais.

Iniciaremos falando a respeito do Banco Central e suas funções para então falarmos sobre os bancos comerciais em geral.

1.2.1 - Banco central

Existem diversos tipos de bancos centrais, cada país possui um Banco Central. Na Inglaterra o banco central é o Banco da Inglaterra, nos Estados Unidos é o e, finalmente, a instituição reguladora do sistema financeiro em nosso país é o Banco Central do Brasil.

Sede do Banco Central do Brasil em Brasília. Fonte: < http://www.brasil.gov.br/economia-e-emprego/2016/04/entrega-anual-da-declaracao-de-bens-no-exterior-termina-em-5-de-abril/bcb01.jpg/view >. Acesso em: 27 jun. 2017.

Todo banco central tem algumas funções clássicas bem definidas:

• banco emissor. O Banco Central é o responsável pela emissão de papel moeda e moeda metálica na economia;

• executor da política monetária. Ou seja, ele utiliza diversos instrumentos para controlar a quantidade de moeda em circulação na economia bem como a oferta de crédito;

• executor da política cambial e defesa da moeda nacional;

• banco dos bancos. O Banco Central recebe todos os depósitos voluntários e compulsórios dos bancos comerciais e ainda faz transferência de recursos financeiros entre bancos comerciais. Além disso, realiza empréstimos aos bancos comerciais quando necessário, sujeito a uma taxa de juros chamada taxa de redesconto. Ao exercer essa função, o banco central também cuida para receber seus empréstimos em dia e cobrar os atrasados, reduz ou aumenta a quantidade de empréstimos realizados quando necessário;

• banco do governo. Grande parte dos recursos financeiros do governo fica depositada no Banco Central e este pode realizar empréstimos ao governo. A transação de venda de títulos pelo governo ao público é feita por intermédio do banco central e ainda, o governo pode vender títulos diretamente ao banco central;

• fiscalizar as instituições financeiras bancárias e não bancárias.

Para exercer suas funções, o Banco Central dispõe de alguns instrumentos que veremos na seção a seguir, quando tratamos da oferta de moeda pelo Banco Central.

1.2.2 - História do Banco Central brasileiro

Antes da criação do Banco Central brasileiro, A Superintendência da Moeda e do Crédito (SUMOC), o Banco do Brasil e o Tesouro Nacional desempenhavam as funções de autoridade monetária brasileira.

A SUMOC, criada em 1945, era responsável pela execução da política monetária, ou seja, desempenhava as funções de controlar a emissão de moeda, fixar o percentual de reservas compulsórias a serem depositas pelos bancos comerciais, fixar a taxa de redesconto e a taxa de juros, bem como fiscalizar a atuação de todo o sistema financeiro.

Além disso, ela era responsável também pela execução da política cambial e representava o Brasil junto aos organismos internacionais. E, mais ainda, A SUMOC era responsável por organizar um Banco Central próprio brasileiro.

Ao Banco do Brasil cabiam as funções de banco do governo, controle das operações de comércio exterior, recebimento dos depósitos compulsórios e voluntários dos bancos comerciais e a execução de operações de câmbio. Finalmente, o Tesouro Nacional tinha o monopólio da emissão de moeda.

Em 31 (trinta e um) de dezembro de 1964 (um mil novecentos e sessenta e quatro), com a promulgação da Lei nº 4.595, foi criado o Banco Central do Brasil. De lá pra cá, o Banco Central brasileira passou gradativamente a assumir a totalidade de suas funções atuais e o papel de autoridade monetária brasileira.

> **Curiosidade**
> Dênio Chagas Nogueira foi o primeiro Presidente do Banco Central do Brasil e atuou de 1965 a 1967.
> Henrique de C. Meirelles é o atual Presidente do Banco Central brasileiro e está no cargo desde 2003

A sede do Banco Central brasileiro está localizada em Brasília, como mostrado na figura acima, mas o Banco Central mantém representações regionais em Belém, Belo Horizonte, Curitiba, Fortaleza, Porto Alegre, Recife, Rio de Janeiro, Salvador e São Paulo.

> O Banco Central de Fortaleza foi assaltado em agosto de 2005. O maior assalto a banco no Brasil e, provavelmente, este foi o maior assalto a banco do mundo.

> **Apenas para matar a curiosidade:**
> Furto ao BC de Fortaleza foi o maior na história do Brasil (Publicada no Jornal O Globo, em 29/01/2007).

RIO – Em 06 de agosto de 2005, uma quadrilha comandou o maior assalto a banco da história do Brasil. Os assaltantes levaram R$ 164 milhões do cofre do Banco Central em Fortaleza, após cavar um túnel entre uma residência e a sede do banco. Apenas 11% do valor foram recuperados até agora pela polícia. Onze pessoas foram presas por envolvimento com o crime.

O túnel escavado em Fortaleza tinha cerca de 80 metros de extensão e 70 centímetros de espessura. Para entrar no cofre, a quadrilha perfurou o piso de ferro revestido de concreto. O circuito interno de televisão não gravou imagens.

Cinquenta dias depois do crime, a Polícia Federal encontrou, na casa onde estavam escondidos alguns dos acusados, cerca de R$ 12 milhões em notas de R$ 50. O dinheiro estava escondido debaixo do piso de um dos quartos. Em agosto deste ano, a Polícia Federal confirmou que R$ 418 mil encontrados por três crianças no interior de uma casa abandonada em Natal, também são fruto do roubo.

Dois meses após o assalto, começou uma série de sequestros de parentes e acusados do roubo. Em outubro de 2005, Luis Fernando Ribeiro, um dos integrantes da quadrilha, foi sequestrado e morto dois dias depois, mesmo após a família pagar o resgate. Um mês mais tarde, foi sequestrada Marli Rodrigues Cunha, mulher do ex-vigilante Deusimar Neves Queiroz, preso por envolvimento no assalto. Ela levou os bandidos até o lugar onde estavam escondidos R$ 500 mil.

Duas semanas depois, o empresário José Elizomarte Fernandes Vieira, que vendera onze carros para integrantes da quadrilha, também foi sequestrado. A costureira Rejane do Nascimento Ferreira, cunhada de Antonio Edimar de Bezerra, dono da casa onde estavam escondidos R$ 12,5 milhões, foi vítima de sequestro em fevereiro deste ano. Dois meses depois, foi sequestrado o irmão de Antonio Jossivam Alves dos Santos, acusado de ser o chefe da quadrilha. Em outubro de 2006, Evandro José das Neves, outro suspeito de participação no assalto, foi morto em São Paulo, com um tiro na boca.

Suspeitos de pertencer à quadrilha que furtou o BC de Fortaleza voltaram a agir em Setembro de 2006, junto com integrantes de uma facção criminosa de São Paulo, mas o roubo foi malsucedido. Um túnel foi construído por criminosos em Porto Alegre para assaltar os cofres das agencias centrais do Banco do Estado do Rio Grande do Sul (Banrisul) e Caixa Econômica Federal. O objetivo era saquear mais de R$ 200 milhões nos dois bancos.

Segundo a PF, parte do dinheiro roubado do BC foi usada para que os criminosos comprassem um prédio de sete andares, em Porto Alegre, a partir do qual começaram a escavar o túnel. Durante a operação, foram presos 13 suspeitos de participar do assalto em Fortaleza. Entre eles, Raimundo Laurindo Barbosa Neto, apontado com um dos chefes do grupo que cometeu o assalto em Fortaleza.

De acordo com o advogado de Laurindo – que também defende outros quatro réus acusados de participar do roubo ao BC – vários dos presos por envolvimento com o crime, foram vítimas de sequestros e extorsões, praticados inclusive por policiais. Durante depoimento à Justiça, em novembro do ano passado, Eliseu Minichillo alegou que seus clientes negam os sequestros porque temem represálias.

O próprio advogado diz ter sido vítima de sequestro e admite que não prestou queixa à polícia. Laurindo é o único que confirma a versão Minichillo, mas diz que o motivo do sequestro foi sua atividade empresarial.

1.2.3 - Bancos comerciais

Entre as diversas funções de um banco destaca-se a função de intermediação financeira. Na economia têm-se os poupadores, ou aqueles que estão ofertando recursos financeiros, e os tomadores de empréstimos, aqueles que demandam recursos financeiros. A intermediação financeira é o mesmo que fazer uma ponte ligando esses dois agentes.

Outra função é a de transmutação de ativos. Diz respeito à capacidade dos bancos de transformar certos ativos em outros com características bastante diferentes. Por exemplo: a transformação de depósitos à vista de determinados clientes em um financiamento para outro cliente. Diz-se que os bancos utilizam o dinheiro de positado nas contas dos diversos clientes para realizar empréstimos e financiamentos.

Por último, vale à pena falarmos da função de câmara de negociação. Essa função se refere à capacidade dos bancos de intermediar as trocas de moeda na economia, as transferências entre contas, os depósitos e pagamentos realizados, os saques, a compensação de cheques etc.

1.2.4 - Contas dos bancos comerciais

Para a boa execução do "negócio bancário", os bancos comerciais devem cumprir suas obrigações para com seus clientes, realizar investimentos e conceder empréstimos. Para que isto ocorra, os bancos precisam ter uma fonte de recursos.

Seguem abaixo citadas e explicadas as principais fontes de recurso dos bancos comerciais em geral:

• patrimônio líquido do banco, ou seja, os recursos próprios do banco;
• depósitos à vista e a prazo dos clientes. Os bancos conhecem a rotina de seus clientes com relação a seus saques, compensações de cheques, pagamento de boletos e contas, transferências, etc. Por isso, todos os bancos utilizam uma parcela dos depósitos à vista de seus clientes para efetuar investimentos e conceder empréstimos;
• empréstimos obtidos no exterior;
• recursos obtidos em instituições como o Banco Central, o Banco Nacional de Desenvolvimento (BNDES), a Caixa Econômica Federal (CEF), entre outras;
• recursos obtidos no mercado interbancário, o qual diz respeito aos recursos que os bancos captam de outros bancos.

Os recursos apresentados acima são destinados a:

• cumprir suas obrigações para com seus clientes e credores;
• investimentos em títulos públicos e privados e, também, investimentos em imóveis, tecnologia etc.;
• conceder empréstimos para os agentes econômicos em geral, tanto para o setor privado como para o setor público.

Já falamos aqui que os bancos comerciais "trabalham" com os depósitos à vista dos correntistas, realizando investimentos e empréstimos. Vimos também que os bancos têm que ter recursos disponíveis para cumprir suas obrigações com seus clientes.

Por isso, nem todos os depósitos à vista captados pelos bancos podem ser destinados a investimentos e empréstimos, pois os bancos são obrigados a ter liquidez (dinheiro em caixa) para atender os clientes em suas operações rotineiras e também em caso de qualquer eventualidade.

> **Curiosidade**
> Os bancos comerciais possuem uma carta-patente que os permite utilizar os depósitos à vista de seus correntistas!

Assim, para não correr o risco de ficarem sem liquidez, os bancos mantém reservas. Estas podem ser de três tipos:

• reservas de moeda guardadas ou depositadas no próprio banco para garantir que o banco tenha moeda suficiente para atender as demandas na "boca do caixa" e nos caixas eletrônico. Este tipo de reserva também é conhecido como encaixe do sistema bancário ou caixa dos bancos comerciais;
• reservas voluntárias no Banco Central para evitar que faltem recursos para a compensação de cheques;
• reservas compulsórias ou obrigatórias no Banco

Central, que estudaremos em detalhes mais tarde.

Agora sim, depois de separadas as reservas, a parcela restante dos depósitos à vista dos clientes será destinada aos empréstimos ao público em geral. É de extrema importância a compreensão da operação dos bancos comerciais para entendermos todo o processo de criação de meios de pagamento como estudará na seção seguinte.

2 - A oferta de moeda

Se considerarmos a moeda como uma mercadoria qualquer, podemos afirmar que esta terá um preço e uma quantidade determinada pela oferta e pela demanda. Nesta seção falaremos a respeito da oferta de moeda e na próxima seção veremos a demanda.

A oferta de moeda é a quantidade de moeda disponível na economia. Os responsáveis pela oferta de moeda são as autoridades monetárias e os bancos comerciais, como veremos a seguir.

2.1 - Oferta de moeda
2.1.1 - Monetização e desmonetização da economia

A monetização da economia ocorre em períodos de baixa inflação, enquanto a desmonetização ocorre em período de inflação elevada.

Em períodos de baixa inflação, as pessoas ficam incentivadas a ficar com dinheiro em mãos na forma líquida, pois sabem que seu dinheiro não perderá poder de compra, havendo, então, a monetização da economia.

O contrário ocorre em períodos de inflação elevada. Nestes períodos, as pessoas ficam com menos dinheiro em mãos, pois este perde poder de compra rapidamente, ocorre, assim, a desmonetização da economia. É melhor manter o dinheiro em alguma aplicação financeira que rende juros para fugir dos danos da inflação.

Portanto, a monetização ocorre quando os indivíduos mantém em mãos uma maior quantidade de moeda que não rende juros e de alto grau de liquidez em relação aos demais ativos. Por outro lado, a desmonetização ocorre quando a quantidade de moeda que não rende juros e de alto grau de liquidez é menor em relação aos demais ativos.

2.1.2 - Oferta ou criação de moeda pelo Banco Central

A tarefa e o objetivo fundamental do Banco Central é o de adequar as condições monetárias da economia para que o propósito do pleno emprego, do crescimento econômico e da estabilização dos preços seja sempre alcançado.

Em outras palavras, o objetivo do Banco Central é controlar a oferta de moeda e a taxa de juros da economia para garantir que os objetivos da Política Macroeconômica sejam alcançados.

Para atingir tais objetivos, o Banco Central executa a política monetária utilizando alguns instr umentos, chamados instr umentos de política monetária. Estes instr umentos são apresentados a seguir:

• reservas compulsórias (ou obrigatórias): exige-se que uma parcela de todos os depósitos à vista que os bancos comerciais recebem de seus clientes seja depositada no banco central na forma de reservas obrigatórias;
• operações de mercado aberto (open market): o banco central pode comprar ou vender títulos da dívida pública para o povo (MANKIW, 2000, p. 368);
• política de redescontos: quando os bancos comerciais ficam com seu caixa descoberto, ou sem ativos para a compensação de cheques e realização de saques, recorrem ao banco central. o banco central supre as necessidades de caixa dos bancos comerciais fornecendo-lhes empréstimos e cobrando uma taxa de juros chamada taxa de redesconto (MANKIW, 2000, p. 368);
• controle das emissões de moeda: como o banco central possui monopólio da emissão de moeda, é ele quem controla o volume de papel moeda e moedas metálicas em circulação.

Em caso de recessão, cabe ao Banco Central expandir a quantidade de moeda e elevar a demanda agregada. Por outro lado, quando surge a ameaça de inflação, o Banco Central deve restringir a quantidade de moeda em circulação e desestimular a demanda agregada e o processo inflacionário, como veremos na aula 06.

2.1.3 - Oferta ou criação de moeda pelos bancos comerciais

Os bancos comerciais frequentemente recebem depósitos à vista do público e é com estes que tais bancos criam moeda. Quando um banco recebe um depósito à vista, ele promete que irá pagar a quantia depositada a qualquer momento que o depositante solicitar (por meios de saques em dinheiro, pagamentos com cartão de débito ou através de cheques).

Existe uma infinidade de clientes em cada banco comercial e também uma infinidade de depósitos à vista e saques. Normalmente, somente uma parcela do total dos depósitos à vista é necessária para atender todo o movimento de saques e compensar cheques, ou seja, para atender a rotina dos correntes, como já estudado na seção anterior.

Os bancos comerciais não deixarão a parcela restante de depósitos à vista parada e sem utilidade. Eles irão movimentá-la, utilizá-la para fazer empréstimos ao público em geral. Isso faz com que a moeda circule na economia em vez de ficar parada na conta dos indivíduos no banco.

Quando um banco comercial empresta uma parcela dos depósitos à vista, o cliente que pegou o empréstimo fará um depósito à vista no mesmo banco ou em outro banco comercial qualquer. Deste novo depósito à vista, o banco poderá, novamente, emprestar uma parcela para outro cliente. Este último fará um novo depósito à vista no mesmo ou em outro banco comercial, que novamente, utilizará uma parcela para novos empréstimos e assim, sucessivamente.

2.1.4 - Criação e destruição de moeda ou meios de pagamento

> É dessa forma que ocorre a criação ou oferta de moeda pelos bancos comerciais. Muito interessante!

Primeiramente devemos considerar que há criação de moeda quando a quantidade de meios de pagamento aumenta. Ou seja, a criação de moeda ocorre quando se elevam a quantidade de moeda metálica e papel-moeda em poder do público e de depósitos à vista nos bancos comerciais.

Por outro lado, a destruição de moeda ocorre quando a quantidade de meios de pagamento diminui, isto é, quando a quantidade de moedas metálicas e papel moeda em poder do público mais os depósitos à vista nos bancos comercias diminui.

Ocorre criação ou destruição de moeda somente quando há transações entre o sistema bancário (Banco Central e bancos comerciais) e o público.

Para entender melhor esses processos, vamos analisar alguns casos como exemplo:

> M1 = moeda em poder do público + depósitos à vista nos bancos comerciais. Se M1 aumentou – houve criação de moeda. Se M1 diminuiu – houve destruição de moeda.

• se um banco compra títulos da dívida pública que estão nas mãos do público, o banco receberá os títulos públicos e entregará moeda nas mãos dos compradores dos títulos. Haverá, portanto, criação de meios de pagamento, pois aumenta o volume de moeda manual nas mãos do público e, consequentemente, um aumento em M1;
• quando um indivíduo faz um depósito em sua poupança, haverá destruição de meios de pagamento, pois a moeda manual que ele possuía ficou depositada na poupança, a qual não faz parte de M1;
• se um indivíduo efetuar um depósito à vista em um banco comercial, não haverá criação nem destruição de moeda, pois ele apenas trocou a moeda manual que possuía por moeda escritural;
• quando o Banco Central empresta dinheiro a algum banco comercial não há criação nem destruição de moeda. Porém, se o banco comercial utilizar o montante emprestado ou uma parcela dele para emprestar ao público, haverá criação de moeda.

Retomando a aula

Parece que estamos indo bem. Então, para encerrar essa aula, vamos recordar:

1 - Sistema financeiro

Estudamos a divisão do Sistema Financeiro, seus componentes e o papel de cada um deles na economia.

2 - Teoria monetária: lado da oferta de moeda

Estudamos como ocorre a oferta ou criação de moeda pelos bancos comerciais e pelo Banco Central.

Vale a pena

*Vale a pena **ler***

VASCONCELLOS, M. A. S. de & LOPES, L. M. *Manual de Macroeconomia:* básico e intermediário. 2ª edição. São Paulo: Editora Atlas, 2000.

PINHO, Diva Benevides & VASCONCELLOS, Marco A. Sandoval de. *Manual de Economia*. 5ª edição. São Paulo: Saraiva, 2004.

*Vale a pena **acessar***

<http://www.economia.estadao.com.br/>.
<http://www.bcb.gov.br/>.
<http://bdadolfo.blogspot.com/>.
<http://www.conteudojuridico.com.br/?artigos&ver=2.21609>.
<http://economiaemdebate.blogspot.com/>.

Minhas anotações

Aula 3º

Oferta da moeda

Na aula anterior, estudamos em detalhe a determinação do produto e da renda nacional do lado real, ou seja, do lado do mercado de bens e serviços e do mercado de trabalho. Nesta aula e na aula seguinte, estudaremos a determinação do produto e da renda nacional pelo lado monetário, ou seja, no mercado monetário. Espero que aproveitem bastante!

Bons estudos!

 Objetivos de aprendizagem

Ao término desta aula, vocês serão capazes de:

- entender o que é moeda e as suas funções, bem como identificar os tipos de moeda existentes atualmente;
- entender os conceitos de liquidez, meios de pagamento e quase moeda;
- conhecer a classificação dos agregados monetários no Brasil;
- entender o que é a demanda por moeda;
- conhecer os motivos pelos quais os indivíduos e as empresas demanda moeda;
- estudar os fatores que influenciam a demanda por moeda.

1 - Vamos conversar sobre moeda?

Antes de iniciarmos, é necessário conceituar e definir algo que todos nós já conhecemos e buscamos: moeda.

No mundo capitalista atual, consumidores, empresas, governo e resto do mundo objetivam cada vez mais o acúmulo de riqueza, dinheiro ou, finalmente, moeda. O real no Brasil, o dólar nos Estados Unidos, o iene no Japão, o iuan na China, a libra na Inglaterra, o euro da Alemanha, França, Grécia, Portugal, entre outros, são "objetos" de desejo dos agentes econômicos em geral.

Mas, o que é a moeda? Por que ela é tão utilizada na grande maioria das transações pela grande maioria dos agentes em todos os países? Por que ela é tão desejada?

Acredito que estas não são perguntas que comumentenosfazemos.Nóssimplesmente,queremos, almejamos, ambicionamos moeda, simplesmente porque sabemos da sua grande importância: satisfação de nossas necessidades econômicas.

Entretanto, é de extrema importância responder estas perguntas agora, na Aula 04, para que possamos entender a determinação do produto e da renda nacional pelo lado monetário.

Prontos para começar?

1.1 - Moeda

1.1.1 - O que é moeda?

A moeda é um objeto, uma cédula, um metal, cartão de débito, de crédito, cheques, enfim, diferentes formas de expressão da riqueza ou do dinheiro. Para a economia, moeda é uma forma específica de riqueza aceita pela coletividade (VASCONCELLOS, 2008, p. 171) e que pode ser imediatamente utilizada em qualquer transação de compra e/ou venda.

1.1.2 - Funções da moeda

1.1.3 - Meio ou instrumento de troca

Essa função da moeda é mais bem entendida quando pensamos em como seria a sociedade atual se não existisse um meio ou instrumento de troca aceito por todas (PINHO & VASCONCELLOS, 2004, p. 342). Esse meio de troca é a moeda, sem ela as trocas seriam entre as próprias mercadorias, o escambo.

Por exemplo, se um açougueiro precisasse comprar roupas, ele teria que encontrar um alfaiate tinteressado em comprar carne. Os dois teriam que discutir quanto de carne seria necessário para comprar roupas e vice-versa, para então fecharem negócio. Isso é o que chamamos de dupla coincidência de desejos, a qual deveria existir toda vez que surgisse uma necessidade de consumo.

Com a evolução das sociedades tornou-se necessária a passagem da economia de escambo para a economia de trocas indiretas. Escolheu-se uma mercadoria de aceitação geral, que passou a ser usada em todas as transações realizadas, a moeda.

1.1.4 - Unidade de conta

Como unidade de conta, ou também chamado padrão de valor, a moeda passa a ser a expressão geral do valor, a referência para a cotação dos preços de todos os bens e serviços. Ela possibilita que todas as mercadorias tenham um preço ou valor e os preços das diversas mercadorias possam ser comparados entre si.

1.1.5 - Reserva de valor

A terceira função garante que o indivíduo não precise gastar sua moeda imediatamente. Ele poderá guardá-la para ser utilizada no futuro que ainda será aceita e seu valor estará reservado. Para que uma moeda cumpra bem sua função de reserva de valor ela deve ser estável e não sofrer perda devido à inflação, por exemplo.

Entretanto, a moeda não é uma reserva de valor perfeita dado que o seu poder de compra varia. Entende-se por poder de compra da moeda a quantidade de bens e serviços que ela pode comprar. Em períodos de inflação, um real (R$ 1,00) compra cada vez menos bens e serviços. Tem-se então, que o poder de compra da moeda diminui em períodos de inflação.

1.2 - Evolução da moeda

A evolução da moeda é dividida em cinco estágios. O primeiro deles chamado escambo (ou pré-economia monetária). Nesse estágio, característico da época medieval, a economia vivia de trocas diretas (uma mercadoria em troca de outra) e a atividade produtiva não era voltada para o comércio.

Mesmo que houvesse moeda, durante este período, ela era usada raramente, pois os agricultores produziam para a própria subsistência e o que sobrava era levado às feiras e mercados para ser trocado por outros produtos.

Aqui, o problema da dupla coincidência de desejos, já mencionado acima, fez surgir o segundo estágio da moeda, a moeda-mercadoria. Certas mercadorias muito aceitas pela coletividade passaram a desempenhar a função de moeda.

Gado, sal, trigo, entre outras mercadorias, já assumiram funções de moeda-moeda. Porém, devido à dificuldade de transportá-la, por exemplo, passou-se a utilizar os metais.

As dificuldades de pesar, avaliar e garantir o valor do metal fizeram com que as moedas metálicas fossem cunhadas. Um órgão do governo (ou o próprio soberano) se responsabilizava pela qualidade e quantidade de metal contido na moeda, como garantia de que a moeda tinha realmente o valor que era representado nela. Nesse estágio existiam então as moedas cunhadas ou moeda simbólica.

A evolução para o próximo estágio se deu naturalmente. Era preciso evitar o desgaste das moedas metálicas. Por isso, passou-se a emitir certificados aos portadores de moeda, representando a quantidade de moeda que possuíam; chega-se então ao papel-moeda.

Depois que o uso do papel-moeda passou a ser geral e todos o aceitavam como moeda, a moeda tornou-se confiável, mesmo sem lastro algum porque sua conversão era garantida por lei. Tem-se então a moeda fiduciária (ou de confiança).

A partir de então, a moeda passou a ter nenhum valor em si, já que é "apenas" um pedaço de papel. Seu valor era decorrente da sua capacidade de adquirir outras mercadorias. Em outras palavras, o valor da moeda passou a ser medido pelo seu poder de compra.

Paralelamente à evolução dos tipos de moeda, houve a evolução do Sistema Financeiro Bancário, resultando no surgimento da moeda escritural. Os bancos eram, primeiramente, o lugar onde as reservas dos indivíduos ficavam depositadas (os bancos eram apenas o guardião das moedas). Eles emitiam certificados de depósito, os quais eram facilmente convertidos em papel-moeda para os indivíduos poderem realizar suas transações.

Porém, o volume de transações entre indivíduos e empresas ficou cada vez maior e os certificados de depósito precisavam ser convertidos em papel-moeda, com tal rapidez que causaria uma desordem nos bancos. Por isso, surgiu a moeda escritural, que são os depósitos no sistema bancário que podiam ser usados facilmente por meio de notas, os conhecidos cheques.

A moeda evoluiu muito. Concordam?!

1.3 - Tipos de moeda

Atualmente, existem três tipos de moeda na economia ou meios de pagamento: moedas metálicas, papel-moeda e moeda escritural ou bancária. As moedas metálicas, com o o próprio nome diz, são as "moedinhas" usadas para facilitar o troco e em transações que envolvem baixo valor. Elas representam uma pequena parcela da quantidade de moeda em circulação nos países.

O papel-moeda é representado pelas cédulas ou notas em circulação na economia. Estas representam uma parcela significativa da quantidade de moeda em circulação na economia. As moedas metálicas e o papel-moeda em circulação na economia são também chamados moeda manual e são emitidos ou lançados na economia pelo Banco Central.

Por fim, a moeda escritural ou bancária é representada pelos depósitos à vista ou depósitos em conta corrente nos bancos comerciais. Em outras palavras, é o montando de dinheiro dos correntistas que fica depositado em suas contas correntes nos bancos nos bancos em que são clientes. Os correntistas podem dispor de seus depósitos à vista a qualquer momento por meio de cheques e cartões de débito.

É praticamente impossível imaginar uma economia sem as chamadas moedas modernas, concordam?

2 - Os agregados monetários

O agregado monetário corresponde à soma da quantidade de dinheiro em circulação na economia mais o montante de dinheiro em poder do sistema financeiro.

Os economistas resolveram classificar os diversos tipos de moeda e "quase moeda" existem na economia de acordo com a capacidade de satisfazerem os requisitos de suas principais funções já vistas acima (meio de troca, unidade de conta e reserva de valor) e também de acordo com seu grau de liquidez. A partir daí, então, formaram os agregados monetários.

Iniciaremos esta seção conceituando alguns termos importantes em teoria monetária, como liquidez, meios de pagamento e quase moeda e, então, veremos os agregados monetários existentes em uma economia.

2.1 - Entendendo os agregados monetários

2.1.1 - Liquidez

Define-se liquidez como a capacidade de se converter rapidamente um ativo em moeda, sem que este perca seu valor inicial. Quanto maior o grau de liquidez de um ativo, maior é a facilidade de convertê-lo em moeda.

Os ativos de maior grau de liquidez são o papel moeda e as moedas metálicas.

2.1.2 - Meios de pagamento

A oferta de moeda é também chamada de meios de pagamento. Os meios de pagamento correspondem ao total de moeda (ativos), de liquidez imediata, nas mãos do setor privado não bancário. São representados pela quantidade de moeda em poder do público (moedas metálicas e papel-moeda) e pelos depósitos à vista nos bancos comerciais (cheques).

Meios de pagamento = moeda em poder do público + depósitos à vista nos bancos comerciais.

Em outras palavras, os meios de pagamentos são o total de moeda (moedas metálicas e papel-moeda) nas mãos dos indivíduos e das empresas mais os depósitos à vista nos bancos comerciais, que podem ser usados a qualquer momento (liquidez imediata), em qualquer transação de compra e venda ou para saldar qualquer dívida, pois não ficam retidos nos bancos.

Curiosidade
Os meios de pagamento são representados pelo total das moedas metálicas e do papel moeda nas mãos das pessoas e das empresas mais os depósitos à vista nos bancos comerciais. Dizemos que eles têm liquidez imediata, pois seus detentores podem utilizá-los a qualquer momento, já que não estão aplicados rendendo juros

2.1.2.1 - Quase moeda

Existe também a quase moeda. Esta que não é considerada definitivamente moeda, mas detém certas características da moeda já que pode ser facilmente transformada em moeda ou, dito de outra forma, possui alto grau liquidez.

As cadernetas de poupança, os títulos públicos, alguns títulos privados e os depósitos a prazo nos bancos comerciais são considerados quase moeda. Isto ocorre porque, apesar de renderem juros, estes possuem um alto grau de liquidez.

Porém, apenas em alguns casos a quase moeda é considerada um meio de pagamento!

Por exemplo, no Brasil, em épocas de inflação elevada, a maior parte das aplicações financeiras possuía liquidez diária/imediata como os depósitos no *overnight* e os fundos de curto prazo (VASCONCELLOS, 2000). Apesar de estes ativos renderem juros, eles eram considerados meios de pagamento devido ao seu alto grau de liquidez.

> LIQUIDEZ: facilidade com que um ativo pode ser transformado em moeda. Os meios de pagamento possuem liquidez imediata. A quase moeda possui alto grau liquidez, mas não tão imediata como os meios de pagamento.

2.1.2.2 - Outros ativos

Existem ainda na economia outros ativos que não podem ser considerados meios de pagamento por renderem juros e/ou não possuírem liquidez imediata.

Os encaixes ou reservas voluntárias e compulsórias (ou obrigatórias) são exemplos deste tipo de ativo. Estes dois tipos de reservas representam o montante de dinheiro que os bancos comerciais mantêm depositados no Banco Central.

Estas podem ser formadas tanto pelos depósitos à vista e a prazo de seus clientes como por recursos do próprio banco, representado pelo dinheiro que o banco arrecada ao cobrar pela manutenção das contas de seus clientes, os pacotes de serviços que os clientes pagam e as taxas pagas pelos clientes quando estes fazem transferências e docs., por exemplo.

As cadernetas de poupança dos clientes e os depósitos a prazo nos bancos comerciais também não são considerados meios de pagamento, pois além de renderam juros, não possuem liquides imediata.

> Um ativo só pode considerado meio de pagamento quando possui liquidez imediata e não rende juros, ok?!

2.1.3 - O agregado monetário de um país

Reunindo o que vimos acima, o agregado monetário de um país representa a quantidade de moeda que toda a economia possui, seja nas mãos do público ou com os bancos comerciais.

Cada país decide como quer formar seu agregado monetário. Todos os países classificam seus agregados monetários por ordem de liquidez e decidem se acrescentarão somente os meios de pagamento ao seu agregado ou se levarão em conta as quase moedas.

Com base em Pinho & Vasconcellos (2004), no Brasil, existem cinco agregados monetários, são eles:

> - M0 = moeda em poder do público;
> - M1 = M0 + depósitos à vista nos bancos comerciais;
> - M2 = M1 + títulos públicos nas mãos do setor privado;
> - M3 = M2 + depósitos de poupança;
> - M4 = M3 + depósitos a prazo e outros títulos privados.

Os agregados M0 e M1 possuem liquidez imediata e não rendem juros. M0 é também chamado moeda manual ou corrente, é a quantidade de papel-moeda e moeda metálica que fica nas mãos do público e das empresas. M1 inclui os depósitos do público em suas contas correntes nos bancos comerciais, chamados também de moeda escritural. M2, M3 e M4 incluem as quase moedas, não possuem liquidez imediata e podem render juros a seus detentores.

3 - Teoria monetária: lado da demanda de moeda

A demanda por moeda é definida como a quantidade de riqueza que os indivíduos desejam manter na forma de moeda de alto grau de liquidez, ou seja, M1. Suponhamos que uma família possua riqueza em diferentes formas: imóveis, aplicações financeiras e dinheiro líquido. A quantidade de riqueza que esta família mantém na forma de moeda líquida será a sua demanda por moeda.

> A demanda por moeda é definida como a quantidade de riqueza que os indivíduos desejam manter na forma líquida: moedas metálicas, papel moeda e/ou depósitos à vista nos bancos comerciais.

É importante entender que os indivíduos não estão interessados em demandar moeda devido ao seu valor nominal. Na realidade, os indivíduos demandam moeda pelo poder de compra que ela possui, ou seja, pelo seu valor real (quanto de bens e serviços a moeda pode comprar).

Nesta seção estudaremos os três motivos principais que levam um indivíduo a demandar moeda e veremos também os efeitos de variações no nível de renda e na taxa de juros sobre a decisão de demandar moeda.

Prontos para começar?

3.1 - A demanda de moeda

3.1.1 - Motivos para demandar moeda

Segundo Keynes, existem três motivos para demandar moeda: motivo transação, motivo precaução e motivo especulação. A seguir, estudaremos cada um deles em detalhes.

3.1.2 - Motivo transação

O primeiro motivo para demandar moeda que estudaremos é o motivo transação, o qual se justifica, pois a moeda ter a função de meio de troca. A demanda de moeda por motivo transação ocorre porque os indivíduos e as empresas a utilizam como meio de pagamento pelos bens e serviços que demanda.

Dentro do período de um mês, um indivíduo ou empresa realiza diversos pagamentos, como pagamento de aluguéis, supermercado, mensalidades escolares, faturas de cartões de crédito, energia elétrica, prestações de imóveis e veículos etc. Para realizar o pagamento destas e outras transações, o indivíduo demanda moeda.

3.1.3 - Motivo precaução

A demanda de moeda pelo motivo precaução ocorre devido à incerteza dos indivíduos ou empresas com relação ao futuro. É um meio de estar preparado para eventuais surpresas.

Neste caso, os indivíduos e as empresas querem manter moeda na forma líquida para ter alguma reserva monetária caso haja algum imprevisto. Por exemplo, uma consulta médica inesperada, algum pagamento inesperado ou até mesmo alguma oferta inesperada.

Também pode ocorrer o não recebimento de uma determinada quantia com a qual o indivíduos ou empresa pretendam efetuar pagamentos, sendo necessário estar prevenido.

3.1.4 - Motivo especulação

Muitos indivíduos e empresas que possuem riqueza não irão necessariamente consumi-la. Geralmente, tais agentes investem ou aplicam sua riqueza em ativos.

Um investidor prudente, não irá investir toda sua riqueza em apenas um ativo. Imagine se este único ativo perde metade de seu valor, isso significa que o investidor perdeu metade de sua riqueza. Realmente é arriscado manter toda a riqueza aplicada em um único ativo.

Assim, o investidor prudente irá diversificar sua aplicação, investindo em diversos ativos, ou seja, em uma carteira de ativos. As carteiras de ativos contêm diferentes tipos de ativos com diferentes taxas de rendimentos e risco. E, quanto mais diversificada sua carteira de ativos, menor é o risco de ter prejuízos.

Portanto, os indivíduos e empresas podem ter em sua carteira de ativos, tanto ativos de risco como ativos seguros. A moeda é um ativo seguro, pois seu valor ao longo do tempo é certo.

Além disso, tendo uma quantidade de moeda em sua carteira de ativos, o investidor poderá observar o comportamento, o risco e a rentabilidade dos demais ativos e, então, estar preparado para fazer novas aplicações.

Para Refletir

A demanda de moeda por motivo transação e por motivo precaução enfatiza a função da moeda como meio de troca.

A demanda de moeda por motivo especulação enfatiza a função da moeda como reserva de valor.

3.2 - Fatores que influenciam a demanda por moeda

A demanda por moeda é influenciada basicamente por dois fatores: o nível de renda e a taxa de juros. A seguir estudaremos cada um deles em detalhes.

3.2.1 - Nível de renda

A relação entre a demanda de moeda e o nível de renda será de fácil entendimento. Quanto maior o nível de renda da economia, mais os indivíduos e as empresas precisarão de moeda em mãos para comprar bens e serviços, efetuar pagamentos previstos e imprevistos e também para especular no mercado de ativos.

Assim, a conclusão é simples, quanto maior o nível de renda da economia, maior será a demanda por moeda.

3.2.2 - Taxa de juros

Para entendermos a taxa de juros precisamos analisá-la do lado do tomar de empréstimos e também do lado do emprestador. Pelo lado do credor ou emprestador ela é uma compensação ou um prêmio pago a ele por desistir de manter o dinheiro na forma líquida e emprestá-lo. Por outro lado, quando analisamos o tomador de empréstimo, ela é uma cobrança paga por ele para usar o dinheiro emprestado.

Como queremos entender a relação entre demanda por moeda (na forma líquida) e a taxa de juros, o melhor caminho é analisar lado do emprestador. Se o possuidor de riqueza não emprestar seu dinheiro a terceiros ele ficará com dinheiro em mãos, ou seja, vai demandar moeda (por motivo transação ou precaução) e irá abrir mão da taxa de juros.

Porém, se o possuidor de riqueza desiste de manter moeda em sua forma líquida, ou seja, desiste de demandar moeda, ele será recompensado pela taxa de juros que receberá. Portanto, podemos afirmar que, quanto maior a taxa de juros, menor a preferência por manter moeda em mãos e, portanto, menor é a demanda de moeda.

Quanto maior a taxa de juros, menor será a demanda por moeda!

Retomando a aula

É hora de relembrarmos os pontos estudados nesta aula. Vamos lá!

1 - Vamos conversar sobre moeda?

Introduzimos o estudo da moeda. Estudamos o conceito de moeda, suas funções e sua evolução. Conhecemos também os tipos de moeda existentes na economia.

2 - Os agregados monetários

Conhecemos os principais agregados monetários do Brasil e os ativos que os compõem.

3 - Teoria monetária: lado da demanda de moeda

Estudamos a demanda por moeda, os motivos para os agentes econômicos demandarem moeda bem como os fatores que influenciam a demanda de moeda.

Vale a pena

⁴Vale a pena **ler,**

VASCONCELLOS, M. A. S. de & LOPES, L. M. *Manual de Macroeconomia:* básico e intermediário. 2ª edição. São Paulo: Atlas, 2000.

PINHO, Diva Benevides & VASCONCELLOS, Marco A. Sandoval de. *Manual de Economia.* 5ª edição. São Paulo: Saraiva, 2004.

⁴Vale a pena **acessar,**

<http://www.economia.estadao.com.br/>.
<http://www.bcb.gov.br/>.
<http://bdadolfo.blogspot.com/>.
<http://portalexame.abril.com.br/>.
<http://economiaemdebate.blogspot.com/>.

⁴Vale a pena **assistir,**

< h t t p : / / w w w . y o u t u b e . c o m / watch?v=THXYAHgci-I>.

Minhas anotações

Aula 4º

Movimentação do mercado

Estamos na metade de nosso guia de estudo e nesta aula começaremos a estudar o funcionamento do mercado. Neste guia de estudo, o funcionamento do mercado está dividido em duas aulas. Esta aula é voltada ao estudo da Teoria da Demanda e na Aula 05 estudaremos a Teoria da Oferta e o Equilíbrio do Mercado. Prontos para conhecer a Teoria da Demanda?

Bons estudos!

 Objetivos de aprendizagem

Ao término desta aula, vocês serão capazes de:

• entender o princípio da Teoria da Demanda, a relação entre quantidade demandada e preço e conhecerá a curva de demanda;
• conhecer os fatores que influenciam a quantidade demandada e aqueles capazes de deslocar a curva de demanda;
• entender o conceito de elasticidade da demanda;
• conhecer e compreender a curva de Engel;
• compreender os conceitos de efeito substituição e efeito renda.

Seções de estudo

1 - Introdução à teoria da demanda

Na aula 03 foi apresentada a Teoria do Consumidor. Estudamos as preferências do consumidor e de que forma ele escolhe uma cesta de mercado que maximize sua satisfação, levando em consideração sua restrição orçamentária.

Esse ponto, já estudado, tem muita ligação com um dos temas desta aula, a análise da demanda. Isto ocorre porque a Teoria da Demanda deriva da Teoria do Consumidor, já que são os consumidores os responsáveis pela demanda.

Demanda por um bem ou serviço é a quantidade deste bem ou serviço que um consumidor deseja adquirir em determinado período (PINHO & VASCONCELLOS, 2004, p. 109). Assim, a demanda por um produto ou serviço é o desejo de consumi- lo, de comprá-lo, adquiri-lo.

Fala-se em desejo de consumir, pois existem alguns fatores que influenciam a decisão ou escolha definitiva de consumo de um consumidor.

Assim, a demanda de determinado bem ou serviço é determinada pela quantidade deste bem ou serviço que o consumidor está disposto e apto a adquirir, em função do preço do bem ou serviço, dos preços de outros bens ou serviços, de sua renda e de suas preferências (PINHO & VASCONCELLOS, 2004, p. 110).

Dito isto, um dos objetivos desta aula é analisar a demanda do consumidor por bens e serviços e a maneira que a demanda do consumidor reage em relação ao preço dos bens e serviços e a outros fatores.

1.1 - Quantidade demandada e preço

1.1.1 - Relação entre quantidade demandada de um bem e preço deste bem

Um dos fatores que influenciam a quantidade demandada de um bem é o seu preço. Tudo mais permanecendo constante, um aumento do preço de determinado bem, certamente, irá provocar uma redução na quantidade demandada deste bem. De modo contrário, uma redução do preço de certo bem, causará um aumento da sua quantidade demandada.

> Dizemos, então, que preço e quantidade demandada possuem uma relação inversa.

O entendimento desta relação é fácil, pois como consumidores, vivemos o dilema dos preços e consumo diariamente.

Essa hipótese já foi comprovada muitas vezes por vários produtos, mas possui uma limitação. Para que essa hipótese seja mesmo verdadeira, devemos considerar que tudo o mais permanece constante, a hipótese denominada pelos economistas de coeteris paribus (PINHO & VASCONCELLOS, 2004, p. 110).

Considerar tudo mais constante na economia e na vida do consumidor quer dizer que devemos olhar apenas para preços e quantidades demandadas e esquecer qualquer outra coisa, como por exemplo, o gosto dos consumidores, a época do ano, o preço de outros bens, a renda do consumidor, etc.

1.2 - A curva de demanda

A curva de demanda mostra o que acabamos de estudar, a relação entre o preço de uma mercadoria e a quantidade dessa mercadoria que o consumidor está disposto a consumir em determinado período de tempo, tudo o mais permanecendo constante.

Observe o quadro 01. Neste quadro existem algumas combinações de preços e quantidades demandadas por determinado bem (chamado bem X).

Quadro 01: Combinações de Preço (do bem X) e Quantidade Demandada (do bem X)

Preço do bem X ($)	Quantidade Demandada do bem X (unidades)
2,00	18000
2,50	16000
3,00	14000
3,50	12000
4,00	10000
4,50	8000
5,00	6000
5,50	4000
6,00	2000

Fonte: Gabrielle Pagliusi Paes de Lima (2011).

Analisando o quadro acima, é possível perceber que há uma queda na quantidade demandada do bem X conforme o preço desse bem aumenta. Portanto, comprovamos a relação inversa entre preço de um bem e quantidade demandada do mesmo.

Para entender melhor ainda essa relação, vamos derivar a curva de demanda. Observe a figura abaixo.

Curva de demanda do Bem X

Figura 01
Fonte: Gabrielle Pagliusi Paes de Lima (2011).

Perceba que a curva de demanda possui inclinação negativa,

isso ocorre devido à relação inversa ou negativa entre preço e quantidade demandada. Em outras palavras, a curva de demanda é negativamente inclinada, pois o aumento do preço do bem X causa uma redução da quantidade demandada deste bem.

2 - Fatores que influenciam a quantidade demandada

A quantidade consumida ou demandada de determinado bem depende, principalmente, do preço deste bem, mas pode-se afirmar que a quantidade consumida de um bem depende também de fatores secundários, como o preço de outras mercadorias, a renda dos consumidores e os hábitos e gostos dos consumidores.

Ao se construir a curva de demanda de determinado produto, como fizemos na seção 01, utiliza-se a hipótese de que todos os demais fatores que influenciam a quantidade demandada são mantidos inalterados e apenas o preço do produto pode variar.

Dessa forma, supõem-se constantes os preços dos demais produtos, a renda dos consumidores, seus hábitos e gostos e examina-se a quantidade consumida de um produto em relação ao seu preço.

Observe a figura a seguir e veja que se houverem variações no preço do bem X, a quantidade demanda deste bem varia. Pode-se dizer que variações no preço do bem X causam mudanças na quantidade demandada ao longo da curva de demanda. Para que a visualização fique mais fácil, é interessante exemplificar!

Suponhamos que o bem X sofra um aumento no seu preço de R$ 2.50 para R$ 5.00 (o preço do bem X dobrou), tudo mais mantido constante, a quantidade demandada do bem X cairá de 16 mil unidades para apenas 06 mil unidades. Perceba na figura 02, que esse efeito causou um movimento ao longo da curva de demanda (a quantidade demandada do bem X passou do ponto A para o ponto B).

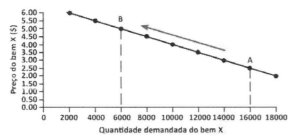

Figura 02. Variações no Preço do bem X e o Comportamento da Curva de Demanda.
Fonte: Gabrielle Paaliusi Paes de Lima (2011).

Porém, quando ocorre uma variação de algum outro fator que tenha influência sobre a quantidade demandada, ou seja, quando ocorre alguma variação na renda, nos hábitos do consumidor ou nos preços de outros bens, ocorrera um deslocamento da curva de demanda para a direita ou para a esquerda, ou seja, a curva de demanda muda de posição.

Se a variação nos fatores secundários causar um aumento da demanda, a curva de demanda irá se deslocar para a direita. Se causar uma queda na demanda, a curva se desloca para a esquerda.

Vamos analisar os efeitos que a variação de algum desses fatores exerce na curva de demanda!

2.1 - Fatores que deslocam a curva de demanda

2.1.1 - Renda do consumidor

Geralmente, um aumento da renda dos consumidores de determinado produto, causará um aumento na quantidade demandada do mesmo, desde que seu preço seja mantido constante (VARIAN, 2003, p. 103).

Quando isso acontece, diz-se que o produto é um bem normal, a maioria dos bens consumidos é bem normal.

> Bens normais são aqueles cuja quantidade demandada aumenta quando a renda do consumidor aumenta. Ou, o contrário, são aqueles cuja quantidade demandada diminui quando a renda do consumidor também diminui.

Portanto, um aumento na renda dos consumidores, leva ao aumento da demanda de bens normais, mantendo constantes os preços. E uma redução na renda dos consumidores leva a uma redução na demanda de bens normais. Quando tratamos de bens normais, a quantidade demandada varia do mesmo modo (ou no mesmo sentido) que a renda (VARIAN, 2003, p. 104).

A figura 03 mostra este fato. O nível de renda mais elevado provoca um aumento da demanda do bem normal (carne de primeira, por exemplo), como os preços não se alteraram, então, a curva de demanda do bem normal se desloca para a direita.

Pode acontecer que o aumento da renda do consumidor provoque a queda em sua demanda. Isto ocorre quando a mercadoria é um bem inferior ou de qualidade inferior que, graças ao aumento da sua renda, o consumidor poderá substituí-lo por algo melhor.

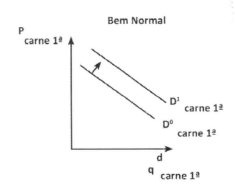

Figura 03. Deslocamento da Curva de Demanda de um Bem Normal – Aumento da Renda
Fonte: Vasconcelos. 2002.

> Bens inferiores são aqueles cuja quantidade demandada diminui quando a renda do consumidor aumenta. Ou, o contrário, são aqueles cuja quantidade demandada aumenta quando a renda do consumidor diminui.

Portanto, um aumento na renda dos consumidores, leva ao aumento da demanda de bens normais, mantendo constantes os preços. E uma redução na renda dos consumidores leva a uma redução na demanda de bens normais. Quando tratamos de bens normais, a quantidade demandada varia do mesmo modo (ou no mesmo sentido) que a renda (VARIAN, 2003, p. 104).

A figura 03 mostra este fato. O nível de renda mais elevado provoca um aumento da demanda do bem normal (carne de primeira, por exemplo), como os preços não se alteraram, então, a curva de demanda do bem normal se desloca para a direita.

Pode acontecer que o aumento da renda do consumidor provoque a queda em sua demanda. Isto ocorre quando a mercadoria é um bem inferior ou de qualidade inferior que, graças ao aumento da sua renda, o consumidor poderá substituí-lo por algo melhor.

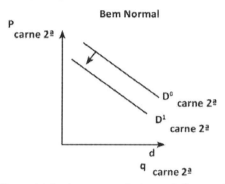

Figura 04. Deslocamento da Curva de Demanda de um Bem Inferior – Aumento da Renda
Fonte: Vasconcelos. 2002.

2.2 - Preço dos bens substitutos

Existem bens considerados substitutos entre si. Bens substitutos são aqueles que podem ser substituídos ou trocados um pelo outro, por exemplo, o cobre e o alumínio (um destes bens pode substituir o outro em uso industrial), a Coca Cola e o Guaraná, a manteiga e a margarina, entre outros.

Para entender o efeito de uma variação no preço de um dos bens substituto na quantidade demanda do outro bem, suponha que ocorra um aumento no preço do Guaraná. Porém, a Coca Cola permanece com o preço inalterado.

A quantidade demandada de Guaraná irá cair, e ainda, como o Guaraná pode ser substituído pela Coca Cola, cujo preço se manteve inalterado, a quantidade demandada de Coca Cola irá aumentar. A figura 05 abaixo mostra este fenômeno.

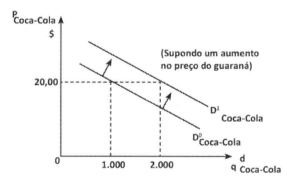

Figura 05. Efeito de um aumento no preço do Guaraná na quantidade demandada de Coca Col.
Fonte: Vasconcelos. 2002.

A figura 05 mostra a curva de demanda de Coca

Cola. Como o preço da Coca Cola permaneceu inalterado, um aumento no preço do Guaraná causou o aumento na quantidade demandada de Coca Cola. Este fenômeno causou o um deslocamento da curva de demanda de Coca Cola para a direita, sinalizando o aumento da quantidade demandada deste bem!

2.3 - Preço dos bens complementares

Existem, também, alguns bens que são chamados complementares. Bens complementares são aqueles que tendem a ser utilizados juntos, por exemplo, automóveis e gasolina.

O exemplo clássico de bens complementares, constantemente citado nos manuais de Microeconomia, é o pé esquerdo e o pé direito de um sapato (VARIAN, 2003, p. 114). Claro, o consumidor sempre irá comprar os dois pés do sapato!

Para entender o efeito de uma variação no preço de um dos bens complementares na quantidade demanda do outro bem, suponha que ocorra um aumento no preço de automóveis, mantendo constante o preço da gasolina.

O que poderá ocorrer? A quantidade demandada por automóveis irá diminuir e, consequentemente, a demanda por gasolina, cujo preço se manteve inalterado, também diminuirá.

Que tal entendermos o que acaba de ser apresentado analisando a figura 06 abaixo?

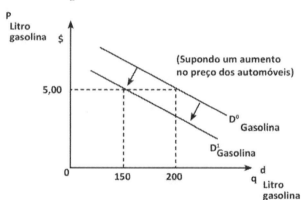

Figura 06. Efeito de um aumento no preço de automóveis na quantidade demandada de gasolina.
Fonte: Vasconcelos. 2002.

A figura 06 mostra a curva de demanda de gasolina. Como o preço da gasolina foi mantido inalterado, o aumento no preço de automóveis causou a redução na quantidade demandada de gasolina. Este fenômeno causou um deslocamento da curva de demanda de gasolina para a esquerda ou para baixo!

3 - Sensibilidade da demanda

Já sabemos que a quantidade demandada de um bem é influenciada pelo preço desse bem, pela renda do consumidor e também pelo preço de outros bens.

Variações no preço do bem, na renda do consumidor e no preço de outros bens causam variações na quantidade demandada desse bem. Podemos dizer, então, que a demanda desse bem é sensível a variações desses fatores.

Esta sensibilidade, em Microeconomia, pode ser medida usando o conceito de elasticidade (VASCONCELLOS, 2008, p. 58). Assim, por exemplo, a sensibilidade da demanda de um determinado bem em relação a variações no preço deste bem é o mesmo que a elasticidade da demanda deste bem em relação a variações no seu preço.

Estudaremos três tipos de elasticidade da demanda: a elasticidade-preço da demanda, elasticidade-renda da demanda e a elasticidade cruzada da demanda.

Prontos para começar?! Vamos ao trabalho!

> Elasticidade é uma medida de sensibilidade ou uma resposta da demanda em relação a variações em algum fator que afeta a quantidade demandada.

3.1 - Elasticidade da demanda

3.1.1 - Elasticidade-preço da demanda

Já sabemos que a quantidade demandada de um bem é influenciada pelo preço deste bem. Mais especificamente, podemos dizer que a quantidade demandada de um bem cai quando o preço deste bem aumenta. Dizendo de outra forma, a quantidade demandada é sensível a variações no preço.

A elasticidade da demanda de um bem em relação ao preço do bem mede quanto a demanda deste bem varia quando ocorre uma variação no seu preço; a elasticidade – preço da demanda é sempre negativa sinalizando a relação inversa entre preço e quantidade demandada.

Porém, cada produto tem uma sensibilidade diferente em relação ao preço. Para certos produtos, uma pequena alteração no preço pode provocar grandes alterações na quantidade demandada, estes são ditos muito sensíveis ao preço. Para outros, mesmo grandes alterações nos preços não causam grandes alterações na demanda; são os considerados pouco sensíveis ao preço. Por último, existem casos em que as quantidades demandadas variam exatamente na mesma proporção da variação dos preços.

Aqui, elasticidade e sensibilidade são termos equivalentes. Os diferentes graus de sensibilidade da demanda em relação ao preço podem ser medidos pelo conceito de elasticidade-preço da demanda. Elasticidade-preço da demanda é a relação existente entre as mudanças relativas ou percentuais observadas nas quantidades demandadas, decorrentes de mudanças relativas ou percentuais nos preços (VASCONCELLOS, 2008, p. 58).

A expressão para a elasticidade-preço da demanda é dada abaixo:

> $\eta = \Delta\%$ (na quantidade demanda) / $\Delta\%$ (do preço)
> η = elasticidade-preço da demanda
> $\Delta\%$ = variação percentual

Suponhamos que o preço de determinado produto sofra uma redução de 30% e as quantidades demandadas desse produto sofram um aumento de 30%. Utilizando a equação apresentada acima, a elasticidade-preço da demanda terá o valor unitário, ou seja, $|1.00|$. Dizemos que a demanda é unitária em relação ao preço, o que significa que uma redução nos preços provoca um aumento na quantidade demandada na mesma proporção.

Supondo, agora, que haja uma redução de 30% nos preços de algum bem e esta redução provoque um aumento de apenas 15% da quantidade demandada deste bem.

A elasticidade-preço da demanda será $|0.50|$, dizemos que a demanda é inelástica em relação ao preço, ou seja, uma redução nos preços provoca um aumento menos que proporcional na quantidade demandada, ou ainda, a quantidade demanda deste produto é pouco sensível a variações no preço.

O exemplo clássico demanda inelástica em relação ao preço é a demanda por produtos agrícolas, ou alimentos. Para estes produtos, mesmo um grande aumento nos preços irá refletir em pouca redução da quantidade demandada, pois estes bens são considerados essenciais, os consumidores têm que continuar consumindo-os mesmo com o preço mais elevado.

Isto não quer dizer que todos os consumidores irão continuar demandando a mesma quantidade de antes do aumento dos preços; haverá uma redução da quantidade demandada.

Porém, esta redução é muito pequena se comparada ao aumento do preço. Por último, se uma redução de 30% no preço de um bem causar um aumento de 45% na demanda deste bem, a elasticidade-preço da demanda por este bem será $|1.50|$.

Neste caso, a demanda é elástica em relação ao preço, pois uma redução dos preços causou um aumento mais que proporcional na demanda, ou ainda, a quantidade demandada é bastante sensível às variações no preço.

Repare que, nos três casos, usamos o símbolo de valor absoluto ou módulo no coeficiente de elasticidade-preço da demanda, para que este resultado fosse considerado positivo.

Na realidade, esse coeficiente é sempre negativo, pois preço e quantidade demandada possuem uma relação inversa, isto é, quando o preço diminui a quantidade demandada aumenta e quando o preço aumenta a quantidade demandada diminui (Lembram?). Continuaremos usando o resultado em valor absoluto para facilitar.

Podemos destacar que, quando a elasticidade- preço é maior que $|1.00|$, dizemos que a demanda é elástica em relação ao preço, pois a variação da quantidade demandada é maior que a variação do preço. Se a elasticidade-preço é menor que $|1.00|$, dizemos que a demanda é inelástica em relação ao preço, pois a variação da quantidade demandada é menor que a variação do preço (PINDYCK & RUBINFELD, 2002, p. 31).

> Elasticidade-preço da demanda pode ser: unitária, inelástica ou elástica.

Quatro fatores são os principais determinantes da elasticidade-preço da demanda:

• Essencialidade do produto: produtos essenciais têm baixas elasticidades-preço da demanda e a demanda é inelástica ao preço (PINHO & VASCONCELLOS, 2004, p. 126). Por exemplo: o gás de cozinha, mesmo que o preço aumente os consumidores não podem ficar sem consumi-lo;

• Hábitos: produtos para os quais os hábitos se tornaram

praticamente um vício possuem baixa elasticidade-preço da demanda e a demanda inelástica. Exemplo: cigarro;

• Substitutibilidade: quanto maior a quantidade de produtos que podem ser substituídos entre si, sua elasticidade-preço da demanda será alta (PINHO & VASCONCELLOS, 2004, p.126). Por exemplo: a manteiga tem vários substitutos quase que perfeitos, como a margarina, requeijão, queijo, maionese. Se houver um aumento do preço da manteiga, o consumidor poderá substituí-la por esses outros bens, diminuindo a quantidade demandada de manteiga. O contrário também acontece. Quanto menor a quantidade de substitutos para um bem, menor o grau de elasticidade (o sal de cozinha, por exemplo);

• Importância no orçamento: se um bem for de baixa importância no orçamento (sua demanda não afeta tanto o orçamento, caso o preço aumente), sua elasticidade-preço da demanda será baixa e a demanda inelástica em relação ao preço, se este for de grande importância, sua elasticidade será alta (PINHO & VASCONCELLOS, 2004, p. 126). Exemplos: a demanda por sal de cozinha possui baixa elasticidade e de carros tem alta elasticidade.

3.1.2 - Elasticidade-renda da demanda

A quantidade demandada de um bem também é influenciada pela renda do consumidor, então, podemos dizer que a demanda é sensível à renda. Novamente, voltamos a relacionar sensibilidade com elasticidade. Assim, a elasticidade-renda da demanda mede o que ocorre com a demanda de determinado bem quando a renda do consumidor varia (VARIAN, 2003, p. 296).

Se esse bem for um bem normal, essa variação será positiva, pois um aumento (redução) na renda do consumidor causa um aumento (redução) na quantidade demandada deste bem normal. Normalmente, os produtos têm elasticidade-renda positiva, pois um aumento da renda geralmente irá causar um aumento na demanda pela maioria dos produtos.

Porém, se estivermos considerando um bem inferior, essa variação será negativa, pois um aumento (redução) na renda do consumidor causa uma redução (aumento) na quantidade demandada do bem inferior. Um exemplo clássico desta situação é a demanda por carne de segunda; quando a renda de um indivíduo aumenta, a demanda por carne de segunda diminui.

> A elasticidade da demanda de bens normais é positiva enquanto a elasticidade da demanda de bens inferiores é negativa.

3.1.3 - Elasticidade cruzada da demanda

O conceito de elasticidade-cruzada da demanda por um bem advém da existência de bens substitutos e bens complementares a ele. Ela mede quanto a procura por um bem varia quando há uma variação no preço do bem substituto ou complementar a ele.

No caso dos bens substitutos Coca Cola e Guaraná,

sabemos que, um aumento no preço do Guaraná provocará uma queda na quantidade demandada de Guaraná, e ainda, como o Guaraná pode ser substituído pela Coca Cola cujo preço se manteve inalterado, a quantidade demandada de Coca Cola irá aumentar (VASCONCELLOS, 2002, p. 56). Por isso, a elasticidade cruzada da demanda de bens substitutos é positiva. A demanda pelo bem aumenta quando o preço do bem substituto a ele aumentar.

Tomemos, agora, como exemplo os bens substitutos carne de frango e carne bovina. Uma queda no preço da carne bovina causará um aumento na quantidade demandada desse bem. Mantendo o preço da carne de frango inalterado, poderá ocorrer uma queda na demanda de carne de frango.

Novamente, nesse caso a elasticidade cruzada da demanda de bens substitutos também será positiva, pois a demanda pelo bem diminui quando o preço do seu substituto diminui.

> A elasticidade cruzada da demanda de bens substitutos é positiva.

Se considerar dois bens complementares, automóveis e gasolina, um aumento no preço da gasolina provocará uma queda na demanda de gasolina. Mantendo o preço dos automóveis inalterado, haverá uma redução na demanda de automóveis (VASCONCELLOS, 2002, p. 56).

Assim, a elasticidade cruzada da demanda de bens complementares é negativa, pois a quantidade demandada do bem reduziu quando o preço do bem complementar a ele aumentou. Este efeito inverso explica por que a elasticidade cruzada da demanda de bens complementares é negativa.

> A elasticidade cruzada da demanda de bens complementares é negativa.

4 - Preço do bem, renda do consumidor e demanda

Nesta seção estudaremos um pouco mais a relação entre preço do bem e quantidade demandada e também a relação entre a renda do consumidor e a demanda.

Para entender esta seção será necessário ter em mente o que estudamos na Aula 03 a respeito da Teoria do Consumidor.

4.1 - Demanda, renda e preço

4.1.1 - Curva de renda-consumo

Sabemos que o consumidor busca sempre a máxima satisfação e que o máximo de consumo possível, porém, deve obedecer a sua restrição orçamentária. Um aumento do nível de renda do consumidor fará com que sua linha de restrição orçamentária se desloque para a direita.

A figura 07 mostra diversas curvas de indiferença e restrições orçamentárias de um consumidor hipotético. Ela mostra também como os aumentos da renda deslocam a linha de restrição orçamentária e afetam o equilíbrio do consumidor.

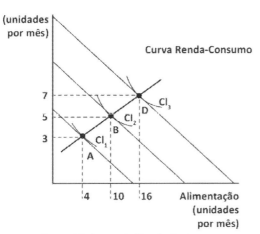

Figura 07. Curva de Renda-Consumo.
Fonte: Pindvck & Rubinfeld. 2002.

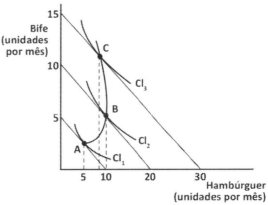

Figura 08. Curva de Renda-Consumo (bens inferiores)
Fonte: Pindvck & Rubinfeld. 2002.

Suponhamos que o preço de uma unidade de alimentação seja R$ 1,00 (um real) e o preço de uma unidade de vestuário seja R$ 2,00 (dois reais). Inicialmente, a renda do consumidor é de R$ 10,00 (dez reais), a escolha de consumo que maximize a utilidade encontra-se no ponto A, em que o consumidor adquire 04 unidades de alimentação e 03 de vestuário (PINDYCK & RUBINFELD, 2002, p. 98).

Se a renda do consumidor fosse aumentada para R$ 20,00 (vinte reais), mantendo-se os preços de alimentação e vestuário constantes, sua linha de restrição orçamentária seria deslocada para a direita da linha original. A escolha de consumo maximizadora de utilidade estaria no ponto B, em que ele adquire 10 unidades de alimentação e 05 de vestuário (PINDYCK & RUBINFELD, 2002, p. 98).

Por último, se sua renda fosse ampliada para R$ 30,00 (trinta reais), mantendo-se constantes os preços, sua restrição orçamentária deslocaria novamente e o consumo ideal do consumidor seria no ponto C, em que ele consome 16 unidades de alimentação e 07 unidades de vestuário (PINDYCK & RUBINFELD, 2002, p. 99).

Na figura 07, as combinações entre alimentação e vestuário que maximizam a utilidade do consumidor associadas aos níveis de renda, quando unidas, formam a chamada curva de renda-consumo.

Observe que esta curva se move da esquerda para posições à direita, pois tanto o consumo de alimentação como de vestuário aumentam quando o nível de renda aumenta. Observe também que, neste caso, a curva de renda-consumo possui inclinação positiva, pois a quantidade demandada aumenta com o aumento da renda. Isto sempre ocorre para bens normais: os consumidores desejam adquirir mais desses bens à medida que suas rendas aumentam (PINDYCK & RUBINFELD, 2002, p. 100).

No caso dos bens inferiores a quantidade demandada cai à medida que a renda dos consumidores aumenta, pois os consumidores desejam adquirir menos desses bens quando suas rendas aumentam (PINDYCK & RUBINFELD, 2002, p. 98).

A figura 08 mostra uma curva de renda-consumo para o caso de bens inferiores.

No eixo vertical temos diversas quantidades de bife (bem normal) e o no eixo horizontal estão as quantidades de hambúrguer (bem inferior) que o consumidor por escolher consumir em cada mês.

Note que, quando o nível de renda é relativamente baixo, tanto hambúrguer como bife são bens normais. Entretanto, à medida que a renda aumenta, o bem hambúrguer torna-se inferior e seu consumo cai com aumentos da renda e por isso, a curva de renda-consumo fica inclinada para a esquerda (PINDYCK & RUBINFELD, 2002, p. 101).

4.1.2 - Curva de Engel

A curva de Engel é a relação gráfica entre a quantidade consumida de uma mercadoria e o nível de renda. Ela é construída com base na curva de renda-consumo vista na seção anterior (PINDYCK & RUBINFELD, 2002, p. 101).

A figura 09 contém a construção da curva de Engel de um consumidor hipotético. No eixo vertical estão os níveis de renda do consumidor e no eixo horizontal tem-se a quantidade de alimentação que é consumida. Ao relacionarmos as combinações de renda e quantidade consumida construímos a curva de Engel.

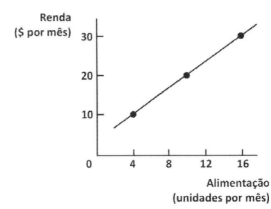

Figura 09. Curva de Engel (bens normais).
Fonte: Pindvck & Rubinfeld. 2002.

Para um nível de renda de R$ 10,00 o consumidor consome quatro unidades de alimentação. Com uma renda de R$ 20,00, ele passa a consumir 10 unidades deste bem. Finalmente, quando a renda é de R$ 30,00, o consumidor consome 16 unidades de alimentação. Note que a curva tem inclinação positiva, pois se trata do consumo de um bem normal (PINDYCK & RUBINFELD, 2002, p. 98).

Quando relacionamos os diferentes níveis de renda ao consumo de um bem inferior, a curva de Engel terá inclinação negativa, como ocorre com a curva mostrada na figura 10.

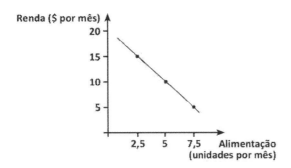

Figura 10. Curva de Engel (bens inferiores)
Fonte: Do autor.

No eixo vertical estão os níveis de renda do consumidor e no eixo horizontal tem-se a quantidade de alimentação que é consumida, nesse caso, trata-se de um bem inferior, por exemplo, carne de segunda.

Para um nível de renda de R$ 5,00 o consumidor consome 7.5 kg de carne de segunda ao mês. Com uma renda de R$ 10,00, ele passa a consumir 5 kg desse bem. Finalmente, quando a renda é de R$

15,00, o consumidor diminui o consumo de carne de segunda para 2.5 kg ao mês.

4.1.3 - Efeito renda e efeito substituição

Quando o preço de uma mercadoria diminui, acontecem dois efeitos: efeito renda e o efeito substituição.

Primeiramente, os consumidores têm um aumento de poder aquisitivo, pois aquelas cestas de bens que antes não eram acessíveis a ele passam a ser e todas as cestas que já eram acessíveis continuam sendo. Depois, os consumidores tenderão a consumir maior quantidade da mercadoria cujo preço foi reduzido e menor quantidade daquelas que agora se tornaram reativamente mais caras (PINDYCK & RUBINFELD, 2002, p. 103).

Estes dois efeitos normalmente ocorrem ao mesmo tempo, porém seria útil fazermos uma distinção entre eles. Esta distinção pode ser visualizada na figura 11.

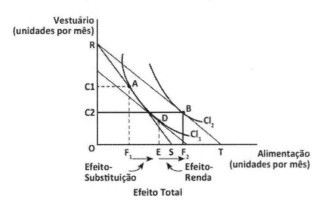

Figura 11. Efeito renda e efeito substituição.
Fonte: Pindyck & Rubinfeld. 2002.

Observe na figura que a linha de restrição orçamentária original é RS e o consumidor escolhe entre duas mercadorias: alimentação e vestuário. A cesta de consumo que maximiza a satisfação do consumidor, com base na sua restrição orçamentária original (RS) é a cesta A, sob a curva de indiferença CI1 (PINDYCK & RUBINFELD, 2002, p. 103).

Suponhamos que ocorra uma redução do preço da alimentação. A linha de restrição orçamentária mudará de posição (mas não se desloca, pois somente um bem teve variação do preço) sofrendo uma rotação para a direita e tornando-se RT. Agora, com a nova restrição orçamentária (RT) a cesta de mercado que maximiza a satisfação do consumidor é a cesta B, situada sob a curva de indiferença CI2. O fato desta cesta de mercado ter sido escolhida, embora a cesta A ainda esteja disponível, leva-nos a reconhecer que a cesta B é preferível em relação à cesta A. Assim, a redução do preço da alimentação permitiu que o consumidor aumentasse seu nível de satisfação (PINDYCK & RUBINFELD, 2002, p. 103).

Repare que inicialmente o consumidor adquiria OF1 unidades de alimentação e depois da alteração do preço, o consumo de alimentação elevou-se para OF2 unidades. Por outro lado, o consumo de vestuário sofreu redução, de OC1 para OC2 unidades. Lembre-se que alimentação tornou-se relativamente barata, ao passo que vestuário tornou-se relativamente caro. O efeito-substituição corresponde à variação no consumo de alimentação que ocorre em consequência da variação do preço da alimentação que a torna relativamente mais barata do que o vestuário (PINDYCK & RUBINFELD, 2002, p. 104).

É de extrema importância dizer que o nível de satisfação do consumidor é mantido constante e, portanto, o efeito-substituição é caracterizado pelo movimento feito ao longo da mesma curva de indiferença.

Na figura 11, o efeito-substituição pode ser medido desenhando-se uma linha de orçamento paralela à nova linha de orçamento RT (a qual reflete o preço mais baixo de alimentação) e que tangencie a curva de indiferença original CI1 (refletindo que o nível de satisfação permaneceu o mesmo). Dizendo de outro modo, a nova restrição orçamentária localiza-se abaixo da linha RT e toca a CI1 (PINDYCK & RUBINFELD, 2002, p. 105).

Quando o consumidor passa a considerar essa nova linha de orçamento, ele passará a consumir a cesta D, a qual contém OE unidades de alimentação. O efeito-substituição é então 10 unidades.

O efeito-renda, isto é, a variação do consumo causada pelo aumento do poder aquisitivo, mantendo-se constante o preço da alimentação, ocorre quando a linha de orçamento pontilhada desloca-se para a direita até a linha de orçamento RT (PINDYCK & RUBINFELD, 2002, p. 105).

O consumidor irá escolher a cesta B situada sob a curva de indiferença CI2. O aumento do consumo de alimentação de 20 para 27 unidades é a medida do efeito-renda, que é positivo, pois a alimentação é um bem normal.

Retomando a aula

Parece que estamos indo bem. Então, para encerrar essa aula, vamos recordar:

1 – Introdução à teoria da demanda

Conhecemos o princípio da Teoria da Demanda. Estudamos a relação entre a quantidade demanda de um bem e seu preço. Conhecemos a curva de demanda de determinado bem.

2 – Fatores que influenciam a quantidade demandada

Conhecemos os fatores que influenciam a quantidade demandada de um bem: preço deste bem, renda dos consumidores e preço de bens substitutos e complementares ao bem. Estudamos os fatores que causam deslocamento da curva de demanda de um bem.

3 – Sensibilidade da demanda

Estudamos o conceito de elasticidade da demanda. Conhecemos a elasticidade-preço da demanda e os fatores que a influenciam. Conhecemos também a elasticidade-renda da demanda e a elasticidade cruzada da demanda.

4 – Preço do bem, renda do consumidor e demanda

Analisamos a relação entre a Teoria da Demanda e a Teoria do Consumidor através do estudo da curva de renda-consumo, curva de Engel e dos efeitos substituição e renda.

Vale a pena

Vale a pena **ler,**

VASCONCELLOS, M. A. Sandoval. *Fundamentos de Economia*. 2. ed. São Paulo: Saraiva, 2008.

PINHO, Diva Benevides & VASCONCELLOS, Marco A. Sandoval de. *Manual de Economia*. 5. ed. São Paulo: Saraiva, 2004.

Minhas anotações

Minhas anotações

Aula 5º

Fatores da estrutura do mercado

Nesta aula analisaremos o primeiro tipo de estrutura de mercado, denominada concorrência perfeita. Prontos para começar?

Bons estudos!

Objetivos de aprendizagem

Ao término desta aula, vocês serão capazes de:

• compreender os fatores que determinam os tipos de estrutura de mercado;
• conhecer a estrutura de mercado ideal: concorrência perfeita;
• estudar as hipóteses de um mercado em concorrência perfeita;
• compreender o comportamento de uma empresa em concorrência perfeita no mercado em que atua.

Seções de estudo

1 – Introdução
2 – A Estrutura ideal de mercado

1 - Introdução

De acordo com Pinho e Vasconcellos (2004), estruturas de mercado são modelos que captam aspectos inerentes de como os mercados estão organizados.

As estruturas de mercado caracterizam-se basicamente pelos seguintes elementos: a quantidade de agentes vendedores (ou compradores) que atuam no mercado, o tipo de produto, ou seja, a natureza da mercadoria (ou fator de produção) negociada no mercado e, finalmente, a existência ou não de barreiras a entrada de novas empresas neste mercado (VASCONCELLOS, 2008, p. 95).

Analisaremos cada um destes elementos nesta primeira seção.

1.1 - Determinantes das estruturas de mercado

1.1.1 - A quantidade de agentes

Com relação à quantidade de agentes vendedores, não devemos levar em conta apenas o número de vendedores atuando no mercado, mas também a forma como eles reagem a variações de preço.

Por exemplo, em um mercado com poucos vendedores, quando um deles altera o preço da mercadoria, os demais vendedores captam essa alteração e ainda reagem alterando seu preço também. No mercado com muitos vendedores estes não reagem às alterações de preços.

Mercado atomizado: presença de grande quantidade de agentes e as decisões individuais dos agentes não influenciam as decisões dos demais agentes concorrentes. As empresas atuam como tomadores de preços e, isoladamente, jamais pressionarão o preço que vier a ser ditado pelo mercado.
Mercado não atomizado: presença de poucos agentes e as decisões individuais dos agentes terá influência sobre as decisões dos demais agentes concorrentes. As empresas que atuam nesses mercados são capazes de ditar os preços.

1.1.2 - Natureza do produto

Quanto à natureza das mercadorias, esta diz respeito ao fato de os bens e serviços negociados poderem ser idênticos ou diferenciados.

Se as mercadorias negociadas no mercado são idênticas, então, existem substitutos a elas. Nesse tipo de mercado, o produto é considerado homogêneo, ou seja, todas as empresas do mercado produzem exatamente o mesmo produto, portanto, eles são substitutos perfeitos.

Exemplos de mercado homogêneos: mercado de água mineral sem gás, floriculturas, commodities, cimento, etc.

Quando as mercadorias são diferenciadas, os compradores irão preferir uma delas em detrimento das demais. A diferenciação do produto ocorre quando existir preferência do agente por um produto em detrimento aos demais produtos do mercado, embora todos possam, em princípio, atender à mesma finalidade.

A diferenciação entre os produtos pode ser percebida pelo consumidor graças às características físicas do produto, como forma, durabilidade, cor, qualidade, tipo de embalagem, condições de uso, etc.

O consumidor também percebe a diferenciação devido à imagem que o produto transmite a ele, por exemplo, se esse produto tem uma imagem masculina ou feminina, ou ainda se sua marca (etiqueta) traz uma imagem de prestígio e status social.

1.1.3 - Barreiras à concorrência

Finalmente, quando analisamos a existência ou ausência de barreiras à entrada de novas firmas concorrentes no mercado, devemos levar em consideração o tamanho das empresas existentes no mercado, o tipo de produto negociado e também o nível tecnológico e de investimentos necessário para a boa atuação da empresa no mercado.

O entendimento de cada um destes elementos se tornará fácil à medida que estudarmos cada tipo de estrutura de mercado, suas principais hipóteses e características.

1.1.4 - Hipóteses básicas em todas as estruturas de mercado

Veremos nesta e na próxima aula como as firmas que trabalham em determinado mercado decidem quanto produzir de cada mercadoria, partindo-se da hipótese de que o objetivo das empresas é obter o máximo de lucro possível.

A decisão de quanto produzir para obter o lucro máximo não depende apenas dos custos de produção, mas também do poder de mercado que a firma tem.

Por exemplo, uma grande firma que possui total poder de mercado poderá reduzir sua oferta visando aumento do preço de seu produto em proveito próprio. O mesmo não ocorre com as pequenas firmas sem poder de mercado.

Essas afirmações parecem confusas à primeira vista, mas o entendimento ficará mais fácil ao longo do estudo desta aula.

2 - A estrutura ideal de mercado

A estrutura de mercado ideal é a chamada concorrência perfeita, a qual estudaremos nesta aula.

A estrutura de mercado caracterizada por concorrência perfeita é uma formulação irreal, ou seja, uma concepção ideal, porque os mercados altamente concorrenciais não existem. Na realidade o que existem são apenas aproximações desse modelo de concorrência perfeita.

Mesmo assim, é muito útil que estudemos esse tipo de

estrutura de mercado para que sejamos capazes de descrever e entender o funcionamento econômico das estruturas de mercado mais próximas da realidade e muito mais complexas.

O estudo das hipóteses e características de um mercado em concorrência perfeita é importante, pois nos permite construir um padrão de referência muito útil para entender e analisar o funcionamento concreto das demais estruturas de mercado (NUSDEO, 2008, p. 266).

2.1 - Concorrência perfeita

2.1.1 - Hipóteses de um mercado em concorrência perfeita

No mercado em concorrência perfeita existem as firmas perfeitamente competitivas. Uma firma perfeitamente competitiva é aquele que considera o preço do produto que comercializa neste mercado como dado e sabe que não pode controlá-lo ou influenciá-lo (VARIAN, 1993, p. 229).

Um mercado em concorrência perfeita se adéqua ao conjunto de hipóteses a seguir: mercado atomizado, produtos homogêneos, ausência de barreiras e transparência.

2.1.2 - Mercado atomizado

Esse mercado é composto de grande número de vendedores, firmas, produtores e empresas, os quais são tão pequenos em relação à dimensão do mercado que nenhum deles tem condições de isoladamente influenciar o preço do produto comercializado.

Cada firma participante deste mercado deve partir do pressuposto de que o preço de mercado não depende de seu próprio nível de produção, pois seja qual for a quantidade produzida, ela só poderá vendê-la a um preço: o preço será aquele vigente no mercado, por isso, dizemos que estas firmas são tomadoras de preço (VARIAN, 2003, p. 394). O preço é dado, e a empresa perfeitamente competitiva só precisará se preocupar com a quantidade a produzir.

Não existe habilidade das firmas para influenciar a procura de mercado através de mecanismos extrapreço, como propaganda, melhoria de qualidade, mecanismos de comercialização, etc.

Definitivamente, todas as firmas existentes nesse mercado são tomadoras de preço.

2.1.3 - Produto homogêneo

Neste mercado, os produtos produzidos por todas as empresas são homogêneos (idênticos, iguais) e, portanto, substitutos perfeitos entre si (PINHO & VASCONCELLOS, 2004, p. 185). Assim, os compradores são indiferentes quanto a firma que fabricou o produto; já que eles são idênticos, tanto faz comprar de uma firma ou de outra. Consequentemente, o produto com preço mais baixo será sempre preferido ao produto com preço mais elevado.

2.1.4 - Barreiras à concorrência

Existe livre acesso de qualquer empresa à produção do bem. Ou seja, sempre novas firmas podem entrar nesse mercado tendo como único obstáculo o custo de produção.

2.1.5 - Transparência

Esta hipótese implica na existência de informação perfeita no mercado. Isto é explicado pelo fato de todas as firmas e os compradores saberem a que preço está sendo vendida cada unidade do produto. Além disso, eles conhecem também a quantidade de produto que cada empresa existente no mercado produz (VASCONCELLOS, 2008, p. 96).

Dificilmente é possível enquadrar alguma atividade como um mercado em concorrência perfeita. O exemplo mais aproximado é o mercado da maioria dos produtos agrícolas.

No mercado agrícola, normalmente, existe um grande número de produtores comercializando o mesmo produto e livre entrada e saída de produtores (embora essa livre mobilidade envolva sempre algum período de tempo).

Hipóteses do mercado perfeitamente competitivo:

1. Atomicidade;
2. Homogeneidade;
3. Ausência de barreiras à concorrência;
4. Transparência.

2.2 - Curva de demanda da firma em concorrência perfeita

Do ponto de vista das empresas competitivas, a curva de demanda é uma restrição, pois ela diz qual é o preço máximo que se pode cobrar por uma mercadoria, dada a quantidade que se pretende vender dela.

Sabemos que a curva de demanda é negativamente inclinada, mas se considerarmos a curva de demanda de uma firma individual em um mercado em concorrência perfeita, ela muda. Observe a figura abaixo.

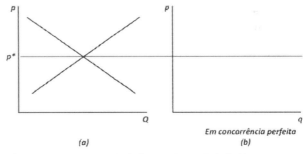

Figura 01: Curva de Demanda da Firma em Concorrência Perfeita.
Fonte: Vasconcellos, 2008.

A figura 01A mostra as curvas de oferta e demanda de mercado. O preço de mercado é determinado no ponto em que as duas curvas se cruzam. Esse ponto na figura é o ponto p*.

Para a firma em concorrência perfeita o preço é dado e ela não pode afetá-lo, para a firma em concorrência perfeita, resta aceitar o preço dado no mercado p*.

A hipótese de que a firma, individualmente, seja incapaz de alterar o preço do produto tem uma consequência importante, porque ela implica a curva com a qual a empresa se defronta é a linha horizontal com altura igual ao preço de mercado, como mostrado na figura 01B.

Perceba também pela análise gráfica da figura

01B, que a firma acredita que se cobrar um preço acima do preço de mercado não venderá nada de seu produto, pois como os produtos são homogêneos, os consumidores comprarão o mesmo produto mais barato de outras firmas. Por outro lado, se vendê-lo ao preço abaixo do preço de mercado ela terá toda a demanda do mercado a esse preço, o que seria irracional, pois ela pode vender o quanto quiser cobrando o preço de mercado então não vale a pena cobrar menos (VARIAN, 2003, p. 395).

Se vender ao preço de mercado ela poderá vender a quantidade que desejar.

Dessa forma, a curva de demanda de mercado é negativamente inclinada, mas a curva de demanda que a empresa individual em concorrência perfeita se defronta é horizontal.

> A empresa em concorrência perfeita venderá qualquer quantidade se cobrar o preço vigente no mercado!

2.3 - Receita marginal e receita média da firma em concorrência perfeita

Novamente, a empresa em regime de concorrência perfeita decide apenas a quantidade a ser vendida, pois o preço está fixado pelo mercado.

Assim, se o preço fixado pelo mercado for de "p" reais por unidade do produto, toda vez que a firma decidir vender uma unidade a mais, ela receberá sempre "p" reais por unidade adicional que vender.

Relembrando os conceitos de receita marginal e receita média vistos na aula 04, podemos concluir que a receita marginal (RMg) da empresa perfeitamente competitiva será de exatamente "p" reais, o mesmo acontecendo com a receita média (RMe).

São os "p" reais adicionais que ela recebe quando decide aumentar a quantidade vendida em uma unidade.

Assim, agora, podemos mostrar a curva de demanda da empresa perfeitamente competitiva como:

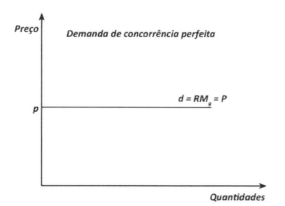

Figura 02: Curva de Demanda da Firma em Concorrência Perfeita
Fonte: Pinho & Vasconcellos. 2004. p. 186.

Perceba que a curva de demanda da firma perfeitamente competitiva é também a curva de receita marginal da firma.

2.4 - Maximização do lucro da firma em concorrência perfeita

Utilizaremos agora nossas descobertas a respeito das curvas de custos e de receitas e também o que vimos sobre maximização de lucros na aula 04.

Aliado a isso, está o fato de que uma firma em concorrência perfeita sabe que não pode influenciar o preço de mercado. E por último, iremos lembrar que a firma tem como objetivo a maximização de seu lucro.

O lucro de uma empresa (p) é dado pela diferença entre sua receita total e seu custo total.

$$LT = RT - CT$$

Sabemos também a definição matemática de receita, assim:

$$L = Q \cdot P - CT$$

Lembrando que a empresa em concorrência perfeita pode apenas decidir quanto irá produzir e não pode decidir qual será o preço de seu produto, já que este é definido pelo mercado.

Então podemos dizer que a receita, o custo e consequentemente o lucro máximo da firma depende da quantidade produzida (Q) por ela. Dessa forma, faremos:

$$LT = RT - CT \quad LT = Q \cdot P - CT$$
$$d(LT) / dQ = dRT / dQ - dCT / dQ = 0$$
$$d(LT) / dQ = RMg - CMg = 0$$
$$RMg - CMg = 0$$
$$RMg = CMg$$

Assim, o nível ótimo de produção, aquele que proporciona o lucro máximo da firma é obtido quando o custo marginal se iguala à receita marginal. Se a receita marginal for maior que o custo marginal, a firma ainda pode aumentar seus lucros se aumentar a produção. Se a receita marginal foi menos que o custo marginal, a firma deve diminuir sua produção, pois terá lucro negativo (VARIAN, 2003, p. 398). Graficamente, o lucro máximo ocorre no ponto em que a curva de receita marginal se cruza com a parte ascendente da curva de custo marginal.

Observe a figura abaixo.

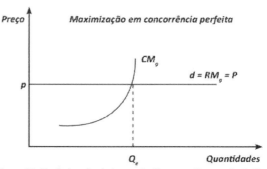

Figura 03: Maximização do Lucro da Firma em Concorrência Perfeita
Fonte: Pinho & Vasconcellos. 2004. p. 187.

Retomando a aula

Terminada nossa sétima aula, é hora de recordarmos os tópicos que acabamos de estudar.

1 – Introdução

Conhecemos os fatores que determinam os tipos de estrutura de mercado.

2 – A Estrutura Ideal de Mercado

Estudamos a estrutura de mercado ideal: concorrência perfeita. Nesta seção analisamos as hipóteses dessa estrutura de mercado. Analisamos também a curva de demanda e de oferta de uma empresa em concorrência perfeita, bem como a maximização de seus lucros.

Vale a pena

Vale a pena ler

VASCONCELLOS, M. A. S. de & LOPES, L. M. *Manual de Macroeconomia:* básico e intermediário. 2. ed. São Paulo: editora Atlas, 2000.

MANUAL DE ECONOMIA. Equipe de Professores da USP. 5. ed. São Paulo: Editora Saraiva, 2004.

Minhas anotações

Minhas anotações

Aula 6°

Análise da concorrência do mercado

Esta é a sexta aula de nosso guia de estudos, aqui continuaremos o conteúdo da disciplina de Economia e Mercado com a análise de três estruturas de mercado: monopólio, oligopólio e a concorrência monopolística. Vamos lá!

Bons estudos!

Objetivos de aprendizagem

Ao término desta aula, vocês serão capazes de:

• conhecer as hipóteses e características de um monopólio e o comportamento da firma monopolista no mercado;
• conhecer as hipóteses e características do oligopólio;
• conhecer as hipóteses e características da concorrência monopolística;
• conhecer as estruturas de mercado analisadas pelo lado da demanda.

Seções de estudo

1 - Mercado monopolista

O monopólio é uma estrutura de mercado completamente oposta à concorrência perfeita que acabamos de estudar na aula anterior.

Nesta seção analisaremos as hipóteses desta estrutura de mercado, levando em consideração aqueles fatores determinantes de todas as estruturas de mercado que já estudamos na aula anterior. Estudaremos também alguns exemplos de mercado monopolista existentes na economia mundial.

1.1 - Monopólio

1.1.1 - Hipóteses de um mercado monopolista

Um monopólio existe quando apenas uma firma detém toda a produção de determinada mercadoria e esta não possui substitutos próximos.

Para haver monopólio é preciso que novas empresas que se sintam atraídas a entrar nesse mercado sejam afastadas, caso contrário não haveria mais somente uma firma e deixaria de ser monopólio. Em outras palavras, a existência do monopólio depende da existência de barreiras à entrada de firmas concorrentes.

Entre as diversas barreiras à entrada de outras firmas podemos citar as barreiras legais, ou seja, quando fica determinado por lei que alguns produtos somente podem ser produzidos por determinada empresa, é um monopólio legal.

O caso das patentes seria um bom exemplo, já que a legislação da maioria dos países permite que a firma que desenvolveu e inventou determinado produto tenha seu monopólio durante certo período.

Outro tipo de monopólio legal é o caso da Petrobrás, ela detém por lei o monopólio do refino e extração de petróleo no Brasil.

Outra barreira é o controle do fornecimento de matérias-primas utilizadas na produção. O caso da Alcoa é um exemplo. A empresa detinha praticamente todas as minas de bauxita nos Estados Unidos, a matéria-prima básica da produção de alumínio, e, por isso, detinha também o monopólio da produção de alumínio.

Por último, existem as barreiras tecnológicas. Estas derivam do fato de que firmas de grande porte e com rendimentos crescentes de escala possuem um processo de produção mais econômico.

Dessa forma, ela é a única empresa que pode abastecer toda a demanda do mercado a um custo mais baixo do que o preço das eventuais firmas concorrentes. É o exemplo dos monopólios naturais, formados por uma firma gigantesca

que atuam em setores em que a oferta do mesmo produto das firmas menores é mais cara para os consumidores e estas acabam não tendo chance alguma de concorrer nesse mercado e são expulsas naturalmente.

> Exemplos de monopólios são os serviços de água esgoto e energia elétrica em uma cidade. Esse tipo de monopólio é estabelecido por concessão do setor público.

Quando existe somente uma firma no mercado é pouco provável que ela considere os preços como dados, como ocorre em concorrência perfeita (VARIAN, 2003, p. 435). Na qualidade de único produtor, se o monopolista decidir elevar o preço do produto ele não precisará se preocupar com os concorrentes que poderiam capturar todo o mercado, caso cobrassem um preço menor.

Mesmo assim, a firma monopolista sabe que não pode colocar um preço tão alto quanto desejar. Aliás, não deve fazer isso caso seu objetivo seja a maximização de lucros, pois venderá uma quantidade muito pequena.

Dessa forma, para qualquer preço determinado pela firma, ela só venderá aquilo que o mercado puder comprar. Se o preço for muito alto a demanda dos consumidores será menor.

> Hipóteses do Monopólio:
>
> 1. Uma única empresa, firma ou produtor.
> 2. Produto unido, sem substitutos.
> 3. Barreiras à concorrência.
> 4. Preço definido pela empresa monopolista.

1.2 - Maximização dos lucros da firma monopolista

Como temos no monopólio apenas uma firma, a curva de demanda do mercado por um produto torna-se a curva de demanda pelo produto elaborado por esta firma (VASCONCELLOS, 2008, p. 97).

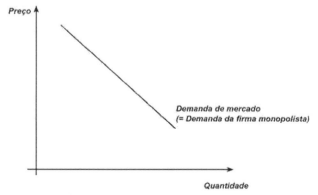

Figura 01: Curva de Demanda da Firma Monopolista
Fonte: Vasconcellos, 2008, página 98.

O quadro 01 mostra a receita total, receita média e receita marginal do monopolista.

Quadro 01: Receita da Firma Monopolista

Preço	Quantidade	Receita total	Receita marginal	Receita média
6,00	00	0,00	-	-
5,00	01	5,00	5,00	5,00
4,00	02	8,00	3,00	4,00
3,00	03	9,00	1,00	3,00
2,00	04	8,00	-1,00	2,00
1,00	05	5,00	-3,00	1,00

Fonte: Pindyck & Rubinfeld, 2002.

Com base no quadro acima construiremos um gráfico para mostrar as curvas de receita média, receita marginal e também a curva de demanda do monopolista.

Observe que a curva de demanda e as curvas de receita média para a firma monopolista coincidem. Isso é uma característica sempre presente em monopólio, pois dada a quantidade que um monopolista coloca à venda de sua mercadoria, o preço máximo que ele pode cobrar por ela é dado pela demanda do mercado.

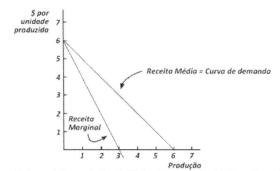

Figura 02: Curva de Demanda, Receita Média e Receita Marginal da Firma Monopolista
Fonte: Pindvck & Rubinfeld. 2002.

Ainda com base no quadro 01, observe que a receita total é nula quando o preço cobrado pelo monopolista é R$ 6,00 (seis reais), isso significa que a este preço nenhuma unidade de produto é vendida.

Porém, ao preço de R$ 5,00 (cinco reais) uma unidade é vendida e a este preço a receita total e a receita média do monopolista é R$ 5,00. A receita marginal do monopolista, ou seja, o acréscimo na receita total quando ele aumenta a quantidade vendida em uma unidade é também R$ 5,00.

Um aumento da quantidade vendida de 01 para 02 unidades resulta em um acréscimo da receita total de R$ 5,00 para R$ 8,00 e a receita marginal passa a ser R$ 3,00. Quando a quantidade vendida aumenta de 02 para 03 unidades a receita marginal cai para R$ 1,00, mas a receita total ainda aumenta. Ainda, quando o número de unidades vendidas aumenta de 03 para 04 unidades, a receita marginal torna-se negativa.

Enquanto a receita marginal for positiva (RMg > 0), a cada queda no preço e aumento na quantidade vendida causará aumento na receita total mais do que proporcional ao aumento do preço. Com o aumento da receita total, mantendo constantes os custos, haverá aumento do lucro do monopolista e, assim, vale a pena diminuir o preço e colher os frutos do aumento na demanda.

Contudo, a partir do ponto em que a receita marginal se torna negativa (RMg < 0), cada redução no preço e aumento na quantidade vendida causará redução na receita total. A queda na receita total, mantendo constantes os custos, provoca uma queda nos lucros do monopolista, então, este não irá reduzir seu preço.

Podemos concluir a partir desta análise que haverá um acréscimo na receita total quando a receita marginal for positiva. E por outro lado, haverá uma queda na receita total quando a receita marginal for negativa.

A figura abaixo mostra a maximização dos lucros da firma monopolista.

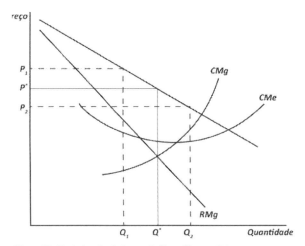

Figura 03: Maximização do Lucro da Firma Monopolista
Fonte: Pindvck & Rubinfeld. 2002.

Com base na análise do quadro 01 realizada acima, o lucro máximo do monopolista ocorre no ponto em que a receita total é igual ao custo total, mais ainda, no ponto em que a receita marginal se iguala ao custo marginal (RMg = CMg). Neste ponto, o monopolista não vê necessidade nem de aumentar e nem de reduzir a quantidade produzida e o preço de seu produto.

Vamos, agora, analisar a maximização do lucro do monopolista com base na figura 03. De acordo com a figura 03 a receita marginal e o custo marginal são iguais quando a firma monopolista produz Q* unidades. A partir desse ponto, ao subirmos em direção à curva de demanda, podemos visualizar que o preço cobrado pela firma será P*.

Para checarmos se o preço P* e a quantidade Q* realmente maximizam os lucros da firma, faremos a análise a seguir, baseada em Pindyck e Rubinfeld (2002).

Suponhamos que o monopolista produza uma quantidade mais baixa igual a Q1 unidades e receba o preço mais elevado P1. Nesse caso, a receita marginal seria maior que o custo marginal de modo que valeria a pena produzir um pouco mais e aumentar seus lucros.

De fato, o monopolista poderia continuar aumentado a quantidade produzida e seus lucros até atingir o nível de produção Q*, para esse nível, qualquer unidade adicional de produto não aumentará o lucro do monopolista. Portanto, a quantidade Q1 não maximiza os lucros do monopolista, mesmo que ele cobre um preço mais alto.

Se ele decide produzir a quantidade Q2 ao preço P2 terá um custo marginal maior que a receita marginal de modo que valeria a pena produzir um pouco menos do que Q2 para aumentar seus lucros. Obteria também o lucro máximo se reduzisse a quantidade produzida para Q*.

1.3 - Lucro normal e lucro extraordinário

No monopólio, existe uma única firma e a entrada de novas firmas alteraria a estrutura do mercado. É fácil concluir que o monopólio somente se mantém se a firma conseguir impedir a entrada de outras firmas no mercado.

Diversos fatores contribuem para expulsar a concorrência e pela manutenção do monopólio, dentre eles podemos destacar:

• A dimensão reduzida do mercado, ou seja, poucos consumidores para o bem. Se o mercado de uma firma for reduzido, é provável que ele permaneça no regime de monopólio, mesmo auferindo lucros vantajosos. Isso ocorre porque se outra firma entrar no mercado, como existe pouco mercado para o produto, o preço do produto poderá tornar-se tão baixo que as duas sofrerão prejuízo.

• A existência de patentes, que impede a produção de um dado produto por firmas concorrentes.

• A proteção oferecida por leis governamentais.

• O controle das fontes de suprimento de matérias-primas para a produção de seu produto.

Esses fatores representam vantagens ao monopolista, pois ele pode apresentar lucro maior que outros setores. Nesse sentido, é interessante distinguir lucro normal e lucro extraordinário:

• Lucro normal inclui a remuneração do empresário e o seu custo de oportunidade.

• Lucro extraordinário corresponde à situação do monopólio. A condição de único produtor permite ao monopolista auferir um lucro acima do lucro normal.

Contudo, é pouco provável que um monopólio se perpetue no longo prazo já que as patentes tornam-se obsoletas. Novos e mais refinados produtos são desenvolvidos por outras firmas, matérias-primas substitutas tornam-se disponíveis devido à constante inovação tecnológica e descobertas.

Adicionalmente, no longo prazo, o desenvolvimento tecnológico dá origem à produção de novos métodos e técnicas que determinam o surgimento de novos produtos, de melhor qualidade e substitutos daqueles bens anteriormente monopolizados.

A manutenção do monopólio no longo prazo somente é possível quando este é garantido por meio de leis governamentais. O governo pode estabelecer alguns instrumentos que podem exercer certo controle sobre o poder do monopólio, por exemplo, a regulamentação do preço do produto e a imposição fiscal.

1.4 - Custo social do monopólio

É fato que o monopólio implica em preços mais altos e quantidades de produto mais baixas em relação ao mercado em concorrência perfeita, ou seja, os consumidores pagam mais caro pelo produto e compram menos dele. Neste tipo de estrutura de mercado, os consumidores estão em pior situação e as empresas em melhor situação do que no mercado em concorrência perfeita (VARIAN, 2003, p. 443)

Além dos preços abusivos, como único produtor, acaba havendo ineficiência por parte da firma monopolista e até falta de estímulo para melhoria dos métodos produtivos.

Outra desvantagem do monopólio é a limitação que este impõe aos consumidores quanto às oportunidades de compra e escolha.

A conclusão a que se pode chegar é que a existência de monopólio ocasiona uma piora do bem-estar dos consumidores e uma melhoria da situação da empresa.

> Na ausência de concorrência, os preços são mais elevados e a qualidade dos produtos é inferior. Este é o custo do monopólio!

2 - Mercado oligopolista e mercado monopolisticamente competitivo

Nesta seção estudaremos dois tipos de estrutura de mercado considerados intermediários entre a concorrência perfeita e o monopólio: o oligopólio e a concorrência monopolística.

Nesta seção analisaremos as hipóteses dessas estruturas de mercado. Estudaremos também alguns exemplos de mercado oligopolista e monopolisticamente competitivo na economia mundial.

2.1 - Oligopólio

2.1.1 - Hipóteses

O oligopólio é caracterizado como uma estrutura de mercado em que um pequeno número de vendedores concorrentes entre si controla a oferta de determinada mercadoria, a qual pode ser homogênea ou diferenciada. A indústria automobilística e a indústria de bebidas são exemplos de oligopólio, mas na primeira há um pequeno número de grandes empresas dominando o mercado e na segunda há uma grande quantidade de empresas, mas poucas dominam o mercado (VASCONCELLOS, 2008, p. 99).

O que importa é que apenas poucas empresas são as responsáveis pela maior parte ou pela totalidade da produção desta mercadoria.

Além disso, existem barreiras que dificultam a entrada de novas firmas nesse mercado. Essas barreiras surgem porque as poucas firmas existentes são grandes tanto fisicamente como financeiramente e tecnologicamente, o que faz com que seja necessário que a firma que desejar entrar no mercado também detenha tal poderio para poder concorrer com as poderosas firmas já existentes.

As firmas presentes neste mercado devem ter uma estratégia de produção que envolve a definição do preço a ser cobrado e a quantidade a ser produzida.

Em oligopólio as firmas podem fixar as quantidades e os preços entre si, por meio de conluios ou cartéis (VASCONCELLOS, 2008, p. 99). Pode também haver uma situação em que uma empresa estabelece seu preço antes das demais, ela será a firma líder de preço e as demais serão as seguidoras. Do mesmo modo, uma firma pode escolher a quantidade que produzirá antes das outras e neste caso, ela será a líder de quantidade e as demais firmas serão as seguidoras.

São exemplos de oligopólios a indústria de automóveis, a indústria de tratores, a indústria de medicamentos veterinários, serviços de transporte aéreo e rodoviário, setores químicos e siderúrgico, entre outros.

A indústria automobilística é um ótimo exemplo de mercado oligopolizado. As firmas que compõe esse mercado realmente são fisicamente grandes, investem pesadamente em tecnologia, são muito bem supridas de capital para manter sua estrutura e seus investimentos e ainda, suas marcas são muito famosas no mercado. É o caso da Ford, Fiat, GM, Volkswagen entre outras.

2.2 - Concorrência monopolística

2.2.1 - Hipóteses

Um mercado monopolisticamente competitivo é bem semelhante ao mercado perfeitamente competitivo, pois em ambos existem muitas empresas e a entrada de novas firmas não é limitada.

Porém, ele difere da concorrência perfeita, pois nesse mercado os produtos são diferenciados entre si. A diferenciação de produtos pode ocorrer pelas características físicas, pela embalagem, ou pela forma como cada empresa promove suas vendas, aí entram a propaganda, o atendimento ao cliente, o fornecimento de brindes, a manutenção do produto, etc.

Cada empresa vende uma marca ou uma versão de um produto que difere em termos de qualidade ou aparência e cada empresa é a única produtora de sua própria marca. E por uma razão ou outra, os consumidores veem a marca de cada empresa como algo diferente e que a distingue das demais.

O desodorante Nivea é diferente do desodorante da marca Dove. A diferença está na imagem que o consumidor tem sobre a eficiência de cada um deles e na confiança que eles depositam no produto. E assim, aqueles consumidores que confiam mais na eficiência do desodorante Nivea estão dispostos a pagar mais por ele.

A Beiersdorf S.A. é a única produtora do Nivea, ela tem poder de monopólio na produção desse desodorante. Mas seu poder de monopólio é limitado já que os consumidores podem substituir o Nivea pelo Dove, caso o preço do primeiro fique muito alto.

Embora os consumidores prefiram Nivea e estão dispostos a pagar mais por ele, não estão dispostos a pagar um valor muito alto.

Nessa estrutura, cada firma tem determinado poder sobre a fixação de preços, mas pouco poder, pois a existência de substitutos próximos permite que os consumidores tenham alternativas para fugirem de aumentos de preços.

Exemplos de mercado em concorrência imperfeita são os vendedores de diferentes marcas de cigarros, de sabonete, de refrigerantes e de roupas.

Quadro 03: Resumo das Características

Características	Concorrência perfeita	Monopólio	Oligopólio	concorrência monopolística
1. quanto ao número de empresas	Muito grandes	Só há uma empresa	Pequeno	Grande
2. Quanto ao produto	Homogêneo. Não há quaisquer diferenças.	Não há substitutos próximos	Pode ser homogêneo ou diferenciado.	Diferenciado
3. Quanto ao controle das empresas sobre os preços	Não há possibilidades de manobras pelas empresas	As empresas têm grande poder para manter preços relativamente elevados, sobretudo quando não há intervenções restritivas do governo (lei antitrustes)	Embora dificultado pela interdependência entre as empresas, essas tendem a formar cartéis controlando preços e cotas de produção	Pouca margem de manobra, devido à existência de substitutods próximos.
4. Quanto à concorrência extrapreço (promoções, atendimento, propaganda, pós-venda, etc)	Não é possível nem seria eficaz.	A empresa geralmente recorre a campanhas institucionais, para salvaguardar sua imagem.	É intensa, sobretudo quando há diferenciação do produto.	É intensa excedendo-se pelas diferenças físicas, de embalagens e prestação de serviços complementares.
5. Quanto às condições de ingresso na indústria	Não há barreiras.	Barreiras ao acesso de novas empresas.	Barreiras ao acesso de novas empresas	Não há barreiras.

Fonte: Vasconcellos, 2008.

3 - Outras estruturas de mercado

O monopólio e o oligopólio são estruturas de mercado que analisam o lado da oferta de produtos e serviços. Existem estruturas de mercado que detêm as mesmas características gerais do monopólio e do oligopólio, mas a análise é feita pelo lado da demanda do mercado.

Nesta seção serão apresentadas as características dessas duas estruturas: o monopsônio, o oligopsônio e o monopólio bilateral.

3.1 - Estruturas de mercado do lado da demanda

3.1.1 - Mercado monopsônio

Nesse tipo de mercado, existe um único comprador ou demandante do produto e muitos vendedores.

A única empresa compradora pode impor um preço de compra do produto ou serviço. Esse preço pode ser fixado de acordo com os interesses dessa firma, já que ela é a única compradora, ou seja, a única cliente de todos os produtores do produto no mercado.

Podemos citar alguns exemplos de mercado caracterizado por monopsônio. Um deles seria a presença de uma grande usina siderúrgica em uma cidade, sendo ela a única empregadora de mão de obra.

Outro exemplo é a Petrobras como única compradora de álcool anidro e hidratado dos produtores. Também podemos citar uma grande indústria esmagadora de laranja em uma região onde existem muitos pequenos produtores de laranja não organizados em associações ou cooperativas.

3.1.2 - Mercado oligopsônio

Nesta estrutura de mercado existem poucos compradores, alguns deles ainda detêm parcela elevada do mercado, e muitos vendedores. Os compradores conseguem impor um preço de compra dos produtos aos produtores.

Tal preço de compra não deve desestimular os produtores, mas não é de magnitude que compense aos compradores executarem eles próprios a produção, ou seja, verticalizar a produção.

Exemplo clássico de oligopsônio é a relação entre a Sadia, Chapecó e Perdigão com os produtores de frango em Santa Catarina.

3.1.3 - Monopólio bilateral

O monopólio bilateral é caracterizado pela existência de apenas um produtor (um monopolista) e um consumidor (um monopsonista).

O preço e a quantidade precisam ser negociados pelos dois lados e são feitos por acordo, pois o monopolista deseja vender uma determinada quantidade de produto por um preço e o monopsonista deseja obter a mesma quantidade por um preço diferente daquele pretendido pelo monopolista.

Basicamente, o monopolista e o oligopsionista inicialmente acordam a quantidade a ser transacionada. O monopolista fixa o preço mínimo que irá aceitar na negociação e o monopsonista fixa o preço máximo que está disposto a pagar.

Finalmente, o preço do produto ficará entre os valores estabelecidos por cada uma das partes.

Retomando a aula

Terminada nossa oitava aula, é hora de recordarmos os tópicos que acabamos de estudar.

1 – Mercado monopolista

Estudamos as hipóteses e características do monopólio. Analisamos também a curva de demanda e de oferta da firma monopolista bem como a maximização de seus lucros.

2 – Mercado oligopolista e mercado monopolisticamente competitivo

Estudamos as hipóteses e características do oligopólio e da concorrência monopolística.

3 – Outras estruturas de mercado

Estudamos as características de estruturas de mercado

que analisam o lado da demanda: monopsônio, oligopsônio e monopólio bilateral.

Vale a pena

Vale a pena ler,

VASCONCELLOS, M. A. S. de & LOPES, L. M. *Manual de Macroeconomia:* básico e intermediário. 2. ed. São Paulo: editora Atlas, 2000.

MANUAL DE ECONOMIA. Equipe de Professores da USP. 5. ed. São Paulo: Editora Saraiva, 2004.

Minhas anotações

Aula 7°

As causas da inflação e o problema do desemprego

As três aulas anteriores foram dedicadas ao estudo da determinação do produto e da renda nacional pelo lado real e pelo lado monetário, bem como o equilíbrio tanto no mercado de bens e serviços como no mercado monetário. Agora, na aula 06, analisaremos dois grandes problemas econômicos que causam distorções em relação ao equilíbrio. Hora de começar!

Bons estudos!

Objetivos de aprendizagem

Ao término desta aula, vocês serão capazes de:

• conceituar inflação;
• identificar as causas da inflação e conhecer seus efeitos negativos na economia;
• analisar as causas da inflação brasileira a partir da década de 50 até a atualidade;
• entender os programas de estabilização econômica adotados no Brasil no mesmo período acima;
• conceituar desemprego;
• conhecer os tipos de desemprego.

1 - O problema da inflação

Inflação caracteriza-se pela elevação contínua, generalizada e prolongada dos preços de todos os bens produzidos na economia (PINHO & VASCONCELLOS, 2004, p. 364). Não se considerar inflação o aumento de preço de apenas um determinado produto e quando esse aumento ocorre em um curto espaço de tempo.

A Moeda de um país que vive períodos de inflação elevada fica com seu poder de compra corroído, diminuído, ou seja, a moeda perde seu valor no mercado.

Esta seção será dedicada ao estudo das possíveis causas da inflação e também das suas consequências para a economia como um todo.

1.1 - Inflação

1.1.1 - As causas da inflação

Os processos inflacionários podem ser classificados segundo os fatores que a ocasionam. A inflação pode ter suas causas na demanda agregada, nos custos de produção ou, ainda, nos mecanismos de indexação da economia. Estudaremos suas causas em detalhes.

1.1.2 - Inflação de demanda

Este é considerado o tipo mais clássico de inflação. Quando a economia está em pleno emprego de todos os recursos produtivos que possui, se houver um aumento da demanda agregada, a economia não terá condições de aumentar a oferta, pois já não possui recursos disponíveis para isso. Consequentemente, haverá um aumento no nível geral de preços do país.

Assim, pode-se afirmar que a inflação de demanda é causada pelo excesso de demanda em relação à quantidade disponível (ofertada) de bens e serviços.

Para combater esse tipo de inflação, o governo deve fazer políticas que provoquem uma redução da demanda por bens e serviços (PINHO & VASCONCELLOS, 2004, p. 369). Exemplo das ações governamentais: redução dos gastos do próprio governo para diminuir a quantidade de moeda em circulação na economia e fazer com que as pessoas tenham menos dinheiro para realizar suas transações (principalmente as compras); restrição ao crédito, que também reduz a disponibilidade de moeda com o objetivo de limitar a tomada de empréstimos e as transações por parte da população; aumento da carga tributária, a fim de reduzir a renda da população e o consumo.

Um exemplo de inflação de demanda ocorreu no período pós Segunda Guerra Mundial, quando a demanda era muito maior do que a capacidade de oferta da economia.

1.1.3 - Inflação de custos

A inflação de custos, também denominada inflação de oferta está relacionada diretamente com os custos de produção e a demanda agregada permanece inalterada.

A inflação de custos ocorre devido à redução na oferta de fatores de produção, consequentemente, os preços dos mesmos aumentam. Dado que o nível de demanda agregada permanece o mesmo, os produtores e empresas se deparam com menores chances de lucro. Assim, para não terem seus lucros reduzidos, os produtores e empresas repassam o aumento dos custos de produção ao preço dos produtos.

Um exemplo de inflação de custos é o aumento dos salários. Suponhamos que os sindicatos tenham poder para forçar um reajuste acima do nível de produtividade. Esse aumento eleva os custos de produção de bens e serviços e, por consequência, o preço do produto final (PINHO & VASCONCELLOS, 2004, p. 371). Como resultado do aumento dos custos de produção, a inflação sobe.

1.1.4 - Inflação inercial

Para entendermos do que se trata este tipo de inflação, é preciso antes entender o significado de indexação, um termo muito conhecido quando o assunto é inflação.

Indexação é um mecanismo de ajuste de preços, salários, aluguéis, tarifas, etc. baseado nas variações de seus valores no passado.

Assim, se houve aumento no nível de preços no período passado, esse aumento é automaticamente repassado aos preços no período corrente. Haverá, então, aumento no nível de preços correntes e, consequentemente, haverá aumento no nível de preços futuro.

Em outras palavras, a inflação passada é automaticamente repassada para o próximo período, fazendo com que sempre haja inflação, pelo menos a inflação passada. Os agentes da economia criam uma memória inflacionária, ou uma cultura inflacionária (NUSDEO, 2008, p. 322); é a perpetuação da inflação. Esse processo "auto realimentador" da inflação é chamado inflação inercial.

1.2 - Distorções causadas pela inflação

Inflação significa perda do poder aquisitivo da população do país que vive tal fenômeno, principalmente os assalariados, que vão ficando com seu orçamento cada vez menor, conforme a inflação aumenta, até que seus salários sejam reajustados.

A classe dos trabalhadores assalariados é a mais prejudicada pela inflação. Podemos dizer também que a inflação faz com que o dinheiro que as pessoas têm em mãos passe a valer menos, tanto no sentido monetário como no sentido de compra de bens e serviços (inflação corrói o poder de compra do dinheiro).

Além disso, a inflação faz com que o produto nacional fique mais caro se comparado ao produto estrangeiro (PINHO & VASCONCELLOS, 2004, p. 367). Dessa forma, as pessoas vão preferir comprar o produto estrangeiro, mais em conta, fazendo aumentar as importações e reduzir as exportações, prejudicando a balança comercial (exportações menos importações).

Durante períodos de inflação, as pessoas ficam com dinheiro em mãos menos tempo possível, pois o dinheiro logo perde seu poder de compra. Mesmo que sobre algum dinheiro, este não será aplicado em poupança ou na compra de títulos, mas sim na compra de imóveis e terras ou outros ativos mais seguros. Há, portanto, um desestímulo às aplicações no mercado financeiro.

É importante ressaltar que a inflação também causa influências negativas no setor produtivo da economia e, consequentemente, no crescimento econômico. A instabilidade dos preços e a crescente perda do poder aquisitivo da população fazem com que os empresários criem expectativas pessimistas com relação aos seus lucros futuros.

Assim, enquanto o pessimismo durar, os empresários não farão investimentos no setor produtivo, o que pode prejudicar o nível de emprego, renda e demanda, provocando mais efeitos negativos no setor produtivo.

2 - O processo inflacionário no Brasil: de 1950 aos dias de hoje

O processo inflacionário brasileiro se tornou muito conhecido e debatido mundialmente, políticos, economistas e estudiosos sobre o tema vinham para o Brasil apenas para entender como o país conseguia sobreviver com uma inflação tão elevada.

Esta seção fará um breve histórico do processo inflacionário brasileiro a partir de 1950, destacando as principais causas da inflação apontadas em cada período.

Aqui analisaremos também as características e medidas propostas pelos diversos planos econômicos de combate à inflação implantados no período: Plano Cruzado I e II, Plano Bresser, Plano Verão e Plano Collor I e II. Serão estudadas, também, as possíveis causas determinantes do fracasso destes planos. Finalmente, estudaremos o Plano Real.

A herança negativa deixada pelo longo processo inflacionário, com certeza, perdura até hoje. E, como se trata de um assunto tão debatido, porque não conhecê-lo um pouco mais?! Então vamos lá.

2.1 - Inflação na economia brasileira
2.1.1 - Anos 50

A inflação brasileira tornou-se crônica a partir de 1950 e, de acordo com estudiosos, durante toda esta década a inflação foi diagnosticada com inflação de demanda causada, principalmente, pelo elevado déficit do governo.

Naquela época, o governo precisava investir pesadamente na infraestrutura (transportes, rodovias, ferrovias, geração e distribuição de energia, saneamento etc.) necessária para que o setor produtivo produzir os bens e serviços demandados pela sociedade e levar o país ao crescimento econômico.

Porém, os serviços prestados pelo governo eram ineficientes e de baixa produtividade e, ainda, como a renda per capita brasileira era muito baixa, o governo não podia aumentar os impostos.

Consequentemente, a receita do governo era baixa frente aos gastos elevados. Como o governo poderia, então, financiar o crescimento econômico se não podia aumentar os impostos? A medida tomada foi a emissão de moeda.

Emitir moeda para financiar seus gastos com investimento provocou aumento da quantidade de moeda em circulação, os cidadãos em geral tiveram mais acesso ao dinheiro e aumentaram o consumo, aumentando a demanda agregada. Como a oferta agregada não conseguiu acompanhar o aumento da demanda, o resultado obtido foi a inflação de demanda.

2.1.2 - Período de 1964 a 1973

O início dos anos 60, particularmente, 1963 e 1964, foi marcado por uma inflação alta, em torno de 100% ao ano. Mais uma vez, afirma-se que a inflação tenha sido causada pelo elevado déficit do governo, o qual provocou aumento na emissão de moeda e alta nos preços.

A partir de 1964, o governo adotou medidas rigorosas de combate à inflação: controle dos meios de pagamento (política monetária) e contenção do déficit governamental (política fiscal). Tais medidas reduziram a inflação para aproximadamente 30% em 67.

O período de 1964 a 1973 foi marcado pelo "milagre econômico" brasileiro, devido ao elevado crescimento econômico registrado na época. Neste período as altas taxas de crescimento da produção contribuíram para o enfraquecimento da inflação a qual fechou em torno de 15% em 1973.

2.1.3 - Após 1973 - crise do petróleo

A partir de 1973, fatores internos e, principalmente, externos levaram a inflação brasileira a taxas elevadas.

O conhecido choque do petróleo em 1973 (fator externo), quando o cartel da OPEP (Organização dos Países Exportadores de Petróleo) impôs o aumento do preço desta importante commodity, provocou alta generalizada nos níveis de preços mundiais e, claro, brasileiros também.

Na mesma época, o governo brasileiro adotara o programa de substituição de importações nas áreas de energia, aço, minérios e bens de capital, o que elevou os gastos públicos e, consequentemente, as taxas de inflação (fator interno).

Outro fator que contribui para a elevação da inflação nesse período foi o aumento da dívida externa brasileira (fator interno).

Para Refletir

Os planos de estabilização da inflação de 1964 a 1973 são chamados planos ortodoxos de estabilização. Estes defendem que a causa da inflação é o elevado gasto público, o qual leva ao aumento dos meios de pagamento e acarreta a inflação de demanda.

Para controlar a inflação, os planos ortodoxos utilizam medidas como: controle dos gastos do governo, da oferta de moeda e da demanda.

2.1.4 - Década de 1980 e início dos anos 1990

No início da década de 80, a inflação brasileira alcança níveis altíssimos, até atingir mais de 300% em 1986. A inflação nesta época era caracterizada como inflação inercial, ou seja, a inflação passada era automaticamente repassada à inflação presente.

Este período foi marcado por remarcações sucessivas nos preços dos produtos e serviços, os agentes econômicos já criavam expectativas de que haveria inflação futura baseando-se na inflação corrente, o que realimentava ainda mais a inflação e criava uma memória inflacionária.

A partir de 1986 até 1994, o governo brasileiro adotou uma séria de planos de estabilização da inflação. Cada um deles será apresentado a seguir.

Plano Cruzado I e II
Presidente: José Sarney
Ministro da Fazenda: Dilson Funaro
Medidas propostas no Plano Cruzado I:
• criação de uma nova moeda (reforma monetária), denominada Cruzado (Cz$) que substitui o Cruzeiro;
• congelamento de preços dos bens e serviços;
• congelamento da taxa de câmbio, salários, aluguéis e taxa de câmbio;
• congelamento dos salários. Obteve o valor da média dos salários nos 06 últimos meses e o salário ficou congelado neste valor;
• reajuste dos salários sempre que a inflação alcançasse o patamar de 20%, o que ficou conhecido como "gatilho salarial" (SOARES, 2011);
• fim da correção monetária ou desindexação da economia com o objetivo de acabar com o caráter inercial da inflação.

Medidas propostas do Plano Cruzado II:
• descongelamento dos preços dos bens e serviços e dos aluguéis (que poderiam ser negociados entre inquilinos e proprietários);
• aumento de impostos sobre bebidas e cigarros (no intuito de reduzir o déficit público);
• aumento das tarifas públicas (no intuito de reduzir o déficit público);
• reindexação da economia.

Período de vigência: 1986-87

Causas do fracasso:
• muitos preços ficaram congelados abaixo da rentabilidade desejada pelo produtor ou empresa e até mesmo abaixo do custo de produção, isso provocou desabastecimento e queda na qualidade dos produtos;
• a demanda de bens e serviços aumentou e, como os produtores e empresas viam chances de vender seus produtos a preços maiores, principalmente aqueles produtos de primeira necessidade como leite, pão, carne e alimentos em geral, pois havia demanda para seus produtos, consequentemente, os próprios produtores e consumidores acabaram burlando o congelamento;

• não houve controle dos gastos do governo;
• o congelamento da taxa de câmbio fez com que as reservas internacionais diminuíssem consideravelmente;
• a baixa taxa de juros desincentivou a poupança e incentivou o consumo.

Plano Bresser
Presidente: José Sarney
Ministro da Fazenda: Luiz Carlos Bresser Pereira
Medidas propostas:
• manteve o congelamento dos preços, aluguéis e salários;
• desativou o gatilho salarial;
• para diminuir o déficit público aumentou os tributos, eliminou os subsídios do trigo e adiou algumas obras de grande porte;
• redução do índice de rendimento das cadernetas de poupança.

Período de vigência: 1987-88

Plano Verão
Presidente: José Sarney
Ministro da Fazenda: Maílson Ferreira da Nóbrega
Medidas propostas:
• criação de uma nova moeda (reforma monetária), denominada Cruzado Novo (CzN$) que substitui o Cruzado;
• congelamento de preços e salários;
• redução do índice de rendimento das cadernetas de poupança.

Período de vigência: 1989-90

Saber Mais
Pode-se afirmar que a principal causa do fracasso dos planos acima foi a rápida monetização da economia
→ muita moeda em circulação, aumenta a demanda e puxa a alta dos preços.

Plano Collor I e II
Presidente: Fernando Collor de Mello Ministro da Fazenda: Zélia Cardoso de Melo Medidas propostas:
• criação de uma nova moeda (reforma monetária), denominada Cruzeiro (Cr$), que substitui o Cruzado Novo;
• bloqueio por 18 meses dos saldos em conta correntes, cadernetas de poupança e outros investimentos, cujo valor fosse superior a Cr$ 50.000,00;
• congelamento dos preços e salários para, mais tarde, serem descongelados gradualmente;
• aumento dos impostos e das tarifas públicas e criação de novos impostos;
• redução dos investimentos públicos, cortes nos subsídios e incentivos fiscais;
• redução dos gastos de custeio da administração pública com demissão de funcionários públicos;
• privatização de algumas empresas estatais (a Usiminas é a primeira estatal a ser privatiza, o leilão ocorreu em outubro de 1991);
• início da abertura comercial e redução gradativa das alíquotas de importação. A abertura comercial provocaria

entrada de produtos estrangeiros e empresas estrangeiras no Brasil, o que estimularia a concorrência no setor industrial e controlaria a inflação;

• elevação nos juros.

Período de vigência: 1991-93

Resultados: o Plano Collor deixou para o Brasil a maior recessão de sua história. Causou aumento no desemprego, falências, queda na produção e no PIB brasileiro.

> Os planos de estabilização da inflação da década de 80 são chamados planos heterodoxos de estabilização. Para acabar com a inflação inercial estes planos utilizam o congelamento dos preços, aluguéis, salários e câmbio.

2.1.5 - Junho de 1994 até hoje

Ainda no final de 1993, o governo brasileiro, cujo Presidente da República era Itamar Franco e o Ministro da Fazenda era Fernando Henrique Cardoso, lançou as bases do programa de estabilização econômica mais bem sucedido da economia brasileira, capaz de controlar e reduzir a inflação brasileira, aumentar o poder de compra da população e, finalmente, gerar crescimento econômico.

Este plano, vigente na economia brasileira até hoje é denominado Plano Real. O objetivo do Plano Real era alcançar, simultaneamente, o controle da inflação e um novo tipo crescimento econômico caracterizado pela abertura comercial e incentivo a concorrência no mercado.

O plano foi elaborado em três etapas:

• a primeira etapa do plano ocorre entre 1993 e 1994 e ficou conhecida como ajuste fiscal. Nesta etapa foi realizado o equilíbrio das contas públicas (LACERDA ET. AL., 2006, p. 229) com redução das despesas do governo através de cortes em investimentos, cortes nos gastos públicos e demissão de funcionários públicos; e aumento na receita do governo, através do aumento em 5% em todos os impostos federais;

• criação da URV (Unidade Real de Valor), a qual servia como moeda e tinha seus valores diários publicados pelo Banco Central, sem levar em conta qualquer tipo de influência dos preços passados e, portanto, garantindo o poder de compra da população. A criação da URV promoveu a bem sucedida desindexação da economia;

• lançamento da moeda definitiva e utilizada até hoje: o Real (R$).

> O Plano Real também é um plano ortodoxo.

O sucesso do Plano Real deve-se às seguintes medidas adotadas:

• desindexação da economia. Era necessário acabar com a memória inflacionária e com o processo de autorrealimentação da inflação com base na inflação passada, o que fazia com que a inflação atingisse níveis cada vez mais altos. Além disso, o plano queria acabar com as remarcações de preços. Para atingir estes resultados, foi realizada a desindexação da economia,

com a criação, primeiramente, da URV e, posteriormente, do Real (R$). Além disso, os preços passaram a ser reajustados anualmente (não mais diariamente como acontecia antes do plano) com base nos custos de produção (não mais com base na inflação passada);

• privatizações. As privatizações de empresas estatais tinham como principais objetivos reduzir os gastos do governo com investimentos e possibilitar a modernização destas empresas. As privatizações se provaram bem sucedidas, já que os investimentos no setor produtivo passaram a ser realizados pela iniciativa privada, utilizando recursos próprios ou financiamentos. Além disso, as empresas se mostraram mais produtivas depois de privatizadas, a qualidade dos produtos aumentou e o preço caiu. Sem falar que as empresas, agora privadas, pagam impostos ao governo, aumenta a receita do mesmo;

• equilíbrio fiscal. Como já explicado acima era preciso enxugar a máquina pública e reduzir o tamanho do governo, cortando despesas com investimentos e folha de pagamento;

• abertura econômica. Havia certo receio de que, a exemplo do que ocorreu no Plano Cruzado, o excesso de demanda provocasse uma crise de abastecimento e o aumento dos preços. Portanto, era necessário aperfeiçoar a indústria brasileira, pois assim, haveria aumento da produção e uma maior oferta de produtos. Por isso, a abertura comercial teve papel importante no sucesso do plano, as tarifas de importação foram reduzidas gradualmente e foi incentivada a entrada de empresas e serviços estrangeiros;

• políticas monetárias restritivas. A taxa de juros e o depósito compulsório foram mantidos em altos níveis. Com uma alta taxa de juros, a demanda por empréstimos é reduzida e um alto compulsório (os bancos comerciais têm que deixar uma grande parcela dos depósitos à vista depositados no Banco Central), a quantidade de dinheiro disponível nos bancos comerciais para fornecer empréstimos e financiamentos seria menor;

• contingenciamento. A nova moeda brasileira foi mantida artificialmente valorizada em relação ao dólar. Com o Real valorizado, as importações seriam estimuladas, possibilitando o aperfeiçoamento da indústria e a maior oferta de produtos.

As duas últimas medidas e suas implicações serão estudadas em detalhes nas aulas 07 e 08, respectivamente.

3 - O problema do desemprego

O desemprego é, sem dúvida alguma, uma das principais preocupações das autoridades governamentais e do público em geral. Isto se justifica porque o desemprego afeta a economia tanto no lado do consumo como no lado da produção.

Analisando pelo lado da produção, desemprego significa desperdício de um dos principais fatores de produção: o trabalho. Este desperdício afeta a produção, pois os trabalhadores desempregados poderiam estar produzindo bens e serviços para atender as necessidades da coletividade.

Pelo lado do consumo, o desemprego significa um desestímulo à demanda. Pois os trabalhadores desempregados não recebem renda, o que é um desincentivo ao consumo e à demanda agregada.

Não podemos esquecer-nos de mencionar o impacto social do desemprego, já que este traz consigo uma série de dificuldades para o desempregado, entre elas a redução do padrão de vida, problemas familiares, angústia, etc.

3.1 - Desemprego

3.1.1 - Força de trabalho, desemprego e taxa de desemprego

Primeiramente, é preciso entender o conceito de força de trabalho. Esta é definida como a quantidade de pessoas que estão trabalhando mais as pessoas que estão procurando trabalho.

Em outras palavras, o total da força de trabalho de um país é o total dos empregados mais os desempregados. Vale lembrar que, as pessoas que estão desempregadas, mas não estão à procura de trabalho, não fazem parte da força de trabalho.

Desemprego, por sua vez, é definido como o conjunto de pessoas dentro de uma determinada faixa etária "ativa" (geralmente entre 14 e 65 anos de idade) que estão sem emprego e disponíveis para trabalhar e, ainda, que estão procurando por trabalho.

Finalmente, a taxa de desemprego é definida como a quantidade de pessoas desempregadas em proporção ao total da força de trabalho. Infelizmente, todo país possui uma taxa natural de desemprego, ou seja, todo país possui um nível médio de desemprego.

Tipos de Desemprego

Abaixo estão citados e explicados os tipos de desemprego. O entendimento de cada um deles fica melhor quando analisados os exemplos.

3.1.2 - Desemprego estrutural

Este tipo de desemprego está relacionado com a mudança na estrutura da economia e do mercado de trabalho, graças a uma inovação tecnológica ou o surgimento de uma nova máquina. Neste caso, a vaga do trabalhador é substituída por máquinas ou por processos de produção mais modernos.

Uma inovação tecnológica na produção agrícola que possibilite que a mesma quantidade de produto seja obtida utilizando uma menor quantidade de mão de obra irá causar um desemprego estrutural. A inovação tecnológica acaba expulsando os trabalhadores do campo.

3.1.3 - Desemprego friccional

Diz respeito ao tempo necessário para o trabalhador adequar suas habilidades de trabalho às novas exigências da economia e do mercado de trabalho. Pode ser também o tempo necessário para um trabalhador que saiu de um trabalho, conseguir se encaixar em outro.

Um exemplo de desemprego friccional foi a invenção do computador que reduziu a procura por máquinas de escrever, assim, a produção de máquinas de escrever também caiu até serem extintas. Consequentemente, os trabalhadores nas fábricas de máquinas de escrever ficaram sem emprego enquanto a demanda por trabalhadores na indústria de computadores aumentou.

Os trabalhadores irão se adequar à mudança ocorrida na economia para atender as exigências da economia e do mercado de trabalho. Podemos dizer que os trabalhadores irão ficar desempregados até o momento em que estiverem hábeis e puderem migrar para o novo mercado em expansão (neste caso, a indústria de computadores). Este fato pode ser caracterizado como desemprego friccional.

Suponhamos que um aumento do preço do petróleo torna sua produção mais lucrativa e a demanda de trabalhadores no mercado produtor de petróleo aumenta. Por outro lado, o aumento do preço do petróleo provavelmente irá provocar uma queda na demanda de automóveis, consequentemente, a produção da indústria automobilística irá diminuir e a demanda por trabalhadores nesta área também irá cair.

Estes novos trabalhadores desempregados poderão se adequar a exigência do mercado em ascensão (neste caso o mercado produtor de petróleo) e migrar para este. Mais uma vez, o tempo necessário para os trabalhadores adequarem suas habilidades ao novo mercado causa um desemprego friccional.

3.1.4 - Desemprego de espera

Ocorre quando o salário está muito elevado e faz com que a oferta de trabalho seja maior que a demanda. Neste caso, os indivíduos não estão desempregados, pois estão se adequando às mudanças e exigências da economia e do mercado de trabalho (como ocorre no desemprego friccional). Os indivíduos estão desempregados, pois estão esperando que os salários caiam e as empresas comecem a demandar mais trabalho.

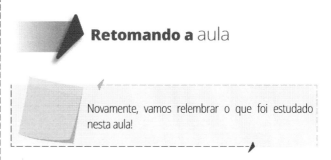

Retomando a aula

Novamente, vamos relembrar o que foi estudado nesta aula!

1 - O problema da inflação

Nós nos dedicamos ao estudo da inflação, seu conceito, suas causas e as distorções que provoca na economia.

2 - O processo inflacionário no Brasil: de 1950 aos dias de hoje

Estudamos o processo inflacionário brasileiro de 1950 até hoje, identificando as causas da inflação em cada período e os planos de estabilização adotados.

3 - O problema do desemprego

Falamos um pouco sobre a questão do desemprego, foram apresentados alguns conceitos e tipos de desemprego.

Vale a pena

Vale a pena **ler**

GREMAUD, Amaury P., VASCONCELLOS, Marco A. S. & TONETO Jr., Rudinei. *Economia Brasileira Contemporânea.* 7ª edição. São Paulo: Atlas, 2008.

PINHO, Diva Benevides & VASCONCELLOS, Marco A. Sandoval de. *Manual de Economia.* 5ª edição. São Paulo: Saraiva, 2004.

VASCONCELLOS, M. A. S. de & LOPES, L. M. *Manual de Macroeconomia:* básico e intermediário. 2ª edição. São Paulo: Atlas, 2000.

Vale a pena **acessar**

<http://www.sociedadedigital.com.br/artigo.php?artigo=114&item=4>.

<http://www.idec.org.br/cyberativismo/planocollor/saibamais.htm>.

<http://www.sociedadedigital.com.br/artigo.php?artigo=112&item=4>.

<http://www.sociedadedigital.com.br/artigo.php?artigo=115>.

<http://www.youtube.com/watch?v=7KHza2R-C-E>.

<http://www.youtube.com/watch?v=AXjU8csvJJg>.

Minhas anotações

Minhas anotações

Aula 8º

Efeito econômico

Qual é a razão de se estudar as variáveis macroeconômicas? A resposta é simples: elas são a fonte de informação sobre a economia e estas informações são de extrema relevância para todos os participantes da economia.

As três variáveis macroeconômicas de maior importância e, por isso, mais utilizadas na economia são: o nível de produção, o índice de preços ao consumidor (o qual mede o nível de preços) e a taxa de desemprego.

Esta aula se dedica a estudar a determinação e o comportamento do produto agregado. Em aulas seguintes estudaremos o comportamento do nível de preços e da taxa de desemprego de uma economia. Prontos para mais uma aula?!

— Bons estudos!

 Objetivos de aprendizagem

Ao término desta aula, vocês serão capazes de:

- conhecer os principais agregados macroeconômicos;
- compreender o fluxo circular da renda;
- conhecer os agregados macroeconômicos em uma economia aberta e com governo;
- diferenciar PIB (Produto Interno Bruto) e PNB (Produto Nacional Bruto).

Seções de estudo

1 - Economia com 02 setores

Nesta primeira seção consideraremos uma economia hipotética onde existem apenas dois agentes: os indivíduos (ou famílias) e as empresas. Uma economia com apenas 02 setores é também chamada economia fechada e sem governo.

É estranho imaginar um país onde não há governo e também não há transações econômicas com o exterior, mas, por ora, levaremos em conta a hipótese de que existem apenas 02 agentes econômicos apenas para simplificar.

1.1 - Conceitos básicos: produto, renda e despesa

1.1.1 - Produto nacional

O produto nacional, também conhecido como produto agregado, é considerado a melhor medida do desempenho de uma economia no sentido de satisfazer a necessidade da sociedade. O valor monetário do produto nacional de uma economia expressa o valor de toda a sua atividade econômica.

Mais ainda, o produto nacional é igual à renda total de todas as pessoas no país e igual à despesa total do país na produção de bens e serviços. A esta altura você pode estar se questionando: como o produto pode medir tanto a renda das pessoas como a despesa envolvida na produção? Saberemos adiante!

O produto nacional é o somatório em unidades monetárias de todos os bens e serviços finais produzidos por um país em determinado período (VASCONCELLOS, 2000, p. 26), geralmente um ano. Em termos matemáticos, temos:

$$\text{Produto Nacional} = \Sigma\ \mathbf{P.Q}$$

Onde:
P = preço médio dos bens e serviços finais;
Q = quantidade de bens e serviços finais;
P.Q = valor da produção em unidades monetárias.
Σ = somatória

1.1.2 - Renda nacional

A renda nacional representa a remuneração ou os pagamentos feitos a todos os fatores de produção utilizados nessa economia para obtenção do produto agregado (PINHO & VASCONCELLOS, 2004, p. 274), durante o período de um ano.

Cada fator de produção utilizado possui uma remuneração. A remuneração do trabalho, por exemplo, um importante fator empregado na produção de bens e serviços finais, é o salário.

Tem-se também como fator de produção o capital: tanto o capital físico como as máquinas, equipamentos e edificações, como o capital monetário. A remuneração do capital físico são os aluguéis e a remuneração do capital monetário são os juros.

A capacidade empresarial ou gerencial também é um fator de produção e por isso também recebe remuneração, denominada lucro.

Visto isto, temos que a renda agregada será:

$$\text{Renda Nacional} = \Sigma\ (\text{salários} + \text{aluguéis} + \text{juros} + \text{lucros})$$

Concluindo, perceba pela equação acima que a renda de toda a economia é a soma de todos os pagamentos feitos a todos aqueles que participaram do processo de produção ou de geração do produto nacional.

1.1.3 - Despesa nacional

Finalmente, a despesa nacional representa os gastos dos diferentes agentes econômicos com o produto nacional (PINHO & VASCONCELLOS, 2004, p. 278), utilizando suas rendas. Como estamos considerando uma economia hipotética, ou seja, fechada e sem governo, os agentes econômicos são apenas as famílias e as empresas que atuam no país.

A despesa nacional de uma economia fechada e sem governo é obtida somando-se os gastos das famílias com o consumo de bens e serviços e os gastos das empresas com investimento. A fórmula da despesa nacional será:

$$DN = C + I$$

Onde DN = despesa nacional;
C = consumo agregado.
I = investimento

O item consumo refere-se a todos os bens e serviços comprados pelas famílias. Os bens podem ser classificados em bens não duráveis e duráveis; os bens não duráveis são aqueles que duram um curto período de tempo como os alimentos, por exemplo, enquanto os bens duráveis são os que duram mais tempo, como os automóveis e os eletrodomésticos. Os gastos com serviços são representados pelos gastos com hospedagem, passagens aéreas, salão, consulta médica, educação, entre outros (MANKIW, 2000, p. 20).

O investimento pode ser dividido em investimento das empresas em novas instalações, máquinas, equipamentos; investimento em estoques e também em investimento habitacional, ou seja, a compra de residências pelas famílias ou indivíduos. Os dois primeiros tipos de investimento serão explicados novamente a seguir.

1.1.4 - Fluxo circular da renda

Agora, depois de conhecermos os três primeiros conceitos básicos de produto, renda e despesa nacionais, podemos seguir a análise de nossa economia simplificada.

Além da hipótese de que existem apenas dois agentes econômicos, iremos considerar também que nesta economia é produzido um único bem e, ainda, que existem apenas dois mercados básicos: o mercado de fatores de produção e o mercado de bens e serviços.

Observe atentamente o quadro a seguir.

Fonte: Pinho & Vasconcellos, 2004, p. 274.

No mercado de fatores de produção, representado na parte superior do quadro, suponhamos que os indivíduos sejam os proprietários da força de trabalho, da terra, dos recursos naturais, das máquinas, equipamentos, tecnologia, enfim, os indivíduos são donos de todos os fatores de produção desta economia.

Para realizar a produção, as firmas empregam fatores de produção, dessa forma, os indivíduos vendem seus fatores de produção às empresas e recebem renda por isso. Essa operação de compra e venda de fatores de produção representa renda para os indivíduos e, em contrapartida, uma despesa para as empresas.

Na parte superior do gráfico, as duas linhas contínuas representam o movimento dos fatores de produção passando, ou sendo vendidos, dos indivíduos para as empresas. As duas linhas tracejadas representam o movimento do dinheiro, o qual sai das mãos das empresas, como forma de pagamento pela compra dos fatores de produção, e chega às mãos dos indivíduos.

Mais uma vez vale constatar que este movimento de fatores de produção, ou seja, as transações de compra e venda de fatores de produção representam renda para os indivíduos e despesa para as empresas.

A parte inferior do quadro representa o mercado de produtos, ou seja, as transações de bens e serviços finais em nossa economia hipotética.

Depois de realizada a produção, as empresas se dirigem ao mercado de produtos para vender sua produção aos indivíduos. Por sua vez, os indivíduos se dirigem ao mercado para demandarem os bens e serviços finais que necessitam e, obviamente, pagam por eles às empresas.

Na parte inferior do gráfico, as duas linhas contínuas representam o movimento dos bens e serviços passando, ou sendo vendidos, das empresas para os indivíduos. As duas linhas tracejadas representam o movimento do dinheiro, o qual sai das mãos dos indivíduos, como forma de pagamento pela compra da produção, e chega às mãos das empresas.

Agora, essa operação de compra e venda de bens e serviços finais representa despesa para os indivíduos e renda para as empresas.

Podemos, então, entender porque o produto pode medir tanto a renda das pessoas como a despesa envolvida na produção. Isso acontece porque toda a despesa efetuada na compra do produto somente é possível porque os indivíduos receberem renda por participarem do processo produtivo vendendo fatores de produção as empresas. Com essa renda, os indivíduos demandam bens e serviços que irão representar

renda para as empresas, a qual será utilizada para comprar fatores de produção dos indivíduos e gerar o processo de produção.

Perceba que todas as despesas efetuadas com o produto (seja para produção ou consumo do mesmo) são, necessariamente, convertidas em renda na economia. E toda a renda gerada com o produto (seja na produção ou no consumo do mesmo) é, necessariamente, convertida em despesa.

> Em nossa economia hipotética o produto total expressa tanto o total da despesa gerada para obtenção do produto como o total da renda obtida graças à produção do produto.

1.1.5 - Formação de capital da economia: poupança, investimento e depreciação

A partir de agora devemos levar em conta que os indivíduos não gastam toda sua renda apenas em bens de consumo e que as empresas não produzem apenas bens de consumo, mas também produzem bens de capital ou bens de investimento, os quais aumentam a capacidade produtiva do país (PINHO & VASCONCELLOS, 2004, p. 278).

Com relação às famílias, já sabemos que elas podem não gastar toda sua renda em bens de consumo e, portanto, podem poupar uma parte de sua renda. Tem-se assim o conceito de poupança, é o ato de não consumir a renda no mesmo período, deixando-a para consumir no futuro (PINHO & VASCONCELLOS, 2004, p. 278).

Levando em conta toda a renda recebida pelos indivíduos, na forma de salários, aluguéis, juros e lucros, a parte desta renda que não é consumida no mesmo período será a poupança agregada. Em outras palavras, a poupança agregada é a parcela da renda nacional que não é gasta em consumo.

Tem-se a seguinte fórmula:

$$S = RN - C$$

Onde
S = poupança
RN = renda nacional
C = consumo agregado

As empresas, além de produzir bens de consumo, produzem também bens que aumentam a capacidade produtiva do país, são os chamados bens de capital ou bens de investimento.

O investimento divide-se em: investimento em bens de capital e variação dos estoques (VASCONCELLOS, 2008, p. 130). O investimento em bens de capital ocorre quando as empresas adquirem bens de capital, como máquinas, equipamentos, fábricas, terras, edifícios aumentando assim a capacidade produtiva da economia.

Os estoques são considerados como bens que foram produzidos num período, mas não foram consumidos no mesmo período. As empresas então terão que gastar ou investir na manutenção destes bens em estoques para que estes possam ser consumidos no período seguinte, aumentando então a capacidade produtiva do país no período seguinte.

Temos assim:

> Investimento total = Investimento em bens de capital + Variação de estoques.

Repare que o conceito de investimento agregado se refere a aumento da capacidade produtiva da economia, dessa forma, investimento em ações e investimento em bens de capital de segunda mão não fazem parte do investimento agregado.

Investir em ações, ou seja, a transação financeira na Bolsa de Valores não aumenta a capacidade produtiva da economia, por isso não pode ser considerado investimento no sentido macroeconômico. Mas, se a empresa que possui determinada ação a vender e utilizar o dinheiro para compra de máquinas, por exemplo, tem-se então um investimento no sentido macroeconômico.

Outro conceito a ser estudado aqui é o de depreciação. Durante o processo produtivo, as máquinas e equipamentos utilizados sofrem um desgaste. Dessa forma, uma parte do investimento em máquinas e equipamentos realizados pelas empresas será destinada para repor aquela parcela dos equipamentos desgastada durante o processo produtivo; o valor dessa parcela em termos monetários é a depreciação (VASCONCELLOS, 2008, p. 130).

Agora que vimos o conceito de depreciação, podemos considerar dois tipos de investimento: investimento líquido e investimento bruto. A diferença entre eles é a própria depreciação; no investimento líquido desconta-se a depreciação.

> Investimento líquido = Investimento bruto – depreciação

Da mesma forma, podemos considerar dois tipos de produto: produto nacional (ou agregado) bruto e o produto nacional (ou agregado) líquido. A diferença entre eles é que no último é descontada a depreciação. Assim, o produto nacional bruto considera o total dos bens e serviços finais produzidos pela economia e o produto nacional líquido considera a produção de bens e serviços finais sem levar em conta aquilo que foi produzido para repor o capital depreciado:

> Produto Nacional líquido = Produto Nacional bruto – depreciação

2 - Economia com 03 setores

Consideraremos, agora, que nossa economia possui 03 agentes econômicos: consumidores (ou famílias), empresas e o governo; também conhecida como economia fechada e com governo.

A introdução do governo provocará mudanças na produção, na renda e nas despesas da economia. Isto acontece porque os três agentes se relacionam na economia.

O governo se relaciona com os consumidores e as empresas, cobrando tributos, os quais afetam o poder aquisitivo das famílias e de produção e acumulação das empresas. No entanto, é com os tributos arrecadados que o governo consome e oferta bens e serviços à sociedade, fornece subsídios às empresas e transferências às famílias.

Nesta seção, estudaremos as receitas e despesas deste novo setor e também os impactos de sua introdução na atividade econômica.

2.1 - A introdução do governo na economia

2.1.1 - Receitas do governo

O governo tem a importante função de ofertar a sociedade os chamados bens públicos, ou seja, aqueles bens que não podem ser oferecidos no mercado, como a justiça e segurança nacional, por exemplo. Para ofertá-los o governo precisa ter receita, ou seja, precisa ter renda ou dinheiro para financiá-los.

Existem quatro formas de o governo obter receita: arrecadação de impostos diretos e impostos indiretos, contribuições à previdência social e cobrança de taxas pela prestação de serviços.

Os impostos diretos são aqueles que incidem diretamente sobre a renda das famílias e das empresas. Em outras palavras, são aqueles descontados diretamente da remuneração (salários, aluguéis, juros e lucros) dos agentes econômicos. O Imposto de Renda, o IPTU (Imposto Predial Territorial Urbano), o Imposto Territorial Rural, o IPVA (Imposto de Propriedade de Veículos Automotores) e o IOF (Imposto sobre Operações Financeiras) são exemplos de impostos diretos.

Os impostos indiretos são aqueles que incidem sobre o preço dos bens e serviços finais. Geralmente, são os consumidores que arcam com o pagamento deste tipo de imposto ao adquirir bens e serviços finais, pois ele está embutido nos preços dos mesmos. Portanto, os impostos indiretos são deduzidos de nossa renda indiretamente, ou seja, via preço dos produtos e serviços. Temos como exemplo o ICMS (Imposto sobre Circulação de Mercadorias e Serviços), o IPI (Imposto sobre Produtos Industrializados) e ISS (Imposto sobre Serviços).

As contribuições dos cidadãos (empregados e empregadores) à previdência social são também um tipo de receita do governo. Isto porque, o montante arrecadado não é totalmente utilizado no mesmo período, pois o número de contribuintes é geralmente maior que o número de aposentados e pensionistas. Além disso, na maioria dos casos, o valor total contribuído pelo cidadão é maior que o recebido durante sua aposentadoria.

A última categoria de receita do governo engloba as taxas cobradas, por exemplo, pela iluminação pública e saneamento, as multas de trânsito, pedágios, aluguéis de prédios públicos e também a participação acionária em empresas.

2.1.2 - Gastos do governo

O montante arrecadado pelo governo, ou seja, a receita do governo é utilizada para financiar seus gastos. Os gastos do governo se dividem em quatro tipos: gastos de consumo, gastos com investimentos, transferências e subsídios.

Os gastos de consumo englobam todos os gastos com folha de pagamento dos funcionários públicos (despesas de pessoal) e os gastos com compras de bens e serviços utilizados nas repartições públicas, como cafezinho, materiais de escritório e serviços de táxi por exemplo.

Os gastos de investimento compreendem a aquisição de máquinas e equipamentos e os gastos com a construção de obras públicas como rodovias, portos e aeroportos, hospitais, escolas, bibliotecas, presídios, armazéns etc. Todos estes são gastos que contribuem para o aumento do estoque de capital da economia.

As transferências são pagamentos feitos pelo governo diretamente às famílias, dentre eles estão as aposentadorias, pensões e seguro desemprego fornecidos pela Previdência Social, os auxílios a educação, transporte e alimentação. As transferências contribuem para o aumento da renda das famílias.

Finalmente, os subsídios são pagamentos feitos pelo governo às empresas (podem ser considerados um imposto negativo), visando o bem estar da sociedade. Se algum bem ou serviço essencial para a população estiver com preço de mercado elevado, o governo pode subsidiar sua produção para que os custos envolvidos sejam reduzidos e este bem entre no mercado com preço acessível à população.

O governo pode fornecer subsídios também com o objetivo de incentivar determinada atividade produtiva e para que certos produtos produzidos internamente possam competir com produtos estrangeiros a preços menores.

2.1.3 - *Superávit* ou *déficit* público

Quando a receita total do governo por meio da arrecadação de impostos for maior que o total de seus gastos registra-se um superávit nas contas do governo ou superávit público. O contrário ocorre quando o governo gasta mais do que arrecada na forma de tributos e incorre em um déficit público.

Muitos já devem ter ouvido a respeito de superávit ou déficit fiscal (ou primário), os quais não consideram o pagamento dos juros da dívida pública. Quando o pagamento de juros nominais da dívida está incluído tem-se um superávit ou déficit total (ou nominal). Por último, quando se inclui o pagamento de juros reais da dívida pública, ou seja, descontando dos juros nominais a variação da inflação e a variação cambial, tem-se um superávit ou déficit operacional.

Dessa forma, se um país apresenta um superávit fiscal ou primário que dizer que este país arrecadou mais do gastou, sem considerar os gastos do país com o pagamento dos juros de sua dívida pública. Talvez, ao considerar o pagamento de juros, este país poderia, na verdade, estar em déficit nominal.

Para o FMI, se o país tiver um superávit primário, mesmo que tenha um déficit nominal, quer dizer que este país poderá honrar seus compromissos e poderá até negociar sua dívida externa com juros menores e prazos maiores.

2.1.4 - Impactos da introdução do governo na economia

A introdução das receitas e gastos do governo causam impactos nas variáveis macroeconômicas estudadas na seção anterior, podendo aumentar ou reduzir o produto, a renda e a despesa nacional, além de contribuir positivamente para o processo de acumulação de capital da economia.

2.1.5 - Renda nacional a custos de fatores e produto nacional a preço de mercado

Sabemos que os impostos indiretos são pagos pelos consumidores, já que eles estão embutidos nos preços dos produtos. Portanto, como também é sabido, o imposto faz com que o preço de determinado bem vendido no mercado seja maior do que seu custo de produção.

Além disso, sabemos também que a produção de alguns produtos recebe subsídios do governo, ou seja, o governo é quem paga uma parte dos custos de produção. Isto faz com que o preço de venda seja menor que o custo de produção.

Assim, com a introdução do governo na economia, podemos introduzir dois novos conceitos: renda nacional a custo de fatores e produto nacional a preço de mercado. A renda nacional a custo de fatores corresponde ao total dos pagamentos feitos pelas empresas aos fatores de produção utilizados no processo produtivo, ou seja, o total da remuneração (salários, aluguéis, juros e lucros) paga àqueles que participaram do processo de produção.

O produto nacional a preço de mercado corresponde ao preço final de venda do produto, é igual à renda nacional a custo de fatores mais os impostos indiretos e menos os subsídios. A partir de então, tem-se:

PNpm = RNcf + impostos indiretos – subsídios

Onde
PNpm = produto nacional a preço de mercado
RNcf = renda nacional a custo de fatores

2.1.6 - Renda pessoal disponível

De um lado, a introdução do governo na economia provoca redução na renda nacional devido ao pagamento dos tributos, às contribuições à previdência social e ao pagamento de multas, taxas e outras receitas do governo. Do outro lado, causa também um aumento na renda agregada graças ao impacto positivo das transferências do governo.

Assim, a renda pessoal disponível corresponde à renda nacional a custo de fatores descontando todos os pagamentos que os indivíduos devem fazer ao governo e de contabilizadas as transferências. Dessa forma, tem-se:

Renda pessoal disponível = RNcf – impostos indiretos – contribuições a previdência social – outras receitas do governo + transferências

Veja que é o que sobra para os indivíduos decidirem quanto irão gastar em consumo e quanto irão poupar.

2.1.7 - Despesa nacional em uma economia fechada e com governo

Além de impactar no produto e da renda nacional, a

introdução do governo também modifica a despesa nacional. Agora, os gastos do governo devem ser somados aos gastos em consumo das famílias e aos gastos em investimentos das empresas. A nova fórmula da despesa nacional será:

> Renda pessoal disponível = RNcf – impostos indiretos – contribuições a previdência social – outras receitas do governo + transferências

Veja que é o que sobra para os indivíduos decidirem quanto irão gastar em consumo e quanto irão poupar.

2.1.7 - Despesa nacional em uma economia fechada e com governo

Além de impactar no produto e da renda nacional, a introdução do governo também modifica a despesa nacional. Agora, os gastos do governo devem ser somados aos gastos em consumo das famílias e aos gastos em investimentos das empresas. A nova fórmula da despesa nacional será:

> $$DN = C + I + G$$
>
> Onde
> DN = despesa nacional
> C = consumo agregado
> I = investimento
> G = gastos do governo

3 - Economia com 04 setores

Introduziremos agora o último agente econômico em nosso estudo, o setor externo. Agora a economia possui 04 agentes econômicos: consumidores (ou famílias), empresas, o governo e o setor externo. Quando falamos em setor externo, "resto do mundo" ou não residentes, na verdade, nos referimos a todos os agentes (famílias, empresas e governos) de outros países que realizam transações com os agentes residentes no país.

A introdução do setor externo também provocará mudanças na produção, na renda e nas despesas da economia já que agora são quatro agentes se relacionando. Trataremos agora de uma economia muito próximo a realidade, a economia aberta, ou seja, que mantém relações com o exterior.

3.1 - A economia aberta

3.1.1 - Exportaçõeseimportações

As transações com o exterior são duas, a primeira envolve a compra e venda de bens e serviços. São as exportações, que correspondem à venda ao exterior de uma parte da produção de bens e serviços de nosso país e as importações, que são as aquisições por parte de nosso país de uma parte da produção de bens e serviços de outros países.

Aqui, vale a pena acrescentarmos que, se um país exporta mais bens e serviços ao exterior do que importa bens e serviços do exterior, este país terá um superávit comercial. O contrário ocorre quando o país imposta mais bens e serviços

do exterior do que exporta seus próprios bens e serviços, neste caso, o país terá um déficit comercial.

3.1.2 - Renda líquida do exterior

A segunda categoria envolve compra e venda de fatores de produção (VASCONCELLOS, 2000, p. 31). Se uma empresa sediada no país utiliza mão de obra, matéria-prima e/ou capital vindos do exterior, ou seja, importa fatores de produção do exterior, ela terá que pagar por eles, enviando renda ao exterior.

Porém, pode também existir uma empresa residente no país que venda mão de obra, matéria- prima e/ou capital para o exterior, ou seja, exporta fatores de produção ao exterior. Neste caso, a empresa receberá renda do exterior.

Ao considerar todas as transações de fatores de produção com o exterior a economia obtém o valor da renda líquida do exterior (RLE). A diferença entre o que foi recebido pela venda ou exportação de fatores de produção ao exterior e o que foi pago pela compra ou importação de fatores de produção ao exterior é chamada renda líquida do exterior.

> RLE = renda recebida do exterior – renda enviada ao exterior

3.1.3 - Impactos da introdução do setor externo na economia

A introdução das transações do país com o exterior também causam impactos no produto, renda e despesa nacional. Veremos a seguir como cada um deles será definido em uma economia aberta.

3.1.4 - Renda nacional em uma economia aberta

Com a introdução do setor externo na economia a renda nacional se altera, pois agora existem as remessas de renda ao exterior e entradas de renda no país devido às transações de compra e venda de fatores de produção, respectivamente.

Se o país recebeu mais renda do exterior do que enviou sua renda líquida é positiva, quer dizer que este país vendeu ou exportou mais fatores de produção ao exterior do que comprou ou importou do exterior. Quando isso ocorre, a renda nacional aumenta.

Por outro lado, se o país enviou mais renda ao exterior do que recebeu, ou seja, se ele importou mais fatores de produção do exterior do que exportou, então, sua renda líquida é negativa. Isto acontece em países que possuem certa dependência dos fatores de produção e de investimentos do exterior, ou ainda, países onde existem muitas multinacionais instaladas na economia. Quando a renda líquida é negativa haverá uma redução da renda nacional do país.

Assim, a equação da renda para uma economia aberta será:

> Renda pessoal disponível = RNcf – impostos indiretos – contribuições a previdência social – outras receitas do governo + transferências + RLE

Em seu país a renda líquida do exterior é positiva ou negativa? Em outras palavras, seu país recebe mais renda do exterior ou envia? Este assunto será discutido no FÓRUM!

3.1.5 - Produto interno bruto vs. Produto nacional bruto

A essa altura, você já deve ter sentido a falta ou lembrado de um conceito sempre citado nos telejornais, jornais impressos e sempre citado também por nossos governantes. Trata-se do Produto Interno Bruto (PIB), considerado a melhor medida do nível de atividade econômica de um país.

Primeiramente, devemos levar em conta que alguns fatores de produção utilizados durante o processo de produção são propriedade de não residentes no país, assim como alguns residentes têm fatores de produção sendo utilizados em outros países. Fácil, pois acabamos de estudar estes conceitos na seção acima. Agora podemos entender a diferença entre PIB e PNB.

Conceitualmente definiremos o PIB como o valor monetário de toda a produção de bens e serviços realizada dentro do território nacional, não importando se para produzi-la utilizou-se fatores de produção nacionais ou estrangeiros e também não importando se a empresa que produziu é nacional ou estrangeira.

Por sua vez, o PNB é o valor monetário de toda a produção nacional, realizada utilizando-se apenas fatores de produção nacionais e somente por empresas nacionais, não importando se estes fatores de produção e estas empresas estão instalados no país em questão ou no exterior.

No caso do Brasil, nós enviamos mais renda para o exterior (como forma de pagamento pela utilização dos fatores de produção) do que recebemos renda dos países estrangeiros. Isso acontece porque utilizamos mais fatores de produção estrangeiros do que enviamos fatores de produção brasileiros ao exterior. O que também pode ser entendido pelo fato de que existem mais empresas estrangeiras instaladas no Brasil do que empresas brasileiras no exterior. Dessa forma, o PIB brasileiro será sempre maior que nosso PNB.

Matematicamente, temos:

PIB = PNB + renda líquida do exterior

Como a renda líquida do exterior é negativa no Brasil, confirma-se que o PIB é maior que o PNB.

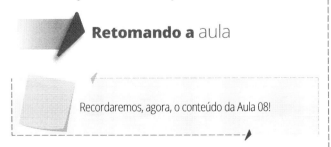

Retomando a aula

Recordaremos, agora, o conteúdo da Aula 08!

1 – Economia com 02 setores

Definimos os principais agregados macroeconômicos em uma economia fechada e sem governo.

2 – Economia com 03 setores

Introduzimos o governo na economia e estudamos seus impactos no produto, renda e despesa agregada.

3 – Economia com 04 setores

Estudamos os agregados macroeconômicos em uma economia aberta.

Gostaram de nossa primeira aula? Espero que sim. Por isso, seguem algumas sugestões de leituras:

Vale a pena

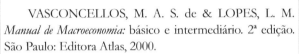

Vale a pena ler,

VASCONCELLOS, M. A. S. de & LOPES, L. M. *Manual de Macroeconomia:* básico e intermediário. 2ª edição. São Paulo: Editora Atlas, 2000.

PINHO, Diva Benevides & VASCONCELLOS, Marco A. Sandoval de. *Manual de Economia.* 5ª edição. São Paulo: Saraiva, 2004.

Vale a pena acessar,

<http://www.economia.estadao.com.br/>.
<http://www.bcb.gov.br/>.
<http://bdadolfo.blogspot.com/>.
<http://portalexame.abril.com.br/>.

Referências

VASCONCELLOS, M. A. S. de & OLIVEIRA, R. G. de. *Manual de Microeconomia.* 2. ed. São Paulo: editora Atlas, 2009.

MANUAL DE ECONOMIA. Equipe de Professores da USP. 5. ed. São Paulo: Editora Saraiva, 2004.

VASCONCELLOS, M. A. S. de & LOPES, L. M. *Manual de Macroeconomia:* básico e intermediário. 2ª edição. São Paulo: Atlas, 2000.

PINHO, Diva Benevides & VASCONCELLOS, Marco A. Sandoval de. *Manual de Economia.* 5ª edição. São Paulo: Saraiva, 2004.

VASCONCELLOS, M. A. Sandoval. *Fundamentos de Economia.* 2. ed. São Paulo: Saraiva, 2008.

GREMAUD, Amaury P., VASCONCELLOS, Marco A. S. & TONETO Jr., Rudinei. *Economia Brasileira Contemporânea.* 7ª edição. São Paulo: Atlas, 2008.

<http://www.economia.estadao.com.br/>.
<http://www.bcb.gov.br/>.
<http://bdadolfo.blogspot.com/>.

<http://www.conteudojuridico.com.br/?artigos&ver=2.21609>.

<http://economiaemdebate.blogspot.com/>.

<http://www.sociedadedigital.com.br/artigo.php?artigo=114&item=4>.

<http://www.idec.org.br/cyberativismo/planocollor/saibamais.htm>.

<http://www.sociedadedigital.com.br/artigo.php?artigo=112&item=4>.

<http://www.sociedadedigital.com.br/artigo.php?artigo=115>.

<http://portalexame.abril.com.br/>.

<http://planetasustentavel.abril.com.br/home/blog>

<http://economiaecapitalismo.blogspot.com/>.

Minhas anotações

<http://www.conteudojuridico.com.

Graduação a Distância

3º SEMESTRE

Tecnologia em
Gestão Comercial

GESTÃO DE
ESTOQUE E LOGÍSTICA

UNIGRAN - *Centro Universitário da Grande Dourados*

Rua Balbina de Matos, 2121 - CEP 79.824 - 9000
Jardim Universitário
Dourados - MS
Fone: (67) 3411-4141 / Fax: (67) 3411-4167

CEAD
Coordenadoria de Educação a Distância

BRUM, Saulo França. Gestão de Estoque e Logística.
Saulo França Brum. Dourados: UNIGRAN, 2019.

50 p.: 23 cm.

1. Administração. 2. Recursos.

Apresentação do Docente

Bem-vindo!

Saulo França Brum, Administrador de Empresas devidamente registrado no CRA-MS, possui Mestrado Profissional em Produção e Gestão Agroindustrial, especialização em Gestão Financeira, Orçamentária e Auditoria pela Universidade para o Desenvolvimento da Região do Pantanal (2008) e graduação em Administração de Empresas pelo Centro Universitário da Grande Dourados (2007) já atuou como Coordenador de Recursos Humanos da Taurus distribuidora de Petróleo. Tem experiência na área de Administração, com ênfase em Administração Pública, Gestão de Materiais, rotinas de contabilidade comercial e cargos de Liderança. Atualmente, é Oficial do Exército Brasileiro/Ministério da Defesa e Coordenador do curso de Administração – EAD e Semipresencial da UNIGRAN. Como docente, atua nos cursos de Pós-graduação MBA executivo em Administração com ênfase em Recursos Humanos e MBA Contabilidade Gerencial e Controladoria. Na modalidade presencial, atua nos cursos Administração de Empresas, Administração de Agronegócios, Comunicação Social e Publicidade & Marketing da UNIGRAN nas disciplinas de Estágio Supervisionado, Informática Aplicada ao Agronegócio, Gestão de Empresas Jornalísticas, Gestão de Empresas Publicitárias, Empreendedorismo e orientador do Trabalho de Conclusão de Curso (TCC) e na modalidade à distância nas disciplinas de Trabalho de Conclusão de Curso (TCC) e Estágio Curricular Supervisionado.

Sumário

Conversa Inicial

Olá, caríssimos(as). Tudo bem com vocês?

Chegamos à disciplina de Gestão de Estoque e Logística. É momento de aprofundarmos o conhecimento sobre o tema e nos deparar com questões que poderão auxiliá-los(as) em diversas questões no funcionamento da empresa.

Adianto que planejamento e organização serão palavras recorrentes em nossa disciplina, pois elas devem direcionar todas as atividades, planos e mudanças a serem empreendidos dentro da empresa, independentemente de seu porte. Tenho certeza que chegarão a essa constatação ao final da disciplina!

Poderão constatar também que questões aparentemente simples podem fazer toda a diferença para a qualidade administrativa, promovendo sempre o melhor atendimento possível ao cliente, quanto melhores condições de trabalho aos funcionários.

Vamos lá?

Aula 1º

Just In Time

Olá, caros(as) alunos(as).

O tema de nossa primeira aula é o Just In Time.

Procurem lembrar: o que já sabem acerca do tema? Já tiveram contato?

Essa aula dará suporte a vocês acerca desse termo e sua aplicação na empresa.

Bons estudos!

Objetivos de aprendizagem

Ao término desta aula, vocês serão capazes de:

- compreender a filosofia Just In Time;
- saber como aplicá-la dentro da organização;
- refletir criticamente acerca da aplicabilidade do Kanban.

Seções de estudo

1 - *Just In Time*: Breves Considerações
2 - *Kanban*

1 – *Just In Time*: Breves Considerações

Caríssimos(as),
Já ouviram falar no conceito Just in Time?
É sobre ele que nossa primeira aula irá recair.
Vamos à leitura?

É possível notar que a evolução da economia mundial acaba causando influências em empresas ao redor de todo o mundo. Nesse sentido, podemos ver que, por efeitos externos à empresa em si muitas delas acabam ampliando, outras diminuindo ou mesmo fechando as portas. Com isso, notamos ainda que as empresas que permanecem estagnadas em seus conceitos e modo de atuar tendem, ou a regredir, ou mesmo fechar. Do mesmo modo, as empresas que se modernizam sem planejamento acabam não obtendo sucesso.

Tendo em vista tais questões, é fundamental que o empresário esteja atento às modificações e, por meio delas, possa empreender melhorias necessárias na estrutura da empresa, nunca perdendo de vista o que é realmente necessário fazer.

O autor Carlos Cesar (2010) discute tais questões no texto abaixo:

Raramente as modificações são planejadas tendo em mente o sistema global da empresa; em vez disso, o processo de "evolução" segue em frente, e o que normalmente se desenvolve é uma colcha de retalhos de procedimentos operacionais que são departamentais por natureza. Tipicamente, resultam lacunas e sobreposições nas responsabilidades entre departamentos, tanto no relacionamento com o outro como na relação com fornecedores e clientes.

Como resultado dessa evolução tipo colcha de retalhos, muitas empresas têm a oportunidade de melhorar significativamente o seu desempenho como um todo, adotando sob um ponto de vista sistêmico global a integração e otimização de processos e procedimentos com o propósito de evitar desperdício e ineficiência. O resultado positivo desse esforço será uma redução no custo total de fabricação e melhoria dos lucros da empresa através de redução ou eliminação de tipos específicos de despesas gerais.

As áreas improdutivas, que serão mais afetadas ao se seguir uma abordagem de integração total de sistemas (ITS), envolvem funções e processos que foram desenvolvidos para atender a problemas relacionados com sistemas de manufatura. Muitos desses processos e funções não acrescentam valor ao produto; eles existem somente para compensar incapacidades em algumas partes do sistema da manufatura. A eliminação dos setores improdutivos, identificando-se e removendo as incapacidades do sistema que necessitam dele irá melhorar a lucratividade em um curto prazo com baixos investimentos.

Fonte: <http://www.administradores.com.br/producao-academica/objetivo-do-sistema-jit-just-in-time/3453/>. Acesso em: 22/09/2014.

Nesse contexto, o que seria o Just In Time? De que forma esse conceito se relaciona com a discussão acima? Convido-os a ler o texto abaixo para refletirmos sobre o termo:

O *Just-in-time* é uma proposta de reorganização do ambiente produtivo assentada no entendimento de que a eliminação de desperdícios visa o melhoramento contínuo dos processos de produção, é a base para a melhoria da posição competitiva de uma empresa, em particular no que se referem os fatores com a velocidade, a qualidade e o preço dos produtos.

O "JIT" é as iniciais de *Just-In-Time/Total Quality Control,* um método para gestão da produção. Como se pode perceber pela designação o controla da produção é feito enquanto o bem é produzido, e não no fim. Inclusivamente, o controlo é feito pelos próprios operários, como veremos mais adiante.

Como se sabe o Japão é pequeno, muito populado e pobre em recursos. É por isso que o princípio base do JIT é evitar enormes armazéns de stocks e de peças defeituosas, poupando espaço e, ao mesmo tempo, todo um conjunto de recursos que têm que ser disponibilizados para manter esses armazéns.

Fonte: <http://www.administradores.com.br/artigos/carreira/o-que-e-just-in-time/21936/>. Acesso em: 22/09/204.

O modelo JIT foi desenvolvido a partir da década de 1970, por Taiichi Ohno. Ele foi responsável por criar o Sistema Toyota de produção e seu objetivo era criar:

> [...] um sistema de administração que pudesse coordenar a produção com a demanda específica de diferentes modelos e cores de veículos com o mínimo atraso. Mais tarde, esses conceitos foram batizados pelos ocidentais de *JUST IN TIME*, que quer dizer no tempo exato(MENDEZ, Silmara Yurksaityte, s.d, s.p).

Figura 1 - Taiichi Ohno
Disponível em: <www.sdr.com.br>. Acesso em: 14 de nov. 2014.

O sistema se baseava na redução do tempo que era necessária para passar a produção de uma peça ou modelo para outro. Se o tempo de mudança podia ser reduzido em boa medida, as mudanças poderiam ocorrer com mais frequência. Mais modelos poderiam ser fabricados, o tempo de produção de um lote seria reduzido e, com isso, os estoques seriam menores, assim como o tempo ocioso de cada funcionário. Os efeitos negativos do aumento da variedade de produtos poderiam de tal modo ser reduzidos. O sistema de produção seria puxado pela demanda, como, por exemplo, um cliente em uma lanchonete: só a partir do momento em que o garçom verifica o pedido do cliente, que é **produzida** sua refeição. Seria muito difícil, ou quase impossível, atender às necessidades desse cliente a uma demanda sem que ela seja conhecida. O seu pedido **puxou** a produção. No *JUST IN TIME*, a demanda é um fator fundamental para seu funcionamento.

Um sistema semelhante, chamado Kanban, que visa realizar a produção por meio do que é demandado, envolvendo a produção do que é necessário, inclusive, em termos de quantidade, ficou bastante conhecido no Ocidente. No entanto, o Kanban diferencia-se do JIT por este ser considerado uma "filosofia", que engloba aspectos da administração, da qualidade, do arranjo físico, do projeto, da organização do trabalho da gestão dos recursos. Nesse sentido, por mais que existam os defensores da ideia de que o sucesso do sistema de administração JIT tenha relação com a cultura japonesa, por isso sua eficácia, é crescente o número de gerentes e acadêmicos que vem o empregando em diferentes lugares do mundo.

JIT: surgido no Japão na década de 1970 – Toyota Motor Company - envolvendo princípios de engenharia industrial e de produção, voltado para eliminação de desperdício e a melhoria contínua da produtividade.

Já sabemos o que são e como se caracterizam os JIT, mas, qual seriam seus objetivos? É importante refletir sobre isso para que, no momento de sua aplicação, isso se dê de forma eficaz. Abaixo, elencamos os objetivos desse sistema:

Objetivos do *Just In Time*
01 - Atacar os problemas fundamentais – o JIT defende que o ideal é não mascarar os problemas da empresa. A partir disso, os problemas são eliminados antes que possam causar danos à organização.

02 - Eliminar os desperdícios - entre os desperdícios clássicos, o JIT sublinha que eles devem ser eliminados para melhorar o funcionamento global da empresa.

03 - Procurar a simplicidade – é necessário desenvolver os enfoques da empresa de modo simples, para que seja eficaz. Ao contrário dos enfoques anteriores, que atuavam por meio de uma gestão complexa, o JIT busca simplificar o fluxo de materiais e também de controle.

04 - Desenhar sistemas eficazes de identificação de problemas – para buscar a solução de problemas, é necessário que eles sejam previamente identificados. Para tanto, é importante que sejam considerados métodos no intuito de detectar certos problemas a tempo. O Controle Estatístico de Processos e o Kanban são as melhores ferramentas.

DIVERSIFICAÇÃO
DA PRODUÇÃO

JUST IN TIME

ESTOQUE   DESPERDÍCIO

APLICAÇÃO UNIVERSAL   FÓRMULA MÁGICA

Figura 2 - Representação do JIT
Fonte: criação própria.

O sistema de produção just in time consiste em produzir produtos acabados no tempo exato de ser vendidos, produzir partes de algo no tempo exato de serem encaixadas e formar os produtos acabados, e comprar matérias-primas no tempo exato de serem utilizadas no processo de produção.

Elementos do sistema JIT

• **Programa mestre de produção** – programação entre 1 e 4 meses, a fim de dar carga uniforme para a produção e fornecedores.

• *Kanban* – é quem operacionaliza o *Just In Time*. Sistema de sinalização utilizado para "puxar" o estoque entre pontos de operações diferentes.

• **Tempos de preparação** – como o sistema JIT visa a produzir lotes ideais, um tempo de preparação de máquina menor é importante. O objetivo é evitar desperdícios.

• **Colaborador multifuncional** – devido à flexibilidade da produção, o operador deve ter habilidades distintas como: manutenção, coordenação, qualidade etc.

• **Layout** – a planta do setor produtivo deve facilitar a movimentação dos materiais, pois no JIT o estoque fica no chão da fábrica e não nos almoxarifados.

• **Qualidade** – é essencial no JIT, pois defeitos geram custos, desperdícios de material e de tempo.

• **Fornecedores** – devem ser também flexíveis e mais afinados com a filosofia da empresa; ser parceiros e não adversários. Muitas vezes devem fazer entregas frequentes e com qualidade assegurada (livre de inspeção).

Desperdícios existentes em um processo produtivo e que o *Just In Time* visa a eliminar:

• **Processo** - fabricar com o mínimo de perdas e evitar o uso inadequado de máquinas e ferramentas;

• **Método** - número excessivo de movimentos, tempo ou esforço;

• **Movimentação** - mover e armazenar componentes é custo e não valor;

• **Defeitos de produtos** - interrompem o fluxo de produção e desperdiçam tempo na operação seguinte;

• **Tempo de espera** - tempo em que se aguarda o operador ou materiais;

• **Superprodução** – a fabricação que vai além do necessário provoca o ocasionamento de estoques desnecessários;

• **Estoques** - a manutenção de estoques custa dinheiro e seu excesso, custos adicionais.

Viram? De acordo com os itens elencados acima, percebemos o quanto o JIT pode facilitar e melhorar o processo de produção da empresa. O *Kanban*, portanto, tem um papel importante nesse contexto.

2 - *Kanban*

Já vimos que o *JIT* é uma filosofia. Portanto, é importante procurar meios para que seja colocado em prática. Foi criado, então, o *Kanban* (Cartão em Japonês). Este, por sua vez, configura-se enquanto metodologia de programação de compras, produção e controle de estoques. A ideia é tornar a produção precisa e barata, por meio da utilização de cartões que "permitem o controle visual da posição de estoque de qualquer item, a qualquer momento" (SANTOS, p. 3).

Veja abaixo um pequeno texto que discute brevemente o termo:

O QUE É KANBAN:
Kanban é um termo de origem japonesa e significa literalmente "cartão" ou "sinalização". É um conceito relacionado com a utilização de cartões (*post-it* e outros) para indicar o andamento dos fluxos de produção em empresas de fabricação em série. Nesses cartões são colocadas indicações sobre uma determinada tarefa, por exemplo, "para executar", "em andamento" ou "finalizado".

A utilização de um sistema *Kanban* permite um controle detalhado de produção com informações sobre quando, quanto e o que produzir. O método *Kanban* foi inicialmente aplicado em empresas japonesas de fabricação em série e está estreitamente ligado ao conceito de *"just in time"*. A empresa japonesa de automóveis Toyota foi a responsável pela introdução desse método devido a necessidade de manter um eficaz funcionamento do sistema de produção em série (SANTOS, 2011, p. 28).

Figura 3 - Funcionamento do sistema KANBAN
Fonte: elaboração própria.

Como vimos, o objetivo do *Kanban*, inicialmente, é a redução significativa dos estoques, do tempo de fabricação e da área necessária para estocagem e paralelamente a redução da falta de produto em estoque. Em seguida, aumento da capacidade de produção pela eliminação de gargalos de produção e correção das causas da baixa produtividade.

O *Kanban* é utilizado enquanto uma ferramenta para programar a compra, a produção e o estoque, colocando em prática tudo o que é visualizado na filosófica JIT.

Assim,

Dentro da filosofia Toyota, temos o *Kanban* que opera através do sistema de "puxar" a produção: ao invés de uma programação de produção que "empurra" as matérias primas e produtos pela fábrica até a expedição, através do *Kanban* é a expedição (ou o cliente) quem "puxa" os produtos do setor de embalagem, e este da montagem, etc., de trás para frente.

Imagine a sua empresa como uma corrente, cujos elos são os departamentos por onde os materiais passam durante o processo: almoxarifado, beneficiamento, submontagem, montagem, embalagem, expedição. Num sistema tradicional de programação de produção, você "empurra" os materiais pela corrente: visualize uma corrente sendo empurrada: muitos elos se movem e nada acontece na outra ponta.

Agora podemos imaginar que a outra ponta da corrente é quem "puxa" os demais elos: o que acontece, o movimento se transfere suave e rapidamente até o outro extremo, como numa engrenagem onde todos os dentes rodam sincronizadamente e sem desvios.

O sistema Kanban proporciona a sincronização e alinhamento entre todos os seus departamentos, comandados pela expedição de produtos ou mais à frente, pelo próprio cliente (SANTOS, 2011, p. 29).

Grosso ·modo, o sistema *Kanban* na verdade funciona como uma ordem de produção que é feita em cartões (*Kanban*, em japonês) que indica à etapa anterior o quê, quanto e como deve ser produzido algo.

Cada cartão vale um lote mínimo do produto – um contentor (contêiner pequeno) que circula entre o setor consumidor e o fornecedor. Funciona por meio de envio de cartão ao setor fornecedor, funcionando como requisição. Posteriormente, volta ao consumidor juntamente com um novo lote do produto.

Sistemas como o *Kanban*, além de facilitar a gestão por meio da priorização de atividades sempre tendo em vista as necessidades do cliente, permitem a garantia do funcionamento das atividades da empresa, visto que atuam por meio da sincronização e alinhamento na prestação de serviços.

Notam como o *Kanban* facilita a produção? Não só isso! Também evita gastos desnecessários e tempo perdido! Com isso, a empresa evita que os funcionários trabalhem sob pressão e, também, consigam visualizar a plena aplicação de seus serviços.

Figura 4 - Contentores
Disponível em: <www.Plastitalia.com.br>. Acesso em: 05/09/2014

Kanban significa cartão em japonês e é um sistema de sinalização que operacionaliza e assegura a produção e a movimentação de materiais ao longo do processo produtivo. É a "correia invisível" da transferência de materiais do *just in time*.

Atentem: no *Kanban*:

• o estoque é transferido para o chão da fábrica ou para os fornecedores;

• sempre a etapa seguinte orienta a etapa anterior no que diz respeito ao envio de peças.

Elementos do sistema JIT

• Os funcionários têm de forma visual, todo o comportamento da produção e de como deve ser o seu próprio para dar continuidade ao processo.

Os benefícios obtidos com o sistema JIT/ *Kanban* são:
• a capacidade produtiva fica maior;
• identificação precoce de falhas na qualidade;
• controle visual, em "tempo real" do processo e da demanda;
• identificação dos "gargalos" de produção;
• menores índices de produtos defeituosos e perdas.

Processo			Centro de trabalho		
No. de item				No. prateleira estocagem	
Nome do item					
Materiais necessarios		capacidade do contenedor	No. de emissão	Tipo de contenedor	
codigo	locação				

O Sistema Kanban

Figura 5 - Modelo de KANBAN (cartão) de produção
Fonte: <http://www.leanti.com.br/artigos/5/aplicacao-de-alguns-principios-do-kanban-em-lean-ti.aspx#.VBNBR_IdUzQ> . Acesso em: 12/09/2014.

Nos modos de produção tradicional, o material é produzido por meio do Sistema Empurrar, ou seja, o material é produzido e direcionado a próxima etapa, gerando estocagem e, muitas vezes, materiais desnecessários. O JIT, junto ao *Kanban*, ao contrário, utiliza o Sistema Puxar. Assim, o material é puxado para as etapas subsequentes somente quando se precisa dele, evitando estocagem.

Por meio dessas reflexões, finalizamos nossa aula!

Convido-os(as) a refletir: o que acham do JIT? E do *Kanban*? Procurem compará-los aos sistemas tradicionais de produção e verificarem as diferenças. Quem já está atuando na área, pode verificar isso na prática, que tal?

 Retomando a aula

Chegamos ao fim de nossa primeira aula! Vamos ver uma breve retomada?

1 – *Just In Time:* Breves Considerações

É fundamental que o empresário esteja atento às modificações e, por meio delas, possa empreender melhorias necessárias na estrutura da empresa, nunca perdendo de vista o que é realmente necessário fazer. Nesse contexto, criou-se o JIT.

2 – *Kanban*

Já vimos que o JIT é uma filosofia. Portanto, é importante procurar meios para que seja colocado em prática. Foi criado, então, o Kanban (Cartão em Japonês). Este, por sua vez, configura-se enquanto metodologia de programação de compras, produção e controle de estoques.

 **Vale a** pena

Vale a pena **ler**

SHINGO, Shigeo. *O sistema Toyota de produção - do ponto de vista da engenharia de produção.* Porto Alegre: Bookman, 1996.

Vale a pena **acessar**

<http://www.abepro.org.br/biblioteca/ENEGEP2004_Enegep0110_0859.pdf>.

Vale a pena **assistir**

<https://www.youtube.com/watch?v=btS8wPYMf0o>.

Aula 2º

Logística

Olá, caríssimos(as).

Nossa segunda aula versa sobre a logística. Conhecer o assunto é essencial para o administrador, conforme vocês confirmarão ao longo da aula!

Isso acontece porque cada vez mais as empresas buscam destacar-se entre as demais, então, o administrador precisa verificar cada detalhe que possa facilitar ou melhorar o desempenho da empresa.

Boa aula!

Objetivos de aprendizagem

Ao término desta aula, vocês serão capazes de:

• compreender a questão da logística;
• identificar maneiras de aplicá-la na organização;
• verificar a eficácia da Logística para o desempenho da empresa.

Seções de estudo

1 - O Funcionamento da Logística
2 - Atividades da Logística

1 - O Funcionamento da Logística

Caros(as) alunos(as),

Essa aula centra a sua atenção na logística. Para tanto, é fundamental que compreendamos a sua origem. O texto abaixo traz, de uma forma sintetizada, de que forma surgiu o termo. Vamos à leitura?

A LOGÍSTICA existe desde os tempos mais antigos.
Na preparação das guerras, líderes militares desde os tempos bíblicos, já se utilizavam da logística. As guerras eram longas e nem sempre ocorriam próximo de onde estavam as pessoas. Por isso, eram necessários grandes deslocamentos de um lugar para outro, além de exigir que as tropas carregassem tudo o que iriam necessitar.
Para fazer chegar carros de guerra, grandes grupos de soldados e transportar armamentos pesados aos locais de combate, era necessária uma ORGANIZAÇÃO LOGÍSTICA das mais fantásticas. Envolvia a preparação dos soldados, o transporte, a armazenagem e a distribuição de alimentos, munição e armas, entre outras atividades.
Durante muitos séculos, a Logística esteve associada apenas à atividade militar.
Por ocasião da Segunda Guerra Mundial, contando com uma tecnologia mais avançada, a logística acabou por abranger outros ramos da administração militar. Assim, a ela foram incorporados os civis, transferindo a eles os conhecimentos e a experiência militar.
Podemos dizer que a logística trata do planejamento, organização, controle e realização de outras tarefas associadas à armazenagem, transporte e distribuição de bens e serviços.

Por exemplo: a indústria japonesa produz eletroeletrônicos competitivo e, por isso, consumidos no Mundo todo. Para conseguir estes resultados, foi preciso projetar e desenvolver o produto adequado, armazená-lo corretamente, controlar os estoques, transportar, distribuir e oferecer assistência técnica de acordo com o desejado por seus consumidores.
Esse exemplo nos mostra que, ainda que os locais onde os produtos são manufaturados estejam distantes de onde serão consumidos, é possível, através da logística, atender satisfatoriamente aos consumidores.
No Brasil, os alimentos são transportados das zonas rurais até os centros urbanos. E, as mercadorias produzidas nas grandes cidades são levadas até o campo, em geral percorrendo grandes distâncias.
Por ser capaz de promover essa integração, é que o transporte é a atividade logística mais importante.
Transportar mercadorias garantindo a integridade da carga, no prazo combinado e a baixo custo exige o que se chama "logística de transporte".
A movimentação dos produtos pode ser feita através de vários modos: rodoviário, marítimo, ferroviário e aeroviário. A escolha depende do tipo de mercadoria a ser transportado, das características da carga, da pressa e, principalmente, dos custos.
Em nosso país, o modo de transporte de carga mais utilizado é o rodoviário. Mas é preciso adequar o equipamento ao tipo de carga a ser transportada. Por exemplo: contêineres necessitam de um cavalo mecânico; para distribuir produtos nas cidades, o caminhão-toco é o mais adequado.
A característica da carga define o tipo de transporte a ser empregado. Para carga a granel, é preciso uma carreta graneleira e não um caminhão-baú. Carga líquida só pode ser transportada em caminhão tanque.
Estas, entre outras, são variáveis que fazem parte da estrutura logística. São exemplos de sua aplicação. Porém, se a logística não auxiliar na melhoria de desempenho e na redução dos custos, os serviços de transporte não serão competitivos.

BUSSINGER, Vera. Logística: o que é e como aplicar. Disponível em: < http://idelt.org.br/?p=216>. Acesso em: 12/09/2014.

Por meio do texto, pudemos notar de que forma surgiu a prática da logística, e o quanto ela facilitou a vida do homem. Nota-se que ela se preocupa com o planejamento, com a implementação e com o controle de fluxos, de materiais e de informações. Esse cuidado é feito desde a origem do produto até o consumo. Esse processo é chamado de Cadeia de Suprimento e busca sempre o melhor atendimento ao cliente, o que é chamado de Cadeias de Distribuição. A figura abaixo ilustra a evolução da logística.

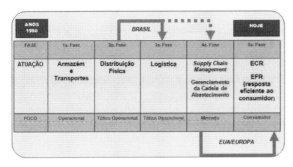

Figura 2.1 - Evolução da Logística
Fonte: BERTAGLIA, Paulo R. Logística e gerenciamento da cadeia de
abastecimento. São Paulo: Saraiva, 2005.

2 - Atividades da Logística

A logística tem por função responder a toda ao movimento de materiais e das informações internas e externas ao grupo. As atividades da logística se dividem em:

PRIMÁRIAS	SECUNDÁRIAS
• TRANSPORTES;	• ARMAZENAGEM;
• GESTÃO DE ESTOQUES;	• MANUSEIO;
• ENTREGA DE PEDIDOS.	• EMBALAGENS;
	• PROGRAMAÇÃO DA PRODUÇÃO;
	• INFORMAÇÃO.

Vejam a descrição de cada uma abaixo:

Atividades primárias da Logística:

• **transportes** - analisar os vários meios de transportes, em função dos seus custos, da carga a ser transportada e do tempo;

• **gestão de estoques** - usar um nível mínimo de estoque, que funciona como regulador entre a oferta e a demanda;

• **processamento de pedidos** - adequar o tempo entre o pedido e a entrega de bens e serviços aos clientes.

Atividades secundárias da Logística:

• **armazenagem** - questões relativas ao espaço adequado para estocagem de materiais;

• **manuseio de materiais** - movimentação de materiais nas instalações;

• **embalagem de proteção** - proteção do produto;

• **programação da produção** - lista de materiais necessários à produção;

• **manutenção de informação** - formar uma base de dados para controle e planejamento.

2.2 Elos da Cadeia de Logística

Para facilitar o estudo da cadeia de logística, podemos dividi-la em três elos:

• **suprimentos** – neste elo estão todas as movimentações de recursos e informações, **entre a empresa e os fornecedores**, que suprem a empresa de recursos necessários para sua atividade;

• **logística interna** – neste elo estão todas as movimentações de recursos dentro da própria empresa;

• **distribuição** – nesta parte estão todas as movimentações de recursos **entre a empresa e seus consumidores** ou revendedores.

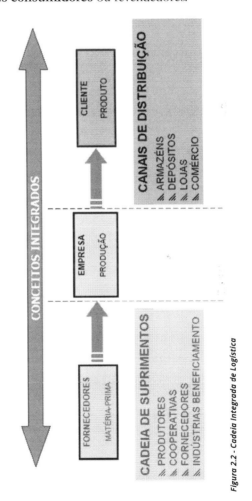

Figura 2.2 - Cadeia Integrada de Logística

Alunos(as), perceberam a necessidade da preocupação com a Logística? Nesse sentido, ressalto que organização é sempre uma palavra fundamental a ser levada em consideração, não é mesmo? É a principal maneira de se destacar independentemente do ramo ou porte empresarial. Sendo assim, convido(os) para mais algumas leituras, em nossas Sugestões, logo abaixo.

Retomando a aula

Exemplo: Chegamos, assim, ao final da segunda aula. Espero que agora tenha ficado mais claro o entendimento de vocês sobre a logística. Vamos, então, recordar:

1 - O Funcionamento da Logística

A logística se preocupa com o planejamento, com a implementação e com o controle de fluxos, de materiais e de informações. Esse cuidado é feito desde a origem do produto até o consumo. Esse processo é chamado de Cadeia de Suprimento e busca sempre o melhor atendimento ao cliente, o que é chamado de Cadeias de Distribuição.

2 - Atividades da Logística
Atividades primárias da Logística:

• transportes; gestão de estoques; processamento de pedidos.

Atividades secundárias da Logística:

• armazenagem; manuseio de materiais; embalagem de proteção; programação da produção; manutenção de informação.

Vale a pena

Vale a pena **assistir**

<https://www.youtube.com/watch?v=6hl5HNdgok0>.

Aula 3º

Gestão da cadeia de suprimentos

Olá, alunos(as)!

Como estão indo até aqui?
Estão gostando do conteúdo?
Bom, passamos agora à discussão acerca da Cadeia de Abastecimento, que é um conjunto de ações para a obtenção de materiais para a organização, de modo que promova a disponibilização de produtos para os consumidores.

Boa aula!

Objetivos de aprendizagem

Ao término desta aula, vocês serão capazes de:

• compreender o funcionamento da Cadeia de Suprimentos;
• identificar as maneiras de aplicá-la na organização.

Seções de estudo

1 - Cadeia de suprimentos
2 - Características da cadeia de abastecimento integrada

1 - Cadeia de suprimentos

Ao falar sobre Cadeia de Suprimentos, podemos notar que se trata de um conjunto de ações desenvolvidas no intuito de obter materiais, promover-lhes valor e favorecer a disponibilização dos produtos. É fundamental ter em mente que isso se dá de forma que sempre se leve em consideração os consumidores: quais são suas concepções? Quais os tipos de produto precisam?

Nesse contexto, leiam o texto abaixo, acerca do tema:

Segundo Bertaglia (2006), a cadeia de abastecimento corresponde ao conjunto de processos requeridos para obter materiais, agregar-lhes valor de acordo com a concepção dos clientes e consumidores e disponibilizar os produtos para o lugar (onde) e para a data (quando) que os clientes e consumidores os desejarem.

Além de ser um processo bastante extenso, a cadeia apresenta modelos que variam de acordo com as características do negócio do produto e das estratégias utilizadas pelas empresas para fazer com que o bem chegue as mãos dos clientes e consumidores.

Bertaglia (2006) afirma que o conceito sofreu evoluções importantes durante os últimos anos. A cadeia de abastecimento integrada apresenta uma visão mais ampla do que se conhece como cadeia logística, esta mais limitada à obtenção e movimentação de materiais e a distribuição física de produtos.

SANTOS, Valquíria Pereira dos. Logística: modalidades de distribuição e linha de produção. Disponível em: < http://www.unisalesiano.edu.br/ simposio2011/publicado/artigo0031.pdf>. Acesso em: 15/09/2014.

Saber Mais

O termo "cadeia de abastecimento" está relacionado à expressão proveniente do inglês supply chain management.

Nunca se falou tanto em atender às exigências dos consumidores como tem acontecido na contemporaneidade. Por outro lado, os consumidores nunca foram tão exigentes. Isso mostra que estão se informando acerca dos seus direitos e os exigindo cada vez mais.

Sendo assim, o conceito de Resposta Eficiente ao Cliente (ECR) vem sendo amplamente utilizado e sendo muito eficaz na resposta ao consumidor:

> A implementação com êxito da estratégia do canal de distribuição é fundamental para se obter sucesso no mercado. Contudo, essa é uma atividade extremamente complexa. Para efetuar a implementação de uma estratégia de canal de distribuição, os passos que relacionaremos abaixo devem ser observados (SANTOS, 2011, p. 2). http://www.unisalesiano.edu.br/ simposio2011/publicado/artigo0031.pdf

Esse conceito corresponde à execução das ações da empresa de modo conjunto e organizado, de modo a otimizar o tempo da empresa e, principalmente, atender o cliente com eficácia. É necessário, para tanto, existir atividades de cooperação entre todos os setores dentro da organização, desde o momento da seleção da matéria-prima até a disponibilização do produto ao consumidor.

Nota-se que, ao aplicar mesmo que parcialmente o conceito de ECR na empresa, a cadeia de abastecimento será afetada. A implantação total ou parcial do conceito ECR (Resposta Eficiente ao Cliente) afeta sobremaneira o comportamento da cadeia de abastecimento. As atividades, dessa forma, podem ser identificadas, e os procedimentos reduzem os custos e aumentam a velocidade da cadeia. É nela que se vão identificar as atividades físicas e os procedimentos que agregam importância aos processos, contribuindo para a redução de custos e para o aumento da velocidade da cadeia.

> Segundo Bertaglia (2003), o gerenciamento efetivo e apropriado da cadeia de abastecimento deve considerar todos os aspectos relevantes e as peças fundamentais do processo de tal forma que seja o mais ágil possível sem comprometer a qualidade ou a satisfação do cliente, mantendo ainda o custo total competitivo (SANTOS, 2011).

Percebe-se, dessa forma, que é necessário ter um conhecimento aprofundado acerca da estrutura da cadeia de suprimento, tais como:

> [...] conhecimentos dos padrões de mercado e suas respectivas demandas, modelo de distribuição, nível de serviço e sua relativa importância, distâncias, modelos de transporte, elementos de custos, características dos produtos, canais de distribuição geográfica e outros pontos não menos importantes (LIMA, SILVA e JÚNIOR, s.d. p. 2).

As decisões são orientadas tanto para o curto prazo, como também para o longo prazo. Ao serem tomadas as decisões, portanto, é necessário que seja envolvido tanto as políticas da empresa quanto das empresas participantes, pois quando se pensa em cadeia de produção, é necessário ter claro que se vai além dos limites e se considera também as empresas que farão parte do processo de produção.

Ressalta-se, contudo, que toda cadeia de abastecimento deve considerar a agilidade do serviço, de forma que nunca comprometa a qualidade ou a garantia de satisfação do cliente. Ainda, para que a produção seja qualitativa à empresa, verifica-se detalhadamente o custo total da produção e sua competitividade, comparada às outras empresas do mesmo ramo.

As decisões estratégicas envolvem principalmente as políticas corporativas da empresa ou das empresas participantes do processo, já que o conceito da cadeia de abastecimento extrapola os limites de uma determinada empresa, estendendo-se aos fornecedores e clientes. As decisões operacionais são aquelas que lidam com o dia-a-dia da empresa, procurando soluções para os seus problemas diários. No entanto, as decisões estratégicas devem, guardadas as proporções, orientar as atividades operacionais. Ou seja, deve existir um alinhamento entre a decisão operacional e aquela que estrategicamente a organização persegue a médio e longo prazos. Embora essa afirmação pareça ser evidente, muitas organizações têm os seus resultados estratégicos afetados devido às decisões operacionais erroneamente tomadas e sem vínculo com os objetivos traçados a longo prazo.
É por isso que o conceito de Planejamento Integrado de Vendas e Operações (Sales and Operations Plan) deve ser aplicado em sua essência, para certificar que as decisões tomadas pelas áreas mais operacionais sejam orientadas por um plano superior, que considere as variáveis da organização e não de um determinado setor.

Fonte: <http://www.grupos.com.br/group/adm02.uninove/Messages.nth=9&id=1220835228280375&attach=Material%201%20-%20Introd.%20-%20RC%20-%20G%20-%20Exerc%EDcios.doc>. Acesso em 15/09/2014.

É preciso termos claro, contudo, que os fatores em destaque são variáveis e, portanto, precisam ser levados em consideração.

2 - Características da cadeia de abastecimento integrada

A cadeia de suprimentos é, por vezes, bastante complexa. Portanto, é preciso estudá-los individualmente. Entre as questões nas quais precisamos focar, está a questão de saber identificar quantidade e localização de fornecedores e clientes. Abaixo, discutimos algumas questões para auxiliá-los(as) nesses aspectos.

[...] identificam-se quatro tipos de modalidades [de distribuição], que segundo Kapoor (2004) são:
a) distribuição extensiva – modalidade utilizada quando uma empresa pretende alcançar o maior número de pontos de venda do mercado, através de um canal de distribuição longo. É viável em empresas com um grande número de vendedores e forte organização comercial. Tem a vantagem de permitir que os produtos consigam atingir o maior número de consumidores; por outro lado, tem como desvantagens o elevado custo que impõe à empresa, além de uma possível perda parcial de controle sobre o canal;
b) distribuição exclusiva – baseia-se na concessão a um intermediário da exclusividade da distribuição do produto, em determinado território.
Pressupõe que o intermediário concessionado não venda produtos similares de outras marcas. Esta modalidade é normalmente utilizada por PMEs que não detêm grande conhecimento do mercado-alvo. Adicionalmente, é frequente ser de responsabilidade do intermediário o ônus da força de venda, das reparações técnicas e da assistência pós-venda. Um tipo particular e bastante atual desta modalidade de distribuição é o sistema de franchising;
c) distribuição seletiva – nesta modalidade o produtor escolhe um número reduzido de distribuidores, aos quais normalmente são fixados cotas de vendas, como possibilidade de se estabelecer princípios de exclusividade de vendas num determinado território. A seleção de distribuidores é feita em função de dois critérios essenciais: a localização do distribuidor e o posicionamento;
d) distribuição intensiva – utiliza-se esta modalidade como complemento à modalidade de distribuição seletiva ou extensiva quando é necessário.

SANTOS, Valquíria dos. Logística: modalidades de distribuição e linha de produção. Disponível em: <http://www.unisalesiano.edu.br/simposio2011/publicado/artigo0031.pdf>. Acesso em: 15/09/2014.

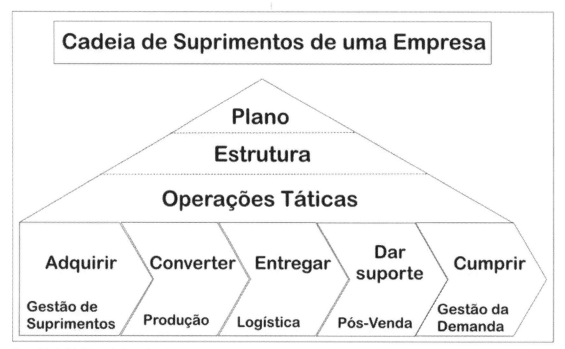

Figura 3.1 - Cadeia integrada de suprimentos
Fonte: <http://fateclog.blogspot.com.br/2011/10/cadeia-de-suprimentos-e-maior-que.html>. Acesso em: 12/09/2014.

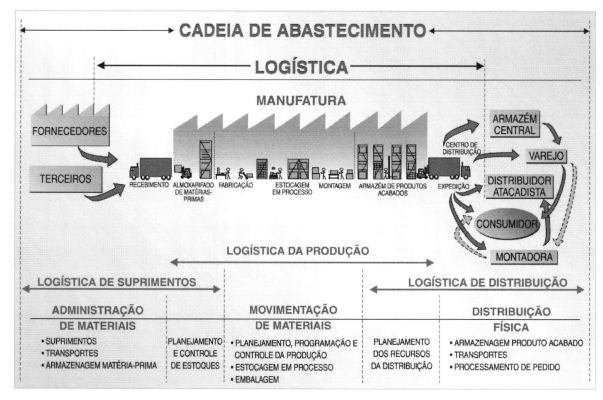

Figura 3.2 - Cadeia de abastecimento
Fonte: <http://www.guiadotrc.com.br/logistica/visao_sistemica.asp>.Acesso em: 12/09/2014.

Caros(as) alunos(as), o processo descrito nas imagens acima são apenas exemplos, ou seja, descrevem somente um dos níveis da cadeia. Cada organização deverá adaptar de forma particular ao seu próprio processo.

Espero que tenham gostado da aula! O tema é muito pertinente e deve ser bem compreendido em nossa profissão, não é mesmo?

Retomando a aula

Chegamos, assim, ao final da terceira aula. Espero que agora tenha ficado mais claro o entendimento de vocês sobre a Cadeia de Suprimentos. Vamos, então, recordar:

1 – Cadeia de suprimentos

Ao falar sobre Cadeia de Suprimentos, podemos notar que se trata de um conjunto de ações desenvolvidas no intuito de obter materiais, promover-lhes valor e favorecer a disponibilização dos produtos.

2 - Características da cadeia de abastecimento integrada

Toda cadeia de abastecimento deve considerar a agilidade do serviço, de forma que nunca comprometa a qualidade ou a garantia de satisfação do cliente. Ainda, para que a produção seja qualitativa à empresa, verifica-se detalhadamente o custo total da produção, e sua competitividade, comparada às outras empresas do mesmo ramo.

Vale a pena

Vale a pena ler

c. Disponível em: <http://www.aedb.br/seget/artigos09/14_aprovado>.

PIRES, S. R. I. *Gestão da cadeia de suprimentos* (Supply Chain Management) – conceitos, estratégias, práticas e casos. São Paulo: Atlas, 2004.

Minhas anotações

Aula 4º

Transporte

Bom, caríssimos(as), esta aula versa sobre transporte. Já parou para pensar a importância desse tema para o funcionamento qualitativo da organização? Espero que esta aula os(as) ajude a compreender a relevância do tema, bem como o melhor método de transporte para as diversas organizações.

Vamos à aula?

Boa aula!

Objetivos de aprendizagem

Ao término desta aula, vocês serão capazes de:

• compreender o surgimento e funcionamento do transporte;
• identificar o melhor método de utilização para cada organização;
• definir maneiras de tornar o processo mais lucrativo à empresa.

Seções de estudo

1 - Transporte
2 - Custos de Transporte

1 - Transporte

Caros(as) alunos(as),

Passamos, agora, à discussão do transporte. Essa palavra é de grande valia para a qualidade dos serviços da empresa e, nesse sentido, convido-os à discussão. Vamos lá?

Segundo o *site* Brasil Escola,

> A palavra "transporte" vem do latim *trans* (de um lado a outro) e portare (carregar). Podemos dizer que, em síntese, que transporte é o movimento de pessoas ou coisas de um lugar para outro. Os transportes podem se distinguir pela possessão, onde o transporte público é destinado a qualquer pessoa e o privado é restringido somente a quem os adquiriu.
> Os transportes contêm três elementos: infraestrutura, veículos e operações comerciais. Infraestrutura é a malha de transporte: rodoviária, férrea, aérea, fluvial, tubular, etc. Os veículos são automóveis, bicicletas, ônibus, trens e aeronaves, que utilizam essa malha. As operações são as formas como esses veículos utilizam a rede, como leis, diretrizes, códigos, etc.
>
> **Disponível em: <http://www.brasilescola.com/geografia/transportes.htm>. Acesso em: 1514/19/2014.**

Para qualquer empresa, a parte do transporte é muito importante. Geralmente, o transporte engloba uma média de dois terços dos custos com logística, portanto, nota-se que é fundamental evitar gastos. Nesse sentido, qualquer empresa, independentemente de seu porte, deve planejar o transporte a ser realizado, tanto na obtenção da matéria prima quanto na entrega dos produtos. Isso evita gastos desnecessários, tanto de tempo quanto de dinheiro.

> O transporte é um sistema muito importante para o desenvolvimento da organização.

Veja, abaixo, os principais tipos de transporte, bem como as estatísticas brasileiras.

> Os meios de transporte ainda podem ser divididos em:
> - Terrestre: Carros, ônibus, trem, etc.
> - Aquático: Navios, canoa, barcos, etc.
> - Aéreos: Aviões, helicópteros, balão, etc.
> - Tubular: Gasoduto, oleoduto, etc.
>
> Estatística dos tipos de transportes no Brasil (1999):
> 1º Rodoviário – 61,82%
> 2º Ferroviário – 19,46%
> 3º Aquaviário – 13,83%
> 4º Dutoviário – 4,58%
> 5º Aéreo   – 0,31%
>
> **Disponível em: <http://www.brasilescola.com/geografia/transportes.htm>. Acesso em: 14/09/2014>.**

Vejam alguns dados específicos acerca do transporte no Brasil:

Transporte no Brasil

O Brasil tem área geográfica continental. O transporte é estratégico.
Esta otimização é resultado da necessidade de melhorar o desempenho e a competitividade.
Aumento das áreas de fronteiras produtivas, agrícolas e comerciais.
A realidade dos transportes não é condizente com o ritmo dos avanços industriais.
Problemas ligados à vida útil de grande parte da frota de veículos.

Os dados abaixo, ainda sobre o transporte no Brasil, oferecem um panorama importante:

Cenário de Transporte no Brasil
• PIB Brasil – 2,14 bilhões de reais, em 2006.
• 10ª economia mundial.

- Crescimento médio de 4,8 % a.a.
- Gera mais de 3,5 milhões de empregos no país.
- Contribui com aproximadamente 7% do PIB nacional;
- Representa 2/3 dos custos logísticos.
- Frota circulante brasileira: 23.283.830 veículos:
- 18.627.576 automóveis
- 3.205.013 comerciais leves
- 1.188.042 caminhões
- 263.199 ônibus
- Idade média da frota – 9 anos e 4 meses.

Fontes: IBGE e CNT, 2008.

Elementos Básicos do Sistema de Transporte

O sistema de transporte é formado pelos seguintes elementos:

- **VIAS** – dizem respeito aos caminhos por onde os veículos de transporte circulam. Podem ser privados ou não e englobam o direito de circulação. Exemplo: Rodovias, ferrovias, hidrovias etc.

- **TERMINAIS** - lugares existentes para carga e descarga de mercadorias ou pessoas, conexões, entre retirada e entrega de materiais; podem ser privados ou não. Exemplo: Portos, estações rodo e ferroviárias, aduanas etc.

- **VEÍCULOS** - são as unidades de carregamento, ou seja, é quem movimentará as cargas ou pessoas ao longo das vias. Exemplo: Caminhões, ônibus, embarcações, aeronaves etc.

A eficiência do sistema de transporte depende, obrigatoriamente, da eficiência de todos seus componentes. É necessário, portanto, adequar o tipo de carga a ser transportada ao transporte que ela necessita, ou seja, deve-se considerar as condições do transporte, como as estradas e os possíveis portos e também os terminais de carga e descarga. Tudo isso visando à melhora da produtividade e eficiência na prestação de serviços.

Transporte X Movimentação

São TRANSPORTADOS todos os matérias que são deslocados a grandes distâncias em uma condição EXTERNA à empresa.

São MOVIMENTADOS todos os matérias que são deslocados a grandes distâncias em uma condição INTERNA na empresa.

Matriz do Transporte de Cargas		
Modal	Milhões (TKU)	Participação (%)
Rodoviário	485.625	61,1
Ferroviário	164.809	20,7
Aquaviário	108.000	13,6
Dutoviário	33.300	4,2
Aéreo	3.169	0,4
Total	794.903	100,0

Fonte: Conf. Nac. de Transp. CNT (2007).
*TKU – Tonelada por Kilometro Útil.

MEIO DE TRANSP.	VOL. DE CARGA	CUSTOS	FLEXIBILIDADE	TEMPO
AÉREO	15 A 25 ton	ALTOS	BOA	RÁPIDO
FERROVIÁRIO	75 A 90 ton/vag	BAIXOS	BOA	LENTO
RODOVIÁRIO	7,5 A 60 ton	BAIXOS	BOA	MÉDIO
HIDROVIÁRIO	ACIMA DE 100 ton	BAIXOS	MÉDIA	LENTO
DUTOS	ALTO	BAIXOS	BAIXA	RÁPIDO

Comparativo Entre os Modais de Transporte
Fonte: GEIPOT – Empresa Brasileira de Planejamento de Transportes (2007).

O modal deve ser escolhido pelo tipo de carga transportada e pela vantagem inerente ao modo (custo, confiabilidade, adequação, tempo de trânsito, perdas e danos) (https://moodle.Unipampa.Edu.Br/pluginfile.Php/137875/mod_folder/content/0/st_aula_6.Pdf?Forcedownload=1).

2 - Custos de transporte

Caros(as) alunos(as),

Igualmente importante conhecer os processos que envolvem o transporte é saber como funciona a questão dos custos, não é mesmo?

Vamos em frente?

Ao pensarmos em custos de transporte, devemos levar em conta que há uma série de variáveis que irão causar seus influxos na formação do custo total. Questões aparentemente simples precisam ser levadas em conta, pois podem causar um impacto no orçamento final. Combustíveis, manutenção, seguro, distância percorrida, licenciamento, por exemplo, são fatores formadores do custo total. No gráfico abaixo podemos verificar que o custo parte de um patamar diferente de "0" e varia de forma diretamente proporcional à distância percorrida.

Há que se considerar dois tipos de custos: os fixos e os variáveis. Nesse sentido, veja abaixo:

• **Custos fixos** - são aqueles que não variam com a atividade da empresa, independentemente do nível de atividade da empresa, ou seja, não variam com a distância percorrida. Exemplos: Salários, IPVA, licenciamento, financiamento, seguro etc.

• **Custos variáveis** - são aqueles que variam com a atividade da empresa, dependem do nível de atividade, ou seja, VARIAM com a distância percorrida. Exemplos: Combustíveis, lubrificação, pneus, manutenção etc.

Conceitos sobre transporte
• INTERMODALIDADE: Caracteriza-se pela emissão individual de documento de transporte para cada modal
• MULTIMODALIDADE: Emissão de apenas um documento de transporte para cada modal, cobrindo o trajeto total da carga, do seu ponto de origem até o ponto de destino.
• CIF: (cost, insurance and freight) Custo, seguro e frete, e indica que o vendedor é o responsável pelas despesas de transporte.
• FOB: (free on board) refere-se a posto a bordo e indica que o vendedor não é o responsável pelas despesas (https://moodle.unipampa.edu.br/pluginfile.php/137875/mod_folder/content/0/ST_AULA_6.PDF?forcedownload=1).

Então, gostaram do tema? Já haviam pensado acerca da complexidade do processo de transporte? Lembrem-se: independentemente do porte da empresa, considerar com cuidado as maneiras de transporte evita gastos desnecessários, tanto pessoal quanto financeiro. Além disso, o planejamento faz com que o cliente receba o produto rapidamente, garantindo, com isso, maior satisfação de ambas as partes.

Retomando a aula

Chegamos, assim, ao final da quarta aula. Espero que agora tenha ficado mais claro o entendimento de vocês sobre transporte. Vamos, então, recordar:

1 – Transporte

Para qualquer empresa, a parte do transporte é muito importante. Geralmente, o transporte engloba uma média de dois terços dos custos com logística, portanto, nota-se que é fundamental

CF - CUSTO FIXO
CV - CUSTO VARIÁVEL
CT = CF + CV

CT

DISTÂNCIA

CF

CUSTO

CUSTO TOTAL = CUSTO FIXO + CUSTO VARIÁVEL

Figura 4.1 - Gráfico do custo do transporte em função da distância percorrida

evitar gastos. Nesse sentido, qualquer empresa, independentemente de seu porte, deve planejar o transporte a ser realizado, tanto na obtenção da matéria prima quanto na entrega dos produtos.

2 - Custos de Transporte

Ao pensarmos em custos de transporte, devemos levar em conta que há uma série de variáveis que irão causar seus influxos na formação do custo total. Questões aparentemente simples precisam ser levadas em conta, pois podem causar um impacto no orçamento final. Combustíveis, manutenção, seguro, distância percorrida, licenciamento, por exemplo, são fatores formadores do custo total.

Vale a pena

Vale a pena **acessar**

<http://www.imam.com.br/logistica/artigos/serie-transporte-de-cargas/1525-o-transporte-de-cargas-no-brasil>.

Vale a pena **assistir**

<https://www.youtube.com/watch?v=TLrBp7Ss-eo>.

Minhas anotações

Aula 5º

Armazenamento

Tudo bem até aqui, pessoal?

Passamos agora à discussão do Armazenamento. Tenho certeza que gostarão de discutir sobre o assunto! Sugiro que sempre busquem novas leituras para enriquecê-los.

Vamos lá?

Boa aula!

Objetivos de aprendizagem

Ao término desta aula, vocês serão capazes de:

• compreender o funcionamento do armazenamento;
• identificar os diferentes tipos;
• definir critérios e estratégias de aplicação dentro da organização.

Seções de estudo

1 - Armazenamento
2 - Tipos de instalações de armazenamento
3 - Unitização de cargas

1 - Armazenamento

Passemos, agora, ao estudo do armazenamento.

Esse é outro conceito essencial a nossa área, pois, o correto armazenamento prevê economia de gastos.

Dentro do conceito de administração de materiais, o armazenamento envolve guardar, armazenar itens em um determinado local, no qual haja a possibilidade de pegá-la novamente. É possível fazer isso tanto com produtos sólidos quanto líquidos e gasosos. Cada item ou produto, obviamente, exigirá condições particulares de armazenamento.

Planejamento do armazenamento

CONCEITO: envolve ao ato de reservar o material, de modo a promover segura localização.

OBJETIVO: facilitar o trabalho, de modo a ter disponíveis os produtos que se necessitam frequentemente, evitando compras desnecessárias.

Ao se planejar o armazenamento, deve-se considerar uma série de questões, tendo em vista sempre a otimização do serviço e do espaço:

• custo do espaço planejado;
• aproveitamento horizontal e vertical do espaço;
• movimentação de equipamentos e mão de obra;
• condições topográficas: para rampas, acesso;
• condições meteorológicas: prevendo chuva, vento, variações térmicas, sentido solar;

• características do material a estocar: peso, tamanho, detalhes técnicos, perecibilidade;
• estantes, armações, equipamentos, pisos, iluminação, áreas.

Há que se considerar também os tipos de sistema de armazenagem. O tipo a ser usado dependerá do qual é mais viável para a organização.

Aberto:
• não utiliza instalações específicas para a armazenagem;
• mais usado onde a rotatividade é alta;
• acesso é livre a qualquer usuário;
• estoque é próximo ao consumo.

Exemplo: produtos à disposição dos clientes, nas lojas de departamentos e supermercados.

Figura 5.1: Armazenamento aberto
Fonte: <http://agro.gazetadopovo.com.br/noticias/logistica/a-ceu-aberto/>. Acesso em: 11/09/2014.

Fechado:
• utiliza instalações específicas para armazenagem;
• acesso ao material é restrito ao responsável;
• há rigoroso controle p/ minimizar desvios, deterioração, sinistros;

É o mais usual.

Figura 5.2: Armazenamento fechado
Fonte: <http://revistadinheirorural.terra.com.br/secao/agroeconomia/tempo-fechado-para-o-algodao>. Acesso em: 05/09/2014.

2 - Tipos de Instalações de Armazenamento

As instalações são locais para controle dos produtos. Destina-se ao recebimento, a conferência, a guarda, a preservação e ao fornecimento de materiais. Os tipos mais comuns são: armazém, galpão e área descoberta, conforme podemos conferir:

- **armazém**: edificação com piso e cobertura, paredes de fechamento frontal e lateral e espaço útil para administração, serviço e estocagem;
- **galpão**: edificação com piso e cobertura, com fechamento frontal e lateral e espaço útil de serviço e estocagem;
- **área descoberta**: superfície descoberta, com piso nivelado, compactado ou pavimentado, com rede de drenagem, cercas frontais e laterais. Espaço útil de serviço e estocagem.

Dentro dos tipos de armazenamento acima, também será necessário que se defina como os produtos dentro das instalações serão guardados. Deve-se dar especial atenção a este processo, pois, em casos de produtos menos usados, corre-se o risco de perder produtos caso a armazenagem não seja adequada. Obviamente, ninguém quer que isso ocorra, não é mesmo?

Formas Técnicas de Armazenagem:

- **caixas** - para materiais de pequenas dimensões (podem ser compradas no mercado ou fabricadas na própria empresa);
- **prateleiras** - de madeira ou metálicas, servem para materiais de maior dimensão ou para apoio de gavetas ou escaninhos. Podem ser combinadas com caixas;
- *racks* - armação geralmente de perfil metálico, acomoda peças longas e estreitas como tubos, vergalhões, barras;
- *pallets* **ou estrados** – majoritariamente feitos de madeira, com dimensões adequadas e padronizadas, servindo para neles serem acomodados materiais que não devem estar em contato direto com o solo e/ou necessitam de movimentação em estocagem de "giro" alto.

2.1 - Critérios Para Armazenagem

Os critérios para um bom armazenamento dependem de várias condições, pois cada empresa tem suas necessidades específicas e limitações como, quantidade de material em estoque, área física, sazonalidade etc. Porém, de maneira geral podemos citar alguns:

- cada material deverá ter um local previamente definido e demarcado, de modo que seja organizado da maneira mais prática;
- cada produto deve permitir sua identificação, para facilitar a busca;
- materiais de maior movimentação ou materiais grandes, pesados de difícil manuseio deverão localizar-se próximos da entrada e da saída;
- materiais perecíveis deverão ser organizados em função do critério "o primeiro que entra é o primeiro que sai" para evitar o envelhecimento e a perda do produto;
- materiais perigosos, produtos químicos e inflamáveis precisam de armazenagem especial, de modo que não ofereçam nenhum risco.

3 - Unitização de Cargas

A unitização de cargas é uma atividade bastante prática e simples. Quando se armazena quantidade razoáveis de produtos, é necessário que sejam acondicionados em volumes, que constituirão, assim, unidades maiores, daí o nome do conceito. Os formatos desses volumes são planejados de forma a facilitar o armazenamento, ocupando o mínimo de espaço necessário. Considera-se, ainda, ao planejar a organização das cargas, a facilitação durante o transporte.

Figura 5.3: Unitização de cargas
Fonte: <http://olivercomercio.net/empresa/>. Acesso em 10/09/2014.

Além da questão da facilitação no transporte e na armazenagem do produto, deve-se perceber que isso facilita em diversas outras questões, como, por exemplo, na qualidade do produto transportado.

Lembrem-se de que um produto transportado com mais cuidado sofrerá menos ao final do processo e haverá menos perdas de material.

Ao planejar o tamanho da unidade, deve-se procurar fazer com que elas tenham um amplo tamanho, mas que seja adequado ao espaço de armazenagem e ao transporte.

Diante dessas considerações, convido-os(as) a ler um pequeno trecho acerca do tema:

A unitização consiste na operação de união de mercadorias de peso, tamanho e formato distintos em cargas de volumes unitários, possibilitando uma racionalização do espaço útil e maior agilidade e segurança em processos de desembarque e embarque. As cargas unitárias devem possuir o maior tamanho possível, desde que este tamanho seja compatível com os equipamentos de movimentação.

Os tipos mais comuns de unitização de cargas são as seguintes:
• cargas paletizadas
• cargas pré-lingadas
• contêineres
• tipos especiais de unitização
[..]

Aplicada exclusivamente às chamadas cargas gerais, a unitização consiste na reunião de uma certa quantidade de volumes isolados em uma única unidade de carga, com dimensões padronizadas ou não, cuja movimentação é feita por meios mecânicos. A mágica produzida pela unitização é elementar. Ao se reacomodar a carga solta em carga unitizada, são palpáveis os ganhos de produtividade em tempo, espaço e custos que se podem obter mediante a utilização de pallets, conteineres, lingas, contentores flexíveis ou sapatas - os métodos mais empregados. Transformando pequenos volumes heterogêneos em grandes volumes homogêneos, a unitização facilita toda a sequência de operações, desde a empresa produtora até o importador.

Manipulação, separação, conferência, entrega, transporte e armazenamento ficam racionalmente otimizados. E isto, no cômputo global, implica sem dúvida custos menores de capatazia portuária e maior segurança quanto à integridade das mercadorias, além de ser condição primordial para um melhor rendimento no transporte intermodal, isto é, quando as unidades passam por operações de transbordo entre duas ou mais modalidades de transporte. E, dado fundamental, a carga unitizada, por encurtar a estadia dos navios, pode fazer jus a fretes promocionais ou a reduções de frete na navegação de longo curso conferenciada, ao mesmo tempo que coloca o usuário em condições de negociar preços mais vantajosos com a navegação não conferenciada.

A unitização, como técnica racionalizadora, se converte assim em variável positiva no elenco de vantagens comparativas para a colocação de produtos no exterior em termos C&F

e CIF (N.E.: siglas inglesas para Custo & Frete e para Custo, Seguro e Frete), uma vez que ela tende a otimizar o custo médio do frete. Não existem argumentos contra o fato de que a carga geral unitizada é preferível à carga solta. Mas também não há receita infalível quanto ao método de unitização a ser empregado. Cada caso é um caso. Azulejos, têxteis, cimentos, liqüidificadores, alimentos processados - seja qual for o produto, as vantagens globais de determinada técnica de unitização só virão à tona uma vez avaliado o processo total de transporte e seus custos. Mas há um roteiro a ser seguido para se estabelecer, com eficiência, a melhor opção, se pallets, lingagem, conteiner, contentor flexível ou sapata. O roteiro pode ser decomposto em 10 passos:

1. Conhecer as vantagens e desvantagens de cada sistema de unitização de cargas.
2. Conhecer os tipos de acondicionamento de transporte empregados na exportação de diversos produtos por via marítima.
3. Avaliar as compatibilidades físicas das unidades de carga com as embalagens de transporte, os equipamentos de manuseio e transporte e com outras unidades de carga.
4. Otimizar a embalagem de transporte, reduzindo o seu peso próprio, diminuindo os espaços vazios no seu interior e assegurando a integridade física do produto.
5. Selecionar os tipos de unidade de carga possíveis de serem empregados.
6. Otimizar as unidades de carga, obtendo o maior número de embalagens por unidade e o menor número de unidades de carga por embarque.
7. Optando-se pelo transporte marítimo regular de tipo conferenciado, reavaliar a otimização anterior, considerando as prescrições técnicas relativas às unidades de carga para este transporte.
8. Estimar os custos de transporte até o porto de desembarque no exterior, relativos às unidades de carga e às embalagens de transporte, considerando as exigências existentes, os fretes promocionais, os descontos e os acréscimos nos valores dos fretes.
9. Proceder à comparação dos custos de transporte estimados para cada opção de acondicionamento do produto e decidir pela mais econômica em termos globais.
10. Caso necessário, procurar negociar com o importador a solução encontrada na etapa anterior.

(Disponível em: <https://portogente.com.br/portopedia/unitizacao-de-cargas-73025>. Acesso em: 10/09/2014).

A unitização de cargas é um processo importante, não é mesmo? Isso organiza muito o armazenamento. Espero que tenham gostado do tema.

Alunos(as), estamos indo bem até aqui? Estão gostando das leituras? Bom, finalizamos aqui a nossa aula.

Retomando a aula

Chegamos, assim, ao final da primeira aula. Espero que agora tenha ficado mais claro o entendimento de vocês sobre o armazenamento. Vamos, então, recordar:

1 – Armazenamento

Ao se planejar o armazenamento, deve-se considerar uma série de questões, tendo em vista sempre a otimização do serviço e do espaço.

2 - Tipos de instalações de armazenamento

As instalações são locais para controle dos produtos. Destina-se ao recebimento, a conferência, a guarda, a preservação e ao fornecimento de materiais. Os tipos mais comuns são: armazém, galpão e área descoberta.

3 - Unitização de cargas

A unitização de cargas é uma atividade bastante prática e simples. Quando se armazena quantidade razoáveis de produtos, é necessário que sejam acondicionados em volumes, que constituirão, assim, unidades maiores, daí o nome do conceito. Os formatos desses volumes são planejados de forma a facilitar o armazenamento, ocupando o mínimo de espaço necessário. Considera-se, ainda, ao planejar a organização das cargas, a facilitação durante o transporte.

Vale a pena

Vale a pena ler

<https://portogente.com.br/portopedia/unitizacao-de-cargas-73025>.

<http://www.castelobrancoweb.com.br/wp-content/plugins/downloads-manager/upload/unitizacao_de_cargas.pdf>.

Vale a pena assistir

<https://www.youtube.com/watch?v=e0RUy8JZcu0>.

Minhas anotações

Aula 6º

Custos de Armazenagem

Olá, alunos(as).

Vamos, agora, para discutir os custos de armazenagem. De modo geral, verificaremos a melhor maneira de buscar soluções para os custos de armazenagem.

Boa aula!

Objetivos de aprendizagem

Ao término desta aula, vocês serão capazes de:

• compreender questões relativas aos custos de armazenagem;
• identificar maneiras de reduzir esses custos, sem diminuir a qualidade dos serviços.

Seções de estudo

1 – Custos de armazenagem

1 – Custos de armazenagem

Olá, alunos(as).

Passemos agora à discussão sobre custos no armazenamento. Esta é mais uma etapa a ser levada em consideração pelo administrador por ser de extrema relevância para a empresa. Essa importância se dá pelo fato de que "armazenar" gera custos. Nessa perspectiva, o processo de armazenamento deve procurar reduzir esses custos e otimizar o serviço.

Uma das etapas para tanto é a divisão por modalidades. Assim, ao se organizar as modalidades de armazenamento, a empresa terá claro quanto e com o que foi gasto, organizando, dessa forma, os investimentos nessa área. Por exemplo, os custos com capital de capitais não pode ser considerado o mesmo que os custos com pessoal. Do mesmo modo, os custos com edificação devem ser considerados independentemente dos custos com manutenção. Veja exemplo abaixo:

Modalidades de Custos

CUSTOS DE CAPITAL	CUSTOS COM PESSOAL	CUSTOS COM EDIFICAÇÃO	CUSTOS COM MANUTENÇÃO
JUROS	SALÁRIOS	ALUGUEL	DETERIORAÇÃO
DEPRECIAÇÃO	ENCARGOS SOCIAIS (PIS, COFINS, INSS, FGTS, ETC.)	IMPOSTOS (IPTU, ITR, ETC)	OBSOLESCÊNCIA
IOF		LUZ, ÁGUA	EQUIPAMENTO
SEGUROS	GRATIFICAÇÕES	CONSERVAÇÃO	PERDAS
	COMISSÕES	SEGUROS	

Todos esses custos relacionados formam o que chamamos de **custo de armazenagem**. Ao

serem avaliados de forma indepentende, faz-se um planejamento seguro dos investimentos.

Dentro desse contexto, é necessário considerar duas questões. A primeira diz respeito aos **Custos Diretamente Proporcionais,** que são os custos que irão aumentar conforme se aumenta a quantidade de produtos estocados. A outra é o Custo de Armazenagem Inversamente Proporcionais, e diz respeito ao declínio dos custos na proporção em que a quantidade de produtos estocados aumenta. Difícil? Vejam imagem a seguir:

Compras

Custo Total de Manutenção dos Estoques

$$CT = (Ci \times Q + i \times Ci \times Q) \times (Q/2) + Cp(D/Q) + CI$$

Onde:
CT = custo total
$(Ci \times Q + i \times P) \times (Q/2)$ = custos diretamente proporcionais
$Cp(D/Q)$ = custos inversamente proporcionais
CI = custos independentes da quantidade (p/ex. galpão)

Logística

Fonte: <http://slideplayer.com.br/slide/337422/>. Acesso em: 11/09/2014

Abaixo, vejam outro exemplo de planejamento dos custos de armazenagem:

$$C.armaz. = \frac{Q}{2} \times P \times T \times J$$

Onde:
C.armaz. – custo de armazenagem total
Q – quantidade de unidades armazenadas.
P – Preço de uma unidade.
T – tempo de permanência em estoque.
J – taxa de juros do mercado (custo de capital).

$$C.armaz. = \frac{Q}{2} \times P \times T \times J$$

Importante: Q/2 significa estoque médio. Para o cálculo do custo de armazenagem deve ser considerada a quantidade média, pois como os produtos entram e saem do estoque, não se pode considerar que o estoque sempre está no seu nível máximo. Como também não é verdade que sempre ele está no seu nível mínimo. Considera-se a média da quantidade em estoque.

Vejam alguns exemplos:

1) Uma empresa possui 200 peças de um

produto em seu estoque. Cada uma delas vale R$ 25,00. Supondo que o tempo de permanência do estoque na empresa é de 1 mês e que a taxa de juros do mercado é de 24% a.a. Qual o custo de armazenagem neste período?

C. armaz = $\dfrac{200}{2}$ x 25,00 x 1 x $\dfrac{24}{100 \times 12}$ taxa anual transformada em mês

C. armaz. = R$ 50,00 para armazenar todas as peças durante um mês.

2) Uma empresa possui 200 peças de um produto em seu estoque. Cada uma delas vale R$ 25,00. Supondo que o tempo de permanência do estoque na empresa é de 2 meses e que a taxa de juros do mercado é de 24% a.a. Qual o custo de armazenagem nesse período?

C. armaz = $\dfrac{200}{2}$ x 25,00 x 2 x $\dfrac{24}{100 \times 12}$ X 2   taxa anual transformada em bimestral.

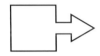

C. armaz. = R$ 100,00 para armazenar todas as peças durante 2 meses.

3) Uma empresa possui 200 peças de um produto em seu estoque. Cada uma delas vale R$ 25,00. Supondo que o tempo de permanência do estoque na empresa é de 45 dias e que a taxa de juros do mercado é de 24% a.a. Qual o custo de armazenagem nesse período?

C. armaz = $\dfrac{200}{2}$ x 25,00 x $\dfrac{45}{30}$ x $\dfrac{24}{100 \times 12}$

C. armaz. = R$ 75,00 para armazenar todas as peças durante 45 dias.

O período de permanência e a taxa de juros precisam estar na mesma unidade de tempo. Tanto faz transformar um ou outro.

Caros(as) alunos(as),
Com os exemplos, ficou mais fácil compreender o tema? Para complementar a reflexão, vejam um pequeno texto:
3. Agrupar os itens de custos relativos a cada função (ou atividade) - O objetivo de agrupar os custos em funções ou atividades é facilitar a alocação desses custos na etapa seguinte. Por exemplo, a função de movimentação irá reunir itens de custos de diferentes contas naturais - pessoal, manutenção,

depreciação - mas que estão todos direcionados ao mesmo objetivo, movimentar materiais, e assim podem ser alocados por um único critério de rateio, como número de paletes expedidos. Quando a operação for relativamente simples, o sistema de custeio pode ser desenvolvido considerando as funções básicas da atividade de armazenagem. Já no caso de uma operação mais complexa, que movimenta produtos com características de acondicionamento ou movimentação muito distintas, pode ser necessário subdividir as funções em atividades. A seguir, serão abordadas as funções básicas que devem ser consideradas:
a) A movimentação de materiais inclui a recepção e a expedição de mercadorias. Assim, devem ser agrupadas nessa função todos os itens de custos referentes a essas atividades, como, por exemplo, os custos associados a empilhadeiras, transelevadores, operadores de empilhadeira, supervisores da movimentação etc.
b) O acondicionamento de produtos se refere a estocagem do produto. Deve se ter em mente que esta função não engloba a movimentação. Esta função se refere apenas ao fato de o produto estar parado em estoque. Nesse caso, o produto estaria consumindo um espaço, não só de um armazém como também de um palete, de um contenedor, rack. Assim, teriam que ser agrupados os custos referentes ao espaço, como aluguel ou custo de oportunidade do armazém, e os itens referentes a ativos que estão sendo utilizados no acondicionamento do produto como paletes e racks.
No caso de produtos que necessitam de acondicionamento especial como os que devem ser mantidos em ambiente refrigerado, também devem ser considerados os custos com o equipamento de refrigeração e consumo de energia elétrica. Pelo fato da função de acondicionamento estar ligada diretamente ao espaço físico, o grupo de custos dessa função é comumente chamado de custo da ocupação de espaço.
c) A função de administrar o fluxo de bens na realidade irá agregar os custos que não dizem respeito às funções anteriores por terem um caráter mais administrativo, como por exemplo os custos referentes ao gerente, à secretária, ao telefone, ao material de escritório etc.

Fonte: <http://professorricardo.tripod.com/Artigo_13.pdf>. Acesso em: 11/09/2014.

Finalizamos, aqui, a discussão sobre custos de armazenagem. Gostaram do tema? Caso tenham dúvida, entrem em contato no quadro de avisos.

 Retomando a aula

Chegamos, assim, ao final da sexta aula. Espero que agora tenha ficado mais claro o entendimento de vocês sobre custos de armazenagem. Vamos, então, recordar:

1 – Custos de armazenagem

Armazenar produtos é algo a ser bastante estudado pela empresa, pois, pode ser lucrativo e produtivo, se feito de forma planejada, mas, também pode ser negativo, se feito sem as devidas precauções.

Vale a pena

Vale a pena **acessar**

<http://www.remade.com.br/br/revistadamadeira_materia.num=559&subject=Log%EDstica&title=Os%20custos%20de%20armazenagem%20na%20log%EDstica%20moderna>.

Aula 7º

Gestão Patrimonial

Olá, alunos(as).

A Gestão de Patrimônio envolve diversos processos que visam a maneira correta de controlar e administrar o empreendimento. De modo geral, controlam-se os bens ativos e os passivos do patrimônio da empresa.

Vamos lá?

Boa aula!

Objetivos de aprendizagem

Ao término desta aula, vocês serão capazes de:

• compreender o que é a gestão patrimonial;
• identificar o modo de cálculo entre ativos e passivos.

Seções de estudo

1 – Gestão Patrimonial
2 – Benefícios trazidos pela Gestão Patrimonial

1 – Gestão Patrimonial

Olá, alunos(as),

Vamos passar à discussão acerca de Patrimônio. Resumindo, podemos dizer que é um saldo entre direitos e obrigações, que envolve Ativo e Passivo. Ao falar na gestão de patrimônio, precisamos tomar diversas precauções, entre elas, analisar o valor de mercado dos bens e os investimentos feitos pela empresa. O principal objetivo é evitar aplicar o patrimônio em um único tipo de direção.

Com o intuito de ampliar os seus conhecimentos, vamos à leitura de um texto que traz a discussão de modo bastante pertinente. Vamos lá?

O Patrimônio é um conjunto de bens. Esse conjunto de bens pode pertencer a uma pessoa física ou jurídica.

Enquanto pessoas físicas possuem um conjunto de bens e consumo (caneta, televisão, relógio, etc..) as entidades, pessoas jurídicas de fins lucrativos (empresas) ou de fins ideais (instituições), possuem outros tipos de bens (mercadorias, máquinas, instalações, etc..).

Considerando o Patrimônio de uma empresa, ele pode se apresentar de três formas diferentes:

Ü Os bens da empresa, que estão em seu poder (computador, prédio, casa, carro, dinheiro em sua mão, maquinas e etc..).

Ü Os bens da empresa, em poder de terceiros, ou seja, os seus DIREITOS (uma venda feita a prazo (é direito seu receber esse dinheiro, como esse dinheiro ainda não esta contigo, ele não é um bem, e sim um direito, direito de recebê-lo), o dinheiro no banco (ele não esta com você) entre outros).

Podemos entender que o que diferencia BENS de DIREITO é a posse. Pois, na verdade tudo que esta nos dois exemplos acima podem ser avaliados em dinheiro, o que diferencia é se esta ou não com você.

Ü Os bens de terceiros, em poder da empresa, - as suas OBRIGAÇÕES (é o inverso de DIREITOS, ou seja, é algo avaliável em dinheiro que não lhe pertence mais está contigo).

a Exemplo:

- COMPRA À PRAZO – seu fornecedor lhe vendeu mercadorias a prazo, é um direito dele receber e uma OBRIGAÇÃO sua de pagar;
- UM EMPRÉSTIMO – é um direito do banco ou financeira e uma OBRIGAÇÃO sua pagar.
Assim, definimos o Patrimônio como "o conjunto de bens, direitos e obrigações, avaliável em moeda e pertencente a uma pessoa física ou jurídica".

2.1 Primeiras Noções de Balanço Patrimonial
O Balanço Patrimonial é uma demonstração que evidencia todo o patrimônio de uma entidade em um determinado momento, ou seja, ela vai mostrar todos os BENS, DIREITOS E OBRIGAÇÕES numa certa data.
Primeiro ela registra esses dados, depois processa os relatórios e demonstrações. Uma das principais demonstrações é chamada de Balanço Patrimonial.

Mais para ficar mais apresentável, ao invés de misturar tudo, ela preocupou-se em deixar isso de uma maneira mais fácil de se entender.

O Patrimônio está dividido em duas partes: um positivo chamado ATIVO outro negativo chamado PASSIVO.

No ATIVO estão o conjunto de BENS e DIREITOS e no PASSIVO suas OBRIGAÇÕES ou DEVERES.

A diferença entre o Ativo (+) e o Passivo (-), denomina-se PATRIMÔNIO LÍQUIDO que aparece vinculado ao Passivo, para que haja uma igualdade entre este e o Ativo, que chamamos de Equação ou Equilíbrio Patrimonial.

a Resumo

ATIVO (+)	PASSIVO (-)
BENS	OBRIGAÇÕES
DIREITOS	PATRIMÔNIO LIQUIDO

Assim sendo, dizemos que o Patrimônio Líquido representa a diferença entre o Ativo e o Passivo.
a Exemplo:

ATIVO (+)	PASSIVO (-)
2.500,00	500,00
	P.L.
	2.000,00
2.500,00	2.500,00

Equilíbrio Patrimonial

Podemos apresentar o Patrimônio de três formas diferentes, ou seja:

1º) O Ativo maior que o Passivo

Podemos apresentar o Patrimônio de três formas diferentes, ou seja:

1º) O Ativo maior que o Passivo

ATIVO (+)	PASSIVO (-)
3.000,00	1.000,00
	P.L.
	2.000,00
3.000,00	3.000,00

O Patrimônio Líquido é a diferença entre o Ativo (3.000,00) e o Passivo (1.000,00)

2º) O Ativo igual ao Passivo

ATIVO (+)	PASSIVO (-)
3.000,00	3.000,00

Resultado numa Situação Líquida Nula ou Compensada.

3º) O Ativo menor que o Passivo

ATIVO (+)	PASSIVO (-)
3.000,00	3.500,00
PASSIVO DESCOBERTO	
500,00	

º Veja

Apenas a 1ª primeira situação é real (o Ativo maior que o Passivo), pois apresenta uma situação de equilíbrio patrimonial na empresa uma vez que o conjunto de bens e direitos é suficiente superior para saldar os compromissos da empresa com terceiros, representados pelas obrigações.

Na 2ª segunda situação, uma posição muito difícil de acontecer, pois sendo o Ativo igual ao Passivo, representa que toda a parte do proprietário já foi consumida pelas obrigações que representam o mesmo valor do conjunto de bens e direitos. Considerando, ainda que uma parte do Ativo é constituída de bens que são destinados ao uso da empresa (Móveis e utensílios, Instalações, Maquinas e Equipamentos etc..) não podendo se desfazer deles, são necessários ao

funcionamento da empresa, o Ativo deverá ser maior que o Passivo, no mínimo pela soma desses valores, senão é bem provável que a empresa tenha que alienar esses bens, para saldar seus compromissos, não sobrando nada para que possa continuar funcionando.

A 3ª é mais crítica ainda, (o Ativo é menor que o Passivo), apresenta o Patrimônio numa situação muito difícil de ser encontrada, sendo as obrigações superiores ao conjunto de bens e direitos. Mesmo transformando seus bens e direitos em numerários, não é suficiente para cobrir as obrigações. Daí, o nome PASSIVO A DESCOBERTO, pois a soma do Ativo não dá pra cobrir a soma do Passivo.

2.2 Alterações Patrimoniais

No desenvolver das operações de uma empresa, quando efetua uma transação (compra, vendas) ou qualquer outra operação, os elementos que compõem o Patrimônio se modificam. Chamamos de Exercício Financeiro, operações que acontecem, fazendo com que a estrutura do Patrimônio se modifique a cada operação realizada. A essa continuidade de operações do "dia a dia" da empresa, modifica a estrutura patrimonial. No último dia de cada Exercício Financeiro levantamos um Balanço que nos mostra a representação do que existe de Bens, Direitos e Obrigações e qual resultado do exercício que está sendo encerrado, que ser de dois tipos:

1º) Quando a Receita (+) for maior que a Despesa (-), o resultado final do exercício será um Lucro;

2º) Quando a Despesa (-) for maior que a Receita (+), o resultado final do exercício será um Prejuízo;
O termo balanço na Contabilidade se equipara a igualdade, assim pressupõem se que o Ativo é igual a soma do Passivo mais o Patrimônio Líquido (A = P + PL).

Na contabilidade nos trabalhamos com as chamadas partidas dobradas, registramos o mesmo valor duas vezes mais em contas diferentes.

a Exemplo:

1) Abertura da empresa com capital de R$ 80.000,00, depositada na conta da empresa.

Ativo		Passivo	
Deposito no Banco	80.000,00		
		Patrimônio Líquido	
		Capital Social	80.000,00

- Esse primeiro dinheiro que o sócio coloca na empresa é chamado de CAPITAL SOCIAL.
- Essa operação acima em termos técnicos é chamada de integralização de capital.

Fonte: <http://www.portaldeauditoria.com.br/tematica/auxiliar-contabilidade-definicao-patrimonio.htm>. Acesso em: 11/09/2014.

Gostaram da leitura? A presença dos exemplos ajudou na compreensão? Bom, por meio disso, espero ter esclarecido acerca do tema.

Avançando, como os ativos estão divididos, na ordem decrescente de sua liquidez: Circulante, realizável a curto prazo, realizável a longo prazo e imobilizado, sua gestão visa a dar maior eficiência financeira sobre cada um dos investimentos feitos, obtendo, maior lucratividade.

Tabela 6 - Estrutura de um balanço patrimonial

DIREITOS (ATIVO) Propriedades corpóreas: • móveis – estoques, etc. • imóveis – instalações, etc. Propriedades incorpóreas: • direitos em geral – dinheiro, etc. 'USAR, FRUIR, REIVINDICAR'.	OBRIGAÇÕES (PASSIVO) • dívidas
	PATRIMÔNIO (ATIVO – PASSIVO) Parte Livre: 'DISPOR' Responsabilidade: manter seu patrimônio para fazer frente às suas obrigações.

A Gestão de Patrimônio por meio da execução de serviços especializados na área de administração patrimonial proporciona o saneamento geral do estágio atual do ativo imobilizado, bem como define procedimentos que permitem a manutenção dos controles com plena confiabilidade e efetividade. Esta solução integrada contempla a realização de inventário físico com emplaquetamento com código de barras de todos os bens e a conciliação deste levantamento com os registros históricos de aquisições de bens cadastrados em sistemas de patrimônio.

É possível notar que a gestão do patrimônio engloba a implantação de normas e procedimentos, além de revisão da contabilidade do patrimônio, bem como inventário físico e emplaquetamento dos bens.

GESTÃO PATRIMONIAL

É a maneira adequada de utilização de equipamentos, movimentação e armazenagem de matéria-prima, aproveitamento de mão de obra, conservação das instalações, etc. aumenta a produtividade, a qualidade dos produtos acabados e o capital pode ser recuperado em um prazo mais curto.

2 - Benefícios trazidos pela Gestão Patrimonial

Vocês já devem ter percebido que a Gestão Patrimonial traz uma sequência de benefícios e facilitações para qualquer organização. Aliás, já devem ter percebido que planejamento tem sido a palavra-chave ao longo de nosso guia, não é mesmo? E isso não vale somente para empresas: com o nosso patrimônio pessoal também precisamos ter o mesmo zelo, o mesmo cuidado.

Vejam a seguir alguns dos benefícios:

• informações consistentes e precisas de imediato sobre os bens existentes e em disponibilidade, otimizando e aperfeiçoando o processo de orçamento e compras de novos bens;

• introdução de normas de controle de movimentações com estabelecimento de cargas patrimoniais com responsabilidades, visando à proteção e à preservação da integridade do patrimônio;

• codificação de bens por espécie e locais com redução significativa de tempo de novos inventários pela utilização de plaquetas com código de barras, facilitando também a atualização das movimentações em sistemas informatizados.

O site Guia da Carreira também elenca alguns pontos importantes da gestão empresarial. Vejam:

O fato é que a grande maioria dos profissionais de administração de empresas desconhece o valor verdadeiro das empresas que gerenciam. Conhecer bem o patrimônio o qual está gerenciando trás muitas vantagens para o administrador:

• Quando a empresa faz o controle patrimonial correto dos seus bens, produzem estatísticas e balanços muito mais precisos, com dados mais precisos o profissional de administração de empresas toma decisões mais acertadas.

• No caso de fusão ou venda da empresa, quando o controle patrimonial está correto, evita-se prejuízos por se conhece exatamente quanto vale a empresa (a empresa é vendida pelo valor que realmente vale).

• No caso de ajuste fiscal e pagamento de impostos, com o controle do patrimônio é possível calcular o preço exatos dos tributos, evitando a sonegação fiscal (sonegação fiscal no Brasil, é crime) e evitando também que a empresa pague impostos a mais.

• Para uma empresa poder tirar um certificado de qualidade (certificado ISO 9000 por exemplo), é obrigatório que o controle patrimonial esteja correto.

• Quando todos os bens da empresa estão catalogados e identificados, evita-se desvio de recursos e roubo de bens. Empresas que tem um controle fraco do seu patrimônio estão sempre correndo o risco de sofrer pequenas subtrações dos seus materiais.

Fonte: <http://www.guiadacarreira.com.br/artigos/gestao-e-administracao/controle-patrimonial-empresas/>. Acesso em: 11/09/2014.

Bom, caros(as). Espero que tenham percebido a importância do tema. Ressalto que é sempre necessário ter senso crítico no momento de aplicar no momento da prática. Sendo assim, caso o planejamento não seja adequado, ao invés de trazer benefícios, pode prejudicar a empresa.

Retomando a aula

Chegamos, assim, ao final da sétima aula. Espero que agora tenha ficado mais claro o entendimento de vocês sobre Gestão Patrimonial. Vamos, então, recordar:

1 – Gestão Patrimonial

A Gestão de Patrimônio por meio da execução de serviços especializados na área de administração patrimonial proporciona o saneamento geral do estágio atual do ativo imobilizado, bem como define procedimentos que permitem a manutenção dos controles com plena confiabilidade e efetividade.

2 – Benefícios trazidos pela Gestão Patrimonial

A importância da Gestão Patrimonial diz respeito ao fato de que possibilita a empresa um controle detalhado dos bens, por meio de estatísticas detalhadas.

Vale a pena

Vale a pena acessar

<http://www.guiadacarreira.com.br/artigos/gestao-e-administracao/controle-patrimonial-empresas/>.

Vale a pena assistir

<https://www.youtube.com/watch?v=tHW9-IWPUdM>.

<https://www.youtube.com/watch?v=IQT2xuAdngQ>.

<https://www.youtube.com/watch?v=7TDUZ3iPaxc>.

Minhas anotações

Aula 8º

Codificação de Materiais

Ufa, chegamos à nossa última aula!

Quanto conhecimento adquirido até aqui, não é mesmo?

Bom, espero que a última aula possibilite a vocês um panorama acerca da Codificação de Materiais e, assim, possamos finalizar a disciplina.

Vamos, então?

Boa aula!

Objetivos de aprendizagem

Ao término desta aula, vocês serão capazes de:

• compreender a temática da Codificação de Materiais;
• identificar o funcionamento da Codificação.

Seções de estudo

1 – Classificação e codificações de materiais
2 – Sistema decimal simplificado

1 – Classificação e codificações de materiais

Ufa, colegas! Estamos chegando ao fim de nossa disciplina!

Quantos conteúdos vistos até aqui, não é?

Vamos finalizar discutindo Codificações de Materiais. Vamos adiante?

Comecemos com a leitura de um breve texto:

Classificação e Codificação dos materiais

Um sistema de classificação e codificação de materiais é fundamental para que existam procedimentos de armazenagem adequados, um controle eficiente dos estoques e uma operacionalização correta do almoxarifado. Classificar um material significa agrupá-lo segundo sua forma, dimensão, peso, tipo e uso. Em outras palavras, classificar um material significa ordená-lo segundo critérios adotados, agrupando-os de acordo com as suas semelhanças. Classificar os bens dentro de suas peculiaridades e funções tem como finalidade facilitar o processo de posteriormente dar-lhes um código que os identifique quanto aos seus tipos, usos, finalidades, datas de aquisição, propriedades e seqüência de aquisição. Por exemplo, com a codificação do bem passamos a ter, além das informações acima mencionadas, um registro que nos informará todo o seu histórico, tais como preço inicial, localização, vida útil esperada, valor depreciado, valor residual, manutenção realizada e previsão de sua substituição.
A classificação dos itens é composta de diversas etapas, quais sejam: catalogação, simplificação, especificação, normalização e padronização rumo à codificação de todos os materiais que compõem o estoque da empresa.
Vejamos melhor a conceituação de "classificação", definindo melhor cada uma dessas etapas:
Catalogação: significa o arrolamento de todos os itens existentes de modo a não omitir nenhum deles.

Vantagens da Catalogação:
1. A catalogação proporciona uma idéia geral da coleção;
2. Facilita a consulta por parte dos usuários;
3. Facilita a aquisição de materiais;
4. possibilita a conferência;
5. evita duplicidade de codificação;

Simplificação: significa a redução da grande diversidade de itens empregados para uma mesma finalidade. Quando duas ou mais peças podem ser usadas para o mesmo fim, recomenda-se a escolha pelo uso de uma delas;
Especificação: significa a descrição detalhada de um item, como suas medidas, formato, tamanho, peso etc. Quanto mais detalhada a especificação de um item, menos dúvida se terá a respeito de sua composição e características, mais fácil será a sua compra e inspeção no recebimento.
Normalização: essa palavra deriva de normas, que são as prescrições sobre o uso do material; portanto significa a maneira pela qual o material deve ser utilizado em suas diversas aplicações;
Padronização: significa estabelecer idênticos padrões de peso, medidas e formatos para os materiais, de modo que não existam muitas variações entre eles. Por exemplo, a padronização evita que centenas de parafusos diferentes entrem em estoque.
Vantagens da Padronização:
1. Possibilita a simplificação de materiais;
2. Facilita o processo de normalização de materiais;
3. Aumenta poder de negociação;
4. Reduz custos de aquisição e controle;
5. Reduz possibilidade de erros na especificação;
6. Facilita a manutenção;
7. Possibilita melhor programação de compras;
8. Permite reutilização e permutabilidade

Assim a catalogação, a simplificação, a especificação, a normalização e a padronização constituem os diferentes passos rumo à codificação. A partir da classificação pode-se codificar os materiais.
Codificar um material significa representar todas as informações necessárias, suficientes e desejadas por meio de números e/ou letras, com base na classificação obtida do material.
A tecnologia de computadores está revolucionando a identificação de materiais e acelerando o seu manuseio.
A chave para a rápida identificação do produto, das quantidades e fornecedor é o código de barras lineares ou código de distribuição. Esse código pode ser lido com leitores óticos (scanners) . Os fabricantes codificam esse símbolo em seus produtos e o computador no depósito decodifica a marca, convertendo-a em informação utilizável para a operação dos sistemas de movimentação interna, principalmente os automatizados.

Fonte: <https://sites.google.com/site/profamarilzaprojovem/home/almoxarifado/classificacao-materiais>. Acesso em: 11/09/2014.

O texto é bastante esclarecedor, não é mesmo? Por meio dele, destaco que a decodificação e classificação os materiais podem ser organizados de forma mais adequada e segura. Organiza-se, então, por meio de classes e categorias. Cada material, portanto, é organizado por meio de uma classificação que visa à retomada desse material por meio de uma classificação prática e, principalmente, eficiente.

É claro que existem tipos diferentes de codificação. Veja abaixo:

Alfabético – utiliza apenas letras para identificar um item.

Alfanumérico – utiliza letras para identificar uma classe e números para o item (Placas de automóveis).

Numérico – é o mais utilizado e o melhor método para codificar materiais.

> Devido à inúmera quantidade de elementos que podem compor os bens, há necessidade de identificá-los em produtos, subprodutos, itens e subitens. Imaginem quantos elementos, itens e subitens são necessários para a fabricação de um automóvel. Seria muito difícil localizá-los sem um sistema de codificação eficiente.

A implementação de sistemas para processamento eletrônico de dados tem levado à utilização crescente do sistema numérico. A implantação do sistema decimal universal consolidou essa posição da forma numérica. Pensando nisso, o Sistema Decimal Simplificado é tema de nossa próxima Seção.

2 - Sistema Decimal Simplificado

O Sistema Decimal de Classificação Universal é fruto de uma modificação do método de Dewey, resultado do Sistema Decanumérico/Sistema Decimal Simplificado, que parte do código a seguir:

Exemplo 1 da estruturação do sistema de codificação decimal

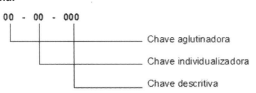

```
00 - 00 - 000
                    Chave aglutinadora
              Chave individualizadora
        Chave descritiva
```

Exemplo 2 da estruturação do sistema de codificação decimal

1ª chave	2ª chave	3ª chave
00 – Ferragens	00 – Pregos	000 – tam. 10 x10
		001 – tam. 13x15
		002 – tam. 14x15
	01 – Parafusos	000 – cab.red. 1/4x1/8
		001 – cab.red 1/4x3/16
	02 - Porcas	
	03 - Arruelas	

Veja a aplicação do sistema em uma loja de produtos agropecuários. A ideia é mostrar como realizar a codificação. Vejam:

01 - FERTILIZANTES
02 - FERRAMENTAS
03 - DEFENSIVOS
04-MEDICAMENTOS→CLASSIFICAÇÃO GERAL

01 – VACINAS
02 - VERMIFUGOS →CLASSIFICAÇÃO INDIVIDUALIZADORA

01 - PFIZER → CLASSIFICAÇÃO DEFINIDORA
02 - BAYER
03 - ANTIBIÓTICOS
04 - MATA-BICHEIRAS
05 - HORMÔNIOS
06 - CÁLCIO
05 - RAÇÕES
06 - HIDRÁULICA

Portanto, quando se deseja vermífugo Pfizer, a codificação definidora é: 040201.

Perceberam? De modo básico, faz-se a codificação por meio de um sistema organizado de modo simples.

2.1 Código de Barras

Apresenta-se por meio de simbologias. Cria um arranjo em forma de cerca de barras negras e espaços brancos. Sua escolha tem como benefícios de acordo com Francischini e Gurgel (2013, p. 129):

• baixo custo e menor tempo de implantação;
• fácil utilização;
• uso de equipamentos compactos;

• alta velocidade de captura dos dados.

Ainda segundo os autores, "Existem hoje diversos tipos de código de barras, os mais conhecidos são: EAN-8; EAN-13; EAN/UCC-14; EAN-128" (FRANCISCHINI E GURGEL, 2013, p. 129). Vejam a figura:

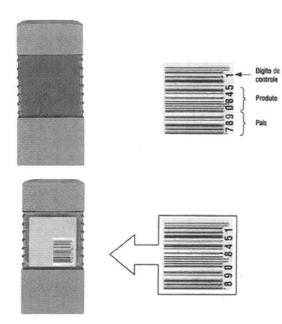

Figura 8.1- Codificação de materiais
Fonte: Francischini e Gurgel (2013, p. 131).

Vejam outro exemplo:

Figura 8.2- Codificação de materiais
Fonte: < http://slideplayer.com.br/slide/293944/>. Acesso em: 11/09/1986.

Pessoal, tudo bem até aqui? Conseguiram visualizar o funcionamento da codificação?

Bom, finalizamos enfim nossos estudos. Convido-os(as) a fazer uma breve retomada do capítulo.

Espero que as discussões tenham sido profícuas. Qualquer dúvida, entrem em contato.

Abraços e até a próxima!

Retomando a aula

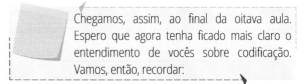

Chegamos, assim, ao final da oitava aula. Espero que agora tenha ficado mais claro o entendimento de vocês sobre codificação. Vamos, então, recordar:

1 – Classificação e codificações de materiais
Tipos de codificação:

Alfabético – utiliza apenas letras para identificar um item.

Alfanumérico – utiliza letras para identificar uma classe e números para o item (Placas de automóveis).

Numérico – é o mais utilizado e o melhor método para codificar materiais.

2 - Sistema Decimal Simplificado
O Sistema Decimal de Classificação Universal é fruto de uma modificação do método de Dewey, resultado do Sistema Decanumérico/Sistema Decimal Simplificado.

Vale a pena

Vale a pena **acessar**

<http://www.portaladm.adm.br/am/AM15.htm>.

Referências bibliográficas

ARNOLD, T. J. R. *Administração de materiais.* São Paulo: Atlas, 1999.

BALLOU, R. H. *Logística empresarial:* transportes, administração de materiais e distribuição. São Paulo: Atlas, 1993.

BERTAGLIA, Paulo R. *Logística e gerenciamento da cadeia de abastecimento.* São Paulo: Saraiva, 2005.

BOWERSOX, D. J. & CLOSS, D. J. *Logística empresarial:* o processo de integração da cadeia de suprimentos. 1. ed. São Paulo: Atlas, 2004.

CHRISTOPHER, M. *Logística e gerenciamento da cadeia de suprimentos.* São Paulo: Thomson Learning, 2005.

BERTAGLIA, Paulo R. *Logística e gerenciamento da cadeia de abastecimento.* São Paulo: Saraiva, 2005.

BUSSINGER, Vera. *Logística:* o que é e como aplicar. Disponível em: <http://idelt.org.br/?p=216>. Acesso em: 12/09/2014.

DIAS, M. A. P. *Administração de materiais.* Ed. Compacta. São Paulo: Atlas, 1995.

FIGUEIREDO, K. F.; FLEURY, P. F.; WANKE, P. *Logística e gerenciamento da cadeia de suprimentos.* 1. ed. São Paulo: Atlas, 2003.

FIGUEIREDO, K. F.; FLEURY, P. F.; WANKE, P. *Logística empresarial:* a perspectiva brasileira. 1. ed. São Paulo: Atlas, 2000.

GURGEL, Floriano do Amaral Paulino. *Administração de materiais e do patrimônio.* 2. ed. São Paulo: Pioneira, 2013.

LAUGENI, F. P. *Administração da produção.* São Paulo: Saraiva, 1999.

LAUGENI, F. P. *Administração da produção.* São Paulo: Saraiva, 1999.

LIMA, Elisangela de Oliveira; SILVA, Elvis Magno; JUNIOR, Vladas Urbanavicius. *Logística Aplicada ao Abastecimento de uma Linha de Montagem.* Disponível em: <http://www.aedb.br/seget/artigos09/14_aprovado>. Acesso em: 09/09/2014.

MARTINS, P. G. & ALT, P. R. *Administração de materiais e recursos patrimoniais.* 2. ed. São Paulo: Saraiva, 2006.

MENDEZ, Silmara Yurksaityte. *Just in Time.* Fonte: <http://monografias.brasilescola.com/administracao-financas/just-in-time.htm>. Acesso: 22/09/2014.

PORTER, M. E. *Vantagem competitiva.* Rio de Janeiro: Campus, 1990.

POZO, H. *Administração de recursos materiais e patrimoniais:* uma abordagem logística. 4. ed. São Paulo: Atlas, 2007.

SANTOS, Valquíria Pereira dos. *Logística:* modalidades de distribuição e linha de produção. Disponível em: <http://www.unisalesiano.edu.br/simposio2011/publicado/artigo0031.pdf>. Acesso em: 15/09/2014.

SENGE, P. *A quinta disciplina.* São Paulo: Best Seller, 1999.

SLACK, N. *Administração da produção.* São Paulo: Atlas, 1998.

Minhas anotações

Graduação a Distância 3º SEMESTRE

Tecnologia em Gestão Comercial

POLÍTICAS DE
NEGOCIAÇÃO

UNIGRAN - *Centro Universitário da Grande Dourados*

Rua Balbina de Matos, 2121 - CEP 79.824 - 9000
Jardim Universitário
Dourados - MS
Fone: (67) 3411-4141 / Fax: (67) 3411-4167

CEAD
Coordenadoria de Educação a Distância

Apresentação do Docente

Bem-vindo!

Alexsander Fuza Rozeno, Administrador de Empresas, possui especialização MBA Executivo em Administração com ênfase em Recursos Humanos. Atualmente desenvolve suas atividades laborativas voltadas a Educação. Como Coordenador dos cursos de Tecnologia em Logística, Tecnologia em Gestão de Recursos Humanos e Tecnólogo em Agronegócios EAD e Semipresencial da UNIGRAN. Docente, na modalidade a distancia nas disciplinas de Sistemas Agroenergéticos (Biodiesel e Sucroaucoleiro), Trabalho de Conclusão de Curso (TCC), Estágio Supervisionado, Administração da Produção I, Administração da Produção II, Marketing Aplicado á Logística, Logística e Contexto Econômico, Gestão e Comportamento Organizacional e Políticas de Remuneração. Recentemente e no programa SED nas disciplinas de Sistemas de Informações e Economia e Mercado.

ROZENO, Alexsander Fuza. Políticas de Negociação. Dourados: UNIGRAN, 2019.

50 p.: 23 cm.

1. Políticas. 2. Negociação.

Sumário

Conversa Inicial

Prezados(as) estudantes:

Bem-vindos(as) à disciplina de Políticas de Negociação, que objetiva compreender e desenvolver os processos necessários para definição de estratégias de negociação usando-a como ferramenta competitiva para as tomadas de decisões das empresas. Além disso, visa desenvolver subsídios para a compreensão das modernas estratégias e táticas da negociação.

Para tanto, o estudante poderá adquirir conhecimentos, habilidades e atitudes para a percepção da evolução dos cenários e das tendências para a prática e aprimoramento da criatividade e o processo de argumentação.

Para que seu estudo se torne proveitoso e prazeroso, esta disciplina foi organizada em oito aulas, com temas e subtemas que, por sua vez, são subdivididos em seções (tópicos), atendendo aos objetivos do processo de ensino-aprendizagem.

Após ter estudado a aula 1 introdutória, que trata da negociação orientada para resultado: conceitos e premissas, na aula 2, detalharemos o desenvolvimento da habilidade de negociação. Na aula 3, será abordado o poder nas negociações. Já na aula 4 será apresentado os desafios para estratégia de negociação. Na sequência, com as aulas 5 e 6, serão apresentados o cenário do conflito e processo de regulação nas relações de trabalho e de negociação coletiva. Chegando à aula 7, daremos um sentido com a negociação gerencial e, por último, com a aula 8 apresentaremos aspectos da formulação de estratégias de negociação.

Esperamos que, até o final da disciplina vocês possam: - desenvolver competências, habilidades e atitudes no processo de concepção de negociação; - capacitar o estudante para o alcance dos objetivos/ metas estabelecidos com postura gerencial; - estimular o entendimento da importância da estratégia de negociação para obtenção de resultados; - desenvolver expressão e comunicação compatível com o exercício profissional na arte de negociar; - ampliar a capacidade crítica sobre a gestão estratégica, compreendendo sua posição e função na estrutura administrativa; e - conhecer a importância do pensamento sistêmico da negociação para o planejamento das estratégias.

Para tanto, a metodologia das aulas serão transcorridas da seguinte maneira: - atendimento personalizado individual, de orientação e esclarecimentos de dúvidas no acompanhamento das atividades; - atividades mediadas pelo professor no Ambiente de Aprendizagem Virtual (doravante AVA) em grupo e/ou individual, a serem encaminhadas via plataforma; - aulas dialogadas, tendo como apoio o AVA da UNIGRANET com a utilização de ferramentas como Fóruns, Chats, Vídeos e Quadro de avisos; - pesquisas orientadas fazendo uso de bibliotecas existentes nos polos ou parcerias/convênios e virtuais;

- devolutiva das atividades corrigidas e devidamente avaliadas segundo os critérios de avaliação (notas); - encontros presenciais a serem realizados nos dias das provas.

No decorrer das aulas, se encontrarem alguma dificuldade no conteúdo, não hesitem em recorrer ao professor que estará sempre à disposição para esclarecê-las.

Vamos, então, à leitura das aulas? Boa leitura!

Aula 1º

Conceituando a negociação

O tema da aula, como o próprio título indica, apresentará a importância do planejamento estratégico para que os(as) futuros(as) Tecnólogos(as) em Gestão Comercial possam aplicar corretamente as ferramentas de gestão estratégica de negociação no dia a dia do trabalho. Para tanto, serão evidenciados os elementos-chave relacionados aos princípios das políticas de negociação, principais conceitos e premissas desse processo.

Diversas Organizações vêm se apoiando em estratégias de negociação como mecanismo de sobrevivência. Elas mantêm investimentos expressivos em todos os seus setores de atuação e vem contribuindo de maneira substancial para o saldo positivo da balança comercial e para as divisas da economia nacional.

Numa situação hipotética, se as Organizações não estabelecessem um planejamento adequado de negociação, o que seria estimulado no desenvolvimento interno e externo a elas? Como seriam estimuladas ações competitivas diante das incertezas mercadológicas, financeiras, econômicas, sociais que acometem as Organizações no mundo dos negócios?

Nessa perspectiva, esperamos que ao final da aula consiga elucidar uma resposta mais concreta para os questionamentos supracitados.

Bons estudos!

Objetivos de aprendizagem

Esperamos que, ao término desta aula, vocês serão capazes de:

- compreender a política de negociação como estratégia de gestão para as Organizações;
- identificar os conceitos mais apropriados para responder as demandas do(a) Tecnólogo(a) de Gestão Comercial na área de negociação.

Seções de estudo

1 - Negociação orientada para resultado: conceitos e premissas

2 - Principais conceitos e premissas da negociação

1 - Negociação orientada para resultado: conceitos e premissas

Turma, de acordo com o Plano de Ensino da disciplina, atendendo aos objetivos de aprendizagem propostos, será possível perceber na Seção 1 que as organizações vêm buscando instrumentos que auxiliem a se manterem no mercado altamente competitivo. Uma das ferramentas encontradas é por meio do processo de negociação, que focando em estratégias consolidadas posicionam positivamente as empresas no ranking de competitividade.

1.1 - Introdução

Diante da agilidade com que se processam as mudanças e paradigmas no mundo dos negócios, cabe aos profissionais da missão e visão organizacional, incluindo os agentes das áreas de Contratos, Gestão Empresarial, Gestão de Pessoas, Finanças, Logística, Compras, Comercial, Vendas e Marketing, acompanharem as novas tendências mercadológicas qualificando-se permanentemente. Investindo no domínio de tecnologias atualizadas de negociação, com vistas à obtenção de mais valor aos objetivos institucionais e pessoais, podem maximizar ainda mais as ações que resultem em ganhos reais para a organização.

O cenário aponta que, cada vez mais, as pessoas buscam abrir seu próprio empreendimento, e desde 2011, o Serviço Brasileiro de Apoio às Micro e Pequenas Empresas (SEBRAE) optou por realizar seus estudos de sobrevivência de empresas utilizando um tipo de metodologia, por meio do processamento do banco de dados da Secretaria da Receita Federal (SRF), tomando como referência as empresas brasileiras constituídas em 2007, e as informações sobre estas empresas disponíveis na SRF até 2010, a taxa de sobrevivência das empresas com até dois anos de atividade foi de 75,6%. Essa taxa foi superior à taxa calculada para as empresas nascidas em 2006 (75,1%) e nascidas em 2005 (73,6%).

Como a taxa de mortalidade é complementar à da sobrevivência, pode-se dizer que a taxa de mortalidade de empresas com até dois anos caiu de 26,4% (nascidas em 2005) para 24,9% (nascidas em 2006) e para 24,4% (nascidas em 2007).

O índice apresentado pode estar relacionado à verificação das condições do mercado, no sentido do estudo de suas oportunidades, bem como a realização de um plano de negócios a ser seguido de acordo com as possibilidades de cada empresa.

Esse fato é um dos fatores importantes de se traçar estratégias antes de abrir qualquer negócio ou analisar seu posicionamento diante do mercado, porém cabe ressaltar que o planejamento é uma ferramenta continua que deve

ser utilizado com critérios, de forma a enfrentar ameaças e aproveitar as oportunidades encontradas em seu ambiente externo, além de analisar suas fortalezas e fraquezas internas.

Empresas de todos os tipos estão chegando à conclusão de que essa atenção sistemática à estratégia é a maneira mais eficaz de se alcançar resultados, sejam elas de pequeno, médio ou grande porte. Aliada a esse processo, cabe ressaltar a importância da implantação de políticas de negociação na geração de resultados positivos na manutenção das ações estratégicas para identificar os melhores acordos; na sensibilização e instrumentalização para identificar oportunidades de ações, negócios e empreendimentos por meio da negociação; o domínio de estratégias para negociação intra e extra-ambiente organizacional e o entendimento e aplicação dos fundamentos éticos nos processos de negociação.

No Brasil, mesmo considerando que as organizações vêm fomentando o uso de ferramentas de negociação, ainda existem conflitos no entendimento adequado do que realmente se pretende alcançar.

Nesse sentido, a presente disciplina tem como objetivo principal, ao longo das oito aulas preparadas para os alunos matriculados, promover a compreensão e desenvolvimento de processos necessários para estruturação da política de negociação, com uma visão gerencial sobre a sua importância na tomada de decisões organizacionais e de competitividade.

1.2 - Princípios da negociação

> Nada há no mundo que seja repartido mais equitativamente do que a razão. Todos são convencidos de tê-la em quantidade suficiente (DESCARTES).

A necessidade de negociar está presente no dia a dia dos indivíduos seja de forma informal ou formal nas relações sociais e trabalhistas, no próprio ambiente familiar desde os primeiros anos de vida, no trabalho, no supermercado, na feira, na manutenção das rotinas diárias domiciliares e até mesmo em ocasiões sociais de pequeno e grande porte torna-se cada vez mais importantes. A arte de negociar induz o desenvolvimento da capacidade negocial absolutamente ativa para todas as fases de nossas vidas, fundamentalmente no campo profissional.

Dessa forma, todo profissional deve por sobrevivência buscar o desenvolvimento desta técnica, não só para se tornar uma pessoa desenvolvida, sobretudo, para saber utilizar essa ferramenta a seu favor e da organização do qual representa.

Cabe ressaltar que para compor um processo de negociação cada organização deve planejar as políticas necessárias para obtenção de resultados. Todo esse caminho da negociação deve focar na construção de relacionamentos, já que não se fala mais em analisar propostas, mas sim em negociar isto e aquilo com alguém.

Realizando um levantamento documental e bibliográfico. Percebe-se que os grandes negociadores mundiais souberam usar as devidas técnicas a favor de si, de suas empresas e seus países, visando o crescimento e aperfeiçoamento, juntamente com a satisfação de ambas as partes envolvidas em toda ou qualquer processo de negociação.

Na verdade, não existe uma fórmula mágica para todas as realidades, existem técnicas que devem ser adaptadas para a situação observada e negociada. Assim, sempre é tempo de começar a aprender a negociar, se apoiando nas melhores práticas ou na criação de novas que podem ser testadas na realidade de cada indivíduo.

Utilizando como referencial, para Acuff (1993, p. 21): "a negociação é o processo de comunicação com o propósito de atingir um acordo agradável sobre diferentes ideias e necessidade".

Nesse contexto, a negociação se configura no processo de buscar aceitação de ideias, desejos, propósitos ou interesses visando ao melhor resultado possível, distante das intransigências, as partes envolvidas finalizam as negociações conscienciosas de que foram ouvidas, que apresentaram toda a sua argumentação e retórica e que o produto final, objeto da negociação, seja maior do que a soma das contribuições individuais (JUNQUEIRA, 2003).

FIGURA 1 – Matriz de Negociação
Fonte: <http://www.ideiademarketing.com.br/2013/01/28/aventuras-de-um-jovem-negociador-ii-ancorar-ou-nao-ancorar-eis-a-questao/matriz-de-negociacao/>.
Acesso em: 02 de março 2015.

Ao analisar a figura 1, percebe-se que o processo de negociação está associado a duas importantes variantes: o tempo de negociação (início e final) e a zona de limites (mínimo e máximo). Nesse contexto, a área de negociação está apoiada ainda a quatro variantes, ou seja, a baixa (outra parte é favorecida) e alta percepção (negociação é bloqueada) e de outro lado a expectativa reduzida (negociação é fechada no mínimo) e ampliada (baixa probabilidade de concluir um negócio). Ao analisar a "zona estratégica" é exatamente aquela que é confortável para ambas as partes envolvidas na negociação, para que as expectativas de ambas as partes sejam neutralizadas e atendidas. É preciso, portanto, um equilíbrio, ou seja, ambas as partes envolvidas precisam projetar com suas expectativas como também ceder em alguns aspectos para que seja concluída a negociação.

Na próxima figura (2), será apresentada uma estratégia de negociação criada pelo Projeto de Negociação da Escola de Direito de Harvard chamado "Negociação Baseada em Princípios" descrito no livro publicado em 2011 "Getting to Yes: Negotiation Agreement without Giving In" (Como Chegar ao Sim: A Negociação de Acordos sem Concessões).

O referido método apresenta duas formas de negociação: ou o indivíduo é um negociador duro (do original hard) ou, digamos, afável (do original soft). Baseado nos perfis apontados pelo método há uma terceira via, ou seja, que baseada nos princípios (do original principled) foca atenção à união de características necessárias para realizar a negociação com sucesso.

Considerando esse exemplo, verifica-se que as decisões que são geradas das negociações são diretamente ligadas ao bem estar das pessoas, em uma relação de troca mútua, mesmo que haja uma desigualdade, ambas as partes normalmente saem satisfeitas seja pela necessidade social, econômica, cultural e/ou ambiental.

SOFT	HARD	PRINCIPED
Negociadores são amigos	Negociadores são adversários	Negociadores são solucionadores de problemas
O objetivo é o acordo	O objetivo é a vitória	O objetivo é um resultado inteligente alcançado com eficiência e amigavelmente
Faça concessões para cultivar o relacionamento	Demande concessões como condições para o relacionamento	Separe as pessoas dos problemas
Seja afável com as pessoas e com os problemas	Seja duro com as pessoas e com os problemas	Seja afável com as pessoas e duro com os problemas
Confie nos outros	Desconfie dos outros	Não dependa da confiança
Mude suas posições facilmente	Afere-se as suas posições	Concentre-se nos interesses, não nas posições
Faça ofertas	Faça ameaças	Explore os interesses
Comunique seus objetivos	Não comunique seu objetivo final	Evite ter um objetivo final
Aceite que seu lado perca em favor do relacionamento	Demande que o seu lado ganhe em favor do relacionamento	Invente opções de ganhos mútuos
Procure pela resposta única: a que o outro lado vai aceitar	Procure pela resposta única: aquela de você irá aceitar	Desenvolva múltiplas opções e decida mais tarde
Insista no acordo	Insista na sua posição	Insista em critérios objetivos
Tente evitar um jogo de vontades	Tente ganhar o jogo de vontades	Tente alcançar um resultado baseado em padrões, independente de vontades
Ceda à pressão	Faça pressão	Seja racional e esteja aberto à razão. Ceda aos princípios e não a pressão

FIGURA 2 – Negociação Baseada em Princípios
Fonte: <http://blog.barbeita.com.br/2012/07/negociacao-baseada-em-principios-introducao/>. Acesso 03 de março 2015.

Ao verificar os exemplos supracitados, percebe-se que o contexto das negociações sempre está em permanente mudança. Pressupostos do presente podem não mais ser válidos no futuro. E também o próprio potencial negociador deve estar sempre em busca incansável de aperfeiçoamento, para que por consequência possam antecipar-se as mudanças, gerenciando-as favoravelmente (JUNQUEIRA, 2003).

Acredita-se ainda que as pessoas mais bem sucedidas sejam capazes de dizer com clareza o que desejam para o futuro. Da mesma forma com as grandes organizações que possuem um planejamento eficaz, pois conseguem compreender as modificações que ocorrem nos dias atuais e identificam a melhor maneira de se reposicionar no futuro.

Nesse sentido, para atingir a negociação desejada, é preciso entendê-la como um processo, ou seja, toda negociação se realiza por meio um procedimento o qual se divide em várias etapas, entre elas: a do planejamento, a da execução, a de controle, e por ultimo a de avaliação, também considerados como pré-negociação, ação de negociação e pós-negociação. Cada uma destas etapas admite atividades que poderá executar sequencialmente, instrumentalizando-se para executar o processo de modo a alcançar um resultado eficaz.

Ao considerar que o processo de negociação vai além dos objetivos pessoais, mas, sobretudo organizacionais, realizar um planejamento organizacional, portanto, é mais abstruso do que um planejamento pessoal, pois uma organização é constituída por diversos colaboradores que pensam e age diferente um dos outros. Nesse diapasão, incorporar os objetivos da empresa com o pessoal é mais um desafio conforme cita Faria (1997) "o planejamento determina os objetivos a atingir e os tipos de controle necessários que a administração da empresa deverá adotar".

Quando associado à visão de futuro, o planejamento se configura com o estabelecimento de previsão, apesar de não se confunda com ela. Assim, o planejamento provoca uma relação entre coisas a fazer, os recursos e o tempo disponível para sua ação.

No encerramento da Seção 1 foi possível perceber que existem diversas fases para se alcançar o processo de negociação desejada, assim como para cada estágio existem critérios operacionais e estratégicos que deverão ser delineados pelo gestor, o qual também possui características peculiares. Na Seção 2 será possível identificar os principais conceitos e premissas da negociação, que além das correntes teóricas apresentadas, cada Tecnólogo dará forma ao que for mais adequado e conveniente para a realização do processo de negociação em que estará liderando.

2 - Principais conceitos e premissas da negociação

Olá, na segunda parte deste estudo vamos conhecer alguns conceitos e premissas da negociação para identificar os elementos fundamentais para a gestão qualificada. Para tanto, determinados autores consagrados serão citados ao longo do texto. Identifique em sua leitura qual autor elucida melhor a compreensão necessária para implementar ações positivas no contexto das negociações.

2.1 - Principais correntes teóricas da negociação

Considerando a dinâmica de um mercado globalizado e em meio as mais diversas alianças de estratégias de desempenhos, composições, agrupamentos e novas formas de gestão estratégica, o foco tem dado ao processo de negociação fator diferenciador na busca da sustentação e sucesso do negócio em questão.

Segundo Junqueira (2003, citado por ANDRADE, 2004, p. 12):

> Negociação é o processo de buscar a aceitação de idéias, propósitos ou interesses, visando ao melhor resultado possível, de tal modo que as partes envolvidas terminem a negociação consciente de que foram ouvidas, tiveram oportunidades de apresentar toda a sua argumentação e que o produto final seja maior que a soma das contribuições individuais.

Para Junqueira (2003), evidenciar a importância da negociação a partir da exposição de motivos é fator diferenciador para aceitação ou não da ação, ou seja, estabelece-se a mediação necessária (de conflito, solução, harmonia e reconciliação) entre as partes envolvidas na ação.

Complementando essa ideia, Wanderli (1998, p. 21) enfatiza que:

> [...] negociação é o processo de alcançar objetivos por meio de um acordo nas situações em que existam interesses comuns, complementares e opostos, isto é; conflitos, divergências e antagonismos de interesses, idéias e posições.

Para o autor, o processo é complexo e pontua que a incompatibilidade de interesses é evidenciada na dinâmica da negociação, portanto, o equilíbrio nesse diapasão torna-se fundamental.

Recorrendo a Mello (2005, p. 25), ressalta-se que:

> [...] negociação é um processo social utilizado para fazer acordos e resolver ou evitar conflitos. É utilizada quando as partes interessadas desejam estabelecer regras de relacionamento mútuo ou quando desejam mudar as regras de um acordo já existente.

Ao diferenciar dos demais autores, Mello (2005) enfatiza o papel social e de estabelecimento de critérios a serem seguidos no processo de negociação.

Para Boff (2011, p. 111):

> Hoje, a arte ou a ciência de negociar faz parte do dia a dia das pessoas e das organizações. Na família, negocia-se: com os pais, sobre o horário da chegada depois de uma festa; com os irmãos, sobre a hora de iniciar uma brincadeira; com o cônjuge, sobre a viagem de férias; com os filhos, sobre o passeio do próximo fim-de-semana. Na rua, negocia-se: no trânsito, a ultrapassagem de um veículo; na praça, o lugar

à sombra no banco; no ônibus, quem vai subir primeiro; na sociedade, com diversas pessoas. Na escola, negocia-se: com os colegas, o dia da festa de formatura; com o professor, a data da prova; com a direção, o uso do uniforme. No trabalho, negocia-se: com os colegas e chefes, as relações trabalhistas, dentre as quais, a jornada de trabalho, o aumento salarial, o período de férias, a data da próxima reunião; com clientes, fornecedores e parceiros, as transações comerciais, industriais e/ou de serviços, dentre as quais, prazos, comissões, descontos, data de entrega, forma de pagamento e assistência técnica.

No contexto apresentado, corrobora com a ideia que todo ser humano está condicionado ao processo de negociação para a sua "sobrevivência" em sociedade: para tanto, ao se deparar no contexto profissional, requer técnicas específicas para o alcance dos objetivos organizacionais e institucionais.

O contexto teórico até agora apresentado evidenciou que a arte de negociar se tornou umas das habilidades e competências humanas essenciais à sobrevivência das pessoas comuns, dos profissionais e das organizações envolvidas. Além disso, compõe-se como um dos principais instrumentos de gestão estratégica, que bem planejada, vencendo todas as etapas da mesma (planejamento, exploração, apresentação, demonstração, argumentação, acordo, fechamento, avaliação, controle e monitoramento, entre outros aspectos pessoais e profissionais), atua fundamentalmente na resolução dos conflitos, assim como na tomada da decisão mais assertiva tanto para o negociador como também para organização o qual representa.

2.2 - Premissas e restrições da negociação

Para constituir um processo de negociação, é necessário considerar antes, durante e depois, dois aspectos importantes: as premissas e restrições.

Considera-se premissa como uma situação hipotética considerada como uma "verdade absoluta" sem a necessidade de assegurar ou comprovar a situação pelo negociador e a organização envolvida para se chegar a uma definição estratégica, portanto, elas devem ser identificadas e declaradas no processo de concepção, ou seja, os fatores considerados verdadeiros sem prova para fins de planejamento como as "cláusulas contratuais" que se não forem cumpridas, comprometem o sucesso da negociação. Por exemplo: Uma construtora de imóveis de luxo está empreendendo numa localidade e dispõe de mais de 100 unidades habitacionais e estipulou a meta de vendas de 50% em três meses. Se a equipe de vendas não estabelecer as estratégias necessárias, a meta, provavelmente, não será atingida.

Já as restrições levam em conta as limitações, ou seja, algo que está sob o controle e que a organização e o profissional criam como resposta a um determinado risco. Utilizando o exemplo anterior: a construtora lançou uma meta bastante audaciosa, mesmo considerando as restrições econômicas nacionais no momento de crise, porem identificou que existia uma demanda para os imóveis de luxo, ao estipular o prazo para a equipe de vendas determinou um período, para que depois

de vencido, pudesse reposicionar as metas e estratégias como, por exemplo, a redução dos valores, ampliação da publicidade, treinamento da equipe de vendas, entre outras formas.

Nesse contexto, entre premissas e restrições, o ponto de partida é identificar o problema a ser sanado e, a seguir, o que se pretende solucionar no processo de negociação. Para se aproximar do desejado acordo sem concessões, deve-se seguir alguns passos, tais como: "separar as pessoas do problema; concentrar-se nos interesses, não nas posições; buscar o maior número possível de alternativas, para ganho mútuo; insistir em critérios objetivos" (BOFF, 2011, p. 12). Observar as interfaces que apoiam os artifícios da negociação são necessárias para a obtenção do êxito completo da ação.

Como foi possível perceber até aqui com os conceitos e ideias apresentados, a negociação é uma ferramenta estratégica que tem por finalidade proporcionar a harmonia entre as oportunidades indicadas pelo ambiente e a capacidade interna da organização bem como dos profissionais envolvidos.

Ao finalizar a Seção 2, foi possível perceber que as formas de compreender o planejamento da ação são muito similares, porém, o que é preciso levar em conta é a adaptação necessária ao porte e as características intrínsecas na elaboração da estratégia de maneira simplificada. A negociação, portanto, é importante quando são buscadas alternativas para a solução de subversões. Pode-se dizer que uma negociação foi bem sucedida, quando teve o problema resolvido, os seus objetivos foram alcançados e a qualidade do relacionamento entre os envolvidos foi conservada.

Como pode se perceber nas Seções anteriores, são gerados diversos benefícios quando se aplica o planejamento estratégico de negociação de forma adequada. Dentre eles, evidencia-se a motivação e envolvimento dos colaboradores, a instrumentalização e a tomada de decisão sobre as ações elencadas pela equipe gestora. Portanto, para representar um nível de confiança aceitável o planejamento precisa ser palpável, realista, desafiador, relevante e motivador.

Retomando a aula

Chegamos, assim, ao final da primeira aula. Esperamos que agora tenha ficado mais claro o entendimento de vocês sobre a importância do processo de negociação como ação estratégica. Vamos, então, recordar:

1 - Negociação orientada para resultado: conceitos e premissas

Nessa parte da aula, foi demonstrada a necessidade que as organizações têm de se adaptarem as condições do mercado que requer fundamentalmente planejamento sobre as ações de negociação, tanto no que relaciona a questões estratégicas como também aos aspectos relacionados ao contexto social, cultural e econômico das partes envolvidas na ação.

2 - Principais conceitos e premissas da negociação

Nesse tópico da aula, foi possível perceber a existência

de diversos tipos de conceitos e estratégias para consolidar a ação. Vale lembrar ainda que cada tipo de ação deve se levar em conta o contexto em que está inserido assim como avaliar a dimensão em que se pretende alcançar.

Além disso, foi evidenciada a importância da negociação para todos os indivíduos no mundo globalizado das organizações e dos negócios. Ou seja, os indivíduos negociam na maior parte do tempo diversas coisas, seja com os clientes, fornecedores, líderes e liderados, tais como, na gestão de pessoas e financeira, nos prazos, orçamentos, contratos, dentre tantas outras e, portanto, é de fundamental importância saber identificar as premissas e restrições de cada situação que envolve uma negociação na busca de resultados positivos.

Vale a pena

Vale a pena **ler**

BURBRIDGE, R. Marc. et al. *Gestão de Negociação*. São Paulo: Saraiva, 2005.

MARTINELLI, Dante P; VENTURA, Carla A: MACHADO, Juliano R. *Negociação Internacional*. São Paulo: Atlas, 2004.

MELLO, José Carlos Martins F. de. Negociação Baseada em Estratégia. São Paulo: Atlas, 2003.

Vale a pena **acessar**

ASSOCIAÇÃO BRASILEIRA DE ÁRBRITOS E MEDIADORES – ABRAME (http://www.abrame.com.br/)

Vale a pena **assistir**

11 Homens e um segredo (planejamento estratégico, gestão de pessoas, negociação, gestão de conflitos, liderança);

Apollo 13 (Tomada de decisão; gestão de projetos. planejamento estratégico; trabalho em equipe, negociação liderança);

Limite Vertical (planejamento, definição de objetivos, trabalho em equipe, negociação);

Vida de Insetos (planejamento, liderança, negociação, gestão de conflitos).

Minhas anotações

Aula 2º

Identificando as habilidades e competências do negociador

No segundo módulo da disciplina serão apresentadas algumas habilidades, competências e atitudes necessárias na performance do profissional negociador para que os(as) futuros(as) Tecnólogos(as) em Gestão Comercial possam aplicar corretamente os recursos metodológicos e técnicos.

O êxito de uma equipe de trabalho depende da união de indivíduos que não sejam apenas dotadas de poder para fazer mudanças e aperfeiçoamentos em processos, mas, sobretudo, de competências necessárias para fazer uma ação inserida no contexto da organização. Assim, desenvolver pessoas e obter o melhor delas se torna a principal vantagem competitiva organizacional.

Ao pensar que, necessariamente, os profissionais devem ser munidos de metodologias operacionais, táticas e estratégicas para responder as necessidades comerciais, imagine se não houvesse dedicação focada nesses resultados pelos profissionais envolvidos: será que haveria um retorno eficaz?

Portanto, se dedicar nas melhores práticas, tanto por meio da observação como também pela qualificação profissional permanente, provocarão sempre uma mudança positiva.

Bons estudos!

Objetivos de aprendizagem

Ao término desta aula, vocês serão capazes de:

- perceber a dinâmica da negociação por meio de recursos metodológicos e técnicos existentes para contribuir no processo de negociação;
- instrumentalizar o (a) Tecnólogo(a) em Gestão Comercial na área de negociação, identificando as habilidades, competências e atitudes necessárias no dia a dia do trabalho.

Seções de estudo

1 - Habilidades e Competências do Negociador
2 - Principais instrumentos da negociação

1 - Habilidades e Competências do Negociador

Pessoal, de acordo com o Plano de Ensino da disciplina definido, atendendo aos objetivos de aprendizagem propostos, será possível perceber na Seção 1 que existe um perfil comportamental e profissional do negociador desejado pelo mercado. Para tanto, a atenção ao foco da negociação é fator elementar na busca de resultados estratégicos positivos.

1.1 - Perfil comportamental e profissional do negociador

Para alinhas as expectativas de compreensão sobre as competências, habilidades e atitudes necessárias para melhor desempenho profissional, serão utilizados alguns conceitos de acordo com autores na área de gestão.

FIGURA 1: O "cha" da negociação
Disponível em: http://www.itribuna.com.br/blogs/explore-ao-maximo-seu-pontecial/2013/07/competencia/7701/. Acesso em: 11 mar. 2015

Sabe-se que, inicialmente, o conceito de competência estava associado à linguagem jurídica, ou seja, de modo tradicional e formal. Atualmente, o cenário do mundo organizacional é compreendido como algo dinâmico, concretizado no desempenho; competência é saber, saber fazer e saber ser e agir. Nessa lógica, surgiu a gestão de competências como um tema desafiador, dentro do subsistema de desenvolvimento humano da área de gestão de pessoas e talentos. Competência, segundo o dicionário, vem do latim competentia e significa a qualidade de quem é capaz de apreciar e resolver certo assunto, fazer determinada coisa, capacidade, habilidade, aptidão e idoneidade.

De acordo com Hamel e Prahalad (1990, p.57), o conceito de "core competence", ou competência essencial, significa um conjunto de habilidades, competências e tecnologias que permitem uma empresa atender necessidades específicas de seus clientes, isto é, atingindo vantagem competitiva sobre os concorrentes.

Na concepção de existência de competências, habilidades e atitudes, Durand apud Wood Jr. (2002, p.58) construiu essa ideia a partir dessas três dimensões incluindo não só questões técnicas, mas, sobretudo, pelo aspecto cognitivo e atitudinal laboral. Ou seja, a adoção de um comportamento no trabalho exige do profissional não apenas conhecimentos, mas, especialmente, habilidades e atitudes apropriadas. *Approaches* como essa possuem aceitação mais ampla tanto no ambiente empresarial como no meio acadêmico, visto que procuram integrar diversos aspectos relacionados ao trabalho.

FIGURA 2: A figura do negociador
Disponível em:http://hub.salesways.com/br/category/metodologia-de-vendas/ciclo-de-vendas/>. Acesso em 14 mar. 2015

Ao referenciar Mascarenhas (2008, p.184), é possível perceber a singularidade que caracteriza cada situação de exercício das competências em três situações elementares:

- **Conhecimento** = Saber. O conhecer não decisivo, ou seja, é uma busca constante em aprender, reaprender e sempre buscar aumentar o conhecimento.
- **Habilidade** = Saber fazer. Usar o conhecimento para resolver problemas e ter criatividade para resolver não só problemas, mas para criar novas ideias.
- **Atitude** = Competência = Saber fazer acontecer. É obter bons ou excelentes resultados do que foi feito com conhecimento e habilidade.

Aproveitando o contexto até agora tratado, sublinhamos as competências e habilidades do(a) Tecnólogo(a) em Gestão Comercial, mas precisamente no cenário da negociação, como um dos aspectos inerentes a profissão. Recorrendo ao que preconiza a formação do Curso superior de Gestão Comercial, segundo o Catálogo Nacional para os Cursos Superiores de Tecnologia (2010, p. 36), observamos que:

> O tecnólogo em Gestão Comercial atua no planejamento e gerenciamento dos subsistemas de gestão de pessoas, tais como: recrutamento e seleção, cargos e salários, treinamento e desenvolvimento, avaliação de desempenho, rotinas de pessoal, benefícios, gestão de carreiras e sistema de informação de recursos humanos. Este profissional promove o desenvolvimento de competências relacionadas ao comportamento nos níveis individual (motivação), **de grupo (negociação, liderança, poder e conflitos)** e organizacional (cultura, estrutura e tecnologias), catalisando os processos de elaboração de planejamento estratégico, programas de qualidade de vida do trabalho e avaliação do clima organizacional (grifo nosso).

Sobre esse contexto, vale ressaltar ainda que o profissional negociador, além de desenvolver as ações requeridas pelo mercado, deve estar atento ao aprendizado pessoal com postura proativa para realização de todas as tarefas projetadas, inclusive em grupo. Entre as características mais importantes para delinear o perfil desejado pelo profissional negociador, destaca-se: saber ouvir e falar; colocar-se no lugar do outro; saber identificar o perfil do comportamento humano; identificar e propor alternativas empreendedoras; mediar conflitos; entre outras habilidades e atitudes.

1.2 - Foco ao objeto (produto) da negociação

Dentre as habilidades do profissional envolvido na tarefa de negociar, está a atenção ao foco do produto em questão, tanto na condição de bem ou serviço, ou seja, cada ação exigirá uma postura. Portanto, é preciso conhecer sobre preço de mercado, demanda e tudo mais que envolva o produto em questão.

Como estratégia, ao iniciar uma negociação é preciso um plano de ação, ou melhor, vários, caso seja necessário uma contraproposta, pois se as ações não fecharem como planejada, haverá outras formas para chegarmos a um resultado. É importante destacar ainda a importância de saber a hora de parar, ou seja, saber até onde seguir na negociação e, de forma alguma, ultrapasse esse limite; muitas organizações já faliram por desconsiderar esse ponto.

É necessário mencionar o objeto em questão como "produto", verificar o seu conceito, pois é por meio dele que os indivíduos satisfazem seus desejos e necessidades diárias.

Para a Fundação Prêmio Nacional da Qualidade (FPNQ), produto é o resultado de atividades ou processos. Assim, o termo produto pode incluir bens e serviços, ou seja, materiais e equipamentos, informações ou uma combinação desses elementos; poder ser tangível (como por exemplo, um eletrodoméstico) ou intangível (por exemplo, prestação de um serviço de beleza ou uma consultoria), ou uma combinação dos dois; e um produto pode ser intencional (por exemplo, oferta aos clientes) ou não-intencional (por exemplo, um poluente ou efeito indesejável).

Sobre isso, Kotler (1993, p. 173) constata que produto é "qualquer coisa que pode ser oferecida a um mercado para aquisição, atenção, utilização ou consumo podendo satisfazer um desejo ou necessidade".

FIGURA 3: Tipo de Negociação
Disponível em: http://www.alemdeeconomia.com.
br/blog/?p=10722. Acesso em 10 mar. 2015

Desse modo, conhecer a configuração do "produto" em questão pode ser o primeiro passo para instrumentalizar o negociador, dentre os estágios de desenvolvimento do mesmo: o primeiro diz respeito ao produto básico, ou seja, a finalidade

direta consiste na solução de problemas ou benefícios que o consumidor obtém quando adquire algo, por exemplo, o comprador não adquire uma geladeira comum, mas sim um equipamento de refrigeração e de conservação de alimentos (a partir do produto básico tem-se o produto real).

Outro estágio importante é identificar no consumir a vontade de adquirir um produto ampliado que significa a oferta de serviços e benefícios adicionais para a solução completa do problema do consumidor. Ao comparar o exemplo acima, o consumir não se contenta com um produto básico como uma geladeira comum, na indução consumista, lança mão da economia e prioriza a compra de uma geladeira duplex com sistema digital.

Como vimos, no encerramento da Seção 1 foi possível identificar o perfil profissional de quem pretende investir na arte de negociar. Para tanto, desenvolver as competências, habilidades e atitudes necessárias são fundamentais para manter-se competitivo e diferenciado entre os indivíduos inseridos nessa atividade comercial e institucional organizacional.

2 - Principais instrumentos da negociação

Nessa segunda parte da aula, vamos identificar os principais instrumentos da negociação, assim como metodologias e instrumentos para obtenção de resultados.

Serão referenciados alguns autores assim como organizações no setor para melhor fundamentar a necessidade teórica e prática do dia a dia do profissional envolvido nessa área de atuação.

2.1 - Estabelecimento das técnicas

Até o momento apresentado, apontamos a negociação como a arte de definir e buscar objetivos permeados pelo relacionamento interpessoal e pela decisão compartilhada com os atores envolvidos no processo. Na correria diária do trabalho, com tanta intensidade das mudanças provocadas, muitas pessoas não se atentam a respeito da importância de dominar algumas técnicas de negociação que, quando bem implementadas, proporcionam o retorno esperado pelas organizações, sejam elas refletidas em economia sobre os gastos do orçamento, redução do estresse, melhoria nos relacionamentos, ou outras motivações especiais.

FIGURA 4: Tipo de Negociação 2
Disponível em: http://www.politicasepoliticos.com.br/ler.
php?idnot=9938. Acesso em 10 mar. 2015

Muitas vezes, não conhecemos os elementos-chave de qualquer negociação: as pessoas. É por meio delas que se estabelece a proposta que será utilizada na negociação.

A preparação, ou seja, o planejamento, que é a fase mais importante e meticulosa de uma transação eficaz para fechar os melhores acordos.

Portanto, existem várias técnicas projetadas para um processo de negociação produtivo. As principais técnicas, conforme defende Pinto (1993) são:

- Planeje o melhor acordo possível. Para começar uma transação, estabeleça os objetivos, metas, ações, recursos envolvidos, entre outros elementos elementares;
- Use a influência para encurtar a distância e facilitar o entendimento, portanto, a comunicação por meio da linguagem e argumentação são fatores mediadores ao negociador. Importante observar ainda a existência de congruência entre o que a pessoa está dizendo e a mensagem não verbal. Além disto, a empatia é um ingrediente que facilita a aceitação das propostas pela parte oposta;
- Faça propaganda de sua proposta, enfatizando os ganhos mútuos. Pois, a veracidade dos fatos é importante para estabelecer um processo de confiança;
- Canalize a agressividade para as realizações positivas. Não será pela imposição que convencerá a outra parte envolvida, pelo contrário, ambas as partes precisam se sentir confortável para negociar;
- Apresente de uma só vez os itens negociáveis. Prorrogar o objetivo não trará resultados positivos, ao contrário, poderá desestimular a ação;
- Negocie item por item. Detalhar os passos parece ser mais eficaz, ou seja, caso haja vários objetos em questão, indica-se não sobrepor os interesses em variados itens;
- Faça pausa, estrategicamente. Observar se as partes estão sendo compreendidas pode ser uma maneira produtiva na negociação.
- Crie as possibilidades objetivas de acordo com os padrões referenciais de negociação, por meio de brainstorming, ou seja, pela "tempestade de ideias" entre as partes envolvidas;
- Não utilize e nem deixe se envolver por artimanhas. A criação de regras que não foram planejadas ou que são desnecessárias no processo pode ser decisiva no sucesso ou fracasso da ação;
- Encerre a negociação somente quando houver satisfação mútua. Perceber a satisfação de ambas as partes é uma maneira de promover a fidelização para futuras negociações.

Aliados a essas técnicas, outros componentes se destacam como pré-requisitos para uma boa negociação, ou seja, uma boa comunicação, flexibilidade, justiça, respeito e prudência. É importante manter-se atento aos interesses, desejos e necessidades da parte oposta, e preciso ser flexível na oportunidade certa. Além disso, evitar que uma das partes seja prejudicada ou injustiçada pode possibilitar que cada uma das partes fique com a sensação de que obteve, de alguma forma, uma vitória relativa, garantindo assim, cortesia e um relacionamento respeitoso durante o processo de negociação em qualquer tipo de demanda.

2.2 - Recursos metodológicos

Dentre os recursos metodológicos exigentes na literatura sobre o assunto, uma das mais recomendadas é baseada na "Matriz de Negociações Complexas", apresentada por meio da exposição teórica, pela aplicação conceitual de seus elementos, formas de negociação, e pelos indicadores de avaliação dos resultados. A demonstração conceitual será realizada a partir dos casos de negociação desenvolvidos pela Harvard Law School, mais especificamente descrito no livro "Método de Negociação" de autoria de Alain Pekar Lempereur, Aurélien Colsone e Yann Duzert, editora Atlas, publica em 2009.

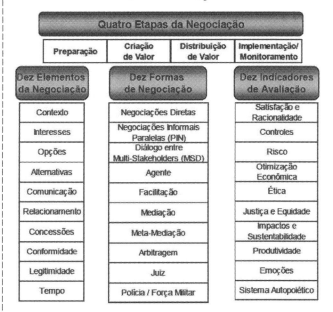

FIGURA 5: Matriz de Negociações Complexas
Disponível em: <Yann Duzert, Davis Fairman e Alain Lempereur (Harvard-MIT) apud Brandão et al (2010, p. 14)>. Acesso em 10 mar. 2015

Como vimos, a Matriz de negociações complexas está estruturada a partir da abordagem de ganhos mútuos e congrega as quatro etapas do processo de negociação, os dez elementos, as formas e os métodos de avaliação.

Sobre as quatro as etapas do processo de negociação utilizada na abordagem dos ganhos mútuos, destacam-se:

- **Preparação**: etapa mais importante do processo de negociação. Uma preparação cautelosa oferece uma retaguarda para o processo de negociação, assim, é preciso estar calmo, criativo e afável aos atores envolvidos na negociação, sem precisar estar em posições de muito favorecimento ou de abrasadora rigidez. Quando um profissional está bem preparado amplia-se consideravelmente a sua possibilidade de alcançar o que deseja na negociação;
- **Criação de valor**: significa idealizar soluções que sejam benéficas e que permitam ampliar o conjunto de opções de benefícios recíprocos viáveis para ambas as partes envolvidas no processo. Para criar valor é importante conhecer as diferenças de valores entre os negociadores para em seguida, explorar as

múltiplas opções para resolução ou colaboração;

- **Distribuição de valor**: processo de escolha das alternativas identificadas na etapa da criação de valor. Quando há confiança entre as partes é mais fácil distribuir valor, ou seja, quanto mais uma parte se coloca confiável em uma negociação, mais a outra parte se colocará disponível para observar as razões e os argumentos do outro;

- **Implementação e Avaliação**: a fase de implementação acompanha os resultados acordados e serve para a manutenção do relacionamento entre as partes. Se os resultados estiverem a contento, ambas as partes estarão bem, caso contrário, haverá oportunidades de identificação do problema para a busca de soluções conjuntas. Já a avaliação é o processo de identificação das expectativas envolvidas (positivas, negativas ou neutras) entre os atores envolvidos na negociação. Reavaliar as ações é fundamental na busca de novas alternativas e manutenção dos futuros acordos.

A seguir, a figura mostra a relação existente entre os dez elementos e as quatro etapas da negociação, sendo cada uma delas decisivas para estabelecer a melhor metodologia operacional de trabalho.

não está nas posições colidentes, mas, sobretudo, nos aspectos subjetivos do sujeito, de cada um dos lados.

- **Opções**: são prováveis acordos ou partes deles que podem, criativamente, atender ambos os lados. São também maneiras e formas de se utilizar os diferentes interesses para criar valor no processo;

- **Relacionamento**: corresponde ao modelo geral de como as partes se comportam, dentro e fora da negociação;

- **Alternativas**: são ações que podem ser realizadas por uma das partes independente dos interesses das outras partes. Negociadores mais hábeis necessitam sempre entrar em um processo de negociação com um mapeamento completo sobre a sua melhor alternativa caso o acordo não ocorra;

- A **comunicação**: é fundada por mensagens que ao serem trocadas pelas partes envolvidas devem ser claras e eficientes. Dentre os dois fatores decisivos no processo de comunicação, estão: a) a eficiência do processo de comunicação e dos canais de comunicação utilizados; e, b) o nível de relacionamento e compreensão entre as partes;

	QUATRO ETAPAS			
	Preparação	Criação de Valor	Distribuição de Valor	Implementação / Monitoramento
Contexto	X			
Interesses	X	X		
Opções	X	X		
Alternativas	X	X		
Comunicação	X	X	X	X
Relacionamento	X	X	X	X
Concessões/ Compromisso			X	
Conformidade	X			X
Legitimidade/ Padrões			X	X
Tempo	X			X

(DEZ ELEMENTOS)

FIGURA 6: Elementos e Etapas da Negociação
Fonte: Brandão (2005).

Para destacarmos ainda mais sobre os elementos-chave na composição das etapas de negociação, serão descritos a seguir um referencial baseado nos estudos de Brandão et al (2010) que definem cada passo como:

- **Contexto**: é concebido pelo melhor canal de negociação de forma que se obtenha uma maior cooperação entre as partes envolvidas. Em linhas gerais, trata-se da identificação de cenários de forma holística, sejam nos aspectos político, econômico, social, ambiental, cultural, religioso, comercial, como em outros que se configurarem importantes para estabelecer o processo negocial;

- **Interesses**: são inquietações, anseios, necessidades, desconfianças e expectativas motivadoras dos arranjos envolvidos subjetivamente e racionalmente no íntimo dos envolvidos. A problemática de uma negociação

- **Tempo**: empregado como uma variável estratégica, pois é ele que define o período necessário para o desenvolvimento das negociações;

- **Legitimidade**: refere-se à percepção de quão justo é o acordo ou a proposta alcançada. Abarca ajuizamentos de probidade e equidade sobre os assuntos em discussão e devem ser utilizados para análise dos acordos. Para tanto, é necessário um aporte documental entre esses princípios, regulamentos, políticas e leis para balizar o processo negocial;

- **Compromissos**: são afirmações sobre as finalidades do que as partes pretendem no futuro. A componente conformidade refere-se à base legal necessária à viabilização de um acordo.

- Refere-se à **legitimidade** dos contratos relativos

à execução dos acordos. Sendo observada a legislação, a constância dos órgãos reguladores, responsáveis por estabelecer a ordem de discussão.

Ao finalizar a Seção 2, foi possível perceber que as dúvidas e incertezas fazem parte de uma negociação e isso pode provocar conflitos, os quais poderão atrapalhar ou lerdear a materialização dos objetivos. É necessário, portanto, cruzar as informações disponíveis com os elementos-chave da negociação para que as arestas sejam supridas por estratégias. Sabe-se que numa negociação sempre haverá objeções e que devem ser apreciadas como um sinal de interesse do cliente, dúvidas sobre os benefícios, valores, entre outros elementos.

Retomando a aula

Segunda etapa concluída! Esperamos que as explicações desta aula foram suficientes para perceber a importância de instrumentalizar suas ações em decisões estratégicas. Vamos, então, relembrar:

1 - Habilidades e Competências do Negociador

Vimos na primeira seção desta aula que para se tornar um exímio negociador, dentre as habilidades e atitudes profissionais é preciso aprimorar a capacidade de audição e de observação.

Além disso, a criatividade é elemento diferencial e precisa para tanto, ter repertório, ter instrumentos com novos argumentos para evitar, muitas vezes, um padrão comportamental único, pois sempre existem diversas situações que devem ser levadas em conta.

E, por último, ter sensibilidade para identificar as características e habilidades do opositor, antecipando as reações o que possibilita a adaptação de argumentos ou mudança de estratégia negocial. Portanto, treine e solicite, quando possível, auxílio às pessoas mais experientes.

2 - Principais instrumentos da negociação

Nessa parte da aula foi possível perceber alguns passos para constituição dos instrumentos negociais, onde cada profissional deverá pesquisar e escolher as ferramentas necessárias para concluir com êxito seu propósito.

Vimos que a matriz de negociação proposta pelos professores David Fairman, Yann Duzert e Alain Lempereur de Harvard-MIT, FGV/EBAPE e IRENE/ESSEC, está fundamentada a partir da abordagem de ganhos mútuos e agrupa as quatro etapas do processo de negociação, os dez elementos, as formas e os métodos de avaliação. Ao cruzar essas informações (identificando os itens fundamentais no processo), o estudante e/ou profissional poderá experimentar dentro da sua organização, um simulado de ações e atitudes necessárias para mediar os conflitos e propor soluções para o sucesso almejado pela organização ao qual representa.

Vale a pena

Vale a pena **ler**

Como Chegar ao Sim – A Negociação de Acordos Sem Concessões, 3. Ed. (2014). Roger Ficher, Willian Ury e Bruce Patton, da Editora IMAGO, e faz parte do Projeto de Negociação da Harvard Law School.

Minhas anotações

Aula 3º

A aplicabilidade e o domínio nas negociações

No terceiro módulo da disciplina, o estudante poderá compreender a evolução do processo de negociação, bem como a sensação de empowerment (empoderamento) que provoca nos profissionais na medida em que acontece o amadurecimento incitado pelo tempo, ou seja, pelo acúmulo de experiências positivas e outras nem tanto, mas que instrumentaliza em diversas oportunidades o indivíduo que lidera essa ação.

Nesse sentido, é importante evidenciar comprometimento do negociador na ação propriamente dita; por mais que se prepare tecnicamente esse profissional, o mesmo necessita de experiências práticas, baseados em conhecimentos, habilidades e atitudes, alinhados ao tempo, dedicação, disciplina e gostar do que está fazendo.

Atualmente, as organizações carecem de profissionais que tenham cancha e estejam atualizados com mercado, que reconheçam a cadeia de fornecedores e riscos inerentes, sobretudo, apresentem metodologia de trabalho, incluindo ferramentas que auxiliam na tomada de decisão, informações estratégicas, visão dos processos e necessidades, gostar de desafios e de mudanças.

— Bons estudos!

Objetivos de aprendizagem

Ao término desta aula, vocês serão capazes de:

- identificar a origem poder bem como suas tipologias baseados dos referencias teóricos e de estudos de casos sobre o processo de negociação;
- socializar os elementos fundamentais da negociação bem como o jogo psicológico e o perfil existente do profissional para consolidar as negociações.

Seções de estudo

1 - O poder nas negociações
2 - Os tipos de negociadores

1 - O poder nas negociações

Caros alunos, na primeira sessão desta aula serão apresentadas as relações existentes de poder na sociedade. Costumamos observar que várias interferências provocadas no ambiente de trabalho ou até mesmo nas relações sociais corriqueiras são ocasionadas pelo uso incorreto desse recurso, ou seja, muitos se apoiam no empoderamento para menosprezar seus subordinados, ao contrário do que deveria, na promoção do encorajamento positivo para mudança qualitativa do comportamento humano.

1.1 - Origem do poder

"O poder de um ser humano não está na sua musculatura, mas na sua inteligência. Os fracos usam a força, os fortes usam a sabedoria" (Augusto Cury).

A natureza e a enérgica relação de poder organizacional apresentam diferentes perspectivas a partir de um contexto teórico. O que elucida que o vínculo teórico está no reconhecimento de que o poder é algo que circunda, ou seja, que funciona em cadeia, sendo desempenhado em rede. Nas suas mazelas os indivíduos não só edificam a dinâmica social, mas, sobretudo, estão em posição de exercer o poder e de sofrer sua ação e seus efeitos (FOUCAULT, 1981, p. 94).

Para Foucault, ao asseverar que o poder está condicionado à circulação do conhecimento, refuta a interferência mecanicista do poder, aludindo que esse fenômeno social não é uma simples mercadoria de que alguém tem a sua

> **FOUCAULT, M. The history of sexuality: the will to knowledge, London, Tavistock, 1981.**

posse, mas, fundamentalmente algo que se estabelece por meio da interação social. Desdobrado ao campo das relações sociais, o poder pode ser incluído como a aptidão tanto de agir como de produzir comportamentos específicos de encontro aos objetivos organizacionais. Nesse sentido, o poder nas organizações, sejam elas públicas ou privadas, deve ser abordado como um fenômeno que surge do processo de interação social provocado pelas práticas organizacionais.

FIGURA 1: A balança do poder
Fonte: http://sociologiaeisaquestao.blogspot.
com.br/2012/07/poder-como-encara-lo.html.
Acesso em abri de 2015.

O entendimento do poder como algo que produz implicações que devem ser socialmente legitimadas tem possibilitado a interpretação desse fenômeno nas organizações, pois o poder, ao admitir uma conotação relacional, se constituiu nas práticas de gestão habituais, suplantando os limites da dominação racional-legal e tornando-se aparente quando é exercido.

Essa natureza do poder nas organizações mostra que esse fenômeno deve ser compreendido como uma prática social associada às técnicas, procedimentos, regras sociais e ao conhecimento que perpassam as práticas de gestão. Reconhecer essa natureza implica negar a concepção dessa construção organizacional como um resultado de soma zero e reconhecer os desequilíbrios de poder associados aos processos de gestão (PEREIRA & BRITO, 1994).

Nesse sentido, o entendimento das relações entre o poder e o conhecimento contribui para a análise e compreensão do procedimento de gestão do desempenho humano no contexto do trabalho de forma disciplinar. Para Clegg (1992, p. 68-95), ao debater algumas teorias do poder nas organizações, destaca que:

> (...) esse fenômeno está incorporado nas tentativas de fixar, separar ou mudar relações específicas de representações do significado ou do conhecimento. Essa concepção representa uma virada que se desenvolveu mais explicitamente com base na ontologia histórica de Foucault, derivada de algumas subjetividades constituídas pelas práticas disciplinares. O conhecimento usado para estruturar e fixar representações em formas históricas é uma realização do poder.

Ao citar Foucault, o autor teve a preocupação de mencionar as estratégias do poder discursivo, ou seja, considerando a capacidade do agir estratégico um efeito de práticas distintas da relação dialética entre o poder e o conhecimento presentes nas representações da subjetividade do ser humano. Sobre esse aspecto, Foucault (1980, p. 52) afirma que:

> (...) o exercício do poder por si mesmo cria e faz emergir um novo objeto do conhecimento e acumular um novo corpo de informação (...). O exercício do poder continuamente gera conhecimentos e, por sua vez, o conhecimento constantemente induz a efeitos de poder (...). Não é possível que o poder seja exercido sem o conhecimento, ou seja, é impossível que o conhecimento não engendre relações de poder.

O poder, dessa forma descrita, pode ser compreendido como uma rede de certa forma pouco estável sobre um solo incerto de práticas, de interesses constituídos considerando o conhecimento culturalmente delineado, ou seja, não só dependerá do interesse do indivíduo, como das relações em que se estabelece sua interferência social, seja para adesão de novos comportamentos ou na ruptura de alianças, na constituição de reagrupamentos e na revisão das estratégias postuladas durante a interação social.

O poder, contudo, mesmo ao se disfarçar no desejo de conhecer, não deve ser visto somente pelo aspecto negativo, pelo oposto, deve ser pensado como algo também criativo. Apesar do poder incitar a exclusão, repressão, censura e ocultação, ele produz realidades e conteúdos de objetos e verdades ritualizadas (FOUCAULT, 1987).

1.2 - Tipos de poder

Na sociedade em que vivemos existem vários tipos de poder instalados, no quais somos subordinados àqueles que lideram e àqueles que acham que somos objetos de seu poder, mas há também os que pensam que o mundo gira ao seu redor, principalmente relacionados aos poderes econômicos, políticos e sociais.

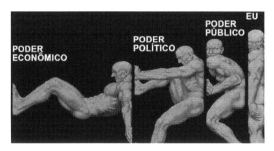

FIGURA 2: Funcionamento do poder
Fonte: <http://www.pitacodoblogueiro.com.br/como-funciona-o-poder-em-apenas-uma-imagem/>. Acesso em abril 2015.

Relacionando ao poder mencionado ainda por Foucault (1987), o adestramento do poder disciplinar passa necessariamente pelas seguintes práticas sociais:

- **Enclausuramento** - concepção de um espaço "fechado" organizado em função de regras e procedimentos que delimitam as ações nas pessoas o código de conduta da organização, traduzindo em valores, missão, visão, crenças, procedimentos operacional padrão, entre outras formas;
- **Distribuição dos indivíduos no espaço e no tempo** - cada indivíduo deve ocupar um lugar na organização e cada espaço organizacional deve ser ocupado por uma pessoa, ou seja, nesse contexto é necessário estabelecer os limites das ações políticas, as formas de vigiar e punir os comportamentos transgressores, impor as formas de comunicação úteis e interromper outras mais subjetivas, definir critérios e sanções, medir qualidades, métricas, competências e habilidades. Na distribuição do indivíduo no espaço, pode ser compreendida como uma prática de gestão que procura conhecer, dominar e utilizar o potencial das pessoas segundo a lógica tradicional da divisão do trabalho;
- **Hierarquização** - as pessoas devem ser dispostas de tal forma para gerar a vigilância hierárquica, ou seja, como parte integrante do processo de trabalho e suas derivações como uma função socializadora. É estabelecida uma rede de relações de cima para baixo e, muitas vezes de forma controlada, de baixo para cima.

Ainda nesse contexto das tipologias de poder, citam-se o coercitivo; remunerativo ou da recompensa; e de moral. No primeiro caso (coercitivo), as pessoas reagem a este poder por medo dos resultados negativos que possam ocorrer se falharem na concordância. Ele se baseia na ameaça ou na aplicação de sanções físicas como infligir dor, geração de frustração por meio de restrições de movimento ou de controle à força de necessidades básicas fisiológicas ou de segurança.

No segundo caso (remunerativo/recompensa), os indivíduos concordam com os desejos ou orientações do cargo superior porque a ação produz benefícios positivos, portanto, a pessoa é capaz de dar benefícios remunerativos ou recompensas especiais para os outros, e é entendido então como vantajoso trocar favores com ele.

No último caso (poder de moral), ao contrário que preza os princípios morais e éticos, estão vinculados na estrutura de poder, muitas vezes, em formato de assédio nas relações de trabalho, especialmente nas relações de emprego, cargo que deriva de um conjunto de fatores, citando-se, por exemplo, a globalização econômica predatória, a qual visa tão somente à produção e o lucro fácil, bem como o modelo atual de organização de trabalho, caracterizado pela competição agressiva e pela opressão dos trabalhadores a partir do medo e da ameaça. Além disso, costumamente essa relação está associada ao poder público e privado, quando relacionado a sonegação fiscal, improbidade administrativa, corrupção na política e nas relações sociais laborais no dia a dia do trabalho coletivo.

FIGURA 4: Relação do poder na política
Fonte: http://nocoesdecienciapolitica.blogspot.com.br/. Acesso em abril de 2015.

FIGURA 5: O poder de um boato
Fonte:<http://sociologiaeisaquestao.blogspot.com.br/2012/07/poder-como-encara-lo.htm>. Acesso em abril de 2015.

2 - O tipos de negociadores

Nesta segunda etapa da aula, vamos identificar o perfil dos negociadores para servir de inspiração aos futuros Tecnólogos em Gestão Comercial que serão capazes de descobrir suas habilidades natas e aquelas formadas por meio das experiências apreendidas no dia a dia do trabalho.

2.1 - Perfil dos negociadores

Até o momento, foi possível observar que o processo de negociação é algo natural pelo qual todas as pessoas passam, desde uma rápida negociação para aquisição de um objeto com valor de barganha como nas grandes aquisições onde os investimentos são significativos. Contudo, é importante lembrar que nenhuma negociação é igual à outra, uma vez que seu "ator" principal – o ser humano – exibe características e comportamentos diferentes. Esses comportamentos e atitudes, quando evidenciados no momento da negociação, despontam o que a literatura nomeia de estilo de negociação.

Segundo Wanderley (1998), "entender comportamentos para poder negociar conforme o estilo do outro negociador faz uma boa diferença". Aquele indivíduo que identifica o próprio estilo e respeita o do outro induz a uma vantagem na negociação, incluindo a identificação das forças e fraquezas garantindo maiores possibilidades de êxito.

WANDERLEY, José Augusto. Negociação total: encontrando soluções, vencendo resistências, obtendo resultados. São Paulo: Editora Gente, 1998.

Os quatro perfis básicos de negociadores são representados por animais, cujas características são apresentadas da seguinte forma (Disponível em: http://www.logisticadescomplicada. com/perfis-de-negociadores/>. Acesso em abril de 2015):

Águia

Suas características principais se destacam como sociável ou expressivo (extrovertido e dinâmico – rápido e emotivo). Muitas vezes é sentimental, sensível, criativo, espontâneo, instável e sonhador.

FIGURA 6: O líder "Águia"
Fonte: http://www.curiosidadesdanatureza.com/2014/10/o-alcance-da-visao-da-aguia.html. Acesso em abril de 2015.

Além disso, é entusiasta, valoriza a liberdade, amante de risco, voltado para relacionamentos, propenso a falar sem pensar, tem visão holística – "vê a floresta e não vê as árvores" - valoriza status. Gosta de chamar a atenção e ser notado pelas pessoas de modo geral. Quando briga gesticula

e fala alto, no outro dia já esqueceu a briga. Desempenha muito bem atividades comerciais, nas áreas de vendas, varejo, relações públicas, publicidade, assessoria de imprensa e atendimento a clientes.

Gato

Suas características principais são de ser afável ou apoiador (extrovertido e reflexivo – lento e emotivo). Demonstra ser sentimental, se relaciona bem com as pessoas, geralmente é prestativo, complacente, preocupado com o bem estar dos outros. Tem capacidade de ser paternalista.

FIGURA 7: O líder "Gato"
Fonte: http://gatonave.com.br/como-calcular-a-idade-do-meu-gato/ Acesso em abril de 2015.

Valoriza o ambiente de trabalho bem como nas relações com os colegas, além de atividades coletivas e comemorações. Acerca-se de considerar o bem estar das pessoas como mais importantes do que os resultados. Geralmente evita conflitos sociais. Desempenha muito bem atividades nas áreas de gestão de pessoas, psicologia, assistência social, pedagogia e atividades nas áreas de hotelaria, gastronomia, turismo e hospitalar.

Lobo

Suas características principais são de ser metódico ou analítico (introvertido e reflexivo – lento e racional). Geralmente é detalhista, "se detém nas árvores e não vê a floresta"; crítico; organizador; planejador; protelador; disciplinado; perfeccionista; desconfiado; realista; "pé no chão".

FIGURA 8: O líder "Lobo"
Fonte: www.espacoxamanico.com.br/products/Lobo.html Acesso em abril de 2015.

Muitas vezes, avesso a correr risco, voltado para tarefas e

ávido por informações (demora a decidir muitas vezes). Alonga a pensar sem falar, é propenso ao fanatismo, costuma a se afastar para não brigar. Tem tendência a guardar mágoa. Destaca-se muito bem nas funções relacionadas às áreas financeiras, como contabilidade, informática, logística, controle de estoques, compras, engenharia, consultoria, pesquisa e outras funções que requerem raciocínio lógico.

Tubarão

Suas características principais são de dominância ou pragmatismo (introvertido e dinâmico – rápido e racional). Geralmente é um guerreiro nato. Resoluto; direto; controlador; empreendedor; prático; objetivo; ambicioso e voltado exclusivamente para resultados. Valoriza a qualidade em tudo e tende a considerar os resultados como mais importantes do que o bem estar dos outros ou o seu próprio. Geralmente se identifica com as áreas de tecnologias e inovação.

FIGURA 8: O líder "Tubarão"
Fonte: http://www.fatosdesconhecidos.com.br/conheca-os-10-animais-que-mais-matam-seres-humanos/ Acesso em abril de 2015.

Considerado rápido na tomada de decisões. Não gosta de ser mandado – gosta de "mandar no seu nariz" e liderar. Briga por suas ideias e direitos. Desempenha muito bem cargos de comando e liderança.

No contexto acima representado de forma figurativa como animais associando ao processo de negociação, é preciso observar a importância da flexibilidade para se adaptar às mais variadas situações e estilos de negociadores. Cabe a cada um identificar seu perfil, que pode ser único ou em outros casos, um perfil misto com um pouco de cada tipo de líder.

2.2 - Teste rápido para o Perfil de negociador

O teste rápido foi desenvolvido pelo consultor empresarial Sergio Ricardo Rocha, segundo seu site *"Dr Vendas – consultoria, coaching e palestras (http://sergioricardorocha.com.br/* acesso em 16.03.2015)" e também baseado nos estudos de Ned Hermman remodelado pelo Instituto Brasileiro de Coaching (2015) como segue abaixo:

Instruções:

Não tente "acertar" as respostas que parecem mais "adequadas" ou "socialmente corretas". Para não distorcer o resultado, procure ser bem verdadeiro e escolher a resposta mais adequada "para você"!

1. Eu sou...
- Idealista, criativo e visionário
- Divertido, espiritual e benéfico
- Confiável, meticuloso e previsível
- Focado, determinado e persistente

2. Eu gosto de....
- Ser piloto
- Conversar com os passageiros
- Planejar a viagem
- Explorar novas rotas

3. Se você quiser se dar bem comigo...
- Me dê liberdade
- Me deixe saber sua expectativa
- Lidere, siga ou saia do caminho
- Seja amigável, carinhoso e compreensivo

4. Para conseguir obter bons resultados é preciso...
- Ter incertezas
- Controlar o essencial
- Diversão e celebração
- Planejar e obter recursos

5. Eu me divirto quando...
- Estou me exercitando
- Tenho novidades
- Estou com os outros
- Determino as regras

6. Eu penso que...
- Unidos venceremos, divididos perderemos
- O ataque é melhor que a defesa
- É bom ser manso, mas andar com um porrete
- Um homem prevenido vale por dois

7. Minha preocupação é...
- Gerar a ideia global
- Fazer com que as pessoas gostem
- Fazer com que funcione
- Fazer com que aconteça

8. Eu prefiro...
- Perguntas a respostas
- Ter todos os detalhes
- Vantagens a meu favor
- Que todos tenham a chance de ser ouvido

9. Eu gosto de...
- Fazer progresso
- Construir memórias
- Fazer sentido
- Tomar as pessoas confortáveis

10. Eu gosto de chegar...
- Na frente
- Junto
- Na hora
- Em outro lugar

11. Um ótimo dia para mim é quando...
- Consigo fazer muitas coisas
- Me divirto com meus amigos
- Tudo segue conforme planejado
- Desfruto de coisas novas e estimulantes

12. Eu vejo a morte como...
- Uma grande aventura misteriosa
- Oportunidade para rever os falecidos
- Um modo de receber recompensas
- Algo que sempre chega muito cedo

13. Minha filosofia de vida é...
- Há ganhadores e perdedores, e eu acredito ser um ganhador
- Para eu ganhar, ninguém precisa perder
- Para ganhar é preciso seguir as regras
- Para ganhar, é necessário inventar novas regras

14. Eu sempre gostei de...
- Explorar
- Evitar surpresas
- Focalizar a meta
- Realizar uma abordagem natural

15. Eu gosto de mudanças se...
- Me der uma vantagem competitiva
- For divertido e puder ser compartilhado
- Me der mais liberdade e variedade
- Melhorar ou me der mais controle

16. Não existe nada de errado em...
- Se colocar na frente
- Colocar os outros na frente
- Mudar de ideia
- Ser consistente

17. Eu gosto de buscar conselhos de...
- Pessoas bem-sucedidas
- Anciões e conselheiros
- Autoridades no assunto
- Lugares, os mais estranhos

18. Meu lema é...
- Fazer o que precisa ser feito
- Fazer bem feito
- Fazer junto com o grupo
- Simplesmente fazer

19. Eu gosto de...
- Complexidade, mesmo se confuso
- Ordem e sistematização
- Calor humano e animação
- Coisas claras e simples

20. Tempo para mim é...
- Algo que detesto desperdiçar
- Um grande ciclo
- Uma flecha que leva ao inevitável
- Irrelevante

21. Se eu fosse bilionário...
- Faria doações para muitas entidades
- Criaria uma poupança avantajada
- Faria o que desse na cabeça
- Exibiria bastante com algumas pessoas

22. Eu acredito que...
- O destino é mais importante que a jornada
- A jornada é mais importante que o destino
- Um centavo economizado é um centavo ganho
- Bastam um navio e uma estrela para navegar

23. Eu acredito também que...
- Aquele que hesita está perdido
- De grão em grão a galinha enche o papo
- O que vai, volta
- Um sorriso ou uma careta é o mesmo para quem é cego

24. Eu acredito ainda que...
- É melhor prudência do que arrependimento
- A autoridade deve ser desafiada
- Ganhar é fundamental
- O coletivo é mais importante do que o individual

25. Eu penso que...
- Não é fácil ficar encurralado
- É preferível olhar, antes de pular
- Duas cabeças pensam melhor que do que uma
- Se você não tem condições de competir, não compita

Após responder as questões, calcular o resultado da seguinte forma, conforme descrito na tabela:

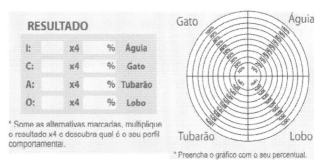

RESULTADO

I:	x4	%	Águia
C:	x4	%	Gato
A:	x4	%	Tubarão
O:	x4	%	Lobo

* Some as alternativas marcadas, multiplique o resultado x4 e descubra qual é o seu perfil comportamental.

* Preencha o gráfico com o seu percentual.

Após realizar os cálculos saberá qual o tipo de perfil conforme a ferramenta apresentada. Caso o cálculo final empate é porque existe a representação de dois ou mais perfis diferentes no mesmo indivíduo.

Retomando a aula

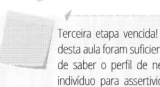

Terceira etapa vencida! Esperamos que as explicações desta aula foram suficientes para perceber a importância de saber o perfil de negociador existente em cada indivíduo para assertividade em decisões estratégicas. Vamos, então, relembrar:

1 - O poder nas negociações

Na primeira sessão do estudo, vários autores contribuíram para o entendimento sobre a origem do poder. Vale lembrar que os indivíduos são negociadores natos, pois a cada momento estamos negociando - seja na família, com amigos ou no trabalho. No contexto empresarial é preciso estar atentos às técnicas de negociação que envolva clientes, funcionários e fornecedores, sobretudo, no que tange ao controle emocional, já que no processo de negociação sempre estão envolvidas pessoas com opiniões próprias e muitas vezes divergentes.

2 - Os tipos de negociadores

Na segunda sessão tivermos reunidas as informações sobre as características do negociador, delineados a partir da representação de animais, entre eles a águia com uma visão mais holística; o gato com o perfil afetuoso; o lobo com aspecto mais detalhista; e o tubarão com predicado de dominação. Além disso, o estudante poderá fazer um teste rápido para identificar a sua característica enquanto líder nas negociações.

Vale a pena

Vale a pena **ler**

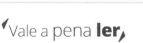

LUCCA, Diógenes. *O Negociador* - Estratégias de Negociação Para Situações Extremas. São Paulo: HSM, 2014.

Vale a pena **acessar**

O Negociador (2011)

Atividades da Aula 03

Após terem realizado uma boa leitura dos assuntos abordados, na Plataforma de Ensino na ferramenta "Sala Virtual - Atividades" estão disponíveis os arquivos com as atividades referentes a esta aula, que deverão ser respondidas e enviadas por meio do Portfólio - ferramenta do ambiente de aprendizagem UNIGRAN Virtual.

Minhas anotações

Minhas anotações

Aula 4º

Recursos utilizados nas negociações

Na quarta parte da disciplina, vamos identificar algumas adversidades enfrentadas pelos profissionais brasileiros em detrimento do mercado concorrencial, destacando-se a procura comum por informações que possibilitem compreender de forma adequada a situação das organizações sobre sua responsabilidade.

Os desafios tratados neste capítulo são referentes ao contexto sistêmico ambiental (social, ambiental, econômico, cultural, político) que o negociador irá se deparar assim como pela simulação de comportamento que o cérebro emana ao se deparar, por exemplo, em um processo de negociação, quer seja requerida nesse processo um desempenho analítico, racional, relacional e/ou experimental.

Nesse sentido, serão apresentadas algumas correntes teóricas, incluindo possíveis distorções estratégicas em função da realização das negociações.

Desse modo, acredita-se que definir a melhor resposta para responder os questionamentos impostos pelo mercado, será quando alinhar suas expectativas estratégicas ao negócio e mercado envolvido, porém para se alcançar resultados será preciso maior preparo profissional, portanto, vamos aos estudos desse módulo.

— Bons estudos!

Objetivos de aprendizagem

Ao término desta aula, vocês serão capazes de:

- identificar os conceitos e limitações estratégicos a partir do mapa conceitual de autores envolvidos nesse processo;
- reconhecer os diferentes ambientes naturais e induzidos para o estabelecimento de cenários estratégicos de negociação;
- socializar os tipos de negociação a fim de identificar as possíveis dificuldades encontradas pelo negociador nos mais variados ambientes.

Seções de estudo

1 - Estratégias para negociações
2 - Tipologias estratégicas na negociação

1 - Estratégias para negociações

1.1 - Conceitos de estratégia

A origem do termo "estratégia" foi motivada a partir da 2ª Revolução Industrial (na metade do século XIX), e criado pelas ciências militares da época; por volta dos anos de 1970, surge o termo Planejamento Estratégico (PE) como conhecido na atualidade (LUNKES, 2003). Esse período é identificado pelas crises: entre elas, a guerra entre os árabes e israelenses que provocou o aumento do preço do petróleo no mundo; redução de energia e matéria-prima, recessão econômica e baixos índices de desemprego (BARBOSA, 2005).

Após esse período, o termo foi ganhando outros significados, e um dos recomendados é que se trata de um método que prepara a organização para o seu futuro, ou seja, possibilita condições de traçar objetivos e planos para alcançar as metas organizacionais. Porém, é fato que a decisão estratégica está sujeita a uma série de fatores, entre eles, a análise dos pontos fortes e fracos, ameaças e oportunidades (PADOVEZE, 2005).

Dessa forma, entende-se esse processo na consistência da análise sistemática dos pontos fortes e fracos da empresa, além das oportunidades e ameaças do ambiente externo com o intuito de estabelecer objetivos, estratégias e ações que possibilitam o aumento da visibilidade do negócio.

Corroborando com os autores supracitados, Chiavenato & Sapiro (2003, p.39) defendem também que trata-se de: "(...) um processo de formulação de estratégias organizacionais, no qual se busca a inserção da organização e de sua missão no ambiente em que ela esta atuando". Nessa fala, incita-se a ideia de metodologia gerencial que objetiva proporcionar aos tomadores de decisão uma estrutura que permita o exame do ambiente onde atua a organização.

Para Welch & Byrne (2001, p. 438) também é enfatizado o papel dos concorrentes no processo estratégico. Para eles, cinco perguntas são salutares para definir esse tipo de planejamento:

1. Qual a posição global detalhada de seu negócio e a de seus concorrentes: participação de mercado, pontos fortes por linha de produto e pontos fortes por região?
2. Que ações seus concorrentes adotaram nos últimos dois anos que mudaram a paisagem competitiva?
3. O que você fez nos últimos dois anos que alterou a paisagem competitiva?
4. O que você mais receia que seus concorrentes façam nos próximos dois anos para alterar a paisagem competitiva?
5. O que você fará nos próximos dois anos para superar quaisquer manobras de seus concorrentes?

A cada resposta é possível puxar um leque de opções, já que as mesmas serão reveladas conforme a realidade do mercado onde está inserido. Imaginando o cenário de um pequeno agricultor que cultiva produtos orgânicos (sem agrotóxicos) em pequena escala, poderíamos compará-lo com médios e grandes produtores que não se preocupam com o racionamento de agrotóxicos? Entretanto, caso houvesse a intensão desse pequeno agricultor expandir seus negócios, como o mesmo perceberia as possibilidades caso não soubesse de seus concorrentes potenciais ou qual a demanda efetiva para esse crescimento?

Se imaginarmos esse cenário em larga escala no setor do agronegócio, também devemos estar atentos às intempéries de dentro e fora da organização, como por exemplo, perceber como esse segmento vem respondendo nos últimos anos diante das crises, quais os riscos relacionados às taxas tributárias, quais os profissionais disponíveis no mercado, quais as políticas de incentivo?

Outro ponto a ser observado pelo gestor é a relação existente entre o Planejamento Estratégico e a Administração Estratégica. Segundo Wright, Kroll & Parnell (2000, p.24), administração:

> [...] é um termo que abrange os estágios iniciais de determinação da missão e os objetivos da organização no contexto de seus ambientes externo e interno. Desse modo, administração estratégica pode ser vista como uma série de passos em que a alta administração deve realizar as tarefas a seguir: analisar oportunidades e ameaças ou limitações existentes no ambiente externo; analisar os pontos fortes e fracos de seu ambiente interno; estabelecer a missão organizacional e os objetivos gerais; formular estratégias (no nível empresarial, no nível de unidades de negócio e no nível funcional) que permitam à organização combinar os pontos fortes e fracos da organização e as oportunidades e ameaças do ambiente; implementar as estratégias; e realizar atividades de controle estratégico para assegurar que os objetivos gerais da organização sejam atingidos.

Aliados a esses objetivos, é preciso evidenciar que o planejamento estratégico busca entre as formas existentes:
- aumentar a competitividade da organização, ou seja, deixá-la mais atrativa para competir com seus concorrentes;
- diminuir riscos na tomada de decisão baseada na qualificação dos processos de aferimento de qualidade e de controle;
- pensar no futuro para provocar uma previsão dos possíveis mercados potenciais, das incertezas, das ameaças, entre outros fatores endógenos e exógenos à organização;
- integrar decisões isoladas em um plano, ou seja, materializar as ações definidas em metodologias para alcance de resultados;
- fortalecer os pontos fortes e oportunidades além de minimizar os pontos fracos e ameaças dentro e fora da organização;
- diminuir a influência dos concorrentes no mercado

neutralizando-os com novas formas de gestão e de valor agregado aos produtos e/ou serviços oferecidos.

É impraticável imaginar o processo de planejamento estratégico excluindo o entendimento da organização como um todo. A organização é dividida em tarefas, departamentos ou setores para efeitos operacionais, no entanto, quando se estuda o rumo estratégico de uma empresa, não se pode dividi-la em compartimentos para depois então juntar tudo. Dessa forma, deve-se, estudá-la como um todo, e não em partes. Neste sentido, Kotler (2000, p.86) afirma que: "O objetivo do planejamento estratégico é dar forma aos negócios e produtos de uma empresa, de modo que eles possibilitem os lucros e o crescimento almejado".

O processo de planejamento estratégico envolve alguns conceitos básicos, por meio dos quais as empresas empreendem uma pesquisa sobre o futuro e formula suas estratégias. No entanto, vale lembrar que entre eles, alguns possuem definições ambíguas.

Segundo Kotler (1992, p.63), "planejamento estratégico é definido como o processo gerencial de desenvolver e manter uma adequação razoável entre os objetivos e recursos da empresa e as mudanças e oportunidades de mercado". O objetivo do planejamento estratégico é, portanto, orientar e reorientar os negócios e produtos da empresa de modo que gere lucros e crescimento satisfatórios.

Fechando essa parte do estudo, dentre as definições apresentadas, têm-se ainda que o planejamento estratégico (PE) é uma abordagem poderosa para lidar com situações de mudanças, oferecendo grande auxílio em ambientes turbulentos como os de nossos dias. Merece, por isso, atenção como instrumento de gestão.

1.2 - Visões errôneas sobre planejamento estratégico

Considerando a competitividade crescente das organizações empresariais, o aumento de exigências dos consumidores, a necessidade de manutenção da imagem das empresas tradicionais mesmo aquelas com características familiares, além de outros fatores, motivaram a inserção do planejamento estratégico como ferramenta administrativa.

Analisando a evolução do mercado, uma importante condição para a sobrevivência das pequenas e micro empresas é a clareza de seus objetivos e os caminhos a serem seguidos para alcançá-lo estão relacionados ao planejamento estratégico. Segundo Fischmann e Almeida (1991, p.45), as atividades de um plano estratégico variam conforme o tipo e o tamanho da organização. Nas organizações maiores as atividades são mais subdivididas, pois as pessoas têm uma especialização maior em razão da divisão das funções. Em função disso, nas empresas pequenas o planejamento torna-se mais fácil de ser incorporado pelos membros, pois o número de colaboradores é menor, fazendo com que os objetivos sejam de fácil transmissão.

A maior parte do pensamento convencional sobre planejamento estratégico, ou seja, o estabelecimento de metas e a formulação de planos para atingi-las, muitas vezes acontecem de forma equivocada. Muitas organizações, infelizmente, perdem tempo excessivo e energia intelectual tentando planejar e fazer um prognóstico de seu futuro sem observar com clareza os detalhes do presente.

A confusão se estabelece quando o gestor atribui ao processo de planejamento apenas pelo viés financeiro e de custos, ou seja, desconsidera questões relacionada a gestão de pessoas, patrimonial, controle de qualidade, mercadológica, entre outros fatores. E quando a questão principal está relacionado ao gerenciamento dos custos, não crie uma forma de controle para não permitir o extrapolamento do orçamento de um ano para outro, sem as devidas correções para, por exemplo, ajustes de salários, compensação por depreciação ou manutenção de maquinários, pagamento de impostos. Sabe-se que esse tipo de ação com base no orçamento incomoda os gestores, levando-os muitas vezes a pensar que estão planejando corretamente, mas frequentemente há muito pouco ou nenhum planejamento vinculado (ALBRECHT, 1994).

De fato, os relatos acima promovem várias visões equivocadas sobre o planejamento estratégico, porém há de se considerar que a limitação profissional do gestor pode influenciar na incapacidade de prever efetivamente, pois não é uma tarefa fácil de concretizar. Vamos imaginar que prever uma mudança no cenário político ou no próprio comportamento dos indivíduos podem ser questões complicadas de serem mensuradas e, de certa forma, são decisivos para se alcançar resultados positivos. É necessário, portanto, estar em sintonia com todos os ambientes e fatores variáveis que possam afetar de alguma forma o planejamento estratégico.

Ressalta-se ainda que muitos processos produtivos advêm de operações não repetitivas o que as tornam mais complicadas de estabelecer um controle e padronização. Para tanto, é fundamental identificar as melhores rotinas de trabalho para minimizar as incertezas.

Por fim, em alguns casos, pode existir a tendência à inflexibilidade na gestão de planos e projetos, ou seja, o planejamento quando é formulado define-se seu cronograma inicial de trabalho, porém existem diversos fatores críticos que podem inviabilizar de acontecê-los como previsto, ou quando pensados, não se considerou novas variáveis que podem ocorrer no meio do processo, assim seu "engessamento" não permitirá que haja uma flexibilidade para absorver as variáveis não previstas, o que não é salutar para qualquer organização.

Ao final da Seção 1 identificamos que para consolidar o planejamento estratégico várias formas de gestão foram implementadas mesmo considerando as interfaces que podem influenciar na visão equivocada do planejamento.

1.3 - Limites estratégicos

Atualmente, em algum ponto da carreira, todo profissional irá encarar uma questão crucial: até onde o negócio pode ir? Formulada no plano teórico, a pergunta aciona muitas vezes uma resposta-chave: "O céu é o limite!" Afinal, tudo seria possível mediante o compromisso de fazer acontecer, de ajustar o foco da visão de negócio e de perseguir objetivos com consistência.

Na vida real, muitas vezes, a teoria e a "visão romântica" fogem do contexto prático. A "visão de futuro" da organização é obra em permanente construção, concretizada a cada decisão ou a cada medida implementada pelos gestores. Contudo, observa-se que o negócio possui limites estratégicos e muitas vezes estão aquém da sua consolidação. Dessa forma, quais seriam os limites? Independentemente de porte ou setor de atuação da empresa, é possível apontar três fatores: os relacionamentos empresariais; os paradigmas organizacionais; e os recursos estratégicos.

O primeiro limitador engloba as relações da empresa com seus "atores" externos (clientes, fornecedores, parceiros estratégicos, concorrentes diretos e indiretos, associações setoriais e órgãos do governo). As interações com esses públicos, em geral, definem os limites sociais do negócio.

Já os "paradigmas organizacionais" estão associados ao contexto interno da empresa, ou melhor, da cultura organizacional. Cada organização tem suas próprias verdades organizacionais, as quais, muitas vezes, são criadas e mantidas por atitudes das lideranças. Esses paradigmas podem ser úteis para controlar e administrar o negócio. Todavia, quando assumidas como leis pétreas, acabam por inibir a escolha de estratégias de negócio, a tomada de decisões críticas ou a introdução de mudanças importantes.

Por "recursos estratégicos" entendam-se os principais insumos estruturais do negócio: competências organizacionais, recursos financeiros, humanos e ativos, como marca, patentes e tecnologia, entre outros. A insuficiência de recursos estratégicos (ou a dificuldade de obtê-los ou acessá-los, ou, ainda, a falta de tempo para desenvolvê-los) dificulta a execução de uma estratégia de negócio.

Diante da limitação das organizações, as estratégias bem-sucedidas, na maioria dos casos, nascem em organizações que ousam desafiar os três limites descritos. Para tanto, o gestor tem de se empenhar para focar recursos, esforços e pessoal de qualidade, evidenciando uma proposta de valor ao mercado que seja clara e vá direto ao ponto. Portanto, é de suma importância que a empresa defina um modelo de negócio enxuto, simplificado, orientado por uma lógica econômica eficaz e alicerçado em competências indispensáveis para a visão de futuro.

Reconhecer os limites estratégicos a partir do reconhecimento das características individuais do negociar, ou seja, das suas características comportamentais, conforme teorizada pelo pesquisador Ned Herrmann, que classifica os estilos de pensamento em relação ao lado do cérebro dominante. Pessoas dominadas pelo lado esquerdo são descritas como analíticas, lógicas e sequenciais. Já as dominadas pelo lado direito são mais intuitivas, baseadas em valores e não lineares.

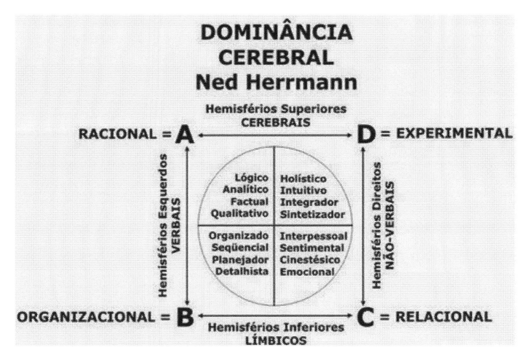

Figura 1: Dominância Cerebral segundo Ned Herrmann
Fonte: http://pt.slideshare.net/fapfialho/2-percep2 Acesso em 2015.

Para Ned Herrmann, os indivíduos possuem quatro estilos comportamentais básicos e que em geral, existe a predominância de um deles em cada pessoa, apesar de todos terem um pouco de cada. O estilo predominante influencia a forma de pensamento e o comportamento das pessoas no seu dia a dia, influenciando, inclusive no processo de negociação.

Vale destacar que não existe um estilo mais perfeito do que o outro, e poderíamos dizer ainda que em uma equipe de negociadores, por exemplo, o ideal é que houvesse membros com predominância de todos os estilos. O extraordinário é cada pessoa ter consciência de suas características pessoais e compreender as características dos seus colegas e das pessoas que farão parte da negociação, para evitar e amenizar os conflitos que possam resultar destas diferenças.

Assim, a negociação como foi possível até agora perceber, é um processo interpessoal, pois negociamos com pessoas acima de tudo, claro que muitas vezes existe uma organização que representamos na negociação o maior obstáculo ou limite compreendido é a tendência de agir sem pensar, o que faz muitas pessoas cometer erros. Além disso, há muita emoção em uma negociação e o alto desgaste de energia, muitas vezes, prejudica o desenrolar do acordo.

2 - Tipologias estratégicas na negociação

2.1 - Tipos de ambientes estratégicos

Considerando que as organizações não estão isoladas pela própria dinâmica macroeconômica mundial, proporcionada muitas vezes pelo processo produtivo que está interligado, da tecnologia e da informação, por esse motivo se torna um sistema aberto e múltiplo de valores e de longas fronteiras. Para Chiavenato (2005, p. 71), "ambiente é tudo o que está além das fronteiras ou limites da organização", ou melhor, é tudo o que está fora dela.

Por sua amplitude e complexidade, o ambiente pode se tornar uma fonte de recursos sejam eles de materiais, equipamentos, insumos e de oportunidades, mas também pode impor restrições e ameaças delineadas pelo mercado externo. Nesse sentido, a análise ambiental pode auxiliar a organização a identificar oportunidades e ameaças através da atividade de inteligência competitiva, ou seja, elementos que configuram o planejamento estratégico.

Ainda segundo Chiavenato (2005) para compreender melhor o ambiente deve-se dividi-lo em dois grandes segmentos: o ambiente geral e o ambiente específico (CHIAVENATO, 2005). O primeiro é mais abrangente e impacta toda a sociedade. Já o ambiente específico, ou microambiente, é mais restrito, ou seja, de onde se retiram os insumos e que geram seus produtos ou serviços.

Portanto, durante o planejamento estratégico, a organização não pode olhar apenas para o ambiente externo. Ela deve preocupar-se também com a sua situação interna. Segundo Chiavenato (2005, p. 581), "a análise organizacional refere-se ao exame das condições atuais e futuras da organização, seus recursos disponíveis e necessários (incluindo tecnologia), potencialidades e habilidades, forças e fraquezas da organização, sua estrutura organizacional, suas capacidades e competências".

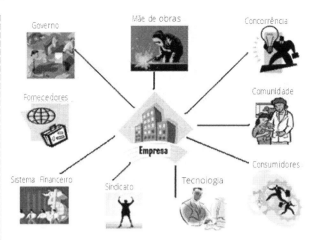

Figura 2: Análise do ambiente corporativo
Fonte: http://slideplayer.com.br/slide/111. Acesso em 2015.

Para Morgan (1996) o enfoque principal sistêmico define que as organizações bem como os organismos estão abertas ao seu meio ambiente e devem atingir as relações apropriadas caso queiram sobreviver. Para o autor, ambiente e sistemas devem ser compreendidos como estado de interação e dependência mútua.

Assim, a capacidade das empresas de atingir suas metas depende do processo de planejamento e monitoração para identificar os riscos e oportunidades, tanto presentes como futuros, que possam influenciá-las. O propósito da análise de ambiente é avaliar de que modo à administração pode reagir adequadamente e aumentar o sucesso organizacional (PETER e CERTO, 1993), esquematizando os segmentos ou componentes do ambiente a fim de permitir seu estudo sistemático (MAXIMIANO, 1997).

Figura 3: Análise do ambiente externo
Fonte: http://teoadm1.blogspot.com.br/2011/06/e-ai-pessoal-mais-uma-unidade-sobre-as.html. / Acesso em 10. Out. 2014.

1.3 - Tipos de negociações estratégicas

De acordo com Steele, Murphy e Russill (1991), os indivíduos em processo de negociação apresentam cinco conceitos básicos para realizar sua dinâmica de atuação, entre eles: acordo, barganha, coerção, emoção e raciocínio lógico. Para os autores a barganha é considerada como meio "honesto" de se chegar ao fechamento do negócio. Já coerção, emoção e raciocínio lógico são considerados conceitos "desleais" ou "manipulatórios". Para Laurent (1991, p. 148), "a manipulação é a disposição de alcançar os próprios objetivos utilizando essencialmente a palavra, sem se preocupar muito com a exigência de veracidade de seu conteúdo".

Para definir o acordo, vários pontos das propostas necessitam alcançar o aceite entre as partes, o que se chama de acordo. A barganha pode ser definida como o ato de fazer e obter concessões das partes envolvidas. Ocorre de forma positiva quando as partes realizam trocas entre si. Já a coerção, muitas vezes manipulada por quem detém um relativo poder sobre a outra parte em busca de um acordo forçado, beneficiando uma das partes. Steele, Murphy e Russill (1991, p. 6), colocam ainda que "ameaças inconseqüentes possuem a tendência de recair sobre você, especialmente quando empregadas contra partes cuja cooperação poderá lhe ser necessária em dada circunstância no futuro".

No que tange a emoção, retratada pelos autores, está intimamente ligada a todas as atividades desenvolvidas, ou seja, pode ser utilizada de forma positiva, se for racional e controlada, ou negativa, se não tiver nenhum controle. Finalizando, o raciocínio lógico será a mediação necessária para garantir a segurança de que a proposta apresentada está calcada em referências.

É possível perceber ainda que entre as transações estabelecidas nas negociações podem se apresentar cinco resultados possíveis:

- **Perde/perde** – esse resultado acontece quando nenhuma das partes supre as suas necessidades ou desejos e, então, ambas relutam em negociar novamente com a contraparte. Muitas vezes uma das partes tem a ilusão de ter ganhado na negociação;
- **Ganha/perde** – nesse caso um resultado desse tipo é que uma parte sempre sai da negociação sem que suas necessidades ou desejos tenham sido atendidos. E o mais importante é que o perdedor se recusará a negociar novamente com o vencedor.
- **Perde/ganha** – a diferença está o lado da mesa em que o negociador está. Geralmente, abre a possibilidade para um futuro resultado perde/perde.
- **Ganha/ganha** – geralmente nas negociações, o negociador deve esforçar-se por alcançar esse resultado em que as necessidades e objetivos da ambas as partes sejam atendidos. Dessa forma, os dois lados sairão da negociação com um sentimento positivo e desejarão negociar novamente entre si.
- **Nada acontece** – esse fato acontece quando nenhuma das partes ganha ou perde, ou seja, a negociação não se concretiza. Esse resultado acontece muitas vezes em razão do aconselhamento de uma das partes à outra, com a finalidade de evitar um resultado que não seja o ganha/ganha.

Nesse contexto, é preciso que o negociador se conscientize de que sua contraparte não tem as mesmas necessidades e desejos, ou seja, tendo a impressão de que sua perda é o ganho da sua contraparte, é impossível alcançar um resultado ganha/ ganha. Para tanto, a melhor estratégia para descobrir quais as necessidades da sua contraparte é fazer-lhe perguntas inteligentes, que o leve a explicita-la sem que ele perceba. (adaptado do site: <http://www.cin.ufpe.br/~tfl/Empreendimentos/ negociaoCVFM.doc>. A cesso em Abril 2015).

1 - Estratégias para negociações

Vimos na primeira parte da aula que é preferível que a estratégia seja simples, porém eficiente. Estratégias complicadas costumam falhar, muitas vezes porque o outro negociador não leu o seu argumento, ou possui um plano diferente de atuação. A estratégia depende das circunstâncias e das questões em negociação. Portanto, deve ser flexível, interligada a planos de mercado e preços, e devem ser consideradas na agenda. A estratégia de negociação é o "plano de jogo", competitivo ou cooperativo, que se adota para atingir os objetivos planejados. Dentro desse plano, são escolhidas as táticas específicas, a fim de realizar a estratégia.

2 - Tipologias estratégicas na negociação

Acompanhamos nas explicações que existem diversos ambientes corporativos que acontecem as maiores ações de negociação, claro, que ao relacionar ao dia a dia sempre nos comportamos como negociadores nas pequenas ações. O importante é lembrar que é preciso equilíbrio entre os "atores" envolvidos nesse processo, o ideal é que todos ganhem para evitar distorções. Assim, reforçar este ponto é realmente necessário, pois a maioria dos negociadores inexperientes reconhece que a contraparte não tem a mesma necessidade e desejos que eles, mas, quando entram em uma negociação, logo esquecem esse fato importante para manutenção das relações sociais e dos futuros acordos.

Atividades da Aula 04

Após terem realizado uma boa leitura dos assuntos abordados, na Plataforma de Ensino na ferramenta "Sala Virtual - Atividades" estão disponíveis os arquivos com as atividades referentes a esta aula, que deverão ser respondidas e enviadas por meio do Portfólio - ferramenta do ambiente de aprendizagem UNIGRAN Virtual.

Minhas anotações

Aula 5°

A influência do mercado no processo de negociação

Na quinta parte da disciplina, vamos identificar aspectos importantes relacionados ao contexto do trabalho assim como nas relações de negociação laboral.

A dinâmica provocada pela globalização na sociedade de um lado gera o desenvolvimento econômico, social, cultural e ambiental em regiões geográficas distintas, ao mesmo tempo que acende o caos em outras partes, ou seja, o advento das crises econômicas motivam profundas transformações, sobretudo, na força do trabalhador e seus direitos conquistados. Para tanto, a negociação sindical surgiu como proposta de aliança ao processo de equidade entre as classes, assim, atualmente, conflitos são marcados por interesses particulares.

Além disso, associado à negociação internacional, importante mecanismo de desenvolvimento mundial, crê-se que o negociador necessita de um arcabouço de informações e conhecimentos gerais e específicos da cultura envolvida no processo, ou seja, a ciência das diferenças culturais pode significar o sucesso ou o fracasso de uma negociação. Para tanto, o profissional negociador precisa mergulhar sobre questões históricas, geográficas, econômicas, sociais e ambientais, ou seja, entrosado onde se manifestam as diferenças culturais e quais são seus efeitos no processo de negociação.

Bons estudos!

Objetivos de aprendizagem

Ao término desta aula, vocês serão capazes de:

- perceber como as relações trabalhistas no Brasil influenciaram o atual desenvolvimento econômico do país;
- identificar as características necessárias para estabelecer uma negociação com o mercado global a partir do aprofundamento do conhecimento das relações socioculturais dos envolvidos.

Seções de estudo

1 - Conflito e processo de regulação nas relações de trabalho: a negociação estatal
2 - Negociação no mercado global

1 - Conflito e processo de regulação nas relações de trabalho: a negociação estatal

1.1 - Contextualização das relações trabalhistas no Brasil

As injunções do mundo atual, a globalização e a formação de blocos econômicos, entre eles a Comunidade Europeia, o NAFTA, o MERCOSUL, associados à modernização e ao avanço tecnológico, impulsionam a informatização do conhecimento em fração de segundos. Além disso, as tendências de políticas neoliberais provocam o novo pensar sobre a ordem mundial, tornando-as empresas cada vez mais competitivas, o que reflete, necessariamente, nas relações laborais.

Figura 1: Blocos Econômicos Mundiais
Fonte: http://www.mundoeducacao.com/geografia/blocos-economicos.htm. Acesso em: 10 mai. 2015.

Diante da velocidade com que se processam as mudanças e paradigmas no mundo dos negócios, cabe aos profissionais responsáveis pelas definições da missão, da visão e dos valores organizacionais, incluindo os agentes de negociação nas áreas de Contratos, Gestão Empresarial, Gestão de Pessoas, Finanças, Logística, Compras, Comercial, Vendas e Marketing, acompanharem as novas tendências mercadológicas qualificando-se permanentemente.

Considerando a movimentação da globalização, que gera uma relação dialética de desenvolvimento e ao mesmo tempo do caos, motivados pelas crises econômicas, as empresas multinacionais, as modificações geopolítico-ideológicas e a reestruturação produtiva, ocasionaram profundas transformações ao direito laboral e são nas relações coletivas de trabalho, na forma de solução dos conflitos coletivos, que essas mudanças são sentidas mais intensamente.

Na medida em que cabe ao Estado aceitar a responsabilidade pelo bem-estar de seus trabalhadores, segundo o preâmbulo à Constituição da Organização Internacional do Trabalho (OIT), qualquer nação que deixar de adotar condições humanas de trabalho constitui um obstáculo no caminho de outras nações que desejam melhorar as condições em seus próprios países. Assim, a OIT (2012) amplia a definição de responsabilidade do Estado para abranger também o efetivo reconhecimento do direito à negociação coletiva, a cooperação entre capital e trabalho na contínua melhoria da eficiência produtiva e a colaboração entre trabalhadores e empregadores na elaboração e aplicação de medidas econômicas e sociais.

Com a Constituição Federal (CF) aprovada em 05 de outubro de 1988, os direitos trabalhistas que antes estavam emoldurados no Capítulo 'Da ordem econômica e social' atualmente está inscrito no Capítulo dos 'Dos Direitos Sociais' e no Título 'Dos Direitos e Garantias Fundamentais. O art. 8º da CF/88 acolheu o princípio da liberdade sindical e dispôs que a lei não exigirá autorização do Estado para a abertura de um sindicato, ressalvado o seu registro no órgão competente. Nesse contexto ainda, o Poder Público não pode interferir ou intervir na organização sindical.

Ainda no contexto das relações trabalhistas, outro grande passo foi com sanção do Decreto-Lei nº 5.452, de 01 de maio de 1943, que regula a Consolidação das Leis do Trabalho (CLT) sancionada pelo então presidente Getúlio Vargas, unificando toda legislação trabalhista existente no Brasil.

Figura 2: Carteira de Trabalho e Previdência Social
Fonte: http://portaltrainee.com.br/. Acesso em: 10 mai. 2015.

A CLT foi o resultado de 13 anos de discussão e trabalho - desde o início do Estado Novo até 1943 - de destacados juristas, que se empenharam em criar uma legislação trabalhista que acolhesse à necessidade de proteção do trabalhador, dentro de um contexto de "estado regulamentador".

Desde a primeira publicação da CLT várias alterações foram provocadas, visando, sobretudo, adaptar o texto às nuances dos tempos modernos. Apesar disso, ela continua sendo o principal instrumento para regulamentar as relações de trabalho. Ainda, vale lembrar que no processo de negociação vinculada às questões laborais seus limites são as próprias leis que definem direitos e deveres de ambas as partes envolvidas nessa relação social, em que na sua maioria são inalienáveis a fim de promover a proteção dos trabalhadores.

1.2 - Principais conflitos

Dentre os principais conflitos no processo de regulação do trabalho, atribui-se a uma parte na concepção da intervenção estatal numa negociação coletiva que é topada sobre diversas formas: por meio da determinação da atuação dos negociadores, ações cabíveis ou proibidas e ainda a oferta de mediadores. Acredita-se ainda haver a altercação entre a intervenção estatal no conflito de interesses das partes ou no conflito dos direitos das partes.

Figura 3: Relações e acordos
Fonte: http://www.capitalteresina.com.br/noticias/geral/.Acesso em: 10 mai.2015.

O primeiro caso acontece quando existe uma divergência na Constituição do direito em si por interesses das partes; o segundo advém quando o direito de uma das partes não está sendo respeitado e o Estado, nesse momento, intervém por meio do poder judiciário. Nesse sentido, existe a permissão estatal para a resolução dos conflitos por meio das conciliações, mediações, arbitragens, entretanto, o mais comum é a autorização para a realização de negociações coletivas de trabalho.

Há de considerar ainda que qualquer que seja a política de resolução de conflitos adotada pelo país é imputação dos movimentos sindicais exigirem que fossem consultados quando tais políticas estiverem sendo formuladas a fim de fazer valer seu julgamento. A acuidade jurídica e política da negociação coletiva de trabalho como meio de constituição de direitos e poder de resolução de conflitos entre empregado e empregador, estimulando, nesse sentido, que os atores sociais devem ocupar o devido espaço na gestão e resolução dos próprios conflitos.

No caso do Brasil, a própria composição dos atos regulatórios e que fundamentam o direito trabalhista provem das lutas coletivas representadas pela sociedade civil organizada, incluindo os sindicatos de classes, que delineiam inclusive o escopo político do país, marcadamente por legendas partidárias sustentadas pelo ideário de inclusão social de massa, mas que, na maioria das vezes, estão aquém dessa utopia.

2 - Negociação no mercado global

2.1 - Questões culturais e sua influência nas negociações

As questões culturais, nelas atribuídos valores, hábitos, costumes e tradições são fundamentais para definir os acordos adotados por cada localidade bem como do negociador, seja ele vinculado ao poder público, ao privado e/ou independente, como as organizações da sociedade civil de interesse público.

Sobre isso, segundo a Confederação Nacional da Indústria - CNI (2012, p. 13):

> O Brasil tem grandes desafios para

manter seu crescimento econômico e sua transformação social. A cada dia, Estado e sociedade avançam na percepção de que a sustentabilidade desse processo depende, fundamentalmente, da criação de condições favoráveis ao desenvolvimento das atividades produtivas. Não há soluções milagrosas ou fáceis. É preciso garantir competitividade às empresas, possibilitando a oferta de produtos e serviços a preços acessíveis aos consumidores, e a geração de mais e melhores empregos.

Em consonância, José Pastore (2013), consultor em Relações do Trabalho da Confederação Nacional da Indústria (CNI), destaca que as conjunturas de criação da Consolidação das Leis do Trabalho promoveram ganhos representativos ao trabalhador. Entretanto, nas últimas décadas, ao invés da economia brasileira progredir determinando uma revisão da norma, acabou acendendo o "engessamento" nas relações entre empregadores e empregados afetando inevitavelmente a produtividade (FEDERAÇÃO DAS INDÚSTRIAS DO ESTADO DA BAHIA – FIEB, 2013).

Ainda segundo Pastore (2013), conforme publicado no site da Federação das Indústrias do Estado da Bahia (disponível em http://www.fieb.org.br/Noticia/1526/modernizacao-da-legislacao-trabalhista-e-discutida-na-fieb.aspx. Acesso em 18 maio. 2015):

> Hoje, os empresários precisam pagar encargos imediatos que representam um acréscimo de 102,43% sobre o salário de um contratado, mas estes podem chegar a 183,15% quando levadas em consideração as regras de demissão, benefícios, entre outros.

Nessa configuração, é preciso considerar que devido ao acúmulo de encargos sociais, muitos empregadores optam por organizações mais simples e com equipes multifuncionais, o que aumenta inclusive, o esforço e, consequentemente, o desgaste do trabalhador. Tal fato provoca em massa o aumento de processos trabalhistas no judiciário, o qual eleva o Brasil como um dos maiores países nesse tipo de demanda, exatamente porque, o trabalhador recorre ao que está previsto na CLT para reivindicar seus direitos.

Para determinar melhores encaminhamentos no processo de negociação coletiva é preciso entender essa definição, que para a CNI (2012, p. 21):

> A negociação coletiva tem se revelado mais célere e adequada para que empregadores e trabalhadores, por meio de seus sindicatos, regulem suas relações de trabalho, de acordo com suas realidades e necessidades. Apesar disso, a tutela legal tem prevalecido sobre a tutela sindical. Com frequência, o Poder Judiciário tem afastado a validade de diversas negociações coletivas, limitando a efetividade de convenções e acordos coletivos de trabalho, o que implica constante insegurança jurídica e gera problemas para empresas e trabalhadores.

Segundo a CNI (2012), o processo de negociação é entendido como a auto composição de interesses entre a força laboral e a que detém o poder de gerar trabalho, estimulando à normatização do processo destinada a estabelecer direitos e deveres entre as partes envolvidas no contrato individual de trabalho. Mais uma vez o confronto se estabelece ao "jogo de interesses" onde uma das partes, na tentativa de ter melhor vantagem, impõe suas regras e, de outro lado, em desvantagem, aceita as condições impostas na busca de "sobrevivência".

O contexto empregado deste tópico parte da perspectiva laboral, entretanto, ao vincular às relações sociais fora desse contexto, todas elas estão imbricadas nos aspectos mais subjetivos, manifestados muitas vezes pelos grupos relacionais, incluindo os grupos étnicos.

2.2 - Negociação internacional

E por descrever as Convenções, em conformidade a de número 87 e 98 da OIT, a negociação coletiva internacional pode ser classificada como:

> a) geográfica, abrangendo uma região ou um conjunto de países de regiões diferentes; b) multinacional, quando acontece em uma empresa multinacional e c) internacional de setor industrial, quando compreender diversas federações de vários países e toma a forma de acordos e convenções coletivas supranacionais, negociações supranacionais por empresa, comissões consultivas paritárias.

Acrescenta-se ainda que na negociação internacional, quando ocorre de forma centralizada, seus indicadores estão associados ao alto nível de direção, ou quando descentralizada, motivada por direções inferiores de uma organização. Vários exemplos ocorreram fora no contexto global de negociação internacional coletiva, a exemplo dos Casos *Chrysler*, em 1967, Caso *Thompson Grand Public*, em 1985, Caso *Bull*, em 1988. Numa realidade mais próxima do Brasil não há registro de experiências desse tipo, incluindo o Mercosul, caso ocorresse para intermediar tais negociações poderia ser o Conselho Industrial do Mercosul (empregadores) e Coordenação de Centrais Sindicais do Cone Sul-CCSCS (representando os empregados) (CNI, 2012).

Um dos aspectos mais críticos para estabelecer a negociação internacional é o aspecto linguístico, ou seja, a comunicação entre as partes deve estar alinhada. Nesse sentido, Brilman (1991, p.374) afirma que: *"A língua está na base da cultura. Ela condiciona, em parte, as maneiras de pensar. Ela constitui a maior dificuldade internacional desde que os progressos da tecnologia começaram a melhorar incessantemente os transportes e as comunicações".*

Além dos aspectos linguísticos, vários detalhes são importantes para estabelecer uma negociação efetiva com os pares estrangeiros, como por exemplo, noções de regras de etiqueta e protocolo, religião, uso das cores e seu significado, linguagem corporal (não-verbal), costumes alimentares, presentes e outras formas de manifestação de afeição.

Para o SEBRAE-MG (2005), o reconhecimento da diferença entre as partes é essencial em negociações de âmbito nacional ou internacional, no entanto, a pluralidade de representações e significações decorrentes das diferenças

culturais é maior nas negociações internacionais. Usando os exemplos do SEBRAE- MG (2005, p. 12) sobre essas questões temos:

- No Japão, encarar um oriental nos olhos é ofensivo. Os japoneses ainda consideram as mulheres inferiores aos homens.
- Na China, como em quase todas as nações asiáticas, atribui-se enorme importância a troca de presentes. Mas cuidado com a escolha do presente: a cor verde não é vista com bons olhos, pois é relacionada a traição.
- Anos atrás, uma empresa europeia fechou um negócio para construção de um prédio de apartamentos em um país Árabe. Os apartamentos situados ao lado direito do prédio foram vendidos em poucas semanas, mas os situados ao lado esquerdo não foram vendidos, nem quando a redução dos valores atingiu o preço de custo do empreendimento. A explicação é simples: os apartamentos situados ao lado esquerdo tinham serviços sanitários direcionados à Meca, cidade considerada sagrada pelos muçulmanos.

Esses e outros exemplos justificam a importância de conhecimento das diferenças culturais o que pode significar o sucesso ou o fracasso de uma negociação. Para saber mais sobre os aspectos étnicos é preciso que o negociador se aprofunde sobre questões históricas, geográficas, contemporâneas, econômicas, sociais e ambientais, ou seja, o negociador internacional deve estar sempre sintonizado onde se manifestam as diferenças culturais e quais são seus efeitos no processo de negociação.

Quinta etapa vencida! Esperamos que as explicações desta aula foram suficientes para perceber as relações existentes no país e no mundo sobre o processo de negociação.

Minhas anotações

Aula 6º

Métodos e expectativas dos negociadores

Na aula seis, vamos identificar algumas características, processos e perspectivas para atender a necessidade de estabelecer uma excelente negociação. Para tanto, é necessário desenvolver a sensibilidade de observar os sujeitos envolvidos numa negociação, além de aprimorar competências e habilidades importantes para instrumentalizá-lo diante das incertezas no processo, que envolvem organizações públicas e privadas que necessitam de atenção e foco.

Buscando referenciais ideais no mercado que ilustram exemplos de negociação, será possível perceber o que um cliente deseja quando a atenção estiver focada nele e da mesma forma quando esse mesmo profissional estiver preparado para dar o que ele deseja ou compensar de alguma forma essa expectativa gerada.

Assim, para que um processo de negociação tenha um final feliz, ambas as partes devem ter uma atitude positiva e o resultado dividido na mesma intensidade. Pois, isso contribui para manter uma boa relação após o resultado.

— Bons estudos!

Objetivos de aprendizagem

Ao término desta aula, vocês serão capazes de:

- identificar que no processo e negociação existem procedimentos que levarão essa atitude para se tornar bem ou mal sucedida;
- perceber que a geração de conflitos é inevitável quando se parte da perspectiva organizacional, entretanto, existem mecanismos para minimizar as incertezas e ao mesmo tempo gerar impactos positivos nas negociações.

1 - Características da negociação

1.1 - Negociações bem-sucedidas

Todos os dias somos induzidos a estabelecer um processo de negociação, seja naquelas ações mais simples como nas mais complexas, na maioria das vezes temos resultados satisfatórios. Dessa forma, a negociação é necessária quando duas ou mais pessoas/instituições se defrontam com diferenças de objetivo ou ponto de vista. Para Junqueira (1991), a negociação é um procedimento sucessivo que começa com a preparação (antes do encontro das partes), desenvolve-se (encontro das partes) e continua com o controle e avaliação (após o encontro das partes), até a próxima negociação (se houver), conforme as sete etapas que aqui veremos.

Antes, é preciso dizer que em decorrência das diferenças existentes, a negociação envolve um componente fundamental: movimento. O objetivo consiste em induzir a outra parte a deslocar-se de sua posição original em direção a novos objetivos (MARTINELLI E ALMEIDA, 1997).

Figura 1: Ato de uma boa negociação
Fonte: http://blog.curriculum.com.br/category/trainee-2/. Acesso em 18 mai. de 2015.

Sobre isso, segundo o portal eletrônico associado ao Grupo CPT - Centro de Produções Técnicas (http://www.empregoerenda.com.br/) podemos dizer que conhecimento é o maior trunfo em negociação, dentre as características do negociador:

- Seja educado e gentil com as pessoas, mas firmes com os problemas. Desfocar na atenção dos pontos de melhoria pode ser um risco a saúde da organização.
- Coloque-se no lugar do outro. É preciso concentrar e tentar descobrir os desejos subjacentes do outro. Observar o sujeito em questão, incluindo os aspectos linguísticos e não-verbais, sobretudo, os emocionais são elementos diferenciadores.
- Se a negociação ficar difícil, dê um tempo. Afaste-se um pouco, mantendo os olhos em seu objetivo. O poder do tempo e da distância acalma o espírito, clareia as ideias, propicia a criatividade e a solução aparece. Na tentativa de "empurrar" um produto ou serviço sem o interesse do consumidor, muitas organizações perdem mais, pois o efeito multiplicador negativo é

mais impactante na negociação.
- Concentre-se em inventar opções. Ser criativo ao ponto de fornecer produtos e serviços com valores agregados são elementares e atraentes aos olhos do consumidor.
- Cuide-se para aumentar o poder da credibilidade. O que os grandes negociadores mais prezam é a sua reputação de negociador honesto e justo. Este deve ser o seu maior capital. Portanto, concentre-se em encontrar critérios objetivos para decidir o que é justo e que proporcione retorno sistêmico, ou seja, econômico, social e ambiental.
- Vá para uma negociação com uma boa proposta alternativa. Ela será a sua cartada final. Se você observou tudo o que o outro quer, e também o que ele não quer perder, e ele não arreda o pé; faça então uma proposta tentadora. Uma boa alternativa que atenda aos seus desejos e simulando ao do consumidor, garantirão um processo de empatia e fidelização.
- Concentre-se no processo de negociação e não somente no resultado. Os grandes campeões no esporte e nos negócios são aqueles que se concentram mais e que treinam mais; são determinados e não desviam de seus objetivos; assim também devem ser os negociadores.

Disponível em: http://www.empregoerenda.com.br/. (Acesso em: 10 mai. 2015-Adaptado).

Vimos que dentre as características apontadas, é possível perceber a necessidade de desenvolver a sensibilidade de observar os sujeitos envolvidos numa negociação, pois por trás dos mesmos, existem organizações públicas e privadas que necessitam de atenção e foco para que o resultado seja sustentável e de longo prazo.

1.2 - Negociações mal sucedidas

Ao contrário do que ocorre em situações positivas nas negociações, muitas organizações cometem erros, e muitos deles são fatais para a sobrevivência da mesma.

Figura 2: Reflexos de uma negociação mal sucedida
Fonte: http://www.blogfalandofrancamente.com/. Acesso em 18 mai. de 2015.

Recorrentemente nas mídias eletrônicas e impressas vimos casos de organizações que "quebram" devido à especulação comercial, muitas vezes, na ganância de impor suas condições que não traduzem a realidade e necessidade dos consumidores, ou seja, a comunicação é falha e reflete em resultados devastadores.

Para o Instituto de Educação corporativa Passadori (http://www.passadori.com.br/), apesar da tentativa em admitir e reter profissionais conscientes, na prática existe dificuldades nas mais diversas atividades, que envolvem diretamente a comunicação verbal, como: vendas perdidas, negociações mal sucedidas, treinamentos ineficientes, discursos sonolentos e mal elaborados, causando desperdício de tempo em discussões desnecessárias, boicotes, brigas e desentendimentos.

Para tanto, a comunicação "não é o que falamos, mas o que é percebido e decodificado pelas outras pessoas." Assim, ao se fazer comparações com a escala de virtudes de outros é possível ser injusto e preconceituoso com a outra parte. Por essa razão, o exercício da empatia, ou seja, a capacidade de se colocar no lugar do outro, incluindo seu estado de espírito, psicológico, nível cultural, suas crenças e valores, são fundamentais para o sucesso na negociação. Dessa forma, vários fatores provocam as negociações mal-sucedidas, sobretudo, fomentados pelos aspectos psicológicos, físicos e técnicos.

Nos aspectos psicológicos, por exemplo: medo (medo de errar, de não ser compreendido, de falhar, de não conseguir dar o recado); excesso de preocupação; e baixa autoestima.

Nos aspectos físicos: voz fraca (volume baixo); linearidade (a fala mantém um tom monocórdio, gerando sonolência e desatenção das pessoas); dicção ruim (dificuldade de pronúncia, na qual os sons não são claros); velocidade excessiva (atropelo das palavras); velocidade lenta; ausência de teatralização (sem expressão corporal); nasalação (os sons são excessivamente anasalados); ausência de pausas (as pausas servem para facilitar a compreensão do ouvinte, dar beleza estética); ausência de gestos (uma gesticulação adequada reforça o conteúdo da fala); postura inadequada; olhar perdido (sem atenção focada aos envolvidos); aparência deselegante.

Nos aspectos técnicos: desorganização de ideias; vícios de linguagem (excesso de "nés", "tás", "certos", "percebes", "aaaa..", "eee..."); dificuldade de vocabulário; inadequação no uso de recursos audiovisuais (apresentações em powerpoint, prezi, flash excessivamente carregadas).

Essas e outras situações são decisivas para uma excelente negociação, portanto, saber quais as dificuldades de comportamento são fundamentais para aquisição de competências, habilidades e atitudes diante dos desafios lançados.

2 - Processos e perspectivas da negociação

2.1 - Conflito: O que é – como entendê-lo

Conflito, palavra derivada da raiz etimológica no latim, "conflitos", que denota "desacordo, choque" e existe desde os primórdios da humanidade. Segundo Houaiss (2001, p.

797) a expressão, na língua portuguesa, anuncia "profunda falta de entendimento entre duas ou mais partes...". Como se entende, esse termo está ligado ao desacordo, controvérsia, discórdia, divergência e/ou antagonismo. Dessa forma, a vida de uma pessoa ou de um grupo é um emaranhado de situações de afrontamento aos conflitos, muitos dos quais podem ser remediados de uma maneira saudável, enquanto que outros conflitos prejudicam outros indivíduos.

Ao trazer a ideia de Dubrin (2003), o significado de conflito conjuga-se como um processo de oposição e confronto que ocorre entre indivíduos ou grupos nas organizações, quando as partes envolvidas exercem poder na busca de metas ou objetivos valorizados e obstruem o progresso de uma ou várias metas.

Mesmos nas adversidades, os conflitos são essenciais ao processo de evolução da humanidade, assim, em qualquer área da vida há algum tipo de conflito, que segundo Aninger (2007, p. 1), se origina "da diversidade de pontos de vista entre pessoas, da pluralidade de interesses, necessidades e expectativas, das diferentes formas de agir e de pensar de cada um dos envolvidos."

Ao interagir com os diversos aspectos que envolvem o cidadão, no contexto político, social, econômico, ambiental, tem- se diversos exemplos na geração de conflitos, fundamentalmente quando esses são difusos, sua intensidade ganha mais potência. Obviamente que sua motivação advém do desnivelamento, disparidade e diversidade do contexto vivido. Na figura 3, mostra uma realidade vivida pelos cidadãos brasileiros, mais precisamente sobre os conflitos trabalhistas, onde o poder está concentrado na parte que detém o maior poder.

Figura 3: Disparidade socioeconômica
Fonte: http://ctbminas.blogspot.com.br/. Acesso em 10 mai. de 2015.

2.2 - Efeitos positivos e negativos do conflito

A solução de um conflito acarreta inevitavelmente a novas situações similares e, assim, provoca uma impressão de algo inacabável. O ser humano, por sua capacidade de adaptação, na medida em que uma situação que gera um estresse, seu comportamento provoca uma reação positiva, porém não é permanente, ou seja, muito em breve haverá outras ocorrências e outros estímulos serão disparados pelo organismo para a busca do bem estar próprio.

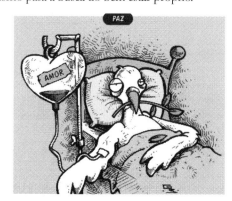

Figura 4: Em busca da Paz
Fonte: http://www.newsrondonia.com.br/. Acesso em 10 mai. de 2015.

Ao relacionar no contexto das organizações, os conflitos são situações corriqueiras, que primam por uma atenção para o alcance dos objetivos pré-estabelecidos estrategicamente definida pela direção, preservando, contudo, a missão, a visão e os valores institucionais. Para Cohen (2003), dependendo do tipo de trabalho que os colaboradores de uma organização realizem, com ou sem interação social direta, os resultados vão depender necessariamente da representação social resultante.

Como apontado por Moscovici (2000), não existe uma "receita" apropriada para a resolução de conflito organizacional. Antes de pensar numa forma de lidar com o conflito, é importante e conveniente procurar compreender a dinâmica do conflito e suas variáveis, para alcançar um diagnóstico razoável da situação, o qual servirá de base para qualquer plano e tipo de ação. Apesar de parecer algo somente pejorativo, muitas pessoas são alinhadas por metas e pelo amor no que fazem, e por vontade própria, tem na resolução de conflitos um desafio que alimenta sua missão de vida.

2.3 - Situações de conflito nas organizações

Assim como acontece nas particularidades da vida, da mesma forma, em muitos casos mais intensos, são as situações de conflitos nas organizações. Em linhas gerais, são aceitáveis duas formas para indivíduos e equipes lidarem com os conflitos do dia a dia. Primeiro, eles podem ser evitados quando se os nega ou os ignora, e por outro lado, pode-se afrontá-los e modificá-los num instrumento de auxílio para a maturação dos indivíduos e da organização. Na figura 5, logo abaixo, é represento os dois mecanismos básicos que compõem os conflitos organizacionais - evitação ou enfrentamento – que são elementares na definição de estratégias para a resolução dos mesmos. Caso o profissional opte evitar o conflito ele terá duas opções: negar ou ignorar. Em caso contrário, ao enfrentar a situação, ele poderá vencer a outra parte ou tentar unir as mesmas em busca da mediação.

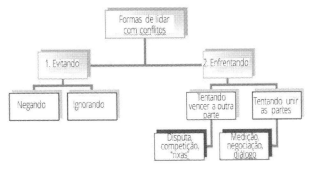

Figura 5: Formas de Lidar com Conflitos
Fonte: ANINGER (2007, p. 5).

Para Chiavenato (2004, p. 416) dentre os vários tipos de conflitos pode-se mencionar três níveis principais:

Conflito percebido: os elementos envolvidos percebem e compreendem que o conflito existe porque sentem que seus objetivos são diferentes dos objetivos dos outros e que existem oportunidades para interferência ou bloqueio. É o chamado conflito latente, que as partes percebem que existe potencialmente.
2. Conflito experienciado: quando o conflito provoca sentimentos de hostilidade, raiva, medo, descrédito entre uma parte e outra. É o chamado conflito velado, quando é dissimulado, oculto e não manifestado externamente com clareza.
3. Conflito manifestado: quando o conflito é expressado através de um comportamento de interferência ativa ou passiva por pelo menos uma das partes. É o chamado conflito aberto, que se manifesta sem dissimulação.

Nesse contexto, as situações de conflito abrolham por diversos pretextos, apontadas por Chiavenato (2004, p. 416) de "condições antecedentes dos conflitos [...] as quais tendem a criar percepções diferentes entre indivíduos e grupos", e invariavelmente estão presentes nas organizações sob quatro condições apontadas pelo mesmo autor, "1) Ambiguidade de papel; 2) Objetivos concorrentes; 3) Recursos compartilhados; 4) Interdependência de atividades" (CHIAVENATO, 2004, p. 416-417).

No primeiro aspecto, a relação e na ambiguidade de papel os indivíduos podem perceber que estão desenvolvendo atividades com propósitos inconciliáveis, quando, por exemplo, para elas não fica clara a expectativa em relação ao trabalho realizado na organização. No segundo caso, quanto aos "objetivos concorrentes", os grupos enfocam objetivos distintos, e com o passar do tempo, começam a desenvolver linguagem, pensamento e modo de agir próprios, dando a impressão de terem objetivos e interesses incongruentes. Ao que se refere aos "recursos compartilhados", a necessidade de pessoal, créditos orçamentários, equipamentos entre outros no ambiente organizacional, os quais necessitam ser compartilhados entre os grupos, pode ser considerado um fator preponderante para a geração de conflitos internos dentro da organização. Na quarta e última condição "interdependência de atividades", significa que os colaboradores de uma organização dependem uns dos outros para concluírem suas atividades e alcançarem suas metas (CHIAVENATO, 2004).

Figura 6: Relações de conflito no trabalho
Fonte: http://www.feebpr.org.br/. Acesso em: 18 mai. de 2015.

Na relação laboral, quando os interesses são difusos, conforme a figura 6, os conflitos são gerados. Cabe a cada um dos atores envolvidos na negociação do dia a dia, mediar os conflitos para que a saúde nas relações sociais sejam mantidas e respeitadas entre as partes.

Retomando a aula

Sexta aula concluída! Seguimos para o encontro das expectativas de compreender o posicionamento das organizações na mediação de conflitos, inevitáveis para uma boa negociação. Vamos, então, relembrar:

1 - Características da Negociação

A negociação, como vista na primeira parte da aula, é por si só, uma cautelosa exploração da situação entre as partes envolvidas, com a intenção de gerar a máxima satisfação possível. No início das negociações, por se tratar de um processo onde a linguagem verbal e não verbal são aliadas, as posições das pessoas nunca revelam, à primeira vista, o quanto elas podem ser diferentes. Muitas vezes, o outro indivíduo pode ter finalidades diferentes do esperado.

Para determinar, portanto, uma negociação bem ou mal sucedida, um fator essencial é observar os detalhes entre as partes envolvidas, seja no âmbito pessoal ou organizacional. Afinal, ambos os lados devem sentir-se pousáveis com a solução encontrada se o acordo for considerado bem- sucedido.

2 - Processos e Perspectivas da Negociação

Como descrito na segunda seção, se apreende que quando estamos realizando uma negociação, inevitavelmente vários conflitos que dela deriva são na maioria das vezes inevitáveis.

Existem vários mecanismos para evitar ou enfrentar as situações de conflitos, sobretudo, nas organizações. Caso o profissional avalie que é necessário evitá-lo ele terá duas opções: negar ou ignorar a ação para não gerar discórdia. Em caso contrário, ao enfrentar a situação, ele poderá vencer a outra parte ou tentar unir as mesmas em busca da mediação.

Vale a pena

Vale a pena **ler,**

BURBRIDGE, Anna; BURBRIDGE, Marc. *Gestão de Conflitos:* Desafio do Mundo Corporativo. São Paulo: Saraiva, 2012.

BERG, Ernesto Artur. *Administração de Conflitos - Abordagens Práticas para o Dia a Dia.* São Paulo: Juruá, 2010.

Vale a pena **assistir,**

Amor sem escalas (Up in the air, 2009)

Atividades da Aula 06
Após terem realizado uma boa leitura dos assuntos abordados, na Plataforma de Ensino na ferramenta "Sala Virtual - Atividades" estão disponíveis os arquivos com as atividades referentes a esta aula, que deverão ser respondidas e enviadas por meio do Portfólio - ferramenta do ambiente de aprendizagem UNIGRAN Virtual.

Minhas anotações

Minhas anotações

Aula 7º

Treinamento de negociadores

Na aula sete, será possível identificar que dentre as técnicas de negociação disponíveis para a formação do negociador uma delas se destaca: a comunicação efetiva. Ao propagar seus ideais, defender seus pontos de vista e encontrar meios de trabalhar em conjunto e negociar com clientes, fornecedores, superiores, pares e subordinados de maneira eficaz, as pessoas estão conduzindo suas energias e procurando encontrar caminhos e alternativas de ação.

A canalização de energias por meio do processo de negociação com alternativas criativas levará as partes a soluções e acordos mais inovadores e perenes. Ainda, para alicerçar as relações sociais existentes numa negociação conta-se com o apoio da ciência dos deveres, ou seja, da ética, a fim de regular os comportamentos mais aceitáveis, justos e de direito entre as partes envolvidas no processo.

Bons estudos!

Objetivos de aprendizagem

Ao término desta aula, vocês serão capazes de:

- proporcionar noções de negociação, visando dar instrumentos para as atividades de liderança junto às respectivas comunidades;
- dispor de referências para controlar suas emoções e utilizá-las a favor do processo de negociação;
- dominar diversos modelos mentais de negociação e os utilizá-los durante o processo;
- compreender a importância de uma relação ética profissional para a manutenção de contatos com as partes antes e depois do processo de negociação.

Seções de estudo

1 - Formação de negociadores
2 - Etapas do processo de negociação competitiva e cooperativa

1 - Formação de Negociadores

1.1 - Introdução

A necessidade do desenvolvimento de habilidades, competências e atitudes profissionais, aplicáveis a amplos ramos de atividade, incluindo as estratégias de negociação, tem se amplificado como consequência da crescente complexidade dos ambientes organizacionais em que se desenvolvem as relações interpessoais, intergrupais e multiculturais.

Figura 1: Procedimento de uma negociação
Fonte: http://admcarangola.com.br/. Acesso em: 18 mai. de 2015.

No entanto, a sacada em encontrar soluções e oportunidades nos problemas e tomar decisões sob pressão e incerteza, assim como conduzir equipes para abordar as divergências pela ótica do problema comum tem sido um desafio no mercado de trabalho.

O que se percebe ainda é uma fragilidade em parte das pessoas em propor mediação e conciliação para fomentar o fortalecimento da competência de atuar como um terceiro facilitador, atendendo as demandas das pessoas que atuam em bases de trabalho interdependentes. Nesse sentido, a destreza em se comunicar eficientemente, de forma a perceber que esse veículo se propaga nas diversas manifestações do comportamento humano no contexto das negociações, numa grande diversidade de ambientes, é elemento fundamental para o approach positivo de incompatibilidades entre as partes envolvidas no processo.

Para Fischer (1993) existem sete elementos-chave em uma negociação, semelhantes aos sete elementos mencionados por Costa (1993), como segue abaixo:

- Alternativas: são ações que uma parte envolvida na negociação pode realizar sem entrar em acordo com as outras partes envolvidas (diferente de opções, que requerem acordo);
- Interesses: são as inquietações, interesses, desejos, necessidades, esperanças e preocupações subjacentes e motivadores das posições, exigências e pontos de vista das diversas partes;

- Opções: são as variadas maneiras de lidar com uma situação que requeira um acordo mútuo das partes, mesmo que não aceitável para elas;
- Legitimidade: é o critério pelo qual a justiça de um possível acordo pode ser aferida;
- Compromissos: são asseverações que a parte pretende fazer no futuro;
- Comunicação: são as mensagens e os meios pelos quais os negociadores trocam 26 informações entre si;
- Relacionamento: é o arquétipo de interação entre as partes envolvidas, tanto no âmbito de uma negociação específica como fora dela.

1.2 - Técnicas de negociação

Aos profissionais que queiram desempenhar permanentemente competências em negociar é preciso observar as tendências apontadas pelas organizações que se destacam nessa seara. Focar-se nas boas práticas dos negociadores é uma forma eficaz de buscar exemplos a serem seguidos. Nesse sentido, o bom negociador deve reunir um conjunto de características, habilidades visíveis ou capacidades percebidas pela prática de determinados comportamentos. Esses predicados individualizam os negociadores entre si.

Quando os negociadores estão articulados conjuntamente com outros pares os resultados podem influenciar mais positivamente no desempenho das pessoas em situações de negociação. Especialmente quando observam alguns detalhes importantes, entre eles:

- Conhecimento sobre o tema/assunto tratado na negociação respeitando as regras dos jogos formais e informais que caracterizam as relações entre as partes envolvidas. Para tanto, a comunicação verbal e não verbal, tanto na língua culta ou coloquial são requeridas dependendo do ambiente onde as negociações se desenvolvem. Além disso, o negociador precisa desenvolver uma visão histórica, sistêmica e de profundidade do tema no seu contexto. O domínio quanti-qualitativo colaborará para uma melhor compreensão das conexões entre questões substantivas e relacionais da negociação;
- Planejamento e preparação para estabelecer o processo profissional, ou seja, antecipar-se e prevenir-se para os episódios de interação com as outras partes, que podem ser simples, mas também complexas. O planejamento auxilia na organização das necessidades, interesses, objetivos, além de assessorar nas suposições estratégicas das outras partes. Acredita-se, contudo, que o desenvolvimento antecipado de planos alternativos e contingenciais auxiliará no fortalecimento da autoconfiança dos negociadores e de suas equipes;
- Competência de raciocinar de forma clara e rápida sob momentos de pressão e incerteza. Os profissionais negociadores devem utilizar o uso da razão para estabelecerem relações entre os diversos aspectos envolvidos. O controle emocional e a racionalidade permitirão perceber, calcular, deduzir ou realizar juízos de valor com maior precisão e agilidade em

momentos de tensão, nos quais a redução de tempo e recursos predomina.

Para Mills (1993), a negociação não pode ser reduzida a poucos mandamentos, por sua característica complexa e que leva tempo para ser compreendida. Embora a negociação seja praticada desde a antiguidade, este histórico não capacita geneticamente os indivíduos em negociadores habilidosos. As negociações ocorrem quando dois lados têm interesses comuns e interesses conflitantes, e é considerada como um modo muito eficiente de conseguir aquilo que se pretende, sendo muito mais do que persuasão.

Para Donaldson (1999), ao preparar um planejamento, o negociador deve escrever uma pauta como instrumento de controle. Uma pauta escrita tem poder de autoridade sobre os participantes de uma reunião, proporcionando um plano geral para a reunião, induzindo os participantes a tomar notas sobre o que está acontecendo.

Ao conduzir uma negociação, o profissional com sua pauta em mãos, profere a abertura da sessão, a fim de criar um clima propício ao desenvolvimento da negociação, deixando a outra parte mais a vontade. Com a evolução da reunião, por meio da exploração dos argumentos, busca detectar necessidades, expectativas e motivações da outra parte para utilizá-las nas etapas seguintes.

Na sequência do processo, a apresentação constituirá na etapa a qual se apresenta ao outro negociador a proposta em questão, mostrando como esta pode atender às suas necessidades e expectativas. Após a exposição, é preciso esclarecer todas as dúvidas, fazendo-se uma síntese do que foi exposto. É nesta fase que ocorre o fechamento do negócio, portanto, deve observar os sinais de aceitação e recapitular vantagens/desvantagens e, caso seja viável propor o fechamento do negócio.

Para fechar o ciclo virtuoso das técnicas de negociação é preciso controle e avaliação do processo a fim de conter-se sobre o que foi acertado (preços, prazos, condições, entre outros aspectos) bem como ajuizar-se dos resultados obtidos (comprovação do previsto e do realizado, análise das concessões, observações para a próxima negociação).

2 - Etapas do processo de negociação competitiva e cooperativa

2.1 - Estilos de negociação

Todos os dias profissionais discutem negócios e chegam a convenções satisfatórias, muitas vezes sem negociar. Nesse sentido, uma negociação é necessária quando duas ou mais partes se defrontam com diferenças de objetivo ou de ponto de vista. Segundo Junqueira (1991), a negociação é um processo contínuo que começa com a preparação (antes do encontro das partes), desenvolve-se (encontro das partes) e continua com o controle e avaliação (após o encontro das partes), até a próxima negociação (se houver). Conforme as sete etapas (apresentadas na figura 2) de Mills (1993), a parte que obtiver mais informações em uma negociação alcançará o melhor negócio, porém essas informações devem ser completas. Para o autor, conhecimento significa poder em negociação.

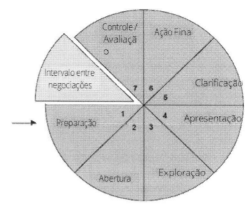

Figura 2: Etapas de um processo de negociação.
Fonte: Modelo adaptado de Mills (1993, p.9).

Na mesma linha de pensamento, Baily et al (2000) diz que os negociadores bem sucedidos geram adequadamente a fase de pré-negociação (preparação segundo Mills), considerando a qualidade e a quantidade de informações coletadas, sendo que o tipo de informação dependerá das circunstâncias em torno da negociação. Baily et al (2000) ainda menciona que as informações devem compreender questões como: acordo atual (quando existe), assuntos de especificação, assuntos de entrega, assuntos financeiros, assuntos contratuais, pessoais e ainda assuntos gerais.

Para Hilsdorf (2005, p.26) alguns questionamentos podem ser analisados sobre as informações:

Qual a necessidade básica? Qual o interesse principal?
Quais são as expectativas evidentes? Qual o ponto mais vulnerável?
Que pretendemos a longo prazo?
Que o outro pode pretender a curto e a longo prazo?
Quais serão as repercussões no relacionamento?
Que se ganha e que se perde com as decisões a serem tomadas?
Quais as correlações que podemos fazer?

Tais questionamentos produzem instrumentos para que o negociador possa cumprir cada passo necessário para o alcance dos melhores resultados. Observar as potencialidades e fragilidades do indivíduo que está negociando são fundamentais para se posicionar, diante do planejamento estabelecido, com postura profissional e ética necessária numa negociação.

2.2 - Ética e negociação

A ética, ou também conhecida como ciências dos deveres (Deontologia) é conjunto de regras e princípios que regulam determinadas condutas do profissional, condutas de caráter não técnico exercidas ou vinculadas de qualquer modo ao ofício da profissão e atinentes ao grupo em que se está inserido. A ética exige mudanças de atitudes, respostas para os questionamentos, respostas, construídas com a participação de todos os grupos envolvidos.

Embora haja estreita relação, não se pode confundir a ética com moral. A ética não cria a moral. Embora seja certo, que toda moral supõe determinados princípios, normas ou regras de comportamento, não é a ética que os estabelece numa determinada comunidade. A ética depara com uma experiência histórico-social no terreno da moral, ou seja, com série de práticas morais já em vigor e, partindo delas, procura determinar essência da moral, sua origem, as condições objetivas e subjetivas do ato moral, as fontes da avaliação moral, a natureza e a função dos juízos morais, os critérios de justificação destes juízos e o princípio que rege a mudança e sucessão de diferentes sistemas morais.

Portanto, a ética tem como função específica realizar a abordagem científica dos problemas morais que ainda está muito longe de ser satisfatória, e ante as dificuldades para alcançá-las, continuam se beneficiando de éticas especulativas tradicionais e as atuais de inspiração positivistas.

Para os autores Martinelli e Almeida (2006), como uma negociação normalmente é parte de um processo competitivo, a ética é um assunto de extrema importância, pois até que ponto um comportamento pode ser considerado ético ou antiético? Para os autores, a ética de um negociador está relacionada a questões pessoais que incluem a religião, formação filosófica, experiências e seus valores particulares. Os comportamentos antiéticos são geralmente a busca de vantagem sobre o outro, onde ocorre uma relação ganha-perde.

Para Mello (2007), a ética é um assunto que surgiu no mundo há séculos para direcionar comportamentos humanos, e há uma grande preocupação quanto à ética nas negociações. O autor faz um questionamento interessante: é permitido mentir durante uma negociação ou isso é uma atitude não ética? A resposta não é fácil, pois a atitude pode ser considerada ética ou antiética dependendo dos fatores legais, mas, sobretudo, dos valores pessoais do negociador, como sua religião, cultura local, época, nível socioeconômico.

Donaldson (1999) enfatiza ainda sobre a necessidade de valorizar a integridade pessoal, honestidade e confiabilidade nas negociações, tais como as suas dicas, entre elas:

Figura 3: As relações éticas
Fonte: http://negociacaoempauta.blogspot.com.br/. Acesso em 18 mai. de 2015.

siga as regras sociais; cumpra os acordos; nunca minta. Para Hilsdorf (2005), negociadores excelentes são éticos. Ética está ligada ao que é justo e bom, e não existe negociador meio-ético, pois se é ou não. O autor ainda faz uma relação entre a moral e a ética, relatando que a moral sofre mudanças na mesma proporção que evoluem as sociedades, enquanto que a ética é atemporal como a própria ciência nos revela.

 Retomando a aula

Sétima etapa vencida! Vamos agora recordar alguns aspectos importantes tratados nesta aula:

1 - Formação de Negociadores

Os negociadores frequentemente enfrentam dilemas nos processos profissionais e o juízo claro consentirá coletar e analisar os dados difusos, as pressões e contrapressões, os interesses comprometidos, as ambiguidades e contradições possivelmente existentes.

Os profissionais da negociação devem articular, portanto, uma forma equilibrada entre a razão e a emoção. Quando desempenham o melhor de si, devem enfatizar comportamentos unificados ao processo interativo para obterem resultados em todos os planos.

2 - Etapas do Processo de Negociação Competitiva e Cooperativa

Vale lembrar que uma negociação é necessária quando duas ou mais pessoas se confrontam com diferenças de objetivos ou de pontos de vista. Para tanto, é necessário planejamento e organização (antecipação do encontro entre as partes), desenvolvimento (incidência das partes) e, por último controle e avaliação (após o encontro das partes), num processo cíclico, caso haja necessidade de uma nova negociação.

Nesse diapasão defrontamos com os valores individuais e organizacionais. Normalmente aceitamos os costumes, os valores morais, as normas que regem nossa sociedade. Entretanto, quando discordamos ou questionamos a validade de certos valores, surge a necessidade de fundamentar teoricamente nossos pensamentos e criticá-los. Esta postura formula o conceito de Ética. Portanto, para que uma negociação seja concretizada com sucesso, o respeito às diferenças e os dos predicados, incluindo a experiência profissional e proteção jurídica, são fundamentais para o negociador.

 Vale a pena

 Vale a pena ler,

Código de Defesa do Consumidor (Lei 8087), a do *pregão eletrônico nas licitações* (lei 10520) e os *códigos civil e penal brasileiros.*

 **Vale a pena assistir,**

Crash - No Limite (2004)

Atividades da Aula 07
Após terem realizado uma boa leitura dos assuntos abordados, na Plataforma de Ensino na ferramenta "Sala Virtual - Atividades" estão disponíveis os arquivos com as atividades referentes a esta aula, que deverão ser respondidas e enviadas por meio do Portfólio - ferramenta do ambiente de aprendizagem UNIGRAN Virtual.

Aula 8º

Definição de estratégias nas negociações

A formulação da estratégia é um dos aspectos mais importantes que o profissional enfrenta no processo de elaboração de uma negociação. A estratégia organizacional sempre deverá ser uma opção incomum, econômica e viável a fim de aperfeiçoar os recursos da empresa, buscando a competitividade e explorando as oportunidades externas.

Para a formulação de estratégias, devem-se considerar, inicialmente, três aspectos importantes:

- a organização, com seus recursos, seus pontos fortes, fracos ou neutros, bem como sua missão, seus propósitos, objetivos, desafios e políticas;
- o ambiente, em sua constante transformação, com suas oportunidades e ameaças;
- a integração entre a empresa e seu ambiente, visando à melhor adequação aos interesses profissionais da equipe estratégica da organização.

Bons estudos!

Objetivos de aprendizagem

Ao término desta aula, vocês serão capazes de:

- perceber a necessidade de identificação dos recursos internos e externos da organização assim como a missão, os propósitos, objetivos, desafios e políticas organizacionais;
- analisar a interação do ambiente diante das oportunidades e ameaças;
- identificar mecanismos para formulação de estratégias diante das incertezas do mercado, da capacidade técnica e de infraestrutura organizacional.

Seções de estudo

1 - Formulação da estratégia
2 - Estratégia de negociação

1 - Economia com 02 setores

No último tópico da disciplina iremos focar a atenção na busca da formulação de estratégias organizacionais por meio da análise positiva interna e externa, ou seja, evidenciando as fortalezas e oportunidades de modo criativo, inovador e empreendedor para uma negociação mais eficaz.

1.1 - aspectos gerais da formulação da estratégia

Existem algumas perguntas que podem ser usadas na formulação das estratégias organizacionais, dentre elas:

- Qual é a atual estratégia?
- Que espécie de negócio se quer ter?
- Que tipo de negócio que se julga que deveria ter?
- A empresa está tendo dificuldade na execução da atual estratégia?
- A atual estratégia já não é válida?
- A atual estratégia exige maior competência e/ou maiores recursos do que a empresa possui?
- Que alternativas de estratégia são aceitáveis?
- Qual é a alternativa que resolve melhor o problema da estratégia?

Diagnóstico Estratégico	
Empresa	**Ambiente**
Pontos fortes	Oportunidades
Pontos fracos	Ameaças
Pontos neutros	
Visão	**Ideologia**
Como estamos?	
O que queremos ser?	O que é certo? (valores)
O que temos que fazer?	

Figura 1: Essência da formulação das estratégias
Fonte: http://slideplayer.com.br/. Acesso em 10 out. 2015

Para se determinar os tipos básicos de estratégia a ser empregada na organização, deve se fazer um cruzamento das condições internas onde estão os pontos fortes e fracos da empresa, como as condições externas, onde estão as oportunidades e ameaças.

Diagnóstico	Interno	
	Predominância de pontos fracos	Predominância de pontos fortes
Externo Predominância de ameaças	Estratégia de sobrevivência 1 • Redução de custos. • Desinvestimento. • Liquidação do negócio.	Estratégia de manutenção 2 • Estabilidade. • Nicho. • Especialização
Predominância de oportunidades	Estratégia de crescimento 3 • Inovação. • Internacionalização. • Join venture. • Expansão.	Estratégia de desenvolvimento 4 • De mercado. • De produtos/serviços. • Financeiro. • Tecnológico e produtivo.

Figura 2: Diagnóstico estratégico
Fonte: http://slideplayer.com.br/. Acesso em 10 out. 2014.

Com base no quadro supracitado, pode-se analisar da seguinte forma: Se internamente a empresa apresenta uma quantidades de pontos fracos maiores que a de pontos fortes e fazendo uma análise externa o ambiente aponta mais ameaças que oportunidades, o posicionamento estratégico a ser adotado não pode ser outro que garantir a sua sobrevivência, reduzindo seus custos, vendendo seu patrimônio (imóveis, terrenos, veículos, entre outros) ou até mesmo vender o próprio negócio (Estratégia 1).

Caso a empresa esteja preparada internamente com pontos fortes em maior número que seus pontos fracos e externamente o ambiente estiver tendo mais oportunidade do que ameaças, a estratégia mais adequada seria a de desenvolvimento (Estratégia 4), onde se procura não mais crescer e sim, desenvolver sua condição tecnológica e produtiva.

1.2 - Plano de ação

O plano de ação é o conjunto das partes comuns dos diversos projetos, quanto ao assunto que está sendo tratado (recursos humanos, tecnologia, logística, patrimônio, custos, entre outros aspectos administrativos) e deve conter detalhes individuais descritos no momento de ocorrência, bem como ser apontado o indivíduo que executará o planejamento estabelecido previamente (WESTWOOD, 1996).

Os estabelecimentos dos planos proporcionam ao gestor condições de identificar e operacionalizar o planejamento de ação que a organização irá desenvolver de modo a alcançar os resultados almejados e enfocados nas estratégias.

Na figura 3 apresenta exemplo de uma organização estratégica na área de vendas. Na primeira fase são definidas ações estratégicas aliadas às ferramentas disponíveis para o alcance de resultados (incluindo liderança), logo depois, numa segunda fase são definidas as estratégias de comunicação, incluindo a quantificação, o alinhamento, a consistência e a energia gerada em torno da estratégia.

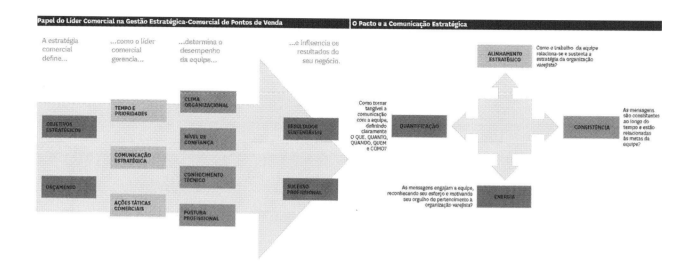

1.3 - Projetos x Planos de ação

Um dos aspectos mais importantes para a efetiva interação dos planejamentos estratégicos, táticos e operacionais, em consonância com a estrutura organizacional, é a adequada interligação entre os projetos e os planos de ação.

Os projetos preocupam-se com a estruturação e alocação de recursos (delineados pelas estratégias) direcionados para a obtenção de resultados específicos (estabelecidos pelos objetivos, desafios e metas). Enquanto isso, os planos de ação preocupam-se com a concentração das especialidades (recursos humanos, tecnologia, marketing, informática, logística etc.) identificadas por meio das atividades de cada projeto.

Para Vargas (1998, p. 33):

> Projeto é um empreendimento não repetitivo, caracterizado por uma seqüência clara e lógica de eventos, com início, meio e fim que se destina atingir um objetivo claro e definido, sendo conduzido por pessoas dentro de um parâmetro pré-definido de tempo, custo, recursos envolvidos e qualidade.

Esse processo de concentração de especialidades facilita a interação dos planos de ação com as diversas unidades da estrutura organizacional da empresa e, consequentemente, facilita a operacionalização das atividades e projetos correlacionados, bem como das estratégias que deram origem aos projetos.

É preciso considerar ainda o ciclo de Vida do Projeto, que para Vargas (1998) compartilha características similares, como, por exemplo, o nível de esforço. O autor assevera ainda que o nível de esforço exigido por um projeto inicia como zero e progressivamente aumenta até o seu nível máximo e depois pode voltar a diminuir bruscamente até o marco zero correspondendo ao término do mesmo.

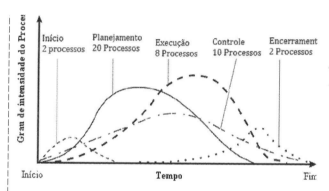

Figura 4: Ciclo de Vida de um Projeto Fonte:http://www.adonai.eti.br/ wordpress/2014/01/pmbok-gestao-de-projetos. Acesso em 10 nov. 2014.

Considerando o descrito bem como a imagem da figura 4, é ressaltado a importância da compreensão das peculiaridades de cada etapa do ciclo de vida de um projeto. Por meio das características e da etapa de desenvolvimento é possível perceber uma evolução variável que requer atenção para que a ação planejada ocorra de forma qualitativa e, se possível de longo prazo.

Modelo de plano de ação

Direção Estratégica:			Data:		
O que fazer (Ação)	Como fazer (Etapas)	Quando fazer (Resp.)	Onde (Local)	Quanto (Custo)	Observações

Figura 5: Modelo de Plano de Ação
Fonte: http://slideplayer.com.br/. Acesso em 10 nov.2014.

Outro modelo de plano de ação bastante utilizado pelas organizações é o 5W2H, que consiste basicamente um formulário para execução e controle de tarefas onde são atribuídas as responsabilidades e determinado como o trabalho deverá ser realizado, assim como o departamento, motivo e prazo para conclusão com os custos envolvidos. Recebeu esse nome devido à primeira letra das palavras em inglês, como as descritas a seguir:

What (o que será feito),

Who (quem fará),

When (quando será feito), Where (onde será feito), Why (por que será feito)

How (como será feito)

How Much (quanto custará)

Existe também (conforme disponível também no site: <http://www.doceshop.com.br/>. Acesso em: 10 mai.2015.) uma variação do plano de ação que nada mais é do que o 5W2H, mas sem o How Much (quanto custará), formando a sigla (adivinhe) 5W1H.

Há ocasiões em que um plano de ação muito simples é viável, porém em outros casos é necessária a criação de um documento para fins de arquivamento, reflexão e, principalmente, comunicação eficiente e visual com outras pessoas envolvidas. Este documento também servirá para você coordenar, manter e controlar as ações que deverão ser tomadas dentro de um prazo, em direção ao objetivo estipulado para o plano de ação.

Exemplificando, um plano de ação 5W2H imagina-se a seguinte situação: você pretende tornar a empresa 20% mais lucrativa, o que é diferente de simplesmente aumentar o faturamento em 20% certo? Então será necessário:

- pesquisar revistas especializadas;
- procurar ideias de marketing na Internet;
- idealizar uma promoção para público alvo;
- eleger os produtos para promoção;
- fazer panfletagem e propaganda nas mídias disponíveis.

Mas, só isso não parece ser suficiente, é preciso aumentar a lucratividade em 15% e outras ideias são necessárias, principalmente a relacionada e redução de custo sem diminuir qualidade, apenas aumentando a eficiência, assim é necessário:

- reduzir custos com eletricidade;
- reduzir custos com telefonia;
- analisar os custos fixos mais altos;
- aumentar a margem dos produtos em promoção;
- *marketing* de baixo custo e alto alcance.

Depois de levantar os dados necessários com planejamento estratégico, tem-se o plano de ação. Quando se entende o conceito básico é fácil formular o documento 5W2H, como por exemplo, na figura 6:

PLANO DE AÇÃO

OBJETIVO	Tornar a empresa 15% mais lucrativa no próximo trimestre

TAREFA 1	
O QUÊ	Reduzir custos com conta de luz em até 45%. Valor do gasto atual chega a R$ 3.000, precisamos diminuir para R$ 1.650
ONDE	Todos os departamentos da empresa.
PORQUE	A atual instalação elétrica já está mesmo precisando de reforma, funcionários não estão conscientizados, a conta é alta e pode afetar a lucratividade de forma direta.
COMO	01 - Instalação dos conectores Dersehn. 02 - Troca do fio (fio fino aumenta o consumo) 03 - Fazer um sistema de aterramento 04 - Instalar mais disjuntores 05 - Treinamento para pessoal.
QUEM	Luiz - Eletricista e Elaine - RH
QUANDO	Data1 30/04/2009 / Data2
QUANTO	R$ 2.000,00

Figura 6: Modelo de Plano de Ação
Fonte: http://slideplayer.com.br/. Acesso em 10 nov.2014.

Depois de observar as ferramentas disponíveis de planejamento é importante evidenciar que cada ação irá impulsionar um resultado. Espera-se que o profissional diante dos cenários apresentados, possa avaliar com rigor qual a medida estratégica para alcançar os resultados preconizados no projeto, plano de ação, e, sobretudo numa negociação. Dessa forma, não há uma "formula mágica" para atingir o sucesso, assim, cada profissional deverá imprimir sua característica pessoal em busca do melhor resultado.

2 - Estratégia de negociação

2.1 - Aspectos gerais da negociação

A estratégia de negociação é o "plano de ação", competitivo ou cooperativo, que se segue para atingir os objetivos planejados previamente. Dentro desse plano, são escolhidas as táticas específicas, a fim de realizar a estratégia como visto na seção 1.

Para Pruitt e Carnevalle apud Mnookin (1997), existem de modo geral cinco estratégias importantes que podem ser utilizadas em uma negociação, ou seja:

1. Fazer concessões: corresponde minimizar as perspectivas em relação aos objetivos, demandas ou ofertas a partir de um planejamento estratégico;
2. Disputar: tentar convencer a outra parte a fazer concessões ou resistir às tentativas da outra parte em obter concessões; para tanto podem ser utilizadas ameaças ou a imposição em uma posição;
3. Resolução de problemas: tentar dilatar ou localizar alternativas que atendam ambas as partes, utilizando o processo de audição ativa e fornecendo informações sobre as próprias prioridades dentro dos tópicos críticos em discussão;
4. Inação: não fazer nada ou fazer o mínimo possível numa negociação; e,
5. Afastamento: ausentar-se da negociação.

Como se percebe, a estratégia de negociação pode ser definida também como o planejamento e execução de atividades visando alcançar os objetivos organizacionais, levando em conta os avanços e/ou recursos de uma negociação. De acordo com Junqueira (1991), ao elaborar uma estratégia de negociação deve ser levada em conta ainda algumas táticas como: a informação, o tempo e o poder, cada uma com a intensidade necessária para o sucesso da ação.

Retomando a aula

Ao final da Oitava aula da disciplina, foi possível perceber que toda ação deve gerar um planejamento de forma estratégica, considerando, sobretudo, aspectos endógenos e exógenos à organização. Contudo, o(a) Tecnólogo(a) deve desenvolver competências, habilidades e atitudes em prol do fomento organizacional para garantir a implementação da visão, missão e valores institucionais o que requer maior dedicação e aprofundamento de novos conhecimentos durante e após a conclusão do curso superior.

Atividades da Aula 08

Após terem realizado uma boa leitura dos assuntos abordados, na Plataforma de Ensino na ferramenta "Sala Virtual - Atividades" estão disponíveis os arquivos com as atividades referentes a esta aula, que deverão ser respondidas e enviadas por meio do Portfólio - ferramenta do ambiente de aprendizagem UNIGRAN Virtual.

Referências

ACUFF, F. L. *How to negotiate anything with anyone anywhere around the world.* New York: American Management Association, 1993.

ALBRECHT, K. *Agregando valor à negociação.* São Paulo: Makron Books, 1994.

ALMEIDA, M.I.R. *Manual de Planejamento Estratégico.* São Paulo: Atlas, 2001.

ANINGER, Laila. *Gerenciando conflitos.* Disponível em: http://www.linhadireta.com.br/novo/livro/parte4/artigos. php?id_artigo=16. Acesso em: 24/06/2007.

BAILY, Peter [et al.]. *Compras:* Princípios e Administração. São Paulo: Atlas, 2000. 471 p.

BARBOSA, J. P. *Carta de Solicitação e Carta de Reclamação.* São Paulo: FTD, 2005.

BOFF, Rubem José. *Negociação:* técnicas para a obtenção de resultados. 2011.

BRANDÃO, Hugo P.; et al. *Gestão de Desempenho por competências:* integrando a gestão por competências, o balanced scorecard e a avaliação 360 graus. Rio de Janeiro: Fundação Getúlio Vargas, Revista de Administração Pública, 2010.

BRILMAN, Jean. *Ganhar a competição mundial.* Lisboa: Dom Quixote, 1991.

BURBRIDGE, R. Marc. et al. *Gestão de Negociação.* São Paulo: Saraiva, 2005.

MARTINELLI, Dante P; VENTURA, Carla A: MACHADO, Juliano R. *Negociação Internacional.* São Paulo: Atlas, 2004.

MELLO, José Carlos Martins F. de. *Negociação Baseada em Estratégia.* São Paulo: Atlas, 2003.

CHIAVENATO, I. & SAPIRO, A. *Planejamento estratégico:* fundamentos e dimensões. Rio de Janeiro: Elsevier, 2003.

CHIAVENATO, Idalberto. *Gestão de pessoas:* e o novo papel dos recursos humanos nas organizações. 4. reimp. Rio de Janeiro: Elsevier, 2004.

CLEGG, S. R. *Tecnologia, instrumentalidade e poder nas organizações.* Revista de Administração de Empresas. São Paulo, FGV, 32(2):68-95, mar./abr. 1992.

COHEN, Allan R, FINK, Stephen L. *Comportamento organizacional:* conceitos e estudos de caso. Rio de Janeiro: Campus, 2003.

COSTA, S. F. *Técnicas de negociação.* Porto Alegre:

Workshop, 1993.

DONALDSON, Michael C.; DONALDSON, Mimi. *Técnicas de negociação*. Rio de Janeiro: Campus, 1999. 389 p.

DUBRIN. Andrew J. *Fundamentos do comportamento organizacional*. São Paulo: Pioneira 2003.

FARIA, J. H. *Tecnologia e Processo de Trabalho*. 2. ed., Curitiba: Editora da Universidade Federal do Paraná, 1997.

FISHER, Roger URY, William PATTON, Bruce. *Como chegar ao sim*. A negociação de acordos sem concessões. 2ed. Rio de Janeiro: Imago, 1993.

FOUCAULT, Michel. *Vigiar e punir*. 2. ed. Petrópolis: Vozes, 1983.FOUCAULT, 1987).

FOUCAULT, M. *The history of sexuality*: the will to knowledge. London: Tavistock, 1981.

PRAHALAD, C. K.; HAMEL, Gary. *The Core Competence of the Corporation Harvard Business Review*, Vol. 68, Issue 3, p. 79-91 1990.

HILSDORF, Maria Lucia Spedo. *História da Educação Brasileira*. São Paulo: Thompson, 2005.

JUNQUEIRA, L. A. C. *Negociação, tecnologia e comportamento*. Rio de Janeiro: COP Editora, 1991.

JUNQUEIRA, L. A. C. *Negociação*: inverdades perigosas. Instituto MVC Estratégia e Humanismo. Disponível em: <http://www.institutomvc.com.br/costacurta/artla10_neg_inverdades.htm >. Acesso em: 30 abr. 2013.

KOTLER, P. *Administração de Marketing*: análise, planejamento, implementação e controle. 2ª ed. São Paulo: Atlas, 1992.

_____.*Administração de Marketing*: análise, planejamento, implementação e controle. São Paulo: Atlas, 2000.

LAURENT, L. *Como conduzir discussões e negociações*. Tradução Oswaldo Louzada Filho. São Paulo: Nobel, 1991.

MARTINELLI, Dante P.; ALMEIDA, Ana Paula de. *Negociação e solução de conflitos:* do impasse ao ganha-ganha através do melhor estilo. São Paulo: Atlas, 2006. 159 p.

_____.*Negociação e solução de conflitos:* do impasse ao ganha-ganha através do melhor estilo. São Paulo: Atlas, 1997.

MASCARENHAS, A. O. *Gestão Estratégica de Pessoas:* evolução, teoria e crítica. São Paulo: Cengage Learning, 2008.

MAXIMIANO, A. C. A. *Administração de projetos:* transformando idéias em resultados. São Paulo: Atlas, 1997.

MELLO, C.H.P. *Modelo para projeto e desenvolvimento de serviço*. Tese de doutorado. Universidade de São Paulo, 2005.

MELLO, José Carlos Martins F. de. *Negociação baseada em estratégia*. 2. ed São Paulo: Atlas, 2007. 147p.

MILLS, Harry A. *Negociação a arte de vencer*. São Paulo: Makron Books, 1993. 172p.

MNOOKIN R. et alli. *Mediación* – Una respuesta interdisciplinaria. Buenos Aires: Eudeba S.E.M., 1997.

MORGAN, Gareth. *Imagens da organização*. São Paulo, Atlas: 1996.

MOSCOVICI, Fela. *Desenvolvimento Interpessoal:* treinamento em grupo. 9.ed. Rio de Janeiro: José Olympio, 2000.

PADOVESE. Clovis Luiz. *Controladoria estratégica e operacional*. São Paulo: Thomson, 2005.

PEREIRA, V. G. & BRITO, M. J. B. *A organização como um sistema político:* um estudo do poder entre os membros da diretoria de uma cooperativa agrícola. In: Encontro Anual da ANPAD, 18. Anais. Curitiba, ANPAD, 1994. p. 168-76. (Administração rural e agroindustrial)

CERTO, S.S. & PETER, J.P. *Administração estratégica:* planejamento e implementação da estratégia. São Paulo: Makron Books,1993.

PINTO, Eder Paschoal. *Negociação orientada para resultados como chegar ao entendimento através de critérios legítimos e objetivos*. São Paulo: Ed. Atlas, 1993.

SEBRAE. *Negociação Internacional*. - 2°ed., rev. e atualizada. Belo Horizonte:SEBRAE/MG, 2005. 32 p.

TEELE, P.; MURPHY, J.; RUSSILL, R. *It´s a deal:* a practical negotiation handbook. 1.ed. England: McGraw-Hill, 1991.

VARGAS, Ricardo Viana. *Gerenciamento de Projetos com o MS Project 98, Estratégia, Planejamento e Controle*. Rio de Janeiro: Brasport, 1998, p. 302.

WANDERLEY, José Augusto. *Negociação total:* encontrando soluções, vencendo resistências, obtendo resultados. São Paulo: Editora Gente, 1998.

WELCH, J. & BYRNE, J.A. *Jack definitivo:* segredos do executivo do século. Rio de Janeiro: Campus, 2001.

WESTWOOD, J. *O plano de marketing*. São Paulo: Makron Books, 1996.

WOOD JÚNIOR, Thomaz. *Gestão empresarial:* o fator humano. São Paulo: Atlas, 2002.

WRIGHT P.; KROLL, M. J. & PARNELL, J. *Administração estratégica*. São Paulo: Ed. Atlas, 2000.

Minhas anotações

Graduação a Distância 3º SEMESTRE

Tecnologia em Gestão Comercial

GESTÃO DE VENDAS

UNIGRAN - *Centro Universitário da Grande Dourados*

Rua Balbina de Matos, 2121 - CEP 79.824 - 9000
Jardim Universitário
Dourados - MS
Fone: (67) 3411-4141 / Fax: (67) 3411-4167

CEAD
Coordenadoria de Educação a Distância

Apresentação do Docente

Bem-vindo!

Possui graduação em Administração pelo Centro Universitário da Grande Dourados Unigran.

Especialista, pós graduado em MBA em Contabilidade Gerencial e Controladoria pelo Centro Universitário da Grande Dourados Unigran.

Docente no Curso de Administração, Ciências Contábeis, Tecnólogo em Gestão de Recursos Humanos e Tecnólogo em Logística. Tem experiência na área de Administração, com ênfase em Administração de Empresas.

Experiência nas áreas de Empreendedorismo, Analise e Produção, Gestão da Qualidade, Marketing Empresarial, Gestão Estratégica de Negócios, Logística operacional, Controle de compras, Recrutamento e Seleção. Atuou em empresas de rede como gestor no comercio atacadista de móveis e analise de credito, empresa na área de automação comercial, empresarial, industrial e construtora. Docente no Centro Universitário da Grande Dourados UNIGRAN nos Cursos de Graduação em Administração, Ciências Contábeis, Gestão em Recursos Humanos, Gestão em Logística.

REGES, Henrique. Gestão de Vendas. Dourados: UNIGRAN, 2019.

64 p.: 23 cm.

1. Economia. 2. Mercado.

Minhas anotações

Sumário

Conversa Inicial

Caro(a) aluno(a):

Seja bem-vindo(a) a disciplina de Gestão de Vendas. Será um período de grande aprendizado e reflexões sobre a condução do processo de vendas de um produto ou um serviço. Quando não pensamos de maneira coerente e de forma planejada há um grande risco de sermos surpreendidos negativamente.

O mercado passa por grandes mudanças: vivemos um momento propício para buscar novas ferramentas que melhorem os processos de gestão em geral e no setor de vendas não seria diferente. A palavra estratégia passa a ter um peso muito maior nesse universo.

Para que seu estudo se torne proveitoso e prazeroso, esta disciplina foi organizada em oito aulas, com temas e subtemas que, por sua vez, são subdivididos em seções (tópicos), atendendo aos objetivos do processo de ensino-aprendizagem.

A partir de nossas aulas você terá condições de compreender a complexidade do processo de gestão de vendas e traçar as melhores estratégias para o planejamento de vendas, para atingir, com mais eficácia, seu público-alvo.

Nessa disciplina será priorizada uma metodologia ação-reflexão, que exigirá sua atenção e envolvimento, na leitura dos conteúdos, nos vídeos e atividades de estudo. Dessa maneira você se tornará um agente ativo nesse processo de aprendizagem e poderemos construir o saber juntos. Vamos lá?!

Bons estudos!

Aula 1º

Marketing de relacionamento

Olá, pessoal! É muito bom encontrar vocês aqui novamente. Espero que nossas aulas estejam atingindo as suas expectativas.

Desejo que esta aula contribua para sua atuação profissional e pessoal, mudando conceitos, e espero que após essa aula vocês tenham novas expectativas profissionais e alcance seus objetivos com mais garra e dedicação.

Nesta aula, vamos abordar os conceitos, as funções e os aspectos principais do Marketing de Relacionamento. Sugiro que pesquisem mais e mais propondo uma reflexão a partir do exposto nesta aula e analisem suas atitudes pessoais e profissionais a fim de analisar como você está dirigindo a administração de seus negócios ou como está direcionando seu trabalho. É possível que suas atitudes e objetivos atuais estão voltados para a mudança de suas ações, pois as empresas procuram pessoas pela raridade e essas são poucos, por isso convido vocês para que se tornem essa pessoa rara.

Ao final desta aula garanto a vocês que seus objetivos estarão mais focados e certamente terão sucesso no mercado de trabalho, pois o mundo é feito de pessoas e os negócios também, faça as pessoas trabalharem por você.

Atenção!

Vou guiar de maneira tranquila, construtiva e crítica esses assuntos, estabelecendo a importância fundamental do Marketing de Relacionamento para os negócios do mundo atual. Espero que, assim, sua carreira profissional deslanche e que tenha muitas conquistas boas em sua vida.

Com as evoluções tecnológicas surge um novo profissional que deve estar a par de todos os acontecimentos do mercado e principalmente que seja capaz de tomar decisões assumindo os erros e os acertos. Esse profissional deve ter noção de como trazer o cliente para o seu lado a fim de torná-lo seu principal produto, pois os negócios são feitos por gente, sem eles certamente não haveria negociações pelo mundo a fora.

Desejo um ótimo estudo, e que esta aula contribua de forma ativa para seu conhecimento profissional e que o ajude no dia a dia na resolução de problemas.

Bons estudos!

Objetivos de aprendizagem

Esperamos que, ao término desta aula, vocês serão capazes de:

- abordar sobre conceitos e funções do marketing de relacionamento;
- identificar as evoluções tecnológicas em relação ao marketing de relacionamento;
- definir estratégias para a conquista do cliente.

Seções de estudo

1 - O que é Marketing de Relacionamento?
2 - Definições de Marketing de Relacionamento
3 - Marketing de Relacionamento exige a conquista do cliente

1 - O que é *Marketing* de Relacionamento?

Nesta aula, apontaremos a necessidade de implantar o Marketing de Relacionamento a fim de estabelecer um contato maior com seus clientes e proporcionando a ele um atendimento diferenciado e resolvendo problemas com rapidez e agilidade, buscando a qualidade total. Exploraremos as funções do Marketing Pessoal enquanto um processo racional e a necessidade de um amplo conhecimento para tomada de decisões a fim de garantir que o cliente tenha seus anseios atendidos.

Não se deve admitir que em pleno século XXI existam empresas que não pensem na satisfação do cliente, são empresas que estão com os dias contados, pois não reconhecem que os negócios giram em torno de pessoas e elas devem ser respeitadas e admiradas. O Marketing de Relacionamento não admite que empresas continuem a praticar uma política "burra" na capitação de clientes.

Ao pensar nesta aula, procurei evidenciar ao máximo a estrutura de marketing de Relacionamento e a importância dele para o mundo de negócios. Construí uma boa conversa, elencando pontos essenciais para a valorização de seus clientes.

Seja agente da mudança, pois ganhar um cliente tem um grande valor agregado, e o desafio está em não querer comprá-lo, mas sim fazer com que ele seja seu aliado.

> Marketing de relacionamento, como o próprio nome diz, é o próprio relacionamento da organização com o consumidor, a fim de satisfazê-lo e conseguir sua fidelização.

Lembrando que o profissional de Marketing está atuando em um mercado agressivo, voltado para a competitividade, e quando se cita competitividade se refere a um simples processo que nasce em ideias de fundo de quintal, refere-se a estudo e diversas pesquisas de mercado a fim de atender e atentar-se a necessidade do cliente, afinal, quem gera a economia são as pessoas e não as maquinas.

> Lembre-se sempre de que as pessoas necessitam de atenção e querem ser tratadas com respeito, não subestime seus clientes!

No século XXI surge um fato interessante, visto que o homem consolida-se como o cetro do poder e das tomadas de decisões, ou seja, é a partir disso que o marketing de utilizar de suas táticas objetivando conquistar esse homem. Para tanto, o marketing de relacionamento surge como peça principal desse processo, principalmente, pelo fator reconhecimento.

Todo ser humano quer ser reconhecido pelo seu talento, pelo bom gosto, enfim são inúmeros os fatores que levam um ser humano a vaidade, porém trabalhar com a vaidade alheia é um ponto chave no mundo do marketing.

O Marketing de Relacionamento utiliza-se da Tecnologia da informação com objetivo de criar ambientes virtuais em meios eficazes para o atendimento de qualidade do cliente. O objetivo, principalmente no século XXI, é o atendimento rápido e de qualidade, oferecido ao cliente, para isso o marketing de relacionamento cria meios de atendimento que buscam a fidelização do cliente.

Nesse sentido, a tecnologia de informação gera ambientes que promovem o atendimento em tempo real a fim de satisfazer as necessidades do cliente, haja vista que essa é uma das ferramentas essenciais para o atendimento neste século em que se vive uma plena revolução tecnológica.

Portanto, o Marketing de Relacionamento é formado por estratégias que objetivam a gestão do relacionamento da empresa com seus clientes, aumentando assim a percepção e o valor da marca, criando rentabilidade para a empresa ao logo do tempo.

Diante de um mercado competitivo é necessário que as empresas criem estratégias eficazes, que possam gerar resultado e ser um atrativo dos clientes. Hoje, as empresas oferecem o mesmo serviço com qualidade parecida, e provavelmente o diferencial pode ser o atendimento do cliente, mantendo-o fiel a empresa. Para tanto, o marketing de relacionamento cumpre papel fundamental para essa relação de empresa e cliente, estabelecendo políticas de relacionamento eficaz.

> O Marketing de Relacionamento é peça mantenedora da fidelidade do cliente. Lembrem-se de que os negócios são feitos de pessoas, então as respeite.

1.1 - Entendendo a tecnologia de informação

Fonte: <http://democraciapolitica.blogspot.com.br/2012/01/o-ano-zero-da-tecnologia-brasileira-da.html> Acesso em: 13 fev. 2012.

A Tecnologia da Informação (TI) utiliza-se dos recursos da computação a fim de criar soluções inteligentes para a resolução de determinados problemas, haja vista, que a TI pode-se aplicar a muitas áreas, o que torna improvável uma definição ao pé da letra, pode-se presumir, portanto que é ela a responsável, principalmente na era da revolução tecnológica, a responsável por criar meios técnicos para administração de problemas por meio de ambientes virtuais. Desse modo, podemos dizer que:

A Tecnologia da Informação (TI) consiste em todas as "coisas" baseadas em computadores e que nos permite registrar, comunicar e obter resultados a partir de uma informação. A TI compreende:

- computadores (incluindo seus componentes, como por exemplo discos e telas)
- softwares rodados em computadores
- a rede pela qual esses computadores "conversam" entre si
- a segurança que (às vezes) previne que esses computadores sejam invadidos por vírus e que controla o acesso somente de pessoas autorizadas à informação pertencente a eles (SEED, 2009).

A informação é um bem e que obviamente agrega muito valor a uma empresa ou a um indivíduo, então se torna necessária a utilização da informática de maneira apropriada, haja vista que é a partir da TI que será necessário o desenvolvimento de ferramentas necessárias para que a captação de informações não seja apenas mais um serviço da empresa, mas que antes de tudo gere resultados e agregue valor em suas atividades.

Pessoal, estão notando o quanto é importante ampliar nossos conhecimentos? Vai uma dica minha: Mantenha-se bem informado sobre as coisas que acontecem à sua volta, pois para quem trabalha com Marketing de Relacionamento é preciso estar atento.

Portanto, a implantação de um ambiente virtual que de possibilidades uma empresa administração de forma objetiva e diferenciada a captação de informação de seus clientes, certamente gerará uma mudança mais significativa na política de retenção do cliente.

Veja, por exemplo, que a TI está presente em diversas áreas, no planejamento, na logística do transporte, nas finanças de uma empresa, na produção de bens e serviços, enfim em uma infinidade de serviços.

A TI facilita a comunicação pessoal e interpessoal, pois facilita a transmissão de informação por meio de texto, aumentando a agilidade no envio de documentos, mensagens e arquivos.

Pessoal, estão notando o quanto é importante ampliar nossos conhecimentos? Vai uma dica minha: Mantenha-se bem informado sobre as coisas que acontecem à sua volta, pois para quem trabalha com Marketing de Relacionamento é preciso estar atento.

Imagens Google.com

Porém, não pense que o computador e as tecnologias são utilizadas com os mesmos objetivos por todos. Umas pessoas dão a vida por ela, outros pensam que são a tecnologia e existem aqueles que só entram na TI com segurança.

Não pense que a TI está destinada a máquinas. Antes compete ao homem oferecer a sua parcela, pois ele lida e administra todo o ciclo de informação utilizando técnicas de classificação e organização. Porém, o homem continua no papel principal para o desenvolvimento de uma empresa, pois é ele que negocia e administra todos os processos que são realizados por máquinas. Entendam que máquinas existem para facilitar o dia a dia e não substitui o home, pois só o homem é capaz de produzir mudança com seriedade e criatividade. Bel (2001), comenta que:

Existe um consenso entre especialistas das mais diversas áreas de que as organizações bem-sucedidas no século XXI serão aquelas centradas no conhecimento, no fluxo intenso de informações e em pessoas capacitadas participando de decisões.

Nesse contexto, as tecnologias da informação adquirem uma importância sem precedentes, invadindo todo o processo produtivo, incluindo distribuição, transporte, comunicação, comércio e finanças.

Embora seja relativamente fácil (ainda que caro) adquirir a tecnologia da informação, quase nunca é simples incorporá-la com sucesso, pois é extremamente complicado mudar a estrutura, a cultura, os processos e os hábitos de uma empresa, e muito difícil encontrar líderes capazes de levar esse processo adiante (BEL, 2001, p. 02).

As empresas utilizam a TI principalmente por participarem de uma economia voraz que não aceita mercados que se sujeitam a mesmice; hoje, é necessário estar em constante inovação e mudanças. A Tecnologia de Informação é uma ferramenta que torna possível a administração da informação de maneira clara e organizada, reduzindo tempo no atendimento e garantindo confiabilidade na prestação de serviços.

2 - Definições de Marketing de Relacionamento

Com a globalização de mercado, as organizações devem redobrar a atenção com os clientes, pois eles estão cada vez mais exigentes. As tecnologias avançam dia a dia e para se trabalhar nesse contexto é necessário estar atendo ao surgimento de novas tecnologias e diferentes tipos de serviços que apareçam.

Não esqueçam que a economia mundial está em constante mudança e claro não abre espaço para empresas que não são capazes de distinguir sua atuação diante desse cenário. Portanto, pense antes de entrar no mundo dos negócios, pois o mercado anseia por mudanças, quem for capaz de fazê-la conquistará, sem sombra de dúvidas, o mercado.

Em função disso, conhecer estratégias que garantem a manutenção e a lealdade dos clientes se faz cada vez mais necessária, pois o cliente não se interessa pelo subjetivismo da venda, ele quer mais, deseja ser atraído de maneira que ele seja o dono do jogo, pois além da necessidade da satisfação pessoal por determinado produto o indivíduo quer ser beneficiado, satisfaça-o e terá um cliente fiel e cativo para a sua empresa.

Segundo Costa (2002, p. 38), "Para sobreviver em mercados dinâmicos, os fornecedores precisam estabelecer estratégias que sobrevivam às mudanças turbulentas no tempo presente." O marketing deixou de ser um diferencial para virar obrigação dentro das estratégias empresariais. Nesse contexto, soluções tradicionais de marketing como propaganda e promoção de vendas, ou mesmo estratégias de relações públicas, convivem com a necessidade de contribuir ativamente para o sucesso dos objetivos comerciais de suas organizações.

Existem vendedores e vendedores, aqueles que atendem com carisma e que estão dispostos a lhe ajudar, brigam na gerência por um desconto ou um plano de venda que vá favorecer seu cliente, pois no momento da venda o cliente não é da empresa ou da loja, ele é seu, ou seja, ele está fazendo negócios com você e quer a sua atenção. Existem outros vendedores que fazem a venda e dizem ao cliente: "o que mais?"; como assim "o que mais?"; não pergunte "o que mais?", oferece o diferencial.

Em uma economia globalizada é inaceitável que existam no mercado aventureiros que se arriscam a um lugar ao sol sem utilizar protetor solar, lembrem-se que a empresa só atingirá seus objetivos a partir da visão de que a pessoa é o fundamental para os seus negócios, pois sem pessoas não há negócios. O marketing de relacionamento não vende apenas, ele estrutura um laço entre cliente e empresa.

Para Vavra (1993, p. 32), Marketing deve mudar a mentalidade de "completar uma venda" para a de "iniciar um relacionamento" de "fechar um negócio" para "construir lealdade". Em um mercado atuante e competitivo, as técnicas tradicionais estão consolidadas entre as empresas, tornando-as - estratégias básicas, lógicas, naturais e usuais. Para vencer, surge, portanto, a necessidade de desenvolver novas soluções e métodos de trabalho mais eficazes. O Marketing de Relacionamento é uma evolução dos conceitos de marketing e comunicação, e, por isso mesmo, o diferencial competitivo que as empresas estão buscando para liderar mercados.

Aplicar conceitos de Marketing de Relacionamento significa customizar esforços de marketing por meio de comunicações direcionadas e pertinentes aos seus públicos. Não somente clientes ou prospects, mas também aos públicos internos, fornecedores, intermediários e multiplicadores. Entende-se que o caminho para o sucesso está no fortalecimento dos relacionamentos com seus públicos, criando elos e rotinas que melhorem a imagem das organizações, aumentando a qualidade percebida, garantindo assim, a superação de suas metas comerciais e financeiras.

Não esqueça que não basta maquiar uma imagem, deve praticá-la a fim de manter a fidelidade do cliente através do relacionamento.

Marketing de relacionamento é visto como a chave do sucesso para conquistar simpatia e fidelidade dos clientes. Ele tem o papel de desenvolver relacionamento de longo prazo, baseando-se nos conceitos de marketing, com foco no relacionamento, na valorização do cliente, inspirada na qualidade dos serviços obtidos pela liderança organizacional e pelo desempenho das pessoas envolvidas na estratégia da organização.

Contudo, o Marketing de Relacionamento é um conjunto de ações, de responsabilidade dos profissionais que atendem direta ou indiretamente os clientes, de forma criativa e rentável, capaz de agregar valor aos clientes externos e gerar bons resultados para a organização.

É uma parte da teoria de marketing que trata da relação entre as empresas e seus clientes, e os benefícios que essa relação traz para os envolvidos. Ele é imprescindível no desenvolvimento de liderança no mercado, fazendo com que o consumidor se torne fiel estabelecendo uma relação sólida e duradoura.

Conceito

Para Gordon (1999, p. 31), o marketing de relacionamento é o "processo contínuo de identificação e criação de novos valores com clientes individuais e o compartilhamento de seus benefícios durante uma vida toda de parceria".

Porém, para que essa parceria aconteça, é necessária uma contínua colaboração entre os fornecedores, rede de varejo e clientes internos selecionados, criando assim uma estrutura para compartilhar valores mútuos, através de independência e alinhamento organizacional. E, dessa forma, fazer com que o cliente externo venha para dentro da empresa, definindo ele mesmo seus próprios interesses.

2.1 - Quem é o cliente?

O cliente é tudo que é seu negócio, pois sem ele as empresas não existiriam. Produziriam seus produtos para quem e para quê? O cliente é o motivo pelo qual seu negócio está aberto, ele que faz com que você possa ter sonhos, então esteja ao lado do seu cliente a fim de satisfazê-lo em todo o processo de venda, seguindo os preceitos do Marketing de Relacionamento.

Quando fizer negociação com seus clientes, lembre-se de que você também é cliente e é exigente, faça o exercício de se colocar no lugar dele, isso faz bem...

O cliente pode ser qualquer um, de diferente classe social, com costumes religiosos próprios, com uma cultura que difere da sua e principalmente nunca pensa como você. É importantíssimo que seja levado em consideração o respeito com o cliente, jamais o desrespeite, mostre-se interessado em ouvi-lo, não julgue sua capacidade de compra ou intelectual. Intervenha sempre de maneira carinhosa a fim de não espantar o cliente, procure não discordar dele. Além disso, não obrigue seu cliente comprar algo que ele não quer.

As pessoas, de modo geral, objetivam algo em suas vidas, construindo valores para si e raramente aceitam sugestões que interfiram em seu pensamento, ou seja, ninguém gosta de ser contrariado. Ao negociar com um cliente, escute, analise sua fala e para que possa construir uma resposta adequada às dúvidas do cliente.

O cliente é:

- A pessoa que compra os produtos e contrata os serviços de sua empresa;
- É a pessoa mais importante do negócio;
- Ele é a razão do nosso trabalho;
- Ele não é apenas dinheiro, ele é um ser humano e necessita ser respeitado;
- Uma empresa não existe sem clientes.

 Você sabia que o dia do cliente é 15 de setembro? Não? Estão notando o quanto é necessário estar em um constante processo de informação?

Fonte: <http://www.direitoenegocios.com/2011/09/ diadocliente/> Acesso em: 17 fev. 2012 - 21h

O cliente é, portanto o fundamental para que qualquer negócio tenha sucesso, trate-o bem e terá sucesso, administre mal e certamente terá que fechar seus negócios.

2.2 - Quem é o vendedor?

O vendedor está ligado a toda área de venda de um produto é ele o responsável por todo o processo decorrente da venda, troca do produto, sua entrega e, principalmente, a satisfação do comprador.

Para entender melhor, o vendedor é quem comercializa mercadorias nas ruas, em locais públicos, em mercadinhos, no carrinho da pipoca, no banco, na faculdade, na farmácia, enfim em todos os lugares. Vale ressaltar que todos cumprem o papel de vendedor, pois, ao negociar com outro, você está nada mais e nada menos comercializando algo, vendendo uma ideia ou uma explicação.

Quando se fala em vendas pode-se referir a própria história do homem, pois desde que ele existe está em constante processo de comercialização (venda) com outros seres humanos. Cabe ressaltar que vender é uma atividade que exige dedicação e muita estratégia, pois é uma atividade que está diretamente ligada ao relacionamento entre pessoas, certamente um bom vendedor possui um amplo conhecimento de Marketing de Relacionamento.

Deveria ser "regra" que todo vendedor, após efetuar um negócio, entrasse em contato com seu cliente perguntando se há alguma dificuldade com a utilização do produto ou se o cliente está satisfeito com a compra deste ou daquele produto.

A atuação do vendedor no mercado atual é de suma importância, pois é ele o carro chefe da empresa e não seus produtos, pois não basta ter produtos de alto nível se o empresário contratar péssimos vendedores, certamente um cliente jamais voltaria a mostrar interesse pelos produtos da empresa.

O mundo atual caracteriza-se por uma economia global e concorrente. Portanto, a peça fundamental é a do vendedor

com espírito empreendedor voltado ao século XXI. Há tempos atrás não se exigia muito do vendedor, pois a cultura econômica era outra, os processos de comunicação eram outros; hoje, os clientes prezam muito por produtos com qualidade e acima de tudo querem ser respeitados, pessoas gostas de sentir-se importantes e isso está nas mão do vendedor. Satisfação e confiabilidade devem estar no sorriso do profissional em vendas. O cliente deve sentir que a empresa tem o prazer de tê-lo como cliente.

Para tanto, o vendedor deve estar em um constante processo de aprendizado, especializar-se sempre, trocar experiências e ideias com outros da mesma profissão a fim de informar-se sobre o seu mercado de trabalho. O vendedor que não estiver apto a desenvolver um papel de líder com visão empreendedora estará fora do mercado de trabalho em poucos dias.

Vocês pensaram nisso? Que um vendedor que não está voltado para atender o mercado do século XXI pode sentir-se fora? Portanto atualizem-se, continuem seus estudos e apresentem um resultado além do esperado...

3 - *Marketing* de relacionamento exige a conquista do cliente

Cada vez mais as empresas procuram encantar seus clientes visando atender suas necessidades. Essa atitude, que teve início nos anos 90, vem sendo adotada em todos os setores de mercado para garantir a sobrevivência do negócio.

Na busca de métodos e estratégias ideais para correr atrás da competitividade, os anos 90 trouxeram em sua bagagem uma realidade óbvia, mas ainda adormecida para as empresas brasileiras: é preciso focar e centralizar esforços para conhecer o cliente de perto, criar condições para satisfazer suas necessidades. Com a chegada da globalização, que vem contribuir para a diversificação de produtos e serviços, o cliente tornou-se infiel, deixando de lado o aspecto preço e se dedicando mais à comodidade e atenção recebida.

Fiquem atentos! O cliente está destinado a comprar com quem lhe der atenção... O fator preço não é mais o único diferencial. Então trabalhe buscando o cliente e conquiste!

É raro encontrar alguém que nunca se viu na situação de ter que esperar o funcionário resolver seus problemas pessoais para depois ser atendido, ou então, na compra de um produto, quando o prazo da entrega não é respeitado e ninguém lhe dá uma explicação. De repente, essas situações que não são nem um pouco agradáveis, começaram a fazer parte do dia a dia do cliente, o que acaba dificultando o crescimento dos negócios ou até mesmo dando um ponto final nele.

O diferencial hoje está centrado no atendimento ao cliente. "É preciso encantar para conquistar o sucesso do negócio" Costa (2002). O marketing de relacionamento está centrado em dois públicos, os que devem ser conquistados em todos os momentos: os clientes internos e externos.

Costa (2002, p. 88) diz; "Tentar Mudar a mente de alguém é o caminho certo para o desastre".

Geralmente, quando ligamos em um 0800 para pedir uma informação ou relatar sobre algum problema, a demora no atendimento ou na prestação de serviços desagrada o cliente. A figura ao lado relata muito bem o comportamento do cliente diante dessa situação

Fonte: <http://4.bp.blogspot.com>
Acesso em: 17 fev. 2012 - 21h

É preciso observar com atenção as necessidades detectadas dos clientes para que haja a satisfação plena, fazendo com que eles não se sintam enganados. Dessa forma, a empresa deve se preocupar em encantar o seu cliente interno, pois ele é quem vai apresentá-la ao mercado e essa conquista é fundamental e necessária na empresa. Isso é a chamada publicidade boca a boca, gratuita e certamente é o meio mais eficiente de divulgar uma marca, um produto ou serviço.

Fiquem atentos as nossas lições, encante seu cliente faça com que ele seja seu parceiro e quando conseguir isso fique certo de seu sucesso profissional.

Nessa fase de encantar o cliente é preciso investir em treinamento, mostrar aos funcionários a direção e o ritmo do desenvolvimento das atividades, ou seja, velocidade significa produtividade, não esquecendo da qualidade. É importante aprender a tratar o cliente como parceiro, amigo e até mesmo como se fosse o sócio.

Outros aspectos fundamentais nesse processo, é que além de treinar, a organização precisa optar pela qualidade e não pela quantidade. O desenvolvimento de pesquisas para avaliar o grau de satisfação do cliente, implantar programas de qualidade total e, principalmente, ouvir funcionários e fornecedores, isso é um fator de grande importância na tentativa de superar as expectativas do cliente e você deve superá-la.

No processo de encantar o cliente, a terceirização pode ajudar no sentido da empresa não desperdiçar esforços e aumentar a velocidade da produção. Os maiores problemas, hoje, estão centrados no desperdício de foco. Nessa era das emoções, do olho no olho, de encantar o cliente, as empresas vêm oferecendo inúmeras opções de serviços, dando oportunidade para que a clientela mostre seus desejos e insatisfações.

Algumas alternativas para que o cliente se expresse é a linha 0800 de discagem gratuita, caixinha de sugestões e reclamações e, atendimento online e treinamento interno, haja vista que estabelece comodidade ao cliente, evitando que ele precise aventurar-se pelas ruas para ir em um ponto de venda de um determinado produto a fim de esclarecer pequenas dúvidas. O atendimento online praticado pela operadora OI é um exemplo que certamente agrada o cliente, pois geralmente é rápido sem necessidade de ficar com um aparelho celular horas no ouvido. Basta teclar com o atendente do outro lado e pronto.

Estamos na década do ponto de vendas, cuja decisão final é do consumidor, que pode avaliar silenciosamente o comportamento eficiente ou não. Não há mais espaço para o faz de conta, pois o cliente quer atenção, cortesia e compromisso com o que se oferece. A excelência no atendimento e a fidelização vem como resultado de tudo isso aplicado de forma adequada e com boa estratégia. Costa (2002, p. 88), sublinha: "As estratégias devem considerar a tecnologia e as mudanças como fatores importantes".

A empresa de sucesso tem que direcionar o foco na qualidade do serviço. Apesar de apresentar aspectos bem mais complexos do que os tecnológicos, por mexerem com mudanças de hábitos, comportamentos e valores dos clientes internos com relação aos externos, é preciso não se desligar desses aspectos. Hoje, o perfil do cliente mudou, pois ele procura mais do que um bom produto, um serviço de qualidade, rapidez, o menor preço, ele quer atenção e cortesia.

Não se admite que uma empresa ainda possa existir sem que haja qualidade no atendimento ao cliente. Assim, empresas que se encontram nesse patamar devem imediatamente procurar traçar um planejamento estratégico a fim de mudar a sua cultura interna para conquistar mais clientes, acompanhado a venda na pré compra, compra e revenda.

As empresas e as pessoas de sucesso não são qualquer uma, elas são raridade e os clientes estão a procura da raridade do bom atendimento e relacionamento que poderá ou não encontrar na empresa ou no "boteco" da esquina.

3.1 - Qual o obejetivo do marketing de relacionamento?

O objetivo do marketing de relacionamento é a construção de um ativo exclusivo da empresa, o qual é formado pela empresa e todos os interessados que a apóiam: consumidores, funcionários, fornecedores, distribuidores, varejistas, agências de propaganda, cientistas, universitários e outros com quem constrói relacionamentos comerciais mutuamente rentáveis.

Crescentemente, a concorrência não é entre empresas, mas entre todos os envolvidos e os interessados no negócio. O bom relacionamento e entrosamento entre esses envolvidos irá proporcionar à empresa o melhor resultado. O princípio operacional é simples: Construa um bom entrosamento dos pontos na sua empresa e, principalmente, de relacionamento com os interessados-chave, e os lucros acompanharão.

3.2 - A importância do marketing de relacionamento

Para Costa (2002, p. 88), não há Marketing de

Relacionamento se não houver relação entre pessoas. Quaisquer que sejam as especialidades, os planos, as estratégias individuais ou coletivas, tudo começará com os seres humanos. O foco é centralmente o consumidor/cliente. Já Kotler (1998, p. 31), diz que "Marketing de Relacionamento é a prática da construção de relações satisfatórias a longo prazo com partes-chave: consumidores, fornecedores e distribuidores, para reter sua preferência e negócios a longo prazo".

Numa outra visão, Gordon (1999, p. 31-32) afirma que o marketing de relacionamento procura criar novo valor para os clientes e compartilhar esse valor entre os produtos e o consumidor. Reconhece o papel fundamental que os clientes individuais têm, não apenas como compradores, mas na definição do valor que desejam. Anteriormente, esperava-se que as empresas identificassem e fornecessem esse valor a partir daquilo que elas consideravam como um produto. Com o marketing de relacionamento, entende-se que o cliente ajuda a empresa a fornecer o pacote de benefícios que ele valoriza. Assim, o valor é criado com os clientes e não por eles.

O Marketing de Relacionamento é importante por exigir que uma empresa, em conseqüência de sua estratégia de marketing e de seu foco sobre o cliente, planeje e alinhe seus processos de negociação, suas políticas de comunicação, sua tecnologia e seu pessoal para manter o valor que o cliente individual deseja. É um esforço contínuo e colaborativo entre comprador e vendedor. Desse modo, funciona em tempo real.

Reconhece o valor dos clientes por seu período de vida de consumo e não como clientes ou organizações individuais, que devem ser abordados a cada ocasião de compra.

Ao reconhecer o valor do período de vida, o marketing de relacionamento procura unir progressivamente a empresa aos clientes; procura construir uma cadeia de relacionamentos dentro da organização para criar o valor desejado pelos clientes, assim como entre a organização e seus principais participantes, incluindo fornecedores, canais de distribuição intermediários e acionistas, com a finalidade de identificar clientes de forma individualizada e nominal; criar um relacionamento entre a sua empresa e esses clientes, relacionamento que se prolongue por muitas transações, e administrar esse relacionamento para o benefício dos seus clientes e de sua empresa.

3.3 - Em relação à satisfação do cliente, o que é importante?

A satisfação do cliente depende do desempenho percebido na entrega de valor feita pelo produto ou serviço, relativamente às expectativas do comprador. Se o desempenho fica aquém das expectativas do cliente, ele fica insatisfeito. Se o desempenho se equipara às expectativas, o comprador fica satisfeito. Se o desempenho excede as expectativas, o cliente fica encantado. As empresas mais inteligentes têm como meta encantar os clientes, prometendo apenas o que pode cumprir.

As expectativas dos clientes são baseadas em experiências anteriores, opiniões de amigos, promessas e informações vindas dos diversos profissionais de marketing concorrentes. Esses profissionais de marketing devem tomar cuidado para estabelecer o nível correto de expectativas. Se eles colocam em um nível de expectativa muito baixo, pode ser que eles satisfaçam aqueles que já compram o produto ou serviço, mas poderão falhar em atrair novos clientes.

Clientes altamente satisfeitos fazem compras repetidas, são menos sensíveis a preço, permanecem mais tempo como clientes, e falam bem da empresa e de seus produtos ou serviços a outros clientes.

NÃO ESQUEÇA...

Marketing de relacionamento é visto como a chave do sucesso para a conquista e, principalmente, a fidelização dos clientes. Significa criar, manter e acentuar sólidos relacionamentos com os clientes e outros públicos. Sua meta é oferecer valor a longo prazo para o cliente, e o segredo do sucesso é satisfazê-lo.

E para que isso aconteça é necessária uma total sintonia entre os vários níveis da empresa, como o departamento de marketing, além de criar bons níveis de relacionamento nos campos econômico, técnico, jurídico e social, que resultam em alta lealdade do cliente.

Portanto, não existe cliente chato, e sim aqueles que esperam receber respostas a seus questionamentos, e, não simples respostas, mas respostas que superam as expectativas do cliente.

Ainda

O cliente é visto como peça fundamental na procura de estabelecer-se no mercado; portanto, a empresa que não tiver políticas eficientes para o trato de seus clientes certamente não existirá por muito tempo no mercado, portanto elencou-se nesta aula que o cliente é acima de tudo tem o papel principal e deve ser respeitado.

Portanto, o Marketing de relacionamento é a ferramenta eficiente para fazer com que os pensamentos, as atitudes e a comunicação, trabalhem a seu favor no ambiente profissional, provocando um elo de ligação entre você e seus clientes.

Transmita confiabilidade ao seu cliente, não basta que ofereça bala a ele quando está em sua frente, mas quando vira as costas você sente-se aliviado por ter terminado o atendimento do cliente "chão". Como visto acima não há ou existe clientes chatos, o que existe é simplesmente clientes que querem receber atenção e informação, por isso é essencial que todos trabalhem dessa maneia.

Faça o teste e com certeza me contara no quadro de avisos suas experiências de vida a partir da disciplina Marketing de Relacionamento. Cordial abraço! Até nossa próxima aula!

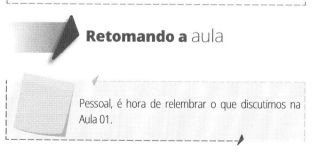

Retomando a aula

Pessoal, é hora de relembrar o que discutimos na Aula 01.

1 - O que é marketing de relacionamento?

Evidenciamos aqui os objetivos que o Marketing de Relacionamento procura estabelecer a fim de proporcionar mudança no contexto estrutural de uma empresa e não só de uma empresa, mas como também dos seres humanos.

2 - Definições de marketing de relacionamento

Discutimos, neste item, as definições do Marketing de Relacionamento, criando um elo do teórico ao prático e no que ocorre diariamente nas rodas de negociação. Portanto, não se tem mais vaga para pessoas aventureiras e que desconhecem o profissionalismo.

3 - Marketing de relacionamento exige a conquista do cliente

A conquista do cliente é o fator mais importante em todo o mundo dos negócios, pois sem clientes (pessoas) não existe mercados, haja vista que são os seres humanos que alavancam a economia de um país, então não trabalhe para a empresa e sim para os seus clientes.

Vale a pena

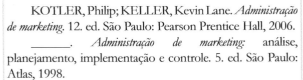

Vale a pena **ler**

KOTLER, Philip; KELLER, Kevin Lane. *Administração de marketing*. 12. ed. São Paulo: Pearson Prentice Hall, 2006.

_____. *Administração de marketing:* análise, planejamento, implementação e controle. 5. ed. São Paulo: Atlas, 1998.

MEDEIROS, Janine Fleith de; CRUZ, Cassiana Maris Lima. *Comportamento do consumidor:* fatores que influenciam no processo de decisão de compra dos consumidores. Teoria e Evidência Econômica (edição especial), Passo Fundo, v. 14, 2006.

RICHERS, Raimer. *O enigmático mais indispensável consumidor:* teoria e prática. Revista da Administração, jul./set. de 1984.

Vale a pena **acessar**

ANTENA WEB. O processo de decisão de compras. Disponível em: <http://www.antennaweb.com.br/edicao2/cases/comportamento.htm>. Acesso em: 4 mar. 2012.

Vale a pena **assistir**

YOU TUBE. O marketing e o comportamento do consumidor. Disponível em: <http://www.youtube.com/watch?v=Hx8gbnWO03A>. Acesso em: 4 mar. 2012.

Minhas anotações

Aula 2º

Gestão mercadológica

Na aula anterior, os aspectos conceituais de marketing de relacionamento foram trabalhados de maneira detalhada e profunda. A partir de agora vamos abordar temáticas relacionadas às atividades de marketing dentro das organizações e como o reconhecimento delas pode auxiliar no processo de tomada de decisão tanto do gestor como do empresário e levar a um formato de gestão equilibrado e harmônico.

Nesta segunda aula, vamos aprender o que é um sistema de marketing e a importância de sua implementação nas organizações para melhor compreensão das necessidades do ambiente e para melhorar o desempenho na realização de algumas atividades – muitas vezes realizadas de maneira sem o conhecimento técnico específico.

Bons estudos!

Objetivos de aprendizagem

Ao término desta aula, vocês serão capazes de:

- enxergar a gestão a partir de uma abordagem sistêmica;
- conhecer as principais atividades de marketing dentro das organizações;
- entender o comportamento de compra dos consumidores e seus respectivos segmentos;
- identificar elementos básicos da estratégia de marketing e sua estrutura ambiental.

Seções de estudo

1 – Composição de um sistema de marketing
2 – Segmentação e posicionamento de marketing
3 – Estrutura de marketing
4 – Estudo e comportamento de mercado
5 – Composto de marketing

1 - Composição de um sistema de marketing

> Na Páscoa de 1988, no bairro paulistano da Casa Verde, o jovem Alexandre Costa resolveu vender ovos trufados de chocolate. Sem experiência no ramo, recebeu encomendas maiores do que o esperado e teve de virar noites para atender aos pedidos. Costa começou, então, a investir no negócio que começara por acaso. Hoje, a Cacau Show atrai públicos de todas as classes com trufas, bombons, sorvetes, tortas, pelúcias e canecas. A proposta é tornar chocolates finos acessíveis aos consumidores das lojas de rua e de shoppings. Em 2008, a rede ultrapassou a americana Rocky Mountain e se tornou a maior rede de lojas de chocolates finos do mundo. O império estava formado, mas os planos de Costa continuavam: sua meta era chegar ao final de 2010 com mil lojas no Brasil. E conseguiu. Hoje a rede conta com mais de 1.300 lojas em todo o país.
>
> *Fonte: Cacau Show. Revista PEGN. 2017. Disponível em http://revistapegn. globo.com/franquias/cacau-show/*

O cenário descrito acima, tornou-se um grande case de sucesso no Brasil e no mundo. A empresa Cacau Show, atualmente possui um total de 2 mil lojas, sendo 22 próprias e as outras 1978 franqueadas espalhadas por todo o país. Histórias como a do empresário Alexandre Costa, em proporções menores, ocorrem diariamente e levam brasileiros a empreender e organizações que já estavam no mercado a buscarem a superação de seus resultados e até mesmo mudarem sua cultura organizacional em busca de novos mercados.

Disponível em: http:// revistapegn.globo. com/franquias/ cacau-show/ Acesso: 02/04/2017.

Muitos ao conhecerem a história vencedora de pessoas e organizações que se destacam no mercado, imediatamente pensam: que sorte a deles! Realmente algumas raras exceções o sucesso pode ser resultado de sorte aliado ao trabalho dos empreendedores, mas na maioria das vezes, o que se constata é o olhar sistêmico desse empresário ou dessa empresa em relação ao mercado.

Ao estudar cases de sucesso como o mencionado acima, facilmente é possível correlacioná-los aos aportes teóricos sobre os sistemas de marketing, ou sobre a visão sistêmica de marketing a ser implementada pelas organizações. Os autores Marcos C. Campomar e Ana A. Ikeda são bem didáticos ao explicarem todo esse processo de sistematização do marketing:

> "Desde que haja uma organização ofertante de um bem ou serviço, que se costuma chamar de Produto, disposta a oferece-lo a um certo Preço; desde que esse Produto esteja em uma certa Praça (ou Ponto de Venda); e desde que haja informação de Promoção dirigidas à possível entidade recebedora sobre disponibilidade da ofertante e a capacidade do Produto de satisfazer necessidades, a troca surgirá quase naturalmente, indo, de um lado, o produto (bens e serviços), vindo, do outro a retribuição em pagamento a este produto. A entidade ofertante, em geral, é a empresa, e a entidade recebedora é o mercado". (CAMPOMAR & IKEDA, 2012:11-12)

A partir desse olhar, o elemento sorte é totalmente descartado e passamos a trabalhar com variáveis controláveis ou incontroláveis (como vimos algumas na aula anterior) como ferramentas que poderão direcionar a tomada de decisão de uma empresa – seja para o lançamento de um novo produto, a abertura de uma nova unidade da fábrica ou uma estratégia de divulgação diferenciada. Quando uma organização passa a enxergar de maneira sistêmica as variáveis que compõem um ambiente de marketing, as estratégias já não mais isoladas e os resultados começam a ser naturalmente obtidos.

A medida que as empresas ou os profissionais de marketing detectam, por meio dos seus sistemas de informações - que podem ser traduzidos como um conjunto de dados organizados (relatórios e rotinas estatísticas) -, a necessidade do ambiente, é possível desenvolver um composto de marketing adequado às expectativas deste ambiente, podendo ser objetivos de faturamento, lucros, participação de mercado, expansão, benefício social etc. (CAMPOMAR & IKEDA, 2012:12)

Uma empresa que atua no mercado com esse olhar sistêmico poderá ser reconhecida pelo tipo de atividades de marketing que implementa nos mais vários níveis da organização – é claro, respeitando suas capacidades -, e o interesse das mesmas de implementar algumas ações técnicas que permitam a criação desse sistema.

Normalmente, as principais decisões e atividades estarão relacionadas aos seguintes aspectos:

- Segmentação e posicionamento de marketing;
- Estrutura ou organização de marketing;
- Sistema de informações de marketing;
- Estudo e segmentação do mercado;
- Decisões sobre o composto de marketing (4 P's)
- Planejamento e controle de marketing. (CAMPOMAR & IKEDA, 2012:13)

Apesar de usar uma categorização diferente, Boone e Kurtz vão mencionar que o sucesso de um produto no mercado dependerá da estratégia de marketing utilizada. Para eles, são considerados elementos básicos de uma boa estratégia de marketing: (1) mercado-alvo e (2) das variáveis do mix de marketing: produto, distribuição, comunicação e preço, que se combinam para atender as necessidades do mercado alvo (BOONE & KURTZ, 2009:52).

Para ambos, mesmo utilizando definições e palavras diferentes sobre os elementos que compõem um sistema de marketing, o bom andamento de uma organização está totalmente ligado a capacidade da empresa de ter percepção sobre os mesmos e reconhece-los como peças fundamentais para o desenvolvimento de qualquer planejamento. Nas próximas seções, vamos estudar de maneira mais detalhadas algumas das atividades de marketing de forma mais detalhada, a fim de compreender melhor como são implementadas nos ambientes de negócio.

2 - Segmentação e posicionamento de Marketing

Atuando em ambientes extremamente competitivos, a sobrevivência de muitas organizações e grandes ideias de negócio está na capacidade da empresa de buscar o segmento que melhor se encaixa e a partir desse ponto ter muito claro em suas metas e objetivos como pretende posicionar-se no mercado. Apesar de parecer um raciocínio óbvio, é muito comum encontrarmos empresas que resistem a essa postura e buscam atingir todos os clientes de maneira indiscriminada.

Dentro de um ambiente de marketing, segmentar significa identificar "os diferentes grupos de consumidores e atuar sobre os grupos que a organização deseja almejar. O objetivo é atender aos segmentos, cada um com suas necessidades, características ou exigências similares". (CAMPOMAR & IKEDA, 2012:14)

Organizações que possuem bons sistemas de informações de marketing conseguem extrair de seus dados brutos, de relatórios, informações gerais e a vivência dos profissionais de marketing elementos suficientes para identificar as necessidades reais dos grupos que pretendem atender e se o que produzem consegue atendê-los. Boone e Kurtz afirmam que uma organização focada no consumidor começa sua estratégia geral com uma descrição detalhada de seu mercado-alvo: grupo de pessoas às quais a empresa decide dirigir seus esforços de marketing, e por fim seus produtos. (2009: 52).

Vamos imaginar que uma empresa esteja reavaliando seu espaço no mercado e seu posicionamento nele. O que deve ser considerado relevante para dar início a esse processo de avaliação do segmento que atua e da sua posição nele?

Os profissionais de marketing precisam considerar como principais abordagens para a segmentação as características do consumidor e suas respostas diante das situações proporcionadas pela organização. São características do consumidor (KOTLER, 2006):

- Geográficas – região em que ele vive, tamanho da cidade/município, concentração urbana/rural e clima.
- Demográficas – idade sexo, tamanho da família, ciclo de vida.
- Psicográficas – classe social, estilo de vida e personalidade.

Quanto às respostas do consumidor as determinadas situações criadas pelas entidades:
- Ocasiões – normais ou datas especiais.
- Benefícios – qualidade, serviço e economia.
- Taxa de uso – pequena, média, grande.
- Atitude – entusiástica, positiva, indiferente, negativa e hostil.
- Outros – grau de lealdade e estágio de prontidão (inconsciente, interessado, informado, desejoso,

disposto a comprar).

Essa análise do mercado estará condicionada ao que é ofertado pela organização, formando assim tipos diferentes de marketing para cada segmento. São aplicadas de acordo com a conveniência e utilidade de cada uma para as organizações. Para o mercado industrial, por exemplo, além das mesmas variáveis empregadas para o mercado consumidor é possível mencionar outras variáveis mais específicas, como sugerem Bonoma e Shapiro (apud CAMPOMAR & IKEDA, 2012: 14):

- Demográficas – indústria, tamanho da empresa e localização.
- Operacionais – tecnologia, condição do usuário e capacidade do cliente.
- Abordagem de compra – organização da função de compra, estrutura de poder, natureza das relações existentes, políticas gerais de compra e critérios de compra.
- Fatores situacionais – urgência, aplicação específica e tamanho do pedido.
- Características pessoais – similaridade do comprador/vendedor, atitudes em relação a riscos e a lealdade.

Quanto ao posicionamento que as empresas almejam atingir no mercado, ele pode ocorrer ocasionalmente e de maneira bem natural, são aqueles casos em que o marketing é feito boca a boca – entre clientes, fornecedores, amigos e pessoas que de alguma maneira tenham sido impactadas por aquela determinada empresa. No entanto, a empresa assume uma postura de passividade e aceita os resultados sem se preocupar muito com o tempo e a com a forma que esse posicionamento ocorrerá, além de ficar refém também de aspectos relacionados a lugar e de propriedade do produto – interferindo inclusive, nas definições de utilidade desse produto comercializado.

Mas as empresas podem trabalhar para esse fim e decidirem em qual segmento querem atuar e escolherem como querem posicionar-se, assegurando que seus consumidores tenham a mesma percepção que ela almeja.

Para isso, as empresas precisam considerar as seguintes etapas:
- Decidir as posições relevantes para o segmento de mercado e que mais provavelmente afetam hábitos de compra;
- Avaliar a posição da organização pode efetivamente ocupar e que seja difícil para os concorrentes.
- Comunicar a posição selecionada por meio de mensagens nas promoções e vendas. Alguns softwares estatísticos propiciam tal análise, como os de escala multidimensional. (CAMPOMAR & IKEDA, 2012:15)

A organização que consegue definir claramente as etapas acima consegue escolher com facilidade quais as melhores estratégias para atingir seu mercado-alvo. Elas deixam o âmbito da especulação e passam a trabalhar com dados pontuais e indicadores que auxiliarão os profissionais de marketing e o corpo diretivo da empresa nos processos de tomada de decisão.

Imagino que após ter acesso a essa quantidade de informações sobre marketing e todas as suas possibilidades, muitas ideias, análises e até mesmo, avaliações mais superficiais, sobre a aplicação de tantos conceitos e atividades estejam surgindo em sua mente. O estudo do marketing e toda sua sistematização tem esse grande potencial de despertar novos olhares e questionamentos sobre o ambiente de mercado que estamos inseridos.

Entretanto, a implementação de todas essas ideias e atividades de marketing se tornarão possíveis em organizações que possuam estruturas organizacionais mais flexíveis e conscientes do processo de marketing. As estruturas organizacionais influenciam em todas as tomadas de decisão.

Algumas das estruturas típicas incluem (CAMPOMAR & IKEDA):

Organização empreendedora – os proprietários-administradores tem o controle sobre as principais decisões da organização, inclusive sobre as ações de marketing.

Organização profissionalizada – Especialistas são os responsáveis pela tomada de decisão – normalmente os departamentos possuem autonomia para decidirem sobre os assuntos que os envolvem.

Organização com divisões – a partir de uma estrutura política desenvolvida pelo escritório central, as divisões operacionais têm autonomia para decidirem sobre aspectos do dia a dia, sem necessariamente ter que recorrer ao corpo diretivo para resolver assuntos do cotidiano.

Organização holding – respaldados por uma companhia de controle, as unidades de operação são encorajadas a agir quase como unidades independentes.

O espaço dado à função de marketing e suas formas de gestão refletem claramente a cultura e a estrutura geral das organizações. Confira os exemplos a seguir:

Em uma empresa que o proprietário-administrador é o responsável pela tomada de decisões mais importantes de marketing, ele pode contratar, caso considere necessário, um especialista externo, como uma agência de propaganda. Já em uma organização com estrutura profissionalizada, um departamento especializado de marketing terá liberdade para controlar todas as decisões do dia a dia e terá autonomia para organizar-se de diferentes formas.

Como a empresa que você atua, seja você o proprietário-administrador ou um prestador de serviços, está estruturada? Já conseguiu identificar com qual das estruturas mencionada acima ela mais se encaixa?

O texto abaixo foi publicado pela revista Meio & Mensagem e apresenta muitos pontos importantes a serem considerados quanto às estruturas de marketing. O mercado vive um momento de muitas mudanças e estruturas muito conservadoras a cada dia perdem espaço para empresas que estão atentas a todas essas modificações. Leia o atentamente e reflita sobre as inúmeras possibilidades que se abrem para os profissionais especializados, quando as organizações se abrem às inovações de marketing:

A área de marketing precisa ser inovada

Opinião: as mudanças serão conceituais, de expectativas, de estrutura e de orçamento

O marketing que conhecemos, com suas idiossincrasias e falta de governança, irá acabar logo. Por quê? Porque é antieconômico, não gosta de indicadores, tem alergia de controle, gasta demais e tem entregado de menos. Exceções à parte, o que era para ser o motor mercadológico e de inovação das empresas, acabou se especializando em engordar e se entender mais importante do que realmente é.

O mercado demanda mudanças drásticas, impondo a inovação como resposta para este novo marketing. Essas mudanças para o marketing atual serão conceituais, de expectativas, de estrutura e de orçamento. Ou seja: será mais governança e menos festa, mais raciocínio e menos energia!

As principais tendências que nortearão a inovação para este novo marketing compreendem fatores ligados a questões econômicas, sociais, de consumo, de tecnologias, mídias, canais e de modelos de negócio, dentre outras. Vejamos algumas das principais, de acordo com estudo "O Novo Marketing", da DOM Strategy Partners.

. Globalização, meta-concorrência, agilidade, melhores líderes, melhores decisões

. Revisão das premissas e modelos de negócio e competitivos

. Capital intelectual como fonte de valor corporativo

. Exigência por transparência e melhores práticas de governança corporativa, sustentabilidade e construção de reputação

. Pressões por resultados de curto-prazo versus perenidade do negócio

. Forte gap entre planejamento estratégico e execução (insuficiência do BSC)

. Obsessão por eficiência orçamentária

. Necessidade de gestão de relacionamentos de alto valor com os diversos stakeholders

. Obrigatoriedade na mensuração de intangíveis: investimentos racionais e resultados mensuráveis em marketing, TI, internet, RH e demais centros de custos

. Demandas crescentes por inteligência do negócio e conhecimento ready to use

. Consumidor 2.0, web 2.0, colaboração, redes sociais, comunidades e o novo varejo

. Marketização das classes c, d e até e, incentivando o consumerismo para alguns produtos e serviços

. Visão de clusterização de clientes em substituição à segmentação

. Adesão às novas tecnologias, mobilidade, convergência

E quais são os impactos destas tendências na atual estrutura do marketing nas empresas? Quais fardos se apresentam para serem carregados? A reputação corporativa, certamente, assume o papel central neste tsunami estrutural que inovará o marketing como área ou departamento.

Não é exagero afirmar, hoje, que as empresas estão forçadas a administrar sua conta corrente diária de reputação (institucional e de suas marcas), que se torna negativa ou positiva em função da resultante da somatória de opiniões, análises, percepções e expectativas que os diversos stakeholders, geradores de mídia, constroem e reverberam de forma global e instantânea no universo móvel, colaborativo e multicanal parametrizado pela chamada web social ou 2.0, sua blogosfera, sites de buscas, comunidades, celulares e smartphones habilitados nas redes, além, é claro, de seu efeito de replicação imediato nas mídias tradicionais, como TV e rádio.

Gerenciar essa conta corrente não é tarefa fácil, assim como não é missão das mais tranquilas interagir com qualidade e valor com os diversos stakeholders corporativos. Definitivamente, as empresas não estão preparadas para isso, seja por conta de mindset e valores estratégicos corporativos desatualizados, seja por conta de um chassi de processos, sistemas e arquitetura organizacional desajustados do novo ecossistema em que competem.

Entretanto, gerenciar essa conta corrente da reputação e transformá-la em resultados superiores (vender produtos melhores que os concorrentes para clientes mais fiéis, gerando mais valor ao acionista e market share para empresa) é tarefa do novo marketing, o marketing de contexto, que, em nossa visão, será pautado por seis pilares estratégicos, somados aos tradicionais conceitos "Ps" historicamente associados ao marketing. Estes seis pilares são:

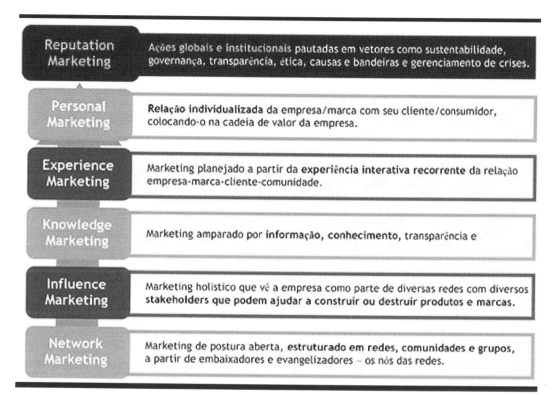

Ao assumir essa postura customer centric, as empresas certamente passarão por redefinições de estratégia e convocatórias em seu marketing. A equação do novo marketing, o marketing rachado pela inovação imposta pelo mundo exterior é: marketing de contexto = marketing de reputação X marketing de relacionamento.

A equação acima imporá novas estruturas organizacionais e funcionais, além de novas atribuições, skills, abordagens e métricas específicas. Esse modelo presume que todas as iniciativas, ferramentas e projetos de marketing sejam organizados estrategicamente, orçamentariamente e em termos de gestão em um nível superior ligado diretamente ao centro decisório da empresa, responsável por coordenar as duas vertentes distintas e complementares do novo marketing: o marketing de reputação, centrado no branding, organizado em torno da relação dos diversos stakeholders com os atributos e valores das marcas corporativas e de produtos da empresa, e o marketing de relacionamento, centrado no suporte a vendas, ligado, em toda extensão do customer life cycle, aos diversos clusters de clientes e aos produtos e serviços da empresa que consomem ou podem vir a consumir.

Assim, com o futuro diretor de reputação ficarão atribuições e práticas como comunicação corporativa, branding, relacionamento com stakeholders, patrocínios, eventos, marketing cultural, social e esportivo, marketing de causas, etc. Já com o futuro diretor de relacionamento estarão propaganda, promoção, pré-venda, suporte, pós-venda, CRM, call center, marketing direto, etc. Mesmo que este diretor ou vice-presidente seja um único, terá duas estruturas apartadas em metas, modelo de gestão e indicadores de performance e valor.

Como todo modelo propositivo, esta estrutura não é definitiva, nem tampouco estática. E cada empresa deve adequar estes conceitos à sua estratégia, setor de atuação, dinâmica de mercados, nível de concorrência e perfil de clientes.

Em nossa visão, uma nova era começa para o marketing. Cabe ao CEO e ao executivo de marketing (VP, diretor ou CMO) analisar seus respectivos cenários, tomar suas decisões, acreditando ou não nesta proposta sugerida. De qualquer forma, fica o compromisso: daqui a três anos conversaremos, novamente, e mediremos o quão acertadas foram nossas análises.

Fonte: DOMENEGHETTI, Daniel. A área de marketing precisa ser inovada. Disponível em: http://www.meioemensagem.com.br/home/marketing/2015/06/26/a-area-de-marketing-precisa-ser-inovada.html. Acesso em: 02/04/2017

4 - Estudo e comportamento do mercado

Retomando o case da marca de chocolates finos Cacau Show, mencionado anteriormente, seu proprietário, de maneira quase que intuitiva, percebeu um nicho de mercado. A partir da constatação que seus produtos tinham grande aceitação de novos clientes, conseguiu não só definir qual segmento iria atuar como revitalizá-lo - há muito tempo dominado no Brasil, por uma única marca, sua concorrente direta a empresa Kopenhagen.

As organizações que pretendem implementar uma gestão de marketing precisam conhecer muito bem os mercados que pretendem atuar. No início, os mercados eram o resultado do encontro de compradores e vendedores que se reuniam para trocar mercadorias e hoje o termo é usado para descrever: grupos de clientes com necessidades similares, a demanda total de certo produto, serviço ou processo; uma combinação de ambos (CAMPOMAR & IKEDA, 2012: 16).

Para simplificar a classificação dos tipos de mercado e suas possibilidades, alguns autores o dividem em dois tipos básicos: o organizacional - subdivido em três tipos principais (industrial, intermediário e governamental) e o consumidor – subdividido em outras duas categorias (diretos e indiretos).

Vamos às devidas definições dos tipos existentes na categoria organizacional:

Tipos de mercado	Formação
Mercado industrial	Consumidores que compram produtos e serviços usados na produção de novos produtos e serviços.
Mercado intermediário	Consumidores que compram mercadorias para revenda.
Mercado governamental	Composto por organizações do setor público que compram produtos e serviços para auxiliar na manutenção de sua prestação de serviços ao público.

Baseada em STOKES, David. Marketing: a case study approach. London: Continuum, 2000.

Já o mercado consumidor é o mais popular e atinge todos os consumidores de bens e serviços – podendo ser consumidores diretos, ou seja, que compram para benefício próprio ou indiretos, que compram para outras pessoas. Devido à complexidade do assunto, existem inúmeras ferramentas que estudam o comportamento dos consumidores e todas as suas variáveis. Em geral, consumidores costumam levar em consideração três grandes tipos de influências: culturais, sociais e familiares. No entanto, esse universo é muito amplo e algumas decisões de consumos são tomadas sem mesmo identificarmos o que nos influencia a tomá-las.

A partir de inúmeros estudos realizados sobre o comportamento do consumidor é possível ao profissional de marketing trabalhar com alguns padrões de comportamento que podem direcionar a escolha do cliente. Segundo CAMPOMAR & IKEDA (2012:18), consumidores individuais reagem aos seguintes fatores:

- **Sociais:** Cultura, subculturas, classes sociais e grupos de referência – a família, os amigos e os colegas de trabalho, por exemplo.
- **Individuais:** Motivação, tipo de personalidade, autoimagem, percepção, aprendizagem, crenças e atitudes.
- **Estilo de vida:** são classificados como grupos psicográficos e o perfil é traçado a partir da junção dos fatores sociais aos individuais.

Referente as decisões de compra de uma organização, normalmente são influenciadas por:

- O tipo de decisão de compra (rotineiro, modificado ou novo);
- Participantes nas decisões, como o responsável pelo setor de compras, o usuário, o influenciador, o tomador de decisão.
- O tamanho da empresa e a cultura organizacional.

5 - Composto de *marketing*

Após as organizações e os profissionais de marketing selecionarem seu mercado-alvo, é hora de trabalhar para que os objetivos de satisfazer as necessidades desses clientes sejam atendidos e a empresa consiga obter o lucro esperado. Como vimos nas aulas anteriores e nas seções passadas dessa aula, existem inúmeras variáveis que podem ser observadas e controladas a fim da organização atingir seu objetivo.

No entanto, o processo de tomada de decisão de marketing, normalmente, será conduzido por quatro estratégias ou quatro variáveis de marketing controláveis: produto, praça (ponto de venda e distribuição), preço e promoção – os famosos 4P's de Marketing.

Esse conjunto de variáveis controláveis, ou estratégias, como também são mencionados por estudiosos da temática, compõem o composto de *marketing* ou o *marketing mix*. São consideradas controláveis porque estão sujeitas as decisões gerenciais por meio de ajustes ou adaptações consideradas mais adequadas com a cultura e os objetivos organizacionais.

Uma gestão de marketing eficaz precisa estar atenta a essas variáveis e gerenciar com equilíbrio as estratégias que possam levar a empresa aos seus melhores resultados, sempre considerando outras variáveis incontroláveis – como vimos na aula anterior.

Campomar e Ikeda (2012), usando o cenário brasileiro como referência, exemplificam como uma gestão de marketing atua na gestão dos 4P's, ou no nosso caso, tenta atuar diante dos inúmeros desafios impostos pelas variáveis externas:

> "A maioria dos produtos que faz parte do nosso cotidiano é fabricada por multinacionais. Olhando ao nosso redor, deparamo-nos com marcas como Intel, IBM, Philips, Sony, GM, Colgate etc. Assim, os produtos são concebidos e desenvolvidos no exterior e, quando muito, faz-se pequenas modificações e adaptações para o mercado local. O preço sempre foi uma variável difícil de ser administrada no Brasil, devido à legislação, aos altos impostos e, em um passado recente, às elevadas taxas de inflação. Quanto à distribuição (praça), esta é dominada por poucos atacadistas e varejistas. Restou apenas a promoção para os administradores

de marketing no Brasil gerenciarem – o que fez com que essa variável ganhasse muita força no processo" (2012:19).

A explanação acima demonstra claramente nosso cenário e até justifica a confusão frequente entre marketing e propaganda. Como a maior liberdade de atuação dos profissionais de marketing está na gestão das estratégias de promoção, restringiu-se nas empresas a atuação desse profissional às decisões que envolvem apenas o segmento da comunicação de marketing.

Em sua área de aluno existem vários materiais de apoio que complementarão sua formação. Alguns deles, inclusive, serão fundamentais para a realização das atividades. Aproveite de todos os recursos disponíveis para ampliar seu conhecimento.

Retomando a aula

Mais uma aula chega ao final e sua percepção sobre a gestão de marketing nesse momento já deve ser diferente de quando começou esse curso. Vamos recordar alguns dos pontos principais abordados:

1 – Composição de um sistema de marketing

O primeiro momento da aula foi destinado a compreendermos melhor o que vem a ser um sistema de marketing e como as organizações que possuem um olhar sistêmico de marketing conseguem destacar-se nos ambientes de negócio.

2 – Segmentação e posicionamento de marketing

A segmentação e o posicionamento de mercado merecem grande atenção por parte dos empresários e suas organizações. Traçar estratégias com essa finalidade permite que as organizações tenham maior controle sobre os resultados planejados e às variáveis que envolvem a empresa – sejam em âmbito interno e externo.

3 – Estrutura de marketing

A falta de uma boa estrutura de marketing pode ser um fator limitante. Os profissionais de marketing ou uma gestão de marketing podem auxiliar as empresas a encontrarem os melhores caminhos de acordo com suas características de estruturação e até mesmo, ajudar empresas a formularem uma organização de marketing mais equilibrada e eficaz.

4 – Estudo e comportamento de mercado

Nessa seção, foram abordadas algumas maneiras de classificar o mercado e algumas características básicas dos consumidores. As particularidades e o perfil desse consumidor tem exigido cada vez mais das organizações. Conhecê-lo bem é etapa primordial de qualquer gestão de marketing.

5 – Composto de marketing

Como os famosos 4P's de marketing devem ser aplicados dentro de uma gestão de marketing?! Essa seção os apresenta como um dos elementos mais importantes dos sistemas de marketing e demonstra algumas dificuldades dos profissionais de marketing em aplicá-los no mercado brasileiro de maneira mais equilibrada.

Vale a pena

Vale a pena **ler**

UNDERHILL, Paco. Vamos às compras: A ciencia do consumo nos mercados globais. São Paulo: Elservier Editora, 2009.

RAPAILLE, Clotaire. O Código Cultural - Por que somos tão diferentes na forma de viver, amar e comprar? São Paulo: Elservier Editora, 2006.

Vale a pena **assistir**

Muitos documentários possuem como temática a vida de grandes empreendedores e suas descobertas de mercado. É só apertar o play!

Steve Jobs: *como ele mudou o mundo*. Direção: Deveaud Bertrand. 2011

Neste documentário, é possível conhecer um pouco mais da história desse grande empreendedor.

Minhas anotações

Minhas anotações

Aula 3º

Comportamento do consumidor

Como o consumidor se comporta? Todos os consumidores se comportam da mesma maneira? Quais são os principais fatores que influenciam um comportamento de compra? Estes serão alguns dos desafios que buscaremos responder durante o estudo desta aula!

Para tanto e por se tratar de conteúdos técnicos, é fundamental que insista em seus estudos sempre com muita dedicação e motivação!

Lembre-se de que em todo projeto de longo prazo é natural que haja momentos de ânimo e outros de cansaço. Assim, é preciso nos preparar para todos os momentos, procurando lidar com eles de uma forma positiva!

Uma sugestão, para isso, é estabelecer planos adequados à sua rotina diária e procurar cumpri-los, outra é buscar a ajuda de colegas de curso e do professor. Afinal, você faz parte de uma comunidade colaborativa de construção do saber! Pense nisso...

Boa Aula!

— Bons estudos!

Objetivos de aprendizagem

Ao término desta aula, vocês serão capazes de:

- reconhecer os mercados consumidores e seu comportamento de compra.
- identificar e compreender os principais fatores que influenciam o comportamento do consumidor.
- apontar e analisar os papeis do comprador, tipos e estágios de comportamento de compra.

Seções de estudo

1 - Reflexões sobre o comportamento do consumidor

Na Seção 1, vamos conhecer e buscar compreender melhor os comportamentos dos consumidores.

Nesse contexto, lhe perguntamos se você já parou para pensar que uma das principais características que influenciam uma pessoa a realizar uma compra?

Lembre-se de que um aluno/profissional disposto a superar os desafios do cotidiano acadêmico/profissional desta área científica e de atuação profissional faz pesquisas e busca informações de forma autônoma, além das sugeridas pelo docente e pelos colegas de curso. Ele não deixa passar muitas situações nas quais ficou sem entender um determinando contexto, uma vez que seu subconsciente está sempre lhe dizendo: "você precisa descobrir o que significa isso!" Assim, está sempre em busca de mais e melhores soluções.

Pense nisso e faça da pesquisa, mais uma aliada de sua aprendizagem durante o estudo desta Aula.

Como você já pode ter pensado o primeiro ponto que é necessário compreender e buscar em relação ao consumidor seja a sua 'motivação'. A menos que a pessoa esteja motivada, com raras exceções, ela não consumirá nada (PORTAL DO MARKETING, 2012).

Se por algum motivo, ficarmos sem tomar água por algum tempo, o nosso organismo reagirá de uma forma tal que constantemente nos sentiremos compelidos a buscar nosso objetivo, ou seja, saciar a sede. O comportamento motivado tenderá a prosseguir até que nosso objetivo seja alcançado, de forma a reduzir a tensão que estamos sentindo. Muitas vezes conseguimos driblar a necessidade com outro aspecto. Se estamos com sono, por exemplo, todo o nosso comportamento se voltará a perseguir o objetivo de acabar com o sono, ou seja, dormir. Se, no entanto, alguma outra coisa nos motivar, um filme na televisão, por exemplo, ou uma reunião de amigos, o nosso comportamento fará com que os sintomas de sono sejam temporariamente esquecidos. A estimulação interna, no entanto, pode não ser de ordem fisiológica, remetendo o indivíduo à fantasia. Mesmo sem estar com sede, ao imaginar uma garrafa de Coca-Cola, gelada pode me fazer sentir todos os sintomas da sede, desta vez não porque o meu organismo necessita de água, mas porque a minha imaginação pôs em funcionamento os mecanismos do corpo que me fariam sentir a mesma sede. Da mesma forma, um estímulo externo, como a visão de um grupo de amigos tomando uma cerveja, pode ocasionar os mesmos sintomas (PORTAL DO MARKETING, 2012).

Richers (1984), caracteriza o comportamento do consumidor de acordo com as atividades mentais e emocionais realizadas na seleção, compra e uso de produtos/serviços para a satisfação de necessidades e desejos.

Nesse contexto, Kotler e Keller (2006), afirmam que o marketing preocupa-se em atender e satisfazer às necessidades e aos desejos dos consumidores torna-se fundamental conhecer o seu comportamento de compra.

Em outras palavras, a tarefa do profissional de marketing é entender o que acontece no consciente do comprador entre a chegada do estímulo externo e a decisão de compra.

Uma grande ignorância dos empresários refere-se ao fato de desconhecer seus clientes. Entretanto, conhecer o que querem os consumidores e como eles tomam suas decisões sobre a compra e a utilização de produtos é imprescindível para que as organizações tenham êxito em seu mercado (UNDERHILL, 1999; SHETH; MITTAL; NEWMAN, 2001).

Conhecer as variáveis de influência sobre o comportamento de compra é relevante para que os homens de negócios qualifiquem seus produtos e serviços, levando em consideração os desejos e as necessidades do consumidor, bem como orientando suas ofertas para o mercado (ENGEL; BLACKWELL; MINIARD, 2000).

Em síntese, o campo do comportamento do cliente estuda como pessoas, grupos e organizações selecionam, compram, usam e descartam artigos, serviços, ideias ou experiências para satisfazer suas necessidades e seus desejos.

Finalmente, entender o comportamento do consumidor e 'conhecer os clientes' não são tarefas simples, uma vez que os clientes podem afirmar uma coisa e fazer outra ou ainda podem não ter consciência de suas motivações mais profundas, além de responder a influências que façam com que mudem de ideia no último minuto, etc.

Que poucos estudos se fizeram em relação ao consumidor sobre as necessidades, que são consideradas básicas para as pessoas? Sabe-se muito sobre as necessidades de comer, beber, dormir, mas, na realidade não interessa à sociedade de consumo que um ser humano tem que comer, beber ou vestir algo. O que interessa na realidade, ao mercado, é o estudo do que comer, o que vestir e o que beber, ou quando uma pessoa escolhe determinado alimento ou bebida para saciar a sua fome e sede, entender quais foram os motivos que levaram a pessoa àquela escolha. Estas são as necessidades secundárias, que englobam hábitos alimentares orientados por normas, princípios e valores de uma determinada sociedade ou grupo social. Estas necessidades são de origem psicológica ou social. Sentir sede, por exemplo, é uma necessidade biológica, é uma necessidade básica. Não tomar refrigerantes para poder emagrecer, no entanto, é uma necessidade de cunho social. Usar um casaco no frio é necessidade básica. Usar um casaco Pierre Cardin de 3.000 Reais é uma necessidade de aceitação social, ou secundária (PORTAL DO MARKETING, 2012).

2 - Principais fatores que influenciam o comportamento de compra

Para iniciar nossas reflexões sobre o tema, é importante saber que conhecer as variáveis que influenciam o comportamento de compra é importante para que os empresários qualifiquem adequadamente seus produtos e/ ou serviços, considerando os anseios e as necessidades do consumidor (ENGEL; BLACKWELL; MINIARD, 2000).

Mas, que características ou fatores influenciam o comportamento dos consumidores na hora de escolher onde e como comprar? Que fatores podem influenciar as respostas do comprador a um programa de marketing?

O consumidor, para consumir, sofre influências psicológicas, pessoais, sociais e culturais (SCHIFFMAN; KANUK, 2000; SOLOMON; 2002).

Vejamos, a seguir, o modelo que demonstra os fatores psicodinâmicos internos e externos que atuam sobre o consumidor, segundo Kotler (1998):

Figura 5.1 - Fatores psicodinâmicos (internos e externos) que atuam sobre o consumidor

Fonte: KOTLER, Philip. Administração de marketing: análise, planejamento, implementação e controle. 5. ed. São Paulo: Atlas, 1998, p. 163.

Para entendê-los em detalhes, vamos estudá-los mais profundamente nos próximos tópicos.

2.1 - Fatores culturais

A cultura é o principal determinante do comportamento e dos desejos e dos desejos dos indivíduos. Assim, à medida que cresce, a criança adquire certos valores, percepções, preferências e comportamentos de sua família e de outras instituições.

Esses fatores são os que mais influenciam os consumidores e são subdivididos em: cultura, subcultura e classe social.

A primeira definição do termo 'cultura' é aquela que se refere a todos os aspectos gerais da realidade social. Para Santos (1994, p. 7), cultura diz respeito às maneiras de conceber e organizar a vida social e seus aspectos materiais, o modo de produzir para garantir a sobrevivência e o modo de ver o mundo'. [...] No âmbito mercadológico, Kotler (1998, p. 162) afirma que "a cultura é o determinante mais fundamental dos desejos e do comportamento de uma pessoa", uma vez que é por meio da cultura que os integrantes de uma sociedade acabam adquirindo um conjunto de valores, percepções, preferências e comportamentos através da vida familiar e de outras instituições básicas, que acabam, logicamente, interferindo em seus hábitos de consumo presentes e futuros.

Kotler (1998, p. 162), afirma que cada cultura consiste em subculturas menores, as quais fornecem identificação mais específica e socialização para os seus membros. Nesse ensejo, o conceito de subculturas "incluem

as nacionalidades, religiões, grupos raciais e regiões geográficas". Ainda "de acordo com Kotler (1998, p. 163), classes sociais são divisões relativamente homogêneas e duradouras de uma sociedade, que são ordenadas hierarquicamente e cujos membros compartilham valores, interesses e comportamentos similares. Nesse sentido, tendo-se por base Churchill e Peter (2000), a distribuição da população brasileira em classes sociais, segundo o Critério Brasil, dá-se em função de um sistema de pontuação baseado na posse de bens de consumo duráveis, instrução do chefe da família e outros fatores, como a presença de empregados domésticos (MEDEIROS; CRUZ, 2006).

2.2 - Fatores sociais

Os fatores sociais se subdividem em:
a) Grupos de referência.
b) Família.
c) Papéis e status.

Os "grupos de referência" de uma pessoa são aqueles que exercem alguma influência direta (face a face) ou indireta sobre as atitudes ou o comportamento dessa pessoa. Os grupos que exercem influência direta sobre uma pessoa são chamados "grupos de afinidade".

Alguns "grupos de afinidade" são primários, como família, amigos, vizinhos e colegas de trabalho, com os quais a pessoa interage continuamente e informalmente.

Os grupos de referência são aqueles grupos de pessoas que influenciam os pensamentos, os sentimentos e os comportamentos do consumidor (KOTLER, 1998, p. 164)?
Há dois tipos desses tipos de grupos (KLOTER, 1998):
- Grupos "primários" de afinidade: grupo informal, com o qual a pessoa interage mais continuamente, constituído pela família, pelos amigos, pelos vizinhos e pelos colegas de trabalho.
- Grupos "secundários" de afinidade: grupos mais formais que exigem interação menos frequente ou contínua, constituídos pelas religiões, sindicatos, profissões, etc.

Já a família é a mais importante organização de compra de produtos de consumo na sociedade e tem sido exaustivamente estudada. Nesse sentido, os membros da família constituem o grupo de referência primário mais influente no momento da compra.

Podemos distinguir duas famílias na vida do comprador: a **família de orientação**, que consiste nos pais e irmãos de uma pessoa e uma influência direta no comportamento de compra é a chamada **família de procriação** – o cônjuge e os filhos.

Além da família, vimos que a posição de uma pessoa em cada grupo pode ser definida também em termos de papéis e *status*.

Nesse ínterim, um papel consiste nas atitudes que uma pessoa deve desempenhar e cada papel carrega um status.

As pessoas escolhem produtos que comunicam seus papéis e seu status na sociedade e os profissionais de marketing, por sua vez, precisam ter consciência dos símbolos de status 'potenciais de produtos e marcas.

Os presidentes de empresas, por exemplo, geralmente dirigem Mercedes, usam ternos caros e tomam uísque Chivas Real.

2.3 - Fatores pessoais

As decisões do comprador também são influenciadas por características pessoais, como: idade e estágio do ciclo de vida, ocupação, circunstâncias econômicas, estilo de vida, personalidade e autoimagem.

a. **Idade e estágio no ciclo de vida**: as pessoas compram diferentes artigos e serviços durante a vida. Elas consomem alimentos para bebês nos primeiros anos de vida, a maioria dos alimentos durante as fases de crescimento e maturidade e dietas especiais nos últimos anos de vida. O gosto no que diz respeito a roupas, móveis e lazer também é relacionado à idade. Isso significa que os padrões de consumo são moldados de acordo com o ciclo de vida da família.

b. **Ocupação e circunstâncias econômicas**: a ocupação também influencia o padrão de consumo de uma pessoa. Um operário comprará roupas de trabalho, sapatos de trabalho e marmitas. Um presidente comprará ternos caros, passagens de avião, títulos de clubes exclusivos e barcos luxuosos.

c. **Estilo de vida**: pessoas de mesma subcultura, classe social e ocupação podem ter estilos de vida bem diferentes. Um estilo de vida é o padrão de vida da pessoa expresso por atividades, interesses e opiniões. O estilo de vida representa a 'pessoa por inteiro' interagindo com seu ambiente.

d. **Personalidade e autoimagem**: a personalidade pode ser variável útil para se analisar o comportamento do consumidor, uma vez que os tipos de personalidade podem ser classificados com precisão e que existem fortes correlações entre certos tipos de personalidades e as escolhas de produtos e marcas.

> É possível que a autoimagem real de uma pessoa (como ela se vê) seja diferente de sua autoimagem ideal (como ela gostaria de se ver) e de sua autoimagem de acordo com os outros (como ela pensa que os outros a veem).

É possível que a autoimagem real de uma pessoa (como ela se vê) seja diferente de sua autoimagem ideal (como ela gostaria de se ver) e de sua autoimagem de acordo com os outros (como ela pensa que os outros a veem).

2.4 - Fatores psicológicos

As escolhas de compra de uma pessoa são influenciadas por quatro fatores psicológicos predominantes, tais como:

a) **Motivação**: uma pessoa possui necessidades em qualquer momento. Algumas necessidades são fisiológicas; elas surgem de estados de tensão fisiológicos, como fome, sede e desconforto. Outras necessidades são psicológicas; elas surgem de estados de tensão psicológicos, como necessidade de reconhecimento, estima ou integração. Uma necessidade passa a ser um motivo quando alcança um determinado nível de intensidade. Um motivo é uma necessidade que é suficientemente importante para levar a pessoa a agir.

> Comprar ou não comprar, eis a questão! Todo dia cada um de nós se depara com essa questão diversas vezes e, na grande maioria delas, nem suspeita o quão complexa essa decisão possa ser. Mesmo para um produto simples como um sabonete ou para algo bem mais caro e difícil de se desfazer como uma televisão de plasma, um carro ou uma casa na praia. Conhecer o motivo pelo qual uma pessoa compra o produto A e não aceitaria o produto B, talvez nem mesmo de graça, é fundamental para os gestores de marketing poderem preparar suas estratégias e sobreviver no mercado atual, ferozmente competitivo. É claro que essa não é uma tarefa fácil, muito pelo contrário: ela depende do relacionamento de um grande número de variáveis tais como quem é o consumidor, qual sua história, suas rendas, suas preferências, a situação em que ele se encontra, a utilização que será feita do bem a ser adquirido e assim por diante. Em resumo, é necessário um profundo conhecimento do consumidor (ANTENA WEB, 2012).

b) **Percepção**: é o processo por meio do qual uma pessoa seleciona, organiza e interpreta as informações recebidas para criar uma imagem significativa do mundo.

c) **Aprendizagem**: a aprendizagem envolve mudanças no comportamento de uma pessoa que surgem através das experiênciais.

d) **Crenças e atitudes**: fazendo e aprendendo, as pessoas adquirem crenças e atitudes, as quais, por sua vez, influenciam seu comportamento de compra. Crenças e atitudes são pensamentos descritivos que as pessoas mantêm a respeito de alguma coisa.

> Fique atento! No site do YouTube, você pode encontrar inúmeros vídeos sobre os fatores que influenciam o comportamento de compra. Sempre que possível, acesse-o e realize buscas utilizando termos como: consumidor, comportamento de compra, fatores que influenciam as compras, dentre outros como palavras-chave, procure assistir alguns deles e se posicionar criticamente em relação ao conteúdo. Com os conhecimentos que está adquirindo, cada vez mais, você se torna capaz de superar o senso comum sobre as informações disponibilizadas nos diferentes meios de comunicação e utilizá-las como fontes de pesquisa, sempre que considerar que se trata de conhecimentos úteis! Ah, lembre-se de que esse hábito será fundamental no dia a dia de sua profissão!

3 - Papéis do comprador, tipos e estágios de comportamento de compra

Os profissionais de marketing precisam identificar quem é o responsável pela decisão de compra, os tipos de decisão e os passos no processo de compra.

Mas afinal, qual é o papel do comprador?

Pois bem, normalmente é o homem que compra o seu aparelho de barbear e a mulher que escolhe suas meias de seda. Mas os profissionais de marketing têm que tomar cuidado sobre mercados-alvo, uma vez que os papéis de compra mudam.

Podemos distinguir, portanto, cinco papeis que as pessoas decidem na compra:

a. **Iniciador**: pessoa que sugere comprar um produto novo.
b. **Influenciador**: pessoa que influencia na compra.
c. **Decisor**: pessoa que decide como e onde comprar.
d. **Comprador**: pessoa que realiza a compra.
e. **Usuário**: pessoa que consome ou usa o produto ou serviço.

Dessa maneira, podemos distinguir ainda os distintos tipos de comportamento de compra, que são:

a. Comportamento de compra complexo.
b. Comportamento de compra com dissonância cognitiva reduzida.
c. Comportamento de compra habitual.
d. Comportamento de compra em busca de variedade.

Observam-se, finalmente, os seguintes estágios no processo de decisão de compra.

a. Reconhecimento do problema.
b. Busca de informações.
c. Avaliação de alternativas.
d. Decisão de compra.
e. Comportamento pós-compra.

Os consumidores passam pelas cinco etapas (reconhecimento do problema, busca de informações, avaliação de alternativas, decisão de compra e comportamento pós-compra) ao comprar um produto. Contudo, elas não possuem uma ordem determinada, uma vez que alguns consumidores podem pular ou voltar algumas dessas etapas.

É importante saber que antes de desenvolver seus planos de marketing, os profissionais precisam estudar os mercados consumidores e o comportamento do consumidor.

Desse modo, ao analisar os mercados consumidores, as empresas precisam investigar quem faz parte do mercado (pessoas), o que o mercado compra (objetos), por que o mercado compra (objetivos), quem participa da compra (organizações), como o mercado compra (operações), quando o mercado compra (ocasiões) e onde o mercado compra (pontos de venda).

Como já sabemos, o comportamento do consumidor é influenciado por quatro fatores: culturais, sociais, pessoais e psicológicos. Nesse ínterim, a pesquisa de todos esses fatores pode fornecer sugestões sobre como alcançar e servir os clientes efetivamente.

Observa-se, para encerrar, que para entender como os consumidores realmente tomam suas decisões de compra, os profissionais de marketing devem identificar quem fornece as informações para a decisão de compra. As pessoas podem ser iniciadoras, influenciadoras, decisórias, compradoras ou usuárias, e as diferentes campanhas de marketing devem ser dirigidas a cada tipo de pessoa.

E então, entendeu direitinho o conteúdo? Ficou com alguma dúvida? Em caso afirmativo, acesse o ambiente virtual e utilize as ferramentas indicadas para interagir com seus colegas de curso e com seu professor.

Retomando a aula

Antes de encerrar a Aula 03, é importante que retomemos os conteúdos estudados:

1 - Reflexões sobre o comportamento do consumidor

Na primeira seção, compreendemos o comportamento do consumidor de acordo com as atividades mentais e emocionais realizadas na seleção, compra e uso de produtos/serviços para a satisfação de necessidades e desejos.

2 – Principais fatores que influenciam o comportamento do consumidor

Já na segunda seção, estudamos os fatores que exercem influência direta sobre o comportamento do consumidor, tais como: os fatores culturais, os fatores sociais, os fatores pessoais e os fatores psicológicos.

Percebemos que conhecer as variáveis que influenciam o comportamento de compra é fundamental para que os empresários qualifiquem adequadamente seus produtos e/ou serviços.

3 - Papéis do comprador, tipos e estágios de comportamento de compra

Na terceira e última seção, vimos que um comprador pode assumir diferentes papéis ao longo de sua trajetória de consumo: em dados momentos pode ser o iniciador, o influenciador, o decisor, o comprador e/ou até mesmo o usuário.

Finalmente, compreendemos que para entender como os consumidores realmente tomam suas decisões de compra, os profissionais de marketing precisam primeiro identificar quem fornece as informações para a decisão de compra, para atuar também sobre este público.

Vale a pena

❮Vale a pena **ler**❯

ENGEL, James F.; BLACKWELL, Roger D.; MINIARD, Paul W. *Comportamento do consumidor*. 8. ed. Rio de

Janeiro: LTC, 2000.

RICHERS, Raimer. *O enigmático mais indispensável consumidor:* teoria e prática. Revista da Administração, jul./set. de 1984.

SHETH, N. Jagdish; MITTAL, Banwari; NEWMAN, I. Bruce. *Comportamento do cliente:* indo além do comportamento do consumidor. São Paulo: Atlas, 2001.

UNDERHILL, Paco. *Vamos às compras:* a ciência do consumo. São Paulo: Campus, 1999.

Vale a pena **acessar**

PORTAL DO MARKETING. Comportamento do consumidor. Disponível em: <http://www.portaldomarketing.com.br/Artigos/motivacao.htm>. Acesso em: 4 mar. 2012.

Vale a pena **assistir**

YOUTUBE. *O marketing e o comportamento do consumidor.* Disponível em: <http://www.youtube.com/watch?v=Hx8gbnWO03A>. Acesso em: 4 mar. 2012.

_____. *Comportamento do consumidor.* Uma análise em 360º . Disponível em: < http://www.youtube.com/watch?v=1KnHbDmTHMg>. Acesso em: 15 mar. 2012.

Minhas anotações

Aula 4º

Atendimento ao cliente

É muito bom encontrá-los(as) novamente!

Acredito que as aulas estejam auxiliando vocês na construção intelectual e na tomada de decisões nos negócios. Vamos continuar em frente sempre nos perguntando qual o meu papel diante do mundo, será que estou agradando os outros? Geralmente, ouve-se falar que as pessoas devem fazer o que gosta, contudo, se todos fizessem o que gosta não haveria nada no mundo, devemos sim gostar do que fazemos.

Espero, que a partir da discussão desta aula, possamos juntos repensar a maneira e as atitudes que estão sendo tomadas para direcionar nossos negócios. Desejo que seja feita por cada aluno uma auto reflexão sobre o atendimento e como você está tratando seus clientes. Será que está dando a atenção que ele merece? Está respeitando sua decisão? Pratica o bom relacionamento com ele? Ou simplesmente acredita que você já tem todas as técnicas necessárias e não precisa desse conteúdo? Se for assim pare por aqui a leitura, caso contrário, quero que façamos um fórum para discutirmos o atendimento ao cliente. Pretendo discutir e ouvir experiências de atendimento e juntos analisarmos cada situação a fim de chegarmos a um senso comum.

Nesta aula, vamos abordar estritamente o atendimento ao cliente, sua necessidade, e seus principais aspectos, ou seja, aqueles que diferenciam um atendimento péssimo, regular, bom, muito bom, ótimo e excelente. Irei sugerir que aprofundem as pesquisas sobre o assunto, propondo a cada um que reflitam a fim de fazerem uma reflexão com o objetivo de verificar acertos e erros seus no dia a dia.

Pratique o atendimento, o marketing pessoal, o marketing de relacionamento começando em casa, procure agradar sua parceira ou seu parceiro, negocie com seus filhos e ensine a eles que tratar uma pessoa com carinho é a única coisa que traz resultados.

Quer ver como se negocia, se brigou com a namorada ou esposa, tente descobrir o chocolate que ela mais gosta, ou a flor que mais se encaixa com sua beleza, a presenteie e antes que ela venha com um carro cheio de palavras diga, me perdoe você está certa eu preciso mudar e preciso da sua ajuda para fazer isso. Certo é que se você for capaz de fazer isso com certeza terá a capacidade de trabalhar com firmeza e leveza no mundo dos negócios. Reconhecer seus defeitos e erros é o melhor remédio para se livrar do estresse do dia a dia.

Quero lembrá-los que vou apresentar esta aula de maneira tranquila, procurando construir juntamente com vocês o atendimento ideal, propondo ideias a fim de que todos reflitam e possam desenvolver novas metodologias de atendimento, de modo a angariar mais e mais clientes.

Bons estudos!

Objetivos de aprendizagem

Ao término desta aula, vocês serão capazes de:

- caracterizar o bom atendimento ao cliente.
- compreender as relações existentes entre atendimento e tratamento.
- identificar as necessidades do mercado e a importância do bom atendimento para a prosperidade da empresa.

Seções de estudo

1 - Atender bem seu cliente, uma necessidade
2 - Atendimento e tratamento
3 - Um grande desafio: praticar o bom atendimento!

1 - Atender bem seu cliente, uma necessidade

Nesta última aula vou apontar a vocês a necessidade do atendimento ao cliente. Demonstrando que empresas não existem sem o cliente. E para isso explanarei diversos tipos de atendimento ao cliente e suas funcionalidades.

Elencaremos fatores que favorecem e desfavorecem o atendimento nota dez ou zero ao cliente, pois é importante verificar que não se deve admitir empresas e/ou vendedores ou atendentes que tratem o cliente com descaso.

A economia encontra-se globalizada, os produtos nas prateleiras são praticamente os mesmos e o grande diferencial está no atendimento e não só nos preços. Não basta reduzir preços se o cliente não sentir desejo de frequentar sua empresa. Ao preparar esta aula, procurei evidenciar ao máximo a estrutura do atendimento ao cliente e sua importância para uma boa desenvoltura no âmbito das vendas e negócios.

Proponho, pois, algumas questões para refletirmos, antes de prosseguir nosso estudo:

1) Quantas vezes você já foi atendido por um vendedor de nariz em pé? Qual foi sua atitude diante disso?
2) Esse atendimento o agradou, sendo que além de ser prepotente o vendedor ainda subestimou sua inteligência e seu poder de compra?

Em geral, o comércio ainda pratica essa forma de venda, com pessoas mal preparadas, sem especialização para o negócio e sem um empurrãozinho da empresa. Geralmente, isso ocorre muito nas cidades interioranas, devido a cultura do atendimento continuar a mesma dos anos 50, no qual o vendedor avalia a vestimenta ou o carro do cliente a fim de garantir que ele tenha dinheiro para fazer uma boa compra. Esses vendedores já deveriam estar fora do mercado a muitos anos e a empresa que os tem já deveria ter fechado as portas.

Portanto, é indiscutível que a excelência no atendimento seja um dos maiores diferenciais competitivos do mercado e o fator principal para alavancar o crescimento das vendas e a evolução das empresas.

Contudo não basta que essa ideia nasça apenas no gestor da empresa ou no líder ou no diretor é necessário que todos pensem de uma mesma maneira e que vivam a mesma cultura empresarial, pois as mudanças devem ser totais, ou seja, não basta apenas maquiagem deve-se nascer novamente e com um novo espírito de organização, voltado a um cliente que deseja receber atenção e sentir-se feliz com sua compra.

Atender bem o cliente é antes de tudo estar preparado fisicamente e intelectualmente a fim de absorver as necessidades e os anseios dele, analisar com inteligência e transformar tudo isso em vendas.

Não existe um ser humano sequer no mundo que não goste que os outros o olhem com desejo e com respeito. Portanto, qualquer um que deseja se destacar no mercado atual deve apresentar o diferencial e a inovação que não é nada mais que o cliente, pois os produtos que sua empresa fornece podem ser encontrados no concorrente e talvez com preço e atendimento muito melhores que o seu.

Não seja um vendedor chato, que perde o equilíbrio emocional com facilidade. Contorne as situações, quando um cliente entrar em sua empresa faça ele sentir que você está muito contente com sua presença e sem sombra de dúvidas mostre a ele que o que você tem de melhor é a gratidão, pois empresa sem cliente não existe.

Fonte: <http://www.google.com.br/ imgres acesso 15 fev. 2012 - 20:30h

Um exemplo claro de atendimento que agrada ou não o cliente é o salão de beleza. Você não vai em qualquer salão, mesmo sabendo que todos praticam o mesmo serviço, você procura fidelizar-se a um salão de beleza no qual a cabeleireira ou o cabeleireiro a trata ou o trata com respeito, elogiando seus cabelos, suas roupas e seu estilo. Portanto, você não está procurando preço, mas sim um bom tratamento e se alcançado você jamais frequentará o concorrente.

Notaram na imagem ao lado, a face da cliente está relaxada, pois gosta desse serviço e com certeza está recebendo um atendimento nota dez. Não basta apenas tratar os cabelos, cortá-los, deve-se antes de tudo satisfazer seu cliente para que ele(a) sinta-se prestigiado e importante.

Fonte: <adrianeboneck.com.br> Acesso em: 15 fev. 2012 - 22h

Portanto, não existe empresa estabilizada que prospere e conquiste mercado sem clientes satisfeitos. Ainda assim, organizações de todos os portes persistem em atendê-los com desatenção. Os consumidores estão astutos e mais exigentes a cada dia; e a concorrência mais acirrada e bem preparada.

Essa tem sido então, uma equação devastadora para as empresas que negligenciam o atender bem. Portanto, a maneira como uma empresa atende o seu cliente pode ser a diferença entre obter sucesso ou fracassar nos negócios.

Shiozawa (1993) diz que:

> Não é à toa que as organizações estão voltando-se "para fora", procurando o foco no cliente ou fazendo da atenção no consumidor e não no produto, um fator crítico de sucesso. Se o atendimento ao cliente está transformando-se num poderoso diferencial competitivo, é exatamente porque estamos vivendo enorme crise nesta área (SHIOZAWA, 1993, p. 43).

Um questionamento deveria permear as mentes dos empresários: Como posso melhorar o padrão de qualidade do atendimento da minha empresa?

Claro que a única maneira para atingir isso é ter como meta a superação das expectativas dos clientes, o que já é um ótimo ponto de partida, pois faz com que esses clientes passem a ser encarados como parceiros do sucesso das empresas e não apenas como "fregueses". Afinal freguês é coisa dos mercadinhos de secos e molhados de 1930; hoje, ele é considerado parceiro.

Lembre-se que atendimento não é apenas a boa educação, mas é também a qualidade dos serviços e produtos oferecidos pela empresa, não basta atender bem se o seu produto tem uma qualidade ruim, ofereça um serviço de qualidade, da porta de entrada a porta de entra, pois quem atende bem nunca verá seu cliente ir pela porta de saída.

Fonte: <bardamadrugahis.blogspot. com>.

Xiii... quantas vezes você chegou em um lugar que foi atendido por alguém assim?

Bum dia crienti, você disculpa é que eu to com um ressaca danada, mas vou atende o cê logo. O quié qui você qué, conta pru dega aqui.

Esse tipo de profissional deveria estar fora do mercado de trabalho, pois é importantíssimo que você tenha cuidado com suas ações, pois elas além de desrespeitarem a sua vida particular poderá colocar todo o seu negócio a perder.

1.1 - Atendimento ao cliente

Se você analisar o dicionário para achar a definição de atendimento, terá a seguinte resposta: é "ato ou efeito de atender". Mas sabemos que ele vai além: é dar, prestar atenção, considerar, acatar ou tomar em consideração uma pessoa que compra (adquire) um produto ou serviço; é a maneira como habitualmente são atendidos os usuários de determinado serviço.

Godri (1994, p. 35), entende que "clientes satisfeitos são os meus mais poderosos aliados". Pois cliente satisfeito publica seus produtos ou serviços e com certeza cria credibilidade para os seus serviços.

Quando se fala em atender muitos que desenvolvem tal função não estão preparados adequadamente e sempre desvinculam o real papel do atendimento que é a satisfação do atendido.

Por exemplo, aquele professor que vive falando de seus títulos e se auto prestigiando, mas na hora da aula é reprovado por seus alunos e não consegue atrair a atenção de ninguém. Portanto, não basta ter bagagem se ela não vir acompanhada de atitude, não se guarda conhecimento, pois ele deve ser compartilhado.

É preciso salientar que caso tenha plena convicção que determinado produto oferecido por você pode ter uma vida útil mais curta do que o esperado deixe o cliente ciente das vantagens e desvantagens, o cliente não quer ler o manual de instruções, ele quer que você seja o manual.

Então, o atendente além de ser a imagem da empresa, deve ser muito bem informado a fim de garantir que o cliente seja satisfeito, e receba todas as informações necessárias.

- Trate seu cliente com a mesma atenção que gostaria de receber quando atendido.
- Despreze a ignorância no atendimento, vendedor nunca fica zangado.
- Vendedor está sempre disposto a resolver problemas e vender.
- Nunca recuse um serviço, se não pode entregar na data que o cliente sugeriu negocie com ele, mostre que se ele fizer o serviço com você além do bom atendimento, ele terá um amigo para lhe ajudar.
- Existem pessoas educadas, aquelas que falam muito, aqueles que têm pressa, outros que querem desabafar, os que desejam apenas o produto, uns que não dão o braço a torcer, e os que estão a procura de amizade.
- Portanto, tenha todos os clientes ao seu lado, não existe cliente chato, há sim pessoas exigentes por qualidade, respeito e atenção. Se preciso reorganize seu modo de vida para poder alcançar o sucesso que tanto espera. As pessoas que ganham muito dinheiro, o fazem pela sua raridade e não pelo fato de ser igual.
- Transforme seu local de trabalho, tenha objetivo empreendedor, seja um líder para os outros e para você.
- O bom vendedor não é a aparência física, como anunciam as vagas para tal função: "Precisamos de rapazes e moças com boa aparência!" Não, isso é preconceito, desrespeito! O anúncio deveria ser feito assim: "Precisamos de pessoas que tenham capacidade de aprender". Isso sim.

Vejam que o princípio da humildade por parte do vendedor (não estou falando de mesquinharia), garante bons resultados. Além disso, ter talento é trabalhar para que isso aconteça e o caminho é a informação e o constante aperfeiçoamento.

Já o bom cliente são todos que nos rodeiam, começando em casa com seus pais, irmão, esposo ou esposa e filhos. Portanto, praticar a venda e a negociação em casa já é um ótimo início. Para tanto, é necessário entender que as pessoas geralmente têm ideias prontas sobre determinados assuntos e não adianta você querer que elas pensem como você, ou seja, nunca tente querer mudar os outros, isso gera conflitos.

Tente interferir de maneira que provoque no outro a auto reflexão, mostre que você entende as particularidades de cada um e isso é muito importante para você a partir do momento que fizer isso terá todos ao seu lado.

Vamos fazer uma pausa? Dê uma volta, tente negociar com alguma pessoa e depois me conte a experiência no quadro de avisos. Mas, seja Cortez, aborde a pessoa com respeito, deixe que ele fale por você. Quero saber da sua experiência.

2 - Atendimento e tratamento

São dois conceitos diferenciados e que muitas vezes são confundidos. Nossos esforços também tendem a um enfoque, e esse enfoque pode fazer a diferença.

- **Atendimento**: Está diretamente ligado aos negócios que uma organização pode ou não realizar, de acordo com suas normas e regras. O atendimento estabelece, dessa forma, uma relação de dependência entre o atendente, a organização e o cliente.
- **Tratamento**: É a maneira como o funcionário se dirige ao cliente, orientando-o, conquistando sua simpatia. Este sim, é um trabalho que depende exclusivamente do atendente. Por exemplo: um cliente que procura pregos numa loja de brinquedos não será atendido em suas necessidades, mas, se for bem tratado e receber informações sobre onde encontrar o produto, levará uma boa imagem da empresa. Todo atendimento deve envolver um bom tratamento; porém, o bom tratamento não garante o bom atendimento.

O diferencial é que se preste um bom atendimento e um bom tratamento, para que o cliente possa ter boa impressão da empresa e publicar gratuitamente sua marca. A propaganda boca a boca é uma das mais importantes, pois não depende de um trabalho publicitário, mas sim do marketing de relacionamento.

- **Qualidade em Atendimento**: O aperfeiçoamento contínuo é o primeiro requisito da qualidade no atendimento. A segurança ao transmitir informações, depende do conhecimento que você possui sobre a função, as normas, os procedimentos, a empresa, seus produtos, seus serviços e o código do consumidor.

Para Shiozawa (1993, p. 59) "Qualidade é a maximização do sucesso do cliente".

Em um atendimento com qualidade, existem alguns requisitos básicos que devem ser observados:

a) Conhecer - Suas funções, a empresa, as normas e os procedimentos. Esse ponto é fundamental, pois o vendedor que não conhece a missão de sua empresa dificilmente terá capacidade de dirigir um bom atendimento.

Conhecer a política interna da empresa, as normas e os procedimentos são elementos fundamentais na hora da conquista do cliente. Por isso, informe-se, pergunte sobre políticas de desconto, vantagens que possa oferecer ao cliente e satisfaça-o.

O bom negociante é aquele que está sempre atento e informado sobre tudo, mesmo que um cliente procure um produto que sua empresa não ofereça, tomemos como exemplo pregos, informe-o, procure dirigir ele ao local no qual ele pode encontrar o que deseja e assim você vai causar boa impressão e certamente, quando precisar de um produto que sua empresa ofereça, ele retornará para comprar com você.

b) Ouvir - Não é possível atender sem antes saber o que atender. É necessário ouvir o que o cliente tem a dizer para estabelecer uma comunicação sem desgastes.

Nunca interrompa seu cliente, ouça atentamente tudo o que ele deseja, perceba sua necessidade e utilize disso para poder elaborar uma estratégia de venda, se o cliente tem uma estória para lhe contar viaje com ele, mas com atenção. Geralmente, muitos clientes desejam ser ouvidos na hora da compra e o vendedor é o único que tem o tato para tal função.

Entretanto, para ouvir é necessário estar informado sobre praticamente tudo, pois ao final da audição certamente o cliente espera que você tenha entendido suas explanações e dúvidas, então nunca peça para ele repetir o que disse ou comente que não entendeu.

c) Falar – Depois de ouvir atentamente, é necessário falar, para se estabelecer o processo de comunicação. Quando um atendente transmite uma informação ao cliente, deve utilizar-se de uma linguagem adequada, evitando termos técnicos, siglas, gírias, enfim ser claro, objetivo, respeitando o nível de compreensão do cliente. Não julgue o cliente pela aparência, ou pela sua capacidade intelectual o julgamento não cabe aos homens, respeite seu cliente e trabalhe de forma que ele perceba a admiração que você dispensa a ele, aliás, as empresas só existem porque os clientes as procuram. Portanto, o cliente está sempre em primeiro lugar.

d) Perceber - Os gestos, as expressões faciais e a postura do cliente, são elementos ricos em mensagens e se percebidas auxiliarão a sua compreensão. As pessoas são diferentes uma das outras. Por essa razão, a percepção é um fator fundamental. É através dela que conseguimos captar as diferentes reações e assim dispensar um tratamento individual e único.

Respeite e trate cada pessoa da maneira que ela espera ser tratada, pois é inadmissível que um atendente com anos de experiência não tenha o tato para assimilar o desejo do cliente em seus gestos. Geralmente, o atendente despreza isso por puro despreparo ou falta de motivação.

Toda organização deve promover campanhas internas de motivação profissional. A motivação para clientes não chega somente através do salário, mas sim pelo respeito que os líderes dispensam para eles.

2.1 - Por que se perde um cliente?

São muitos os fatores pelos quais podemos perder um cliente, contudo existem aqueles clientes que jamais iremos reconquistar e isso devido a eventos naturais e não provocados por nós. Contudo existem as empresas que só ganham clientes quando eles morrem que é o caso das funerárias.

Jamais uma funerária existiria se pessoas não morressem, é trágico, mas é realidade, existem empresas que lucram mesmo nas horas mais sombrias de nossa vida. Vamos evidenciar o porquê perdemos um cliente.

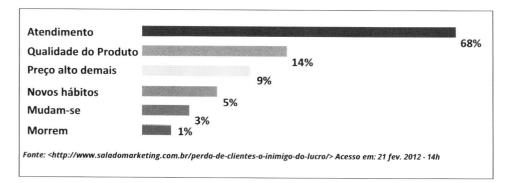

Atendimento	68%
Qualidade do Produto	14%
Preço alto demais	9%
Novos hábitos	5%
Mudam-se	3%
Morrem	1%

Fonte: <http://www.saladomarketing.com.br/perda-de-clientes-o-inimigo-do-lucro/> Acesso em: 21 fev. 2012 - 14h

Partindo desse pressuposto, as principais razões para excelência no atendimento incluem:

- O cliente bem atendido volta sempre. E o melhor, faz campanha boca a boca da sua empresa ou marca. Geralmente, o cliente bem atendido sente-se satisfeito, para ele torna-se um prazer voltar. É muito importante manter o seu cliente sempre ao seu lado.
- O profissional de atendimento tem em média 70% da responsabilidade sobre a satisfação do cliente. O atendente é o cartão de visita para a empresa, ou seja, se é mal humorado certamente o cliente terá a impressão que a empresa não valoriza os clientes. Se é desorganizado dá a impressão que não é bom fazer negócios com essa empresa.
- Nem sempre se tem uma segunda chance de causar boa impressão. Cliente insatisfeito jamais retorna e o pior faz campanha contra sua marca ou empresa, por isso é necessário que se tenha cuidado para que isso não ocorra.
- Relações eficazes com os clientes, aliadas à qualidade técnica e preço justo, fortalecem a opinião pública favorável à empresa.

Estar atento aos pontos acima não é atrelar o negócio única e exclusivamente em função do cliente, é sim não esquecer que o crescimento ou não da empresa depende da decisão do cliente, sobre o local onde ele irá manter uma relação de compra.

É muito importante que a empresa trabalhe a ideia de qualidade total no atendimento, promovendo cursos de reciclagem, e participando ativamente do processo, pois a empresa depende do sucesso do atendente e do vendedor para que possa se estabelecer no mercado.

2.2 - Técnicas para garantir a satisfação dos clientes

Existem inúmeras técnicas de atendimento ao cliente. Abaixo estão elencadas algumas que se tornam necessárias para a prática de tal função:

- Leve as coisas pelo lado profissional, não pessoal. Geralmente, as pessoas estão mal humoradas devido a inúmeros problemas que estão enfrentando, um câncer em alguém da família, um filho ou filha que se envolveu em confusões, enfim, para tanto é necessário que esteja atendo a fim de compreender e entender o momento de cada um, pois pessoas são pessoas e seus comportamentos variam conforme as tarefas e os problemas que enfrentem em seu dia. Portanto, ao atender um cliente seja profissional, proceda com

naturalidade, respeite seu momento, pois você é a única pessoa que poderá fazer isso.
- Detecte o estresse prematuramente e previna-o. Esteja sempre preparado para enfrentar diversos tipos de situações e aja de maneira cordial sempre, não se irrite; essa com certeza não é a melhor saída.
- Trate cada pessoa como um cliente para conseguir mais cooperação;
- Vise à satisfação do cliente e não apenas ao serviço;
- Solucione problema sem culpar a si próprio ou aos outros. Atendente ou vendedor que não é capaz de resolver um problema sem antes culpar alguém certamente não desenvolverá um bom trabalho. Pois ficar preso a outros para resolver determinados casos passará a imagem de despreparação e desorganização. Evitar isso é essencial para o sucesso.
- Pratique técnicas comprovadas;
- Estimule o feedback contínuo. Promova questionários objetivos a fim de verificar a qualidade do seu atendimento.

2.3 - O que devemos evitar

Promoter e não cumprir. Se prometeu cumpra, não há nada que mais irrite o consumidor se não promessas não cumpridas. Não desaponte o consumidor, ele jamais entenderá suas desculpas, ou seja, se não cumprir ele irá entender que está havendo algum tipo de falcatrua. E com certeza irá falar muito mal de sua empresa:

- **Indiferença e atitudes indelicadas** - Trate com respeito seu cliente, respeite seus argumentos e tente de maneira amistosa conquistá-lo.
- **Não ouvir o cliente** - Geralmente, o vendedor que faz seu salário em cima de comissões tende a efetuar uma venda rápida e raramente da atenção ao cliente de forma que o satisfaça. O atendente ou o vendedor deve ouvir o cliente a fim de entender sua necessidade.
- **Dizer que ele não tem o direito de estar "irado"** - Nunca discorde de um cliente, procure concordar trazendo-o para o seu lado, não deixe que ele fique contra você. Não há nada mais irritante do que querer resolver algo e o atendente dizer que a informação que está procurando não pode ser resolvida porque foi outra pessoa que começou o atendimento. É ridículo pensar que esse tipo de atendimento ainda é praticado, visto que o cliente

só quer que seu problema seja resolvido, procure atendê-lo cordialmente, aceite suas reclamações e trabalhe a fim de virar o jogo e receber ao final do atendimento os elogios do cliente.

- **Agir com sarcasmo e prepotência** - Respeite as pessoas, não as julgue pela aparência, seja discreto e dê atenção necessária a todos seus clientes. Todos querem ser respeitados e admirados, por isso é essencial que isso seja praticado por todos os seres humanos que desejam ter sucesso em suas vidas.

- **Questionar a integridade do cliente** - Não brinque com a vida pessoal das pessoas, respeite-as para que possa ser respeitado.

- **Discutir com o cliente** - Evite discussões, sempre que perceber que fez algum comentário com ironia, peça perdão imediatamente ao seu cliente, faça com que ele trabalhe ao seu favor e não contra você.

- **Não dar retorno ao cliente** - Sempre que prometer, cumpra, pois o cliente espera que seja dado um retorno e quando isso não acontece, geralmente ele procurará a concorrência a fim de se vingar de você;

- **Usar palavras inadequadas** - Não utilize gírias ou palavras que dificultem a interpretação de seus ouvintes, seja claro e objetivo em sua comunicação.

- **Apresentar aparência e postura pouco profissionais** - O pouco profissionalismo é uma arma para a derrota, portanto mostre uma postura ética e profissional, que esteja comprometida com a necessidade de seu cliente.

Caros alunos, vocês viram o quanto devemos prestar atenção nesses itens para que possamos direcionar melhor as nossas relações do dia a dia? Fiquem atentos!!

2.4 - Interface: o cliente e a organização

Ao atender um cliente, o atendente "deixa" de se representar e passa a representar a organização a qual ele faz parte, fornece informações, esclarece dúvidas, soluciona problemas, encara a necessidade do cliente como sua, dispensa um atendimento que gere satisfação, segurança e tranquilidade.

A excelência no atendimento está exatamente nesse ponto, em que deixar de se promover, para promover o cliente e a empresa, pois, ao se lembrar do bom atendimento e da satisfação em estar no ambiente empresarial, o cliente sentirá vontade de voltar e ainda recomendará aos seus amigos os serviços ou os produtos da empresa. Godri (1993, p. 35), "eles me dão referências de valor incalculável".

Para tanto, o atendente e/ou vendedor deve estar atento a esse fator, isto é, praticar uma política de atendimento que seja voltada as necessidades da empresa e do cliente. Percebe-se que, em muitos casos, o atendente não se preocupa com esses fatores, o que acaba descaracterizando o seu papel, desvinculando-se da política da empresa. Portanto, é necessário que o empresário esteja atento a esse fator, sendo que o único meio para que esse problema seja solucionado é

trabalhar a autoimagem do atendente, oferecer-lhe cursos de capacitação e trabalhar acima de tudo a sua autoestima.

As pessoas estão acostumadas a trabalhar e reclamar o tempo todo. E geralmente a culpa de todos os problemas é o salário. Quando questionadas sobre o que elas têm feito para melhorar essa situação, simplesmente justificam que, não procuram dar mais qualidade ao seu serviço, alegando que, "o salário não compensa"...
É... Mas se formos analisar, ninguém começa a vida com grandes salários... Jogadores de futebol iniciam suas carreiras ganhando um valor pequeno e nem por isso se desmotivam, pois eles sabem que devem mostrar serviço. Existem pessoas que ganham dinheiro e são respeitadas pela sua raridade. Por exemplo: só existe um Bill Gates, um Kaká, um Robinho, um Pelé, um Willian Bonner, um Guga. Enfim, as pessoas são qualificadas pela sua raridade e não pela igualdade.

2.5 - Requisitos para um excelente atendimento

- **Consistência** - É proporcionar a mesma qualidade de atendimento sempre, mesmo que as circunstâncias sejam outras. Se um profissional de atendimento, a cada dia, tratar bem 36 clientes e ofender 4, na média terá tido um bom desempenho: 90% de bom atendimento. Mas se ele perder 4 clientes por dia, a empresa estará perdendo cerca de 1.000 clientes por ano. É muito. Todo cliente deve ser atendido com excelência. Para que isso não aconteça é necessário:

- **Gostar de ajudar** - O pré-requisito básico para um bom profissional de atendimento é gostar de ajudar as pessoas. Ao simplesmente vender o seu produto ou serviço, a empresa estará efetuando uma transação comercial que termina no momento de pagar e levar. Ao ajudar o cliente a resolver seu(s) problema(s), o profissional de atendimento estará criando uma relação de cooperação duradoura, mesmo que nenhuma venda seja efetuada na primeira interação.

- **Rapidez no atendimento** - Todo cliente deve ser atendido rapidamente não por uma questão de eficiência, nem cortesia, mas pelo fato de, ao ter esperado cinco minutos, não saberá se terá de esperar mais cinquenta minutos para conseguir o que quer. Imaginando o pior, o cliente pode desistir e ir para a concorrência.

- **Promessas, promessas** - Em muitos casos, uma das principais funções das pessoas que atendem os clientes é informar prazos. Por exemplo: quando ficará pronto? Quando será entregue? Quando estará disponível? etc. Não se espera que cada um tenha uma bola de cristal, mas parte do conhecimento técnico desses profissionais fazer previsões razoavelmente confiáveis ou, no mínimo, explicar ao cliente o que determinará o prazo;

- **Não fui eu quem disse isso** - A menos que seja uma "armação" do cliente (observa-se a linguagem não-verbal nesse momento), cada funcionário deve, em nome da organização, assumir os eventuais erros dos colegas e tentar repará-los da melhor maneira possível; a moral da empresa e a satisfação do cliente estão em jogo.

- **Não explodir com o cliente** - Se atender o cliente anterior tiver sido uma experiência particularmente embaraçosa ou desagradável, ou se o dia todo do funcionário não estiver sendo dos melhores, não há motivo algum para que o próximo cliente tenha de pagar por isso. Peça ao seu gerente cinco minutos para relaxar, mas não cometa o erro de "descontar" em quem não deve.

A área do atendimento ao público é muito improvável simplesmente porque trabalha-se com pessoas e pessoas estão sujeitas a tudo. O atendente jamais deve levar qualquer ofensa para o lado pessoal, deve ser estritamente profissional, ético e respeitar os argumentos do cliente. Se ao atender um cliente que já está nervoso o atendente discordar de seus argumentos certamente encontrará um leão pela frente, procurar dirimir os problemas de forma calma e com atenção é a única escolha.

Estamos quase no fim da última aula. Fiquem atentos ao que discutimos na aula, procure aplicar as lições aqui aprendidas na prática, faça exercícios de auto avaliação, verificando se você está atingindo o objetivo esperado.

3 - Um grande desafio: praticar o bom atendimento!

Qualquer empresa, independente do ramo de atividade, pode colocar em prática um plano de excelência no atendimento, seja na venda de produtos ou na prestação de serviços.

Com um plano bem montado, a empresa terá uma vantagem competitiva muito importante em relação aos seus concorrentes. O desafio é desenvolver uma estratégia de atendimento que seja unificadora e tome conta de todos os envolvidos no processo, porque esse é o ponto de partida para o sucesso da organização.

Os envolvidos no atendimento, bem como a estrutura organizacional, devem passar por treinamento adequado e constantes reciclagens. O investimento em formação é necessário e não pode ser encarado como um "gasto a mais".

É importante que exista na empresa um sistema de acompanhamento para mensurar o nível de qualidade do serviço prestado, principalmente em relação ao atendimento, de forma a acertar a rota quando alguma coisa não estiver dando certo. E no caso da prestação de serviços, quer envolva mais de uma ou uma única pessoa, é necessário um tempo de avaliação, planejamento e direção dos acontecimentos. A ausência desse tempo implicará em grandes erros, pois a autoavaliação é fundamental, e se houver dificuldades para essa prática, poderá até se contratar um profissional específico para isso.

Godri (1994, p. 73) "Nada motiva mais do que o sucesso". A excelência no atendimento aos clientes é possível, basta praticá-la. O seu sucesso e o da sua organização estarão previamente garantidos.

Queridos(as) alunos(as),

Estas reflexões foram de grande valia. Peço que reflitam sobre o seu papel diante do contexto apresentado nesta aula a fim de garantir que você tenha sucesso no atendimento ou atinja expectativa nas vendas. Quero que leiam quantas vezes for necessário essas dicas, a fim de melhorar o seu comportamento e atendimento, obtendo eficácia em seu serviço. Utiliza as técnicas aqui elencadas para distinguir aquilo que é preciso e possível fazer para se alcançar a excelência no atendimento ao cliente.

Lembre que o cliente deve estar sempre em primeiro lugar, pois é ele que fará com que alcancemos o sucesso em nossas funções. É imprescindível que, nos dias atuais, existam práticas de atendimento que não respeitem o cliente, haja vista que as empresas que praticam essa forma de atendimento certamente terão de se contentar com pouco lucro e muita reclamação.

Marketing Pessoal é a ferramenta eficiente para fazer com que os pensamentos, atitudes, apresentação pessoal, comunicação, trabalhe a seu favor no ambiente profissional. Através das sugestões acima, você conseguirá resgatar o profissionalismo e a tendência ao acerto em negociações.

Portanto, trabalhe com seriedade sua imagem, ser competente e parecer competente. Não represente apenas que é competente, trabalhe a fim de tornar isso uma característica sua. É possível que você aumente o número de clientes tendo em mãos todas as estratégias elencadas em nossas aulas.

Chegamos ao final desta disciplina, espero ter agregado valor ao conhecimento de todos. Utilize das estratégias, "gaste" o bom senso para distinguir aquilo que é preciso e possível fazer. Não comprometa sua essência de bom profissional. Coloque o atendimento com excelência no cartão de visita de seu negócio.

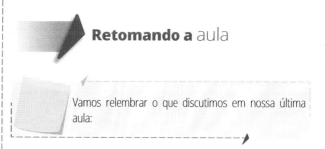

Retomando a aula

Vamos relembrar o que discutimos em nossa última aula:

1 – Atender bem seu cliente, uma necessidade

Discutimos na primeira seção a necessidade de atender bem o cliente tendo como objetivo principal a sua satisfação total. Evidenciando que o diferencial de uma empresa do século XXI é essencialmente o atendimento com qualidade.

2 – Atendimento e tratamento

Aqui, foram evidenciados meios para o tratamento com o cliente, a fim de dirimir problemas, através que técnicas simples que podem e devem ser seguidas por todos aqueles que procuram a satisfação do cliente.

3 – Um grande desafio: praticar o bom atendimento!

Na Seção 3, elencamos a necessidade de praticar um bom atendimento para que assim, sejam evitadas situações indesejáveis, elevando o grau de confiabilidade de uma marca ou empresa.

Vale a pena

◀ Vale a pena **ler**

CHIAVENATO, I. *Administração:* teoria, processos e prática. 3. ed. São Paulo: Makron Books, 2002.

DUBRIN, A. J. *Princípios de administração*. Rio de Janeiro: Livros Técnicos e Científicos Editora S. A., 1998.

LACOMBE. F. *Administração:* princípios e tendências. São Paulo: Saraiva, 2003.

MEGGINSON, L. C. et al. *Administração:* conceitos e aplicações. 4. ed. São Paulo: Harbra, 1998.

MONTANA, J.; CHARNOV.B. *Administração*. São Paulo: Saraiva, 2003.

ROBBINS, S. *Administração:* mudanças e perspectivas. São Paulo: Saraiva, 2002.

STONER, J. A. F. et al. *Administração*. 5. ed. Rio de Janeiro: Livros Técnicos e Científicos Editora S. A., 1999.

◀ Vale a pena **acessar**

ALAVIP – O 1º portal catarinense de publicidade e propaganda. Homepage. Disponível em: <http://www.alavip.com.br/subliminar_oquee.htm>. Acesso em: 10 jan. 2006.

CONSELHO FEDERAL DE ADMINISTRAÇÃO. Homepage. Disponível em <http://www.cfa.org.br>. Acesso em: 18 jan. 2006.

IFD. Cérebro em funções da publicidade. Disponível em: <http://www.ifd.com.br/blog/publicidade-e-propaganda/crebro-em-funo-da-publicidade/>. Acesso em: 4 mar. 2012.

SEBRAE SP. Disponível em: <http://www.sebraesp.com.br/>. Acesso em: 13 jan. 2006.

◀ Vale a pena **assistir**

Homens de Honra. Vou recomendar-lhes este filme, quero que vocês assistam para que possamos discuti-lo no fórum.

YOUTUBE. Vídeo que ganhou o premio de publicidade em Cannes. Disponível em: <http://www.youtube.com/watch?v=PZURMgNzC5Q&feature=results_main&playnext=1&list=PLA5C365B9805693AC>. Acesso em: 4 mar. 2012.

Minhas anotações

Aula 5º

Como o cliente avalia a qualidade em serviços

Prezados (as) alunos (as),

Esta disciplina está trazendo um grande avanço na construção de conhecimentos na área da administração de qualidade e produtividade, com o intuito de continuarmos nesta ascensão, focalizaremos nossos estudos, nesta quinta aula, em mais um requisito para qualificarmos ainda mais a qualidade e produção de nossos negócios. Nesta aula vocês irão conhecer o modelo de qualidade em serviços. Esses conceitos são importantíssimos para a realização da atividade da aula seguinte.

Desejamos sucesso na caminhada de vocês rumo ao saber!

Bons estudos!

Objetivos de aprendizagem

Ao término desta aula, vocês serão capazes de:

• analisar a qualidade do atendimento oferecido ao cliente;
• debater a importância da qualidade no atendimento ao cliente;
• levantar o nível de satisfação dos clientes;
• identificar os pontos negativos para fundamentar a proposta de melhorias.

Seções de estudo

1 – Modelo de qualidade dos serviços

Durante a leitura desta aula é importante que tenham sempre em mão um dicionário e/ou outros materiais de pesquisa a fim de eliminar eventuais dúvidas pontuais sobre o assunto discutido.

Dada a dimensão teórica do conceito, durante o estudo da Aula 5, tentem resumir aquilo que vocês entenderam. Entretanto, não se preocupem! Oportunidades não irão faltar para que, no decorrer desta aula, a apreciação sobre o modelo de qualidade de serviços fique bastante claro.

Leiam o material, pesquisem e acessem o ambiente virtual e continuem fazendo parte dessa comunidade colaborativa de construção de conhecimentos!

Bons estudos!

1 - Modelo de qualidade dos serviços

Para Fitzsimmons e Fitzsimmons (2000 p. 43) "um serviço consiste de um pacote de benefícios implícitos e explícitos, executado dentro se instalações de suporte e utilizando-se de bens facilitadores".

Já para Whiteley (1992), quando se conhece as reais necessidades dos clientes e procura resolver os seus problemas, está-se no caminho para a real vantagem competitiva.

Neste sentido, quando suas necessidades e expectativas se tornam o norte para todas as atividades da organização, os clientes verão suas expectativas constantemente superadas, resolvendo os seus problemas e gerando até mesmo a fidelização destes (WHITELEY, 1992).

Já para Levitt (1990), os consumidores usam aparências para julgar realidades e isso se torna muito importante no setor de serviços pois os clientes não podem testar, pegar ou provar o serviço antes de o comprar.

Os clientes compram as suas promessas de satisfação, e, portanto, a aparência exerce um grande poder de persuasão sobre os clientes.

Vejamos, a seguir, o modelo de qualidade de serviços:

MODELO DE QUALIDADE DOS SERVIÇOS

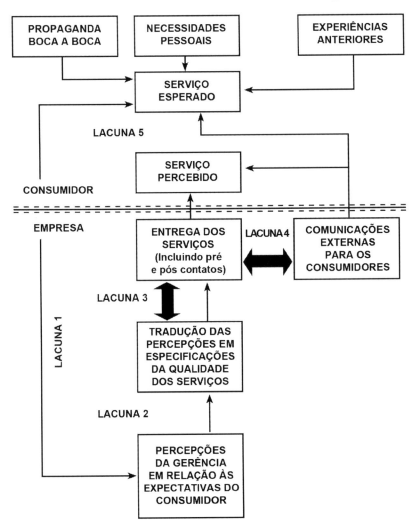

Figura 5.1 Modelo de qualidade dos serviços.
Fonte: FITZSIMMONS, J. A.; FITZSIMMONS, M. J. Administração de serviços: operações, estratégia e tecnologia da informação. 4. ed. Porto Alegre: Bookman. 2000.

De acordo com Petrônio e Martins (1999),

> [...] para que um serviço apresente elementos de qualidade como: confiabilidade, cortesia, comunicação, capacidade para entender as necessidades dos clientes, credibilidade, competência entre outros, devem ser removidos os 5 GAPs (lacunas) descritos por Zeithami, Parasuraman e Berry (MARTINS; LAUGENI, 1999, p. 417).

Os GAPs são as divergências que existem nas relações entre funcionários e departamentos e entre a empresa e clientes e que resultam em má qualidade do serviço. Os serviços requeridos pelos clientes podem não existir ou estarem sendo prestados de uma forma não apreciada por eles.

Na Figura 5.1 vocês visualizaram um modelo de lacunas ou GAPs na qualidade em serviços, as quais vamos compreender com mais detalhes, a seguir:

a) Lacuna 1: entre as expectativas dos clientes e a percepção dessas expectativas pela gerência – a empresa não identifica a qualidade requerida pelos clientes;

b) Lacuna 2: entre a percepção da gerência sobre as expectativas dos clientes e a especificação da qualidade dos serviços – a qualidade planejada pela administração não vai ao encontro da qualidade requerida pelos clientes;

c) Lacuna 3: entre as especificações da qualidade do serviço e o serviço fornecido a qualidade oferecida pelos empregados não corresponde à qualidade planejada pela administração;

d) Lacuna 4: entre o serviço entregue e a comunicação externa com os clientes sobre o serviço fornecido – o marketing final é diferente da qualidade oferecida pelos empregados;

e) Lacuna 5: entre as expectativas dos clientes e o serviço percebido como prestado a qualidade requerida pelos clientes é diferente da qualidade oferecida pelos empregados.

De acordo com os autores do modelo, o principal resultado das entrevistas foi um conjunto de falhas (gaps), entre a percepção da qualidade dos serviços prestados pelos empresários destes setores e as tarefas associadas a prestação destes (MELLO; PEREIRA; SILVA, 2002).

Este modelo de gaps, utilizado para a elaboração do Método ServQual consistem nas lacunas do ciclo de serviços. Para facilitar o entendimento vamos abordar a seguir o conceito dos gaps bem como os fatores que influenciam cada um deles.

a) Gap 1: lacuna no conhecimento, ou a diferença entre o que os fornecedores de serviço acreditam que os clientes esperam e as reais necessidades e expectativas dos clientes. Vários fatores influenciam este gap:

- a orientação à pesquisa de mercado demonstra a maneira como a empresa adquire informações sobre as expectativas dos consumidores. Acredita-se que, com o aumento destas pesquisas o gap do conhecimento tende a diminuir;

- a comunicação ascendente diz respeito ao fluxo de informações do pessoal de base da organização para alta administração. O pessoal de base possui um contato direto com os clientes, transmitindo assim, informações importantes para a gerência;

Com relação aos níveis organizacionais, quanto mais hierárquica for a organização, mais complexa torna-se a comunicação. Pois ocorrerá uma distância entre os consumidores e a administração, deixando de receber informações sobre o dia a dia das atividades.

b) Gap 2: lacuna na padronização ou a diferença apurada entre as percepções da gerência sobre as expectativas do cliente e os padrões de qualidade estabelecidos para a execução dos serviços. Existem algumas variáveis que influenciam este gap:

- o "não" comprometimento da administração com a qualidade do serviço gera a falta de liderança, a não fixação de padrões para a qualidade e a ausência de programas que elevam os serviços e recompensam aqueles que se responsabilizam pela qualidade;

- as organizações que possuem programas de entrega de serviço de qualidade são notadas por fixarem metas formais. A elaboração de tais metas envolve conceituar a qualidade de serviços, de maneira que os provedores possam entender o que a administração quer entregar em seus serviços.

- a padronização tecnológica e dos comportamentos dos funcionários permite que as tarefas possam ser estabelecidas e efetivamente executadas, reduzindo assim o gap existente.

c) Gap 3: lacuna na entrega ou execução, que é a diferença entre a aquilo que foi descrito nas especificações dos serviços pelos gerentes e a prestação efetiva dos serviços para os clientes, podendo ser influenciado pelos seguintes fatores:

- as várias características do grupo podem modificar a qualidade dos serviços, como a motivação para desempenhar funções, o contato pessoal entre os envolvidos e comprometimento, dentre outros.

- a adequação do pessoal e de tecnologia, podendo, porém, ocorrer que o funcionário não seja capacitado ou não tenha recebido treinamento suficiente para realizar suas funções. Da mesma maneira, pode ocorrer uma redução na qualidade do serviço, caso não exista equipamento apropriado e de confiança.

- caso não ocorra a dispersão de controle, os funcionários podem tornar-se incapazes de resolver certos problemas ao retirar dos mesmos o controle sobre a natureza dos serviços oferecidos.

d) Gap 4: lacuna da comunicação ou a diferença entre a qualidade do que é entregue aos clientes e a que é transmitida aos clientes via publicidade e propaganda. Caso a empresa não cumpra o que é prometido, pode perder a confiança dos consumidores. Este gap pode ser influenciado pelas seguintes variáveis:

- a comunicação horizontal tem como propósito coordenar pessoas e departamentos, de maneira que as metas da organização sejam executadas. A comunicação horizontal é necessária quando se deseja que os clientes percebam a qualidade no serviço realizado.

- a propensão à sobre promessa, é causada pelo fato de muitas empresas se sentirem pressionadas, prometendo mais do que podem cumprir, devido a intensificação da competição no setor de serviços.

e) Gap 5: Lacuna nas percepções ou gap do consumidor, definido como a diferença entre a expectativa dos consumidores em relação ao serviço e o que foi realmente oferecido. Este gap depende do tamanho e direção dos quatro gaps anteriores, que estão relacionados à entrega do serviço por parte da empresa.

O Método ServQual foi criado pelo professor Parasuraman. Ele é professor da School of Business Administration de Miami, Estados Unidos. Leciona disciplinas sobre em cursos de graduação e pós-graduação do Marketing; é líder de seminários executivos de grandes companhias e faz palestras para conferências acadêmicas e profissionais. Além disso, realiza pesquisas nas seguintes áreas: definindo e mensurando qualidade em serviços; função da tecnologia nos serviços; estratégias para efetivar o marketing baseado em tecnologia em produtos e serviços (BUSMIAMI, 2012).

Este modelo possui grande aceitabilidade pode-se até afirmar que se não é o mais aceito pelo menos ocupa uma das melhores posições no ranking das ferramentas existentes para a melhoria da gestão em serviços.

Nos serviços oferecidos pelas organizações, as recomendações de terceiros formam expectativas no novo consumidor devido à impossibilidade de avaliar o serviço, antes da compra.

A experiência anterior também pode influenciar a expectativa que o cliente tem a respeito do serviço. Os clientes podem ser bastante exigentes ou tolerantes quanto ao tempo gasto no atendimento da secretária, se compararem com o tempo utilizado em ocasiões passadas.

No momento de avaliar o serviço, durante ou após o processo de fornecimento, o cliente levará em conta suas expectativas, as quais podem ser diferentes das necessidades.

É interessante enfatizar que as expectativas dos clientes podem ser mais, ou menos exigentes que suas reais necessidades. O mercado também tem influência através da prestação de serviços a outros clientes que poderão, por sua vez, influenciar os clientes potenciais:

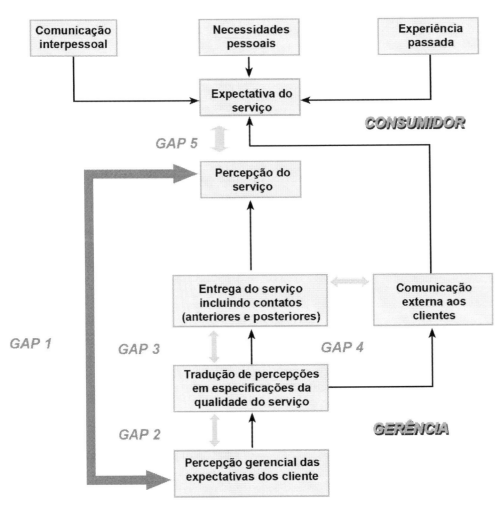

Figura 5.2 Modelo GAP de qualidade dos serviços.
Fonte: FITZSIMMONS, J. A.; FITZSIMMONS, M. J. Administração de serviços: operações, estratégia e tecnologia da informação. 4. ed. Porto Alegre: Bookman, 2000.

Segundo Consöli, Martinelli (2001), os gaps 1, 2, 3 e 4 representam as causas relacionadas ao prestador de serviços e o gap 5 representa o cliente.

A visão de qualidade, por parte do consumidor, é o que ele percebe ser o produto ou serviço, como demonstra a figura a seguir:

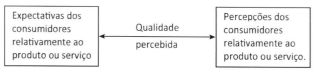

Figura 5.3 Qualidade na visão da qualidade.
Fonte: Acervo pessoal.

A qualidade pode ser definida como o grau de adequação entre as expectativas dos consumidores e a percepção deles do produto ou serviço. Esta é a forma com que o consumidor percebe a qualidade do produto ou serviço: o resultado da comparação de suas expectativas sobre o produto ou serviço, com suas percepções de como ele foi desempenhado.

Já a qualidade dos serviços possui, portanto, dois componentes: o serviço, propriamente dito, e a forma como o mesmo é percebido pelo cliente.

A qualidade percebida pelo usuário resulta da comparação (ou diferença) entre a qualidade esperada – ou seja, suas expectativas a respeito da qualidade do serviço – e a qualidade experimentada – consequência da efetiva utilização do serviço.

A Figura 5.3 mostra que, se a experiência com o produto ou serviço foi melhor do que a esperada, então o consumidor está satisfeito e a qualidade é percebida como sendo alta. Assim,

> [...] se o produto ou serviço esteve abaixo das expectativas do consumidor então a qualidade é baixa e o consumidor pode estar insatisfeito. Se o produto ou serviço corresponde às expectativas, a qualidade do produto ou serviço é percebida como aceitável (SLACK, 1997, p. 553).

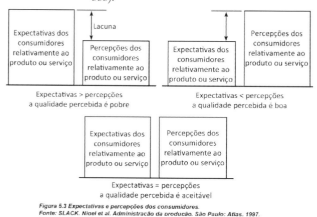

Figura 5.3 Expectativas e percepções dos consumidores.
Fonte: SLACK, Nigel et al. Administração da produção. São Paulo: Atlas. 1997.

Tanto as expectativas como as percepções dos consumidores são influenciadas por fatores, alguns dos quais não podem ser controlados pela operação e, alguns deles, em alguma medida, podem ser gerenciados.

Este modelo de qualidade, percebido pelo consumidor ajuda a entender como as operações podem gerenciar a qualidade e identifica alguns dos problemas para fazer isso. Vejamos um exemplo:

> [...] um bistrô com uma excelente equipe e

cozinheiro pode prestar um serviço melhor que o esperado pela multidão que sai do teatro, esperando uma lacuna favorável. Em contrapartida, se o bistrô tiver recebido uma crítica favorável no jornal local, os frequentadores do teatro podem ficar desapontados se o serviço for lento e forçá-los a perder o início do espetáculo (BONNIE; KURTZ, 1998, p. 303).

Toda empresa deveria sempre fazer uma avaliação para saber o quanto o cliente é importante para a empresa. Clientes satisfeitos, diz Las Casas (1999), "multiplicam o número de clientes com boas recomendações, enquanto os clientes insatisfeitos multiplicam negativamente a imagem da empresa" (LAS CASAS,1999, p. 31).

A verdadeira mensuração da qualidade se dá quando um serviço satisfaz seus clientes. Como autor e consultor de gerência de qualidade, Feigenbaum (1995, p. 27) observa que: "qualidade é o que seu cliente diz que é – não o que você imagina ser. Para se informar sobre a sua qualidade, ouça o seu cliente".

> Fiquem ligados(as)! A partir dos conteúdos relacionados à qualidade dos serviços, os quais acabamos de estudar, será possível uma maior fundamentação para a compreensão da atuação profissional na área de gestão de qualidade e produtividade. Assim, é fundamental que continuem pesquisando e ampliando seus conhecimentos!

Retomando a aula

> Vamos recordar os conhecimentos construídos na Aula 5:

1 – Modelo de Qualidade dos Serviços

Para principiar os estudos propostos na Aula 5, tratamos sobre o modelo de qualidade em serviços, ou seja, a visão por parte da empresa em relação a expectativa e percepção do cliente aos serviços oferecidos.

Vimos ainda que para manter o cliente satisfeito e fiel é necessário analisar e compreender como o cliente percebe essa qualidade em serviços assim mantendo disposto a realizar novas compras e fazendo boas recomendações multiplicando a boa imagem da empresa.

> Com isso, finalizamos nossa aula 5. Agora, é com vocês! É fundamental que continuem pesquisando e ampliando seus conhecimentos! Sugerimos abaixo algumas leituras e sites para que vocês multipliquem sua busca de informações sobre o tema de nossa disciplina.

Vale a pena

⸜Vale a pena **ler**⸝

ALBRECHT, K. *O pensamento gerencial precisa descobrir o cliente e o serviço*. Folha management (suplemento da Folha de São Paulo), n. 4, set. 1995.

BERRY, L. L.; PARASURAMAN, A. *Serviços de marketing:* competindo através da qualidade. São Paulo: Maltese-Norma, 1992.

_____. *O modelo emergente*. HSM Management, p. 58-64, n.13, março/abril 1999.

BRUYNE, Paul de. *Dinâmica da pesquisa em ciências sociais:* os pólos da prática metodológica. Rio de Janeiro: Francisco Alves, 1991.

CANNIE, J. K.; CAPLIN, D. *Mantendo clientes fiéis e para sempre*. São Paulo: Makron Books, 1994.

COBRA, M. H. N.; ZWARG, F. A. *Marketing de serviços:* conceitos e estratégias. São Paulo: McGraw-Hill, 1986.

FITZSIMMONS, J. A.; FITZSIMMONS, M. J. *Administração de serviços:* operações, estratégia e tecnologia da informação. 4. ed. Porto Alegre: Bookman, 2000.

GRONROOS, C. *Strategic management and marketing in the service sector*. Helsingfors: Swedish school of economics and business administration, 1982.

HOROVITZ, J. *Qualidade de serviço:* a batalha pela conquista do cliente. São Paulo: Nobel, 1993.

KOTLER, P. *Administração de marketing*. São Paulo: Atlas, 1994.

LAS CASAS, A. L. *Marketing de serviços*. São Paulo: Atlas, 1991.

LEHTINEN, Uolevi ; LEHTINEN, Jarmo R. *Service quality:* a study of quality dimensions. Unpublished working paper, helsinki: service management institute. Finland: OY, 1982.

LEVITT, T. *A imaginação em marketing*. São Paulo: Atlas, 1990.

MALHOTRA, Naresh K. *Marketing research:* an applied orientation. New Jersey: Prentice Hall, 1996.

MARCONI, M.; LAKATOS, E. *Técnicas de pesquisa*. São Paulo: Atlas, 1986.

PARASURAMAN, A.; BERRY, L. L.; ZEITHAML, V. A. *Refinement and reassessment of the SERVQUAL scale*. Journal of Retailing, 67 (winter), 1991, p. 420-50.

_____. *More on improving service quality Measurement*. Journal of Retailing, 69 (spring), 1993, p. 140-47.

_____. *SERVQUAL:* a multiple-item scale for Measuring customer perceptions of service quality. Journal of Retailing, 64 (spring), 1988, p. 12-40.

_____. *A conceptual servise equality and its implications for future research*. Journal of marketing, 49 (fall), 1985, p. 41-50.

PEPPERS, D.; ROGERS, M. *Marketing um a um:* marketing individualizado na era do cliente. Rio de Janeiro: Campus, 1994.

ROESCH, S. A. *Projetos de estágio em administração*. São Paulo: Atlas, 1995.

SASSER, W. et al. *Management of Servise Operations:* text and cases. Boston: Allyn & Bacon, 1978.

SLACK, Nigel et al. *Administração da produção*. São Paulo: Atlas, 1997.

WHITELEY, R. C. *A empresa totalmente voltada para o cliente*. Rio de Janeiro: Campus, 1992.

⸜Vale a pena **acessar**⸝

BOVE, R. Marketing de serviços é igual a markenting de produtos. Disponível em: <?http://renatabove.hospedagemdesites.ws/?tag=expectativa-do-cliente>. Acesso em: 2 dez. 2012.

CEGOC. Desenvolver a qualidade de serviços ao cliente. Disponível em: <http://www.cegoc.pt/formacao-empresas-curso-modulo/desenvolver-a-qualidade-de-servico-ao-cliente/>. Acesso em: 2 dez. 2012.

MOURA CONSULTORIA. Qualidade na prestação de serviços: uma avaliação com clientes internos. Disponível em: <http://www.mouraconsultoria.com.br/artigo/Qualidade...pdf>. Acesso em: 2 dez. 2012.

RAE FGV. Um modelo de qualidade de serviço e suas implicações para o marketing. Disponível em: <http://rae.fgv.br/rae/vol46-num4-2006/modelo-qualidade-servico-suas-implicacoes-para-marketing>. Acesso em: 2 dez. 2012.

REVISTAS USP. Avaliação das relações entre qualidade de serviço do site, satisfação, valor percebido, lealdade e boca a boca por meio de um modelo teórico. Disponível em: <http://www.revistasusp.sibi.usp.br/scielo.php?pid=S0080-21072009000200004&script=sci_arttext>. Acesso em: 2 dez. 2012.

⸜Vale a pena **assistir**⸝

YOU TUBE. ISD Brasil – CMMI - SVC imaturidade na gestão de serviços. Disponível em: <http://www.youtube.com/watch?v=CIuDv6Qna-M>. Acesso em: 13 jan. 2013.

_____. ISD BRASIL - CMMI-SVC razões para a qualidade na prestação de serviços. Disponível em: <http://www.youtube.com/watch?v=CIuDv6Qna-M>. Acesso em: 13 jan. 2013.

_____. Qualidade de serviços - entrevista Vanguarda Comunidade – parte 1. Disponível em: <http://www.youtube.com/watch?v=2MnEAOzbDFU>. Acesso em: 13 jan. 2013.

Aula 6º

Método *SERVQUAL*

Nesta aula, vamos conhecer e ampliar o instrumento SERVQUAL - umas das ferramentas da qualidade.

Lembrem-se de que um aluno/profissional disposto a superar os desafios do cotidiano acadêmico/ profissional desta área científica e de atuação profissional faz pesquisas e busca informações de forma autônoma, além das sugeridas pelo docente e pelos colegas de curso. Ele não deixa passar dúvidas de determinados conteúdos, uma vez que seu senso crítico está sempre focalizando novos conhecimentos. Com isso, vocês estão sempre em busca de mais e melhores soluções para sanar as possíveis lacunas que por ventura se instalem durante o aprendizado.

Pensem nisso e façam da pesquisa mais uma aliada a própria aprendizagem durante o estudo desta Aula.

Boa aula!

— Bons estudos!

Objetivos de aprendizagem

Ao término desta aula, vocês serão capazes de:

- identificar os fatores determinantes da qualidade;
- reconhecer e mensurar a qualidade pretendida pela empresa e esperada pelo cliente;
- detectar a diferença entre a percepção dos clientes perante o serviço prestado e a zona de tolerância, esta compreendida entre as expectativas dos clientes dos níveis desejados e aceitáveis;
- reconhecer os fatores críticos em relação ao serviço prestado na visão dos clientes;
- reconhecer a avaliação global que os clientes têm do serviço prestado.

Seções de estudo

1 – Qualidade em serviços
2 – Método SERVQUAL

Durante o estudo desta aula é importante que descanse ao menos 10 (dez) minutos a cada 50 (cinquenta) minutos de dedicação. Aproveite esta oportunidade para aprender o máximo possível sobre os temas aqui tratados.

1 - Qualidade em serviços

Quando se fala em qualidade em serviços, algumas ferramentas ajudam na identificação e solução de problemas, como o Gráfico de Pareto, Diagrama de Causa e Efeito, *Benchmarking, SERVQUAL,* entre outros e podem ser usadas no gerenciamento adequado dos serviços.

Os clientes usam cinco dimensões para fazer julgamentos sobre a qualidade dos serviços e baseiam-se na comparação entre o serviço esperado e o percebido. A diferença, segundo autores como Paladini (1997, p. 31), Gianesi (1994, p. 33), Slack (1997, p. 553) e Fitzsimmons (2000, p. 252), entre a qualidade do serviço esperado e o percebido é a medida da qualidade do serviço, resultando em satisfação positiva ou negativa.

Las Casas (1999) afirma que:

> os atributos dos serviços devem ter uma ordem de importância conforme as exigências dos consumidores. Um atributo pode ser prioritário para muitos clientes/pacientes e uma pesquisa junto ao público alvo ajuda a determinar as prioridades (LAS CASAS,1999, p. 79).

A qualidade dos serviços, segundo Fitzsimmons e Fitzsimmons (2000), é um desafio, pois a satisfação dos clientes é determinada por muitos fatores intangíveis.

"Ao contrário de um produto com características físicas que podem ser facilmente mensuradas, a qualidade em serviço contém muitas características psicológicas" (FITZSIMMONS; FITZSIMMOS, 2000, p. 252).

A partir de um estudo sobre executivos e clientes de quatro tipos de indústrias de serviços:

a) banca de retalho;
b) cartões de crédito;
c) hospitais;
d) clínicas médicas.

Parasuraman, Zeithaml e Berry (1985), identificaram dez critérios que os consumidores utilizam para avaliar a qualidade do serviço:

a) elementos tangíveis: aparência das instalações, equipamentos, pessoal e material de comunicação;

b) confiabilidade: capacidade para executar o serviço prometido de forma confiável e cuidadosa;

c) sensibilidade: disposição de ajudar clientes em serviços, mesmo que não sejam relevantes para a organização;

d) profissionalismo: posse das competências requeridas e conhecimento da execução dos serviços;

e) cortesia: atenção, consideração, respeito e amabilidade do pessoal de contacto;

f) credibilidade: veracidade e honestidade do serviço prestado;

g) segurança: inexistência de perigos, riscos ou dúvidas;

h) acessibilidade: acessível e fácil de contatar;

i) comunicação: informação que os clientes compreendam e, também, capacidade para escutá-los;

j) compreensão dos clientes: esforço de conhecer os clientes e suas necessidades.

Mediante a quantificação desses critérios Parasuraman, Zeithaml e Berry (1985) criaram do original em inglês, *Service Quality Gap Analysis*, o método que ficou conhecido como SERVQUAL. Esse método agrega os dez critérios, anteriormente identificados, em cinco dimensões (PARASURAMAN, ZEITHAML E BERRY ,1985, p. 41-50):

a) tangibilidade;
b) confiabilidade;
c) sensibilidade;
d) segurança que agrega profissionalismo;
e) cortesia;
f) credibilidade;
g) segurança;
h) empatia que agrega acessibilidade, comunicação e compreensão dos clientes.

Inicialmente no SERVQUAL são pesquisadas as expectativas dos clientes quanto a um determinado bem e/ou serviço ou, como explica Gale (1996), eles realizam entrevista com clientes a fim de determinar, para cada uma das dimensões, as expectativas do serviço ao cliente (GALE,1996, p. 251).

Ainda dentro dessa etapa, Lovelock (2001, p. 118) esclarece que "os clientes são solicitados a completar uma série de escalas que medem suas expectativas", ou seja, através de uma escala numérica que varia de 1 a 7, os clientes atribuem grau de importância aos aspectos previamente listados e, dessa forma, a organização consegue perceber o que é mais importante sob a ótica do cliente.

Fitzsimmons e Fitzsimmons (2000, p. 252) afirmam ainda que "os 22 enunciados da pesquisa descrevem aspectos das cinco dimensões da qualidade em serviços".

Complementando o método, na segunda etapa, os clientes são convidados a registrar suas percepções quanto à empresa de serviços ou, como explica Lovelock, eles gravam suas percepções do desempenho real do atendimento com base naquelas mesmas características (LOVELOCK, 2001, p. 119).

Por outro lado, Parasuraman, Zeithaml e Berry (1991) alertam que, em alguns casos serão necessárias adaptações do modelo proposto, visando a ajustá-lo às características ou necessidades de pesquisa da organização.

No Servqual as características agrupadas compreendem:

a) números 1, 2, 3, 4 – Dimensão Tangibilidade.
b) números 5, 6, 7, 8, 9 – Dimensão Confiabilidade.
c) números 10, 11, 12, 13 – Dimensão Sensibilidade.
d) números 14, 15, 16, 17 – Dimensão Segurança.
e) números 18, 19, 20, 21 e 22 – Dimensão Empatia.

Vamos entender melhor as referidas características, nos subtópicos a seguir.

1.1 - Tangibilidade

É a aparência das instalações físicas, equipamentos para cirurgia, exames e materiais para comunicação.

A condição do ambiente (por exemplo: limpeza e higiene) é uma evidência tangível do cuidado e da atenção aos detalhes exibidos pelo fornecedor do serviço.

1.2 - Confiabilidade

Confiabilidade é a capacidade de prestar o serviço prometido com confiança e exatidão.

O desempenho do serviço confiável é uma expectativa do cliente e significa um serviço cumprido no prazo, sem modificações e sem erros. Por exemplo, receber o jornal em uma hora certa todos os dias ou ser atendido na hora certa pelo médico ou, ainda, ter seu exame de raio-x na hora combinada é importante para a maioria das pessoas.

Ademais, a confiabilidade também depende da retaguarda, da qual se espera exatidão na elaboração de contas, no resultado dos exames e na manutenção de registros.

1.3 - Sensibilidade

É a disposição para auxiliar os clientes e fornecer serviço prontamente. Deixar o cliente esperando, principalmente por razões não aparentes, cria uma percepção negativa da qualidade.

Neste caso, se ocorrer uma falha em um serviço, a capacidade de recuperá-la rapidamente e com profissionalismo cria percepções positivas da qualidade. Por exemplo, oferecer café e chá para pacientes que esperam o médico atrasado pode demonstrar preocupação com o paciente/cliente.

Explicar o motivo do atraso do médico ou do exame pode fazer com que o consumidor entenda e não fique tão chateado.

1.4 - Segurança

Segurança é o conhecimento e a cortesia dos funcionários, bem como sua capacidade de transmitir confiança e confidencialidade.

A dimensão segurança inclui as seguintes características:

a) competência para realizar o serviço;
b) cortesia;
c) respeito ao cliente;
d) comunicação efetiva com o cliente;
e) ideia de que o funcionário está realmente interessado no melhor para o cliente/paciente.

1.5 - Empatia

É demonstrar interesse, atenção personalizada aos clientes e fácil acesso ao serviço.

Um exemplo de empatia é a capacidade de um funcionário de uma empresa aérea encontrar a solução para um cliente que perdeu sua conexão, como se o problema fosse realmente daquele funcionário.

Como outro exemplo, podemos citar a vontade do atendente em remarcar/encaixar o paciente que perdeu uma consulta.

Antes de continuar o percurso, reflita sobre os conteúdos que estamos estudando e responda: para vocês, o que é Qualidade em Serviços? E, qual é a dimensão de diferença entre a qualidade real oferecida com a expectativa do cliente? Após sua reflexão, vamos dar continuidade a nossos estudos. Vamos lá!

2 - Método SERVQUAL

Para aprofundar a construção de seus conhecimentos sobre o método ServQual, sugerimos que releiam os conteúdos previamente estudados nesta aula e quando for estudar propriamente o Método ServQual, disponibilizado a seguir, procurem responder a todas as perguntas como se vocês fossem o cliente de um restaurante preferido e, depois, a analisar as respostas dentro das dimensões propostas como se vocês fossem o profissional responsável desta mesma empresa.

SE – Serviço Esperado
Instruções

Com base em suas experiências como cliente de _____, pense a respeito de uma _____ que poderia oferecer-lhe um serviço de excelente qualidade. Pense no tipo de _____ com a qual você teria prazer em fazer negócios. Por favor, indique até que ponto uma _____ deve possuir as características descritas em cada declaração.

Caso julgue uma característica como não essencial para _____ excelentes, escreva o número 1 no espaço reservado à esquerda da referida declaração.

Caso julgue uma característica como absolutamente essencial para _____ excelentes, escreva o número 7.

Caso suas convicções não sejam definitivas, escreva um número intermediário (2 a 6) que melhor expresse sua opinião.

Não há respostas corretas e incorretas!

Interessa a nós apenas saber o número que melhor reflete sua opinião a respeito das .... que deveriam oferecer um serviço de excelente qualidade.

1........ 2........ 3........ 4........ 5........ 6........ 7
discordo totalmente   concordo totalmente

SE1 As excelentes devem possuir equipamentos modernos.

SE2 As instalações físicas das excelentes são visualmente

atrativas.

SE3 Os funcionários das excelentes vestem-se adequadamente e apresentam uma aparência limpa.

SE4 Em uma excelente, os elementos materiais relacionados com o serviço são visualmente atrativos.

SE5 Quando as excelentes prometem fazer algo em dada unidade de tempo, elas cumprem a promessa.

SE6 Quando um cliente tem um problema, as excelentes mostram sincero interesse em sua solução.

SE7 As excelentes realizam bem o serviço da primeira vez.

SE8 As excelentes concluem o serviço no tempo prometido.

SE9 As excelentes insistem em manter seus registros internos livres de erros.

SE10 Em uma excelente, os funcionários comunicam aos clientes quando o serviço será concluído.

SE11 Em uma excelente, os funcionários oferecem serviço rápido aos clientes.

SE12 Em uma excelente, os funcionários sempre estão dispostos a ajudar os clientes.

SE13 Em uma excelente, os funcionários nunca estão demasiadamente ocupados para responder as perguntas dos clientes.

SE14 Os comportamentos dos funcionários das excelentes, transmitem confiança aos clientes.

SE15 Os clientes das excelentes sentem-se seguros em suas transações com a organização.

SE16 Em uma excelente, os funcionários são sempre corteses com os clientes.

SE17 Em uma excelente, os funcionários possuem conhecimento suficiente para responder as perguntas dos clientes.

SE18 As excelentes dão atenção individualizada aos clientes.

SE19 Uma excelente tem funcionários que oferecem uma atenção personalizada aos clientes.

SE20 Os funcionários de excelentes compreendem as necessidades específicas dos clientes.

SE21 As excelentes estão interessadas no bem-estar dos clientes.

SE22 As excelentes operam em horários convenientes para todos os clientes.

SP – Serviço Percebido

Os enunciados a seguir relacionam-se as suas impressões sobre a empresa que vocês escolheram. Para cada declaração, indiquem até que ponto a .... possui a característica descrita.

Nesse caso, escrevam o número 1 no espaço reservado à esquerda da declaração, quando estiver fortemente em desacordo que a empresa escolhida possui a referida característica, ou o número 7, quando estiver fortemente de acordo.

Em outros casos, escrevam qualquer dos números intermediários (2 a 6) que melhor represente suas convicções.

Não há respostas corretas ou incorretas. Interessa a nós apenas que indiquem o número que reflete com precisão a sua percepção acerca dos serviços da ....

1........ 2....... 3....... 4....... 5....... 6....... 7
discordo totalmente   concordo totalmente

SP1 A .... possui equipamentos modernos.

SP2 As instalações físicas da .... são visualmente atrativas.

SP3 Os funcionários da .... vestem-se adequadamente e apresentam uma aparência limpa.

SP4 Na ...., os elementos materiais relacionados com o serviço são visualmente atrativos.

SP5 Quando a .... promete fazer algo em dada unidade de tempo, ela cumpre a promessa.

SP6 Quando você tem um problema, ... mostra sincero interesse em sua solução.

SP7 A .... realiza bem o serviço da primeira vez.

SP 8 A .... conclui o serviço no tempo prometido.

SP9 A .... insiste em manter seus registros internos livres de erros.

SP10 Na ...., os funcionários comunicam aos pais quando o serviço será concluído.

SP11 Na ...., os funcionários oferecem serviço rápido aos clientes.

SP12 Na ...., os funcionários sempre estão dispostos a ajudar os clientes.

SP13 Na .... os funcionários nunca estão demasiadamente ocupados para responder às suas perguntas.

SP14 .... O comportamento dos funcionários da .... transmite confiança a você.

SP15 Você sente-se seguro em suas transações com ....

SP16 Na ......, os funcionários são sempre corteses com você.

SP17 Na ...., os funcionários possuem conhecimento suficiente para responder as suas perguntas.

SP18 A .... oferece atenção individualizada a você.

SP19 A .... tem funcionários que oferecem uma atenção personalizada a você.

SP20 Os funcionários da .... compreendem as necessidades específicas dos clientes.

P21 A .... está interessada no bem-estar dos clientes.

SP22 A .... opera em horários convenientes para todos os clientes.

Retomando a aula

Para encerrar a Aula 6, vamos recordar os temas que foram nela abordados:

1 – Qualidade em Serviços

Na primeira seção, estudamos quais os critérios que os consumidores utilizam para avaliar a qualidade do serviço, e foi pensando nisso que foram criados métodos de avaliação de qualidade em serviços e aprofundamos nosso estudo no método SERVQUAL visto na seção 2.

2 – Método SERVQUAL

Prosseguindo, estudamos na segunda seção a forma de aplicação do método SERVQUAL, conhecemos e entendemos as etapas do processo de avaliação de serviço esperado e serviço percebido.

Agora, é importante verificar suas anotações para averiguar se há alguma dúvida e, em caso afirmativo, eliminá-la antes de prosseguir, bem como realizar as atividades disponibilizadas no ambiente virtual! Sugerimos abaixo leituras e sites que ajudaram a eliminar possíveis dúvidas.

Vale a pena

Vale a pena **ler**

ALBRECHT, Karl. *Revolução nos serviços* - como as empresas podem revolucionar a maneira de tratar seus clientes. Tradução de Antônio Zoratto Samvicente. 5. ed. São Paulo: Pioneira, 1994.

BERRY, Leonard; PARASURAMAN, A. *Serviços de qualidade máxima* - guia prático de ação. Tradução de Outras Palavras. Rio de Janeiro: Campus, 1996.

BONNIE, Louis; KURTZ, David. *Marketing contemporâneo.* Tradução de Aline Neive Leite Almeida. Rio de Janeiro: LTC, 1998.

COLENGHI, Vitor. *OEM e Qualidade total:* uma integração perfeita. Uberaba: Sumus, 2007.

CSILLAG, João Mario. *Análise do valor.* São Paulo: Atlas, 1995.

DEMING, Wilians. *Qualidade* – a revolução da administração. Rio de Janeiro: Marques Saraiva, 1990.

FEIGENBAUM, Armand V. *Controle da qualidade total.* Tradução de Ailton Brandão Filho. São Paulo: Makroon Books, 1995. (v. 1)

FITZSIMONS, James A.; FITZSIMONS, Mona. *Administração de serviços:* operações, estratégia e tecnologia da informação. Tradução de Gustavo Severo de Borba et al. 2. ed. Bookman: Porto Alegre, 2000.

GALE, Bradley T. *Gerenciando o valor do cliente* – criando qualidade e serviços que os clientes podem ver. Tradução de Antônio Carnciro. São Paulo: Pioneira, 1996.

GARVIN, D. A. *Gerenciando a qualidade* – a visão estratégica e competitiva. Rio de Janeiro: Qualitymark, 1992.

GIANESI, Irineu; CORRÊA, Henrique. *Administração estratégica de serviços.* São Paulo: Atlas. 1996.

POSSAMAI, Osmar. *Disciplina:* "Qualidade desde o projeto". Florianópolis: UFSC, s/d.

ZACARELI, Sérgio. Administração estratégica da produção. São Paulo: Atlas, 2000.

Vale a pena **acessar**

12 MANAGE. *SERVQUAL.* Disponível em: <http://www.12manage.com/methods_zeithaml_servqual_pt.html>. Acesso em: 3 dez. 2012.

MERKATUS. *SERVQUAL* - Uma ferramenta para medir a qualidade dos serviços. Disponível em: <http://www.merkatus.com.br/10_boletim/26.htm>. Acesso em: 3 dez. 2012.

NUTES UFPE. *Resultados esperados.* Disponível em: <http://www.nutes.ufpe.br/rhemo/index.php?option=com_content&view=article&id=21&Itemid=6>. Acesso em: 3 dez. 2012.

Vale a pena **assistir**

YOU TUBE. SERVQUAL Model. Disponível em: <http://www.youtube.com/watch?v=YVGvIJlTjak>. Acesso em: 13 jan. 2013.

_____. *SERVQUAL* - defined. Disponível em: <http://www.youtube.com/watch?v=XMStG9bI6z8>. Acesso em: 13 jan. 2013.

Minhas anotações

Aula 7º

Negociação orientada para resultado: conceitos e premissas

Nesta aula, iremos apresentar a importância do planejamento estratégico para que os(as) futuros(as) profissionais da area possam aplicar corretamente as ferramentas de gestão estratégica de negociação, no dia a dia do trabalho. Para tanto, serão evidenciados os elementos-chave relacionados aos princípios das políticas de negociação, os principais conceitos e as premissas desse processo.

Diversas Organizações vêm se apoiando em estratégias de negociação como mecanismo de sobrevivência. Elas mantêm investimentos expressivos em todos os seus setores de atuação, bem como contribuem de maneira substancial para o saldo positivo da balança comercial e para as divisas da economia nacional.

Numa situação hipotética, se as Organizações não estabelecessem um planejamento adequado de negociação, o que seria estimulado no desenvolvimento interno e externo a elas? Como seriam estimuladas ações competitivas diante das incertezas mercadológicas, financeiras, econômicas, sociais que acometem as Organizações no mundo dos negócios?

Nessa perspectiva, esperamos que ao final da aula vocês consigam elucidar uma resposta mais concreta para os questionamentos supracitados.

Bons estudos!

Objetivos de aprendizagem

Ao término desta aula, vocês serão capazes de:

- compreender a política de negociação como estratégia de gestão para as Organizações;
- identificar os conceitos mais apropriados para responder as demandas do Tecnólogo na área de negociação.

Seções de estudo

1 - Negociação orientada para resultado: conceitos e premissas

Turma, na Seção 1, iremos perceber que as organizações vêm buscando instrumentos que auxiliem a se manterem no mercado altamente competitivo. Uma das ferramentas encontradas é por meio do processo de negociação, que focando em estratégias consolidadas posicionam positivamente as empresas no ranking de competitividade.

1.1 - Introdução

Diante da agilidade com que se processam as mudanças e paradigmas no mundo dos negócios, cabe aos profissionais da missão e visão organizacional, incluindo os agentes das áreas de Contratos, Gestão Empresarial, Gestão de Pessoas, Finanças, Logística, Compras, Comercial, Vendas e Marketing, acompanharem as novas tendências mercadológicas qualificando-se permanentemente. Investindo no domínio de tecnologias atualizadas de negociação, com vistas à obtenção de mais valor aos objetivos institucionais e pessoais, podem maximizar ainda mais as ações que resultem em ganhos reais para a organização.

O cenário aponta que, cada vez mais, as pessoas buscam abrir seu próprio empreendimento, e desde 2011, o Serviço Brasileiro de Apoio às Micro e Pequenas Empresas (SEBRAE) optou por realizar seus estudos de sobrevivência de empresas utilizando um tipo de metodologia, por meio do processamento do banco de dados da Secretaria da Receita Federal (SRF), tomando como referência as empresas brasileiras constituídas em 2007, e as informações sobre estas empresas disponíveis na SRF até 2010, a taxa de sobrevivência das empresas com até dois anos de atividade foi de 75,6%. Essa taxa foi superior à taxa calculada para as empresas nascidas em 2006 (75,1%) e nascidas em 2005 (73,6%).

Como a taxa de mortalidade é complementar à da sobrevivência, pode-se dizer que a taxa de mortalidade de empresas com até dois anos caiu de 26,4% (nascidas em 2005) para 24,9% (nascidas em 2006) e para 24,4% (nascidas em 2007).

O índice apresentado pode estar relacionado à verificação das condições do mercado, no sentido do estudo de suas oportunidades, bem como a realização de um plano de negócios a ser seguido de acordo com as possibilidades de cada empresa.

Esse fato é um dos fatores importantes de se traçar estratégias antes de abrir qualquer negócio ou analisar seu posicionamento diante do mercado, porém cabe ressaltar que o planejamento é uma ferramenta continua que deve ser utilizado com critérios, de forma a enfrentar ameaças e aproveitar as oportunidades encontradas em seu ambiente externo, além de analisar suas fortalezas e fraquezas internas.

Empresas de todos os tipos estão chegando à conclusão de que essa atenção sistemática à estratégia é a maneira mais eficaz de se alcançar resultados, sejam elas de pequeno, médio ou grande porte. Aliada a esse processo, cabe ressaltar a importância da implantação de políticas de negociação na geração de resultados positivos na manutenção das ações estratégicas para identificar os melhores acordos; na sensibilização e instrumentalização para identificar oportunidades de ações, negócios e empreendimentos por meio da negociação; o domínio de estratégias para negociação intra e extra-ambiente organizacional e o entendimento e aplicação dos fundamentos éticos nos processos de negociação.

No Brasil, mesmo considerando que as organizações vêm fomentando o uso de ferramentas de negociação, ainda existem conflitos no entendimento adequado do que realmente se pretende alcançar.

Nesse sentido, a presente disciplina tem como objetivo principal, ao longo das oito aulas preparadas para os alunos matriculados, promover a compreensão e desenvolvimento de processos necessários para estruturação da política de negociação, com uma visão gerencial sobre a sua importância na tomada de decisões organizacionais e de competitividade.

1.2 - Princípios da negociação

> Nada há no mundo que seja repartido mais equitativamente do que a razão. Todos são convencidos de tê-la em quantidade suficiente (DESCARTES).

A necessidade de negociar está presente no dia a dia dos indivíduos, seja de forma informal ou formal, nas relações sociais e trabalhistas, no próprio ambiente familiar, desde os primeiros anos de vida, no trabalho, no supermercado, na feira, na manutenção das rotinas diárias domiciliares e, até mesmo, nas ocasiões sociais de pequeno e grande porte torna-se cada vez mais importantes. A arte de negociar induz o desenvolvimento da capacidade negocial absolutamente ativa para todas as fases de nossa vida, fundamentalmente no campo profissional.

Dessa forma, todo profissional deve por sobrevivência buscar o desenvolvimento desta técnica, não só para se tornar uma pessoa desenvolvida, sobretudo, para saber utilizar essa ferramenta a seu favor e da organização do qual representa.

Cabe ressaltar que para compor um processo de negociação cada organização deve planejar as políticas necessárias para obtenção de resultados. Todo esse caminho da negociação deve focar na construção de relacionamentos, já que não se fala mais em analisar propostas, mas sim em negociar isto e aquilo com alguém.

Realizando um levantamento documental e bibliográfico, percebe-se que os grandes negociadores mundiais souberam usar as devidas técnicas a favor de si, de suas empresas e de seus países, visando o crescimento e o aperfeiçoamento, juntamente com a satisfação de ambas as partes envolvidas em toda ou qualquer processo de negociação.

Na verdade, não existe uma fórmula mágica para todas as realidades, existem técnicas que devem ser adaptadas para a situação observada e negociada. Assim, sempre é tempo de começar a aprender a negociar, se apoiando nas melhores práticas ou na criação de novas que podem ser testadas na realidade de cada indivíduo.

De acordo com Acuff (1993, p. 21) "a negociação é o processo de comunicação com o propósito de atingir um acordo agradável sobre diferentes ideias e necessidade".

Nesse contexto, a negociação se configura no processo de buscar aceitação de ideias, desejos, propósitos ou interesses visando ao melhor resultado possível, distante das intransigências, as partes envolvidas finalizam as negociações conscienciosas de que foram ouvidas, que apresentaram toda a sua argumentação e retórica e que o produto final, objeto da negociação, seja maior do que a soma das contribuições individuais (JUNQUEIRA, 2003).

FIGURA 1 – Matriz de Negociação
Fonte: <http://www.ideiademarketing.com.br/2013/01/28/aventuras-de-um-jovem-negociador-ii-ancorar-ou-nao-ancorar-eis-a-questao/matriz-de-negociacao/>.
Acesso em: 02 de março 2015.

Ao analisar a figura 1, percebe-se que o processo de negociação está associado à duas importantes variantes: o tempo de negociação (início e final) e a zona de limites (mínimo e máximo). Nesse contexto, a área de negociação está apoiada ainda a quatro variantes, ou seja, a baixa (outra parte é favorecida) e a alta percepção (negociação é bloqueada) e de outro, lado a expectativa reduzida (negociação é fechada no mínimo) e a ampliada (baixa probabilidade de concluir um negócio). Ao analisar a "zona estratégica". Exatamente aquela que é confortável para ambas as partes envolvidas na negociação, para que as expectativas de ambas as partes sejam neutralizadas e atendidas. É preciso, portanto, um equilíbrio, ou seja, ambas as partes envolvidas precisam projetar com suas expectativas, como também ceder em alguns aspectos para que seja concluída a negociação.

Na próxima figura (2) será apresentada uma estratégia de negociação criada pelo Projeto de Negociação da Escola de Direito de *Harvard* chamado *"Negociação Baseada em Princípios"* descrito no livro publicado em 2011 *"Getting to Yes: Negotiation Agreement without Giving In"* (Como Chegar ao Sim: A Negociação de Acordos sem Concessões).

O referido método apresenta duas formas de negociação: ou o indivíduo é um negociador duro (do original hard) ou, digamos, afável (do original soft). Baseado nos perfis apontados pelo método há uma terceira via, ou seja, que baseada nos princípios (do original principled) foca atenção à união de características necessárias para realizar a negociação com sucesso.

Considerando esse exemplo, verifica-se que as decisões que são geradas das negociações são diretamente ligadas ao bem-estar das pessoas, em uma relação de troca mútua, mesmo que haja uma desigualdade, ambas as partes normalmente saem satisfeitas seja pela necessidade social, econômica, cultural e/ou ambiental.

SOFT	HARD	PRINCIPED
Negociadores são amigos	Negociadores são adversários	Negociadores são solucionadores de problemas
O objetivo é o acordo	O objetivo é a vitória	O objetivo é um resultado inteligente alcançado com eficiência e amigavelmente
Faça concessões para cultivar o relacionamento	Demande concessões como condições para o relacionamento	Separe as pessoas dos problemas
Seja afável com as pessoas e com os problemas	Seja duro com as pessoas e com os problemas	Seja afável com as pessoas e duro com os problemas
Confie nos outros	Desconfie dos outros	
Mude suas posições facilmente	Afere-se as suas posições	Não dependa da confiança
Faça ofertas	Faça ameaças	Concentre-se nos interesses, não nas posições
Comunique seus objetivos	Não comunique seu objetivo final	Explore os interesses
Aceite que seu lado perca em favor do relacionamento	Demande que o seu lado ganhe em favor do relacionamento	Evite ter um objetivo final
Procure pela resposta única: a que o outro lado vai aceitar	Procure pela resposta única: aquela de você irá aceitar	Invente opções de ganhos mútuos
Insista no acordo	Insista na sua posição	Desenvolva múltiplas opções e decida mais tarde
Tente evitar um jogo de vontades	Tente ganhar o jogo de vontades	Insista em critérios objetivos
Ceda à pressão	Faça pressão	Tente alcançar um resultado baseado em padrões, independente de vontades
		Seja racional e esteja aberto à razão. Ceda aos princípios e não a pressão

FIGURA 2 – Negociação Baseada em Princípios - Fonte: <http://blog.barbeita.com.br/2012/07/negociacao-baseada-em-principios-introducao/>. Acesso 03 de março 2015.

Ao verificar os exemplos supracitados, percebe-se que o contexto das negociações sempre está em permanente mudança. Pressupostos do presente podem não mais ser válidos no futuro. E também o próprio potencial negociador deve estar sempre em busca incansável de aperfeiçoamento, para que por consequência possam antecipar-se as mudanças, gerenciando-as favoravelmente (JUNQUEIRA, 2003).

Acredita-se ainda que as pessoas mais bem sucedidas sejam capazes de dizer com clareza o que desejam para o futuro. Da mesma forma com as grandes organizações que possuem um planejamento eficaz, pois conseguem compreender as modificações que ocorrem nos dias atuais e identificam a melhor maneira de se reposicionar no futuro.

Nesse sentido, para atingir a negociação desejada, é preciso entendê-la como um processo, ou seja, toda negociação se realiza por meio de um procedimento o qual se divide em várias etapas, entre elas: a do planejamento, a da execução, a de controle, e por último a de avaliação, também considerados como pré-negociação, ação de negociação e pós-negociação. Cada uma destas etapas admite atividades que poderá executar sequencialmente, instrumentalizando-se para executar o processo de modo a alcançar um resultado eficaz.

Ao considerar que o processo de negociação vai além dos objetivos pessoais, mas, sobretudo organizacionais, realizar um planejamento organizacional, portanto, é mais abstruso do que um planejamento pessoal, pois uma organização é constituída por diversos colaboradores que pensam e age diferente um dos outros. Nesse diapasão, incorporar os objetivos da empresa com o pessoal é mais um desafio conforme cita Faria (1997) "o planejamento determina os objetivos a atingir e os tipos de controle necessários que a administração da empresa deverá adotar".

Quando associado à visão de futuro, o planejamento se configura com o estabelecimento de previsão, apesar de não se confundir com ela. Assim, o planejamento provoca uma relação entre coisas a fazer, os recursos e o tempo disponível para sua ação.

No encerramento da Seção 1 foi possível perceber que existem diversas fases para se alcançar o processo de negociação desejada, assim como para cada estágio existem critérios operacionais e estratégicos que deverão ser delineados pelo gestor, o qual também possui características peculiares.

Na Seção 2 será possível identificar os principais conceitos e premissas da negociação, que além das correntes teóricas apresentadas, cada Tecnólogo dará forma ao que for mais adequado e conveniente para a realização do processo de negociação em que estará liderando.

2 - Principais conceitos e premissas da negociação

Olá, na segunda parte deste estudo, vamos conhecer alguns conceitos e premissas da negociação para identificar os elementos fundamentais para a gestão qualificada. Para tanto, determinados autores consagrados serão citados ao longo do texto. Identifique em sua leitura qual autor elucida melhor a compreensão necessária para implementar ações positivas no contexto das negociações.

2.1 - Principais correntes teóricas da negociação

Considerando a dinâmica de um mercado globalizado e em meio as mais diversas alianças de estratégias de desempenhos, composições, agrupamentos e novas formas de gestão estratégica, o foco tem dado ao processo de negociação fator diferenciador na busca da sustentação e sucesso do negócio em questão.

Segundo Junqueira (2003, citado por ANDRADE, 2004, p. 12):

> Negociação é o processo de buscar a aceitação de idéias, propósitos ou interesses, visando ao melhor resultado possível, de tal modo que as partes envolvidas terminem a negociação consciente de que foram ouvidas, tiveram oportunidades de apresentar toda a sua argumentação e que o produto final seja maior que a soma das contribuições individuais.

Para Junqueira (2003) evidenciar a importância da negociação a partir da exposição de motivos é fator diferenciador para aceitação ou não da ação, ou seja, estabelece-se a mediação necessária (de conflito, solução, harmonia e reconciliação) entre as partes envolvidas na ação.

Complementando essa ideia, Wanderli (1998, p. 21) enfatiza que:

> [...] negociação é o processo de alcançar objetivos por meio de um acordo nas situações em que existam interesses comuns, complementares e opostos, isto é; conflitos, divergências e antagonismos de interesses, idéias e posições.

Para o autor, o processo é complexo e pontua que a incompatibilidade de interesses é evidenciada na dinâmica da negociação, portanto, o equilíbrio nesse diapasão, torna-se fundamental.

Recorrendo a Mello (2005, p. 25) o qual ressalta que

> [...] negociação é um processo social utilizado para fazer acordos e resolver ou evitar conflitos. É utilizada quando as partes interessadas desejam estabelecer regras de relacionamento mútuo ou quando desejam mudar as regras de um acordo já existente.

Ao diferenciar dos demais autores, Mello (2005) enfatiza o papel social e o estabelecimento de critérios a serem seguidos no processo de negociação.

Para Boff (2011, p. 111):

> Hoje, a arte ou a ciência de negociar faz parte do dia a dia das pessoas e das organizações. Na família, negocia-se: com os pais, sobre o horário da chegada depois de uma festa; com os irmãos, sobre a hora de iniciar uma brincadeira; com o cônjuge, sobre a viagem de férias; com os filhos, sobre o passeio do próximo fim-de-semana. Na rua, negocia-se: no trânsito, a

ultrapassagem de um veículo; na praça, o lugar à sombra no banco; no ônibus, quem vai subir primeiro; na sociedade, com diversas pessoas. Na escola, negocia-se: com os colegas, o dia da festa de formatura; com o professor, a data da prova; com a direção, o uso do uniforme. No trabalho, negocia-se: com os colegas e chefes, as relações trabalhistas, dentre as quais, a jornada de trabalho, o aumento salarial, o período de férias, a data da próxima reunião; com clientes, fornecedores e parceiros, as transações comerciais, industriais e/ou de serviços, dentre as quais, prazos, comissões, descontos, data de entrega, forma de pagamento e assistência técnica.

No contexto apresentado, corrobora com a ideia que todo ser humano está condicionado ao processo de negociação para a sua "sobrevivência" em sociedade: para tanto, ao se deparar no contexto profissional, requer técnicas específicas para o alcance dos objetivos organizacionais e institucionais.

O contexto teórico até agora apresentado evidenciou que a arte de negociar se tornou umas das habilidades e competências humanas essenciais à sobrevivência das pessoas comuns, dos profissionais e das organizações envolvidas. Além disso, compõe-se como um dos principais instrumentos de gestão estratégica, que bem planejada, vencendo todas as etapas da mesma (planejamento, exploração, apresentação, demonstração, argumentação, acordo, fechamento, avaliação, controle e monitoramento, entre outros aspectos pessoais e profissionais), atua fundamentalmente na resolução dos conflitos, assim como na tomada da decisão mais assertiva tanto para o negociador como também para organização o qual representa.

2.2 - Premissas e restrições da negociação

Para constituir um processo de negociação é necessário considerar antes, durante e depois, dois aspectos importantes: as premissas e restrições.

Considera-se *premissa* como uma situação hipotética apontada como uma "verdade absoluta" sem a necessidade de assegurar ou comprovar a situação pelo negociador e a organização envolvida para se chegar a uma definição estratégica, portanto, elas devem ser identificadas e declaradas no processo de concepção, ou seja, os fatores considerados verdadeiros, sem prova para fins de planejamento, como as "cláusulas contratuais" que se não forem cumpridas, comprometem o sucesso da negociação. Por exemplo: uma construtora de imóveis de luxo está empreendendo numa localidade que dispõe mais de 100 unidades habitacionais e estipula a meta de vendas de 50% em três meses. Se a equipe de vendas não estabelecer as estratégias necessárias, a meta, provavelmente, não será atingida.

Já as restrições levam em conta as limitações, ou seja, algo que está sob o controle e que a organização e o profissional criam como resposta a um determinado risco. Utilizando o exemplo anterior: a construtora lançou uma meta bastante audaciosa, mesmo considerando as restrições econômicas nacionais no momento de crise, porém identificou que existia

uma demanda para os imóveis de luxo, ao estipular o prazo para a equipe de vendas determinou um período, para que depois de vencido pudesse reposicionar as metas e estratégias como, por exemplo, a redução dos valores, a ampliação da publicidade, o treinamento da equipe de vendas, entre outras formas.

Nesse contexto, entre premissas e restrições, o ponto de partida é identificar o problema a ser sanado e, a seguir, o que se pretende solucionar no processo de negociação. Para se aproximar do desejado acordo sem concessões, deve-se seguir alguns passos, tais como: "separar as pessoas do problema; concentrar-se nos interesses, não nas posições; buscar o maior número possível de alternativas, para ganho mútuo; insistir em critérios objetivos" (BOFF, 2011, p. 12). Observar as interfaces que apoiam os artifícios da negociação são necessárias para a obtenção do êxito completo da ação.

Como foi possível perceber até aqui com os conceitos e ideias apresentados, a negociação é uma ferramenta estratégica que tem por finalidade proporcionar a harmonia entre as oportunidades indicadas pelo ambiente e a capacidade interna da organização, bem como dos profissionais envolvidos.

Ao finalizar a Seção 2 foi possível perceber que as formas de compreender o planejamento da ação são muito similares, porém, é preciso levar em conta a adaptação necessária ao porte e as características intrínsecas na elaboração da estratégia de maneira simplificada. A negociação, portanto, é importante quando são buscadas alternativas para a solução de subversões. Pode-se dizer que uma negociação foi bem sucedida quando teve o problema resolvido, os seus objetivos foram alcançados e a qualidade do relacionamento entre os envolvidos foi conservada.

Como pode se perceber nas Seções anteriores são gerados diversos benefícios quando se aplica o planejamento estratégico de negociação de forma adequada. Dentre eles, evidencia-se a motivação e o envolvimento dos colaboradores, a instrumentalização e a tomada de decisão sobre as ações elencadas pela equipe gestora. Portanto, para representar um nível de confiança aceitável o planejamento precisa ser palpável, realista, desafiador, relevante e motivador.

Retomando a aula

Chegamos, assim, ao final da sétima aula. Esperamos que agora tenha ficado mais claro o entendimento de vocês sobre a importância da negociação como ação estratégica. Vamos, então, recordar:

1 - Negociação orientada para resultado: conceitos e premissas

Nessa seção, vimos a necessidade que as organizações têm de se adaptarem as condições do mercado que requer fundamentalmente planejamento sobre as ações de negociação, tanto no que relaciona a questões estratégicas, como também aos aspectos relacionados ao contexto social, cultural e econômico das partes envolvidas na ação.

2 - Principais conceitos e premissas da negociação

Nessa seção, percebemos a existência de diversos tipos de conceitos e estratégias para consolidar a ação. Para cada tipo de ação devemos levar em conta o contexto em que está inserido assim como avaliar a dimensão em que se pretende alcançar.

Além disso, evidenciamos a importância da negociação para todos os indivíduos no mundo globalizado das organizações e dos negócios. Ou seja, os indivíduos negociam na maior parte do tempo diversas coisas, seja com os clientes, fornecedores, líderes e liderados, tais como, na gestão de pessoas e financeira, nos prazos, orçamentos, contratos, dentre tantas outras. Para tanto, é importante saber identificar as premissas e as restrições de cada situação que envolve uma negociação na busca de resultados positivos.

Vale a pena

Vale a pena ler,

BURBRIDGE, R. Marc. *et al. Gestão de Negociação.* São Paulo: Saraiva, 2005.

MARTINELLI, Dante P; VENTURA, Carla A:

MACHADO, Juliano R. *Negociação Internacional.* São Paulo: Atlas, 2004.

MELLO, José Carlos Martins F. de. *Negociação Baseada em Estratégia.* São Paulo: Atlas, 2003.

Vale a pena acessar,

ASSOCIAÇÃO BRASILEIRA DE ÁRBRITOS E MEDIADORES – ABRAME Disponível em: <http://www.abrame.com br/> Acesso: 05 de fev. 2018

Vale a pena assistir,

11 Homens e um segredo (planejamento estratégico, gestão de pessoas, negociação, gestão de conflitos, liderança);

Apollo 13 (Tomada de decisão; gestão de projetos. planejamento estratégico; trabalho em equipe, negociação liderança);

Limite Vertical (planejamento, definição de objetivos, trabalho em equipe, negociação);

Vida de Insetos (planejamento, liderança, negociação, gestão de conflitos).

Minhas anotações

Aula 8º

Desenvolvimento da Habilidade de Negociação: Conhecimento do "Objeto" da Negociação, Recursos Metodológicos e Técnicos

No segundo módulo da disciplina serão apresentadas algumas habilidades, competências e atitudes necessárias na performance do profissional negociador para que os(as) futuros(as) Tecnólogos(as) em Recursos Humanos possam aplicar corretamente os recursos metodológicos e técnicos.

O êxito de uma equipe de trabalho depende da união de indivíduos que não sejam apenas dotadas de poder para fazer mudanças e aperfeiçoamentos em processos, mas, sobretudo, de competências necessárias para fazer uma ação inserida no contexto da organização. Assim, desenvolver pessoas e obter o melhor delas se torna a principal vantagem competitiva organizacional.

Ao pensar que, necessariamente, os profissionais devem ser munidos de metodologias operacionais, táticas e estratégicas para responder as necessidades comerciais, imagine se não houvesse dedicação focada nesses resultados pelos profissionais envolvidos: será que haveria um retorno eficaz?

Portanto, se dedicar nas melhores práticas, tanto por meio da observação como também pela qualificação profissional permanente, provocarão sempre uma mudança positiva.

Boa aula!

Objetivos de aprendizagem

Ao término desta aula, o aluno será capaz de:

- perceber a dinâmica da negociação por meio de recursos metodológicos e técnicos existentes para contribuir no processo de negociação;
- instrumentalizar o (a) Tecnólogo(a) em Recursos Humanos na área de negociação, identificando as habilidades, competências e atitudes necessárias no dia a dia do trabalho.

Seções de estudo

1 - Habilidades e Competências do Negociador
2 - Principais instrumentos da negociação

1 - Habilidades e competências do negociador positivos.

Pessoal, de acordo com o Plano de Ensino da disciplina definido, atendendo aos objetivos de aprendizagem propostos, será possível perceber na Seção 1 que existe um perfil comportamental e profissional do negociador desejado pelo mercado. Para tanto, a atenção ao foco da negociação é fator elementar na busca de resultados estratégicos

1.1 - Perfil comportamental e profissional do negociador

Para alinhar as expectativas de compreensão sobre as competências, habilidades e atitudes necessárias para melhor desempenho profissional, serão utilizados alguns conceitos de acordo com autores na área de gestão.

FIGURA 1: O "cha" da negociação

Disponível em: http://www.itribuna.com.br/blogs/explore-ao-maximo-seu- pontecial/2013/07/competencia/7701/. Acesso em: 11 mar. 2015

Sabe-se que, inicialmente, o conceito de competência estava associado à linguagem jurídica, ou seja, de modo tradicional e formal. Atualmente, o cenário do mundo organizacional é compreendido como algo dinâmico, concretizado no desempenho; competência é saber, fazer e saber ser e agir. Nessa lógica, surgiu a gestão de competências como um tema desafiador, dentro do subsistema de desenvolvimento humano da área de gestão de pessoas e talentos. Competência, segundo o dicionário, vem do latim *competentia* e significa a qualidade de quem é capaz de apreciar e resolver certo assunto, fazer determinada coisa, capacidade, habilidade, aptidão e idoneidade.

De acordo com Hamel e Prahalad (1990, p.57), o conceito de *"core competence"*, ou competência essencial, significa um conjunto de habilidades, competências e

tecnologias que permitem uma empresa atender necessidades específicas de seus clientes, isto é, atingindo vantagem competitiva sobre os concorrentes.

Na concepção de existência de competências, habilidades e atitudes, Durand *apud* Wood Jr. (2002, p.58) construiu essa ideia a partir dessas três dimensões incluindo não só questões técnicas, mas, sobretudo, pelo aspecto cognitivo e atitudinal laboral. Ou seja, a adoção de um comportamento no trabalho exige do profissional não apenas conhecimentos, mas, especialmente, habilidades e atitudes apropriadas. *Approaches* como essa possuem aceitação mais ampla tanto no ambiente empresarial como no meio acadêmico, visto que procuram integrar diversos aspectos relacionados ao trabalho.

FIGURA 2: A figura do negociador

Disponível em:http://hub.salesways.com/br/category/metodologia-de-vendas/ ciclo-de-vendas/>. Acesso em 14 mar. 2015

Ao referenciar Mascarenhas (2008, p.184), é possível perceber a singularidade que caracteriza cada situação de exercício das competências em três situações elementares:

• **Conhecimento** = Saber. O conhecer não decisivo, ou seja, é uma busca constante em aprender, reaprender e sempre buscar aumentar o conhecimento.

• **Habilidade** = Saber fazer. Usar o conhecimento para resolver problemas e ter criatividade para resolver não só problemas, mas para criar novas ideias.

• **Atitude** = Competência = Saber fazer acontecer. É obter bons ou excelentes resultados do que foi feito com conhecimento e habilidade.

Aproveitando o contexto até agora tratado, sublinhamos as competências e habilidades do(a) Tecnólogo(a) em Recursos Humanos, mas precisamente no cenário da negociação, como um dos aspectos inerentes a profissão, questões pertinentes também para a gestão de vendas. Recorrendo ao que preconiza a formação do Curso superior de RH, segundo o Catálogo Nacional para os Cursos Superiores de Tecnologia (2010, p. 36), observamos que:

O tecnólogo em Gestão de Recursos Humanos atua no planejamento e gerenciamento dos subsistemas de gestão de pessoas, tais como: recrutamento e seleção, cargos e salários, treinamento e desenvolvimento, avaliação de desempenho, rotinas de pessoal, benefícios, gestão de carreiras e sistema de informação de recursos humanos. Este profissional promove o desenvolvimento de competências relacionadas ao comportamento nos níveis individual (motivação), **de grupo (negociação, liderança, poder e conflitos)** e organizacional (cultura, estrutura e tecnologias), catalisando os processos de elaboração de planejamento estratégico, programas de qualidade de vida do trabalho e avaliação do clima organizacional (grifo nosso).

Sobre esse contexto, vale ressaltar ainda que o profissional negociador, além de desenvolver as ações requeridas pelo mercado, deve estar atento ao aprendizado pessoal com postura proativa para realização de todas as tarefas projetadas, inclusive em grupo. Entre as características mais importantes para delinear o perfil desejado pelo profissional negociador, destaca-se: saber ouvir e falar; colocar-se no lugar do outro; saber identificar o perfil do comportamento humano; identificar e propor alternativas empreendedoras; mediar conflitos; entre outras habilidades e atitudes.

1.2 - Foco ao objeto (produto) da negociação

Dentre as habilidades do profissional envolvido na tarefa de negociar, está a atenção ao foco do produto em questão, tanto na condição de bem ou serviço, ou seja, cada ação exigirá uma postura. Portanto, é preciso conhecer sobre preço de mercado, demanda e tudo mais que envolva o produto em questão.

Como estratégia, ao iniciar uma negociação é preciso um plano de ação, ou melhor, vários, caso seja necessário uma contraproposta, pois se as ações não fecharem como planejada, haverá outras formas para chegarmos a um resultado. É importante destacar ainda a importância de saber a hora de parar, ou seja, saber até onde seguir na negociação e, de forma alguma, ultrapasse esse limite; muitas organizações já faliram por desconsiderar esse ponto.

É necessário mencionar o objeto em questão como "produto", verificar o seu conceito, pois é por meio dele que os indivíduos satisfazem seus desejos e necessidades diárias.

Para a Fundação Prêmio Nacional da Qualidade (FPNQ), produto é o resultado de atividades ou processos. Assim, o termo produto pode incluir bens e serviços, ou seja, materiais e equipamentos, informações ou uma combinação desses elementos; poder ser tangível (como por exemplo, um eletrodoméstico) ou intangível (por exemplo, prestação de um serviço de beleza ou uma consultoria), ou uma combinação dos dois; e um produto pode ser intencional (por exemplo, oferta aos clientes) ou não-intencional (por exemplo, um poluente ou efeito indesejável).

Sobre isso, Kotler (1993, p. 173) constata que produto é "qualquer coisa que pode ser oferecida a um mercado para aquisição, atenção, utilização ou consumo podendo satisfazer um desejo ou necessidade".

FIGURA 3: Tipo de Negociação

Disponível em: http://www.alemdeeconomia.com.br/blog/?p=10722. Acesso em 10 mar. 2015.

Desse modo, conhecer a configuração do "produto" em questão pode ser o primeiro passo para instrumentalizar o negociador, dentre os estágios de desenvolvimento do mesmo: o primeiro diz respeito ao produto básico, ou seja, a finalidade direta consiste na solução de problemas ou benefícios que o consumidor obtém quando adquire algo, por exemplo, o comprador não adquire uma geladeira comum, mas sim um equipamento de refrigeração e de conservação de alimentos (a partir do produto básico tem-se o produto real).

Outro estágio importante é identificar no consumir a vontade de adquirir um produto ampliado que significa a oferta de serviços e benefícios adicionais para a solução completa do problema do consumidor. Ao comparar o exemplo acima, o consumir não se contenta com um produto básico como uma geladeira comum, na indução consumista, lança mão da economia e prioriza a compra de uma geladeira duplex com sistema digital.

Como vimos, no encerramento da Seção 1 foi possível identificar o perfil profissional de quem pretende investir na arte de negociar. Para tanto, desenvolver as competências, habilidades e atitudes necessárias são fundamentais para manter-se competitivo e diferenciado entre os indivíduos inseridos nessa atividade comercial e institucional organizacional.

2 - Principais instrumentos da negociação

Nessa segunda parte da aula, vamos identificar os principais instrumentos da negociação, assim como metodologias e ins trumentos para obtenção de resultados.

Serão referenciados alguns autores assim como organizações no setor para melhor fundamentar a necessidade teórica e prática do dia a dia do profissional envolvido nessa área de atuação.

2.1 - Estabelecimento das técnicas

Até o momento apresentado, apontamos a negociação como a arte de definir e buscar objetivos permeados pelo relacionamento interpessoal e pela decisão compartilhada com os atores envolvidos no processo. Na correria diária do trabalho, com tanta intensidade das mudanças provocadas, muitas pessoas não se atentam a respeito da importância de dominar algumas técnicas de negociação que, quando bem implementadas, proporcionam o retorno esperado pelas organizações, sejam elas refletidas em economia sobre os gastos do orçamento, redução do estresse, melhoria nos relacionamentos, ou outras motivações especiais.

FIGURA 4: Tipo de Negociação 2

Disponível em: http://www.politicasepoliticos.com.br/ler.php?idnot=9938. Acesso em 10 mar. 2015.

Muitas vezes, não conhecemos os elementos-chave de qualquer negociação: as pessoas. É por meio delas que se estabelece a proposta que será utilizada na negociação.

A preparação, ou seja, o planejamento, que é a fase mais importante e meticulosa de uma transação eficaz para fechar os melhores acordos.

Portanto, existem várias técnicas projetadas para um processo de negociação produtivo. As principais técnicas, conforme defende Pinto (1993) são:
- Planeje o melhor acordo possível. Para começar uma transação, estabeleça os objetivos, metas, ações, recursos envolvidos, entre outros elementos elementares;
- Use a influência para encurtar a distância e facilitar o entendimento, portanto, a comunicação por

meio da linguagem e argumentação são fatores mediadores ao negociador. Importante observar ainda a existência de congruência entre o que a pessoa está dizendo e a mensagem não verbal. Além disto, a empatia é um ingrediente que facilita a aceitação das propostas pela parte oposta;
- Faça propaganda de sua proposta, enfatizando os ganhos mútuos. Pois, a veracidade dos fatos é importante para estabelecer um processo de confiança;
- Canalize a agressividade para as realizações positivas. Não será pela imposição que convencerá a outra parte envolvida, pelo contrário, ambas as partes precisam se sentir confortável para negociar;
- Apresente de uma só vez os itens negociáveis. Prorrogar o objetivo não trará resultados positivos, ao contrário, poderá desestimular a ação;
- Negocie item por item. Detalhar os passos parece ser mais eficaz, ou seja, caso haja vários objetos em questão, indica-se não sobrepor os interesses em variados itens;
- Faça pausa, estrategicamente. Observar se as partes estão sendo compreendidas pode ser uma maneira produtiva na negociação.
- Crie as possibilidadesobjetivas de acordocom os padrões referenciais de negociação, por meio de brainstorming, ou seja, pela "tempestade de ideias" entre as partes envolvidas;
- Não utilize e nem deixe se envolver por artimanhas. A criação de regras que não foram planejadas ou que são desnecessárias no processo pode ser decisiva no sucesso ou fracasso da ação;
- Encerre a negociação somente quando houver satisfação mútua. Perceber a satisfação de ambas as partes é uma maneira de promover a fidelização para futuras negociações.

Aliados a essas técnicas, outros componentes se destacam como pré-requisitos para uma boa negociação, ou seja, uma boa comunicação, flexibilidade, justiça, respeito e prudência. É importante manter-se atento aos interesses, desejos e necessidades da parte oposta, e preciso ser flexível na oportunidade certa. Além disso, evitar que uma das partes seja prejudicada ou injustiçada pode possibilitar que cada uma das partes fique com a sensação de que obteve, de alguma forma, uma vitória relativa, garantindo assim, cortesia e um relacionamento respeitoso durante o processo de negociação em qualquer tipo de demanda.

2.2 - Recursos metodológicos

Dentre os recursos metodológicos exigentes na literatura sobre o assunto, uma das mais recomendadas é baseada na "Matriz de Negociações Complexas", apresentada por meio da exposição teórica, pela aplicação conceitual de seus elementos, formas de negociação, e pelos indicadores de avaliação dos resultados. A demonstração conceitual será realizada a partir dos casos de negociação desenvolvidos pela *Harvard Law School*, mais especificamente descrito no livro "Método de Negociação" de autoria de Alain Pekar Lempereur, Aurélien Colsone e Yann Duzert, editora Atlas, publica em 2009.

FIGURA 5: Matriz de Negociações Complexas

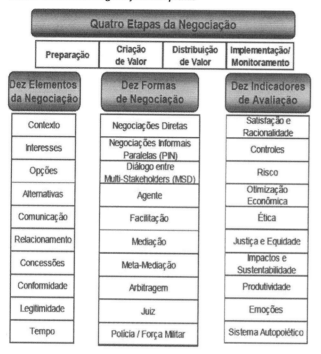

Disponível em: <Yann Duzert, Davis Fairman e Alain Lempereur (Harvard-MIT) apud Brandão et al (2010, p. 14)>. Acesso em 10 mar. 2015

Como vimos, a Matriz de negociações complexas está estruturada a partir da abordagem de ganhos mútuos e congrega as quatro etapas do processo de negociação, os dez elementos, as formas e os métodos de avaliação.

Sobre as quatro as etapas do processo de negociação utilizada na abordagem dos ganhos mútuos, destacam-se:

• **Preparação**: etapa mais importante do processo de negociação. Uma preparação cautelosa oferece uma retaguarda para o processo de negociação, assim, é preciso estar calmo, criativo e afável aos atores envolvidos na negociação, sem precisar estar em posições de muito favorecimento ou de abrasadora rigidez. Quando um profissional está bem preparado amplia-se consideravelmente a sua possibilidade de alcançar o que deseja na negociação;

• **Criação de valor**: significa idealizar soluções que sejam benéficas e que permitam ampliar o conjunto de opções de benefícios recíprocos viáveis para ambas as partes envolvidas no processo. Para criar valor é importante conhecer as diferenças de valores entre os negociadores para em seguida, explorar as múltiplas opções para resolução ou colaboração;

• **Distribuição de valor**: processo de escolha das alternativas identificadas na etapa da criação de valor. Quando há confiança entre as partes é mais fácil distribuir valor, ou seja, quanto mais uma parte se coloca confiável em uma negociação, mais a outra parte se colocará disponível para observar as razões e os argumentos do outro;

• **Implementação e Avaliação**: a fase de implementação acompanha os resultados acordados e serve para a manutenção do relacionamento entre as partes. Se os resultados estiverem a contento, ambas as partes estarão bem, caso contrário, haverá oportunidades de identificação do problema para a busca de soluções conjuntas. Já a avaliação é o processo de identificação das expectativas envolvidas (positivas, negativas ou neutras) entre os atores envolvidos na negociação. Reavaliar as ações é fundamental na busca de novas alternativas e manutenção dos futuros acordos.

A seguir, a figura mostra a relação existente entre os dez elementos e as quatro etapas da negociação, sendo cada uma delas decisivas para estabelecer a melhor metodologia operacional de trabalho.

FIGURA 6: Elementos e Etapas da Negociação

		QUATRO ETAPAS			
		Preparação	Criação de Valor	Distribuição de Valor	Implementação / Monitoramento
DEZ ELEMENTOS	Contexto	X			
	Interesses	X	X		
	Opções	X	X		
	Alternativas	X	X		
	Comunicação	X	X	X	X
	Relacionamento	X	X	X	X
	Concessões/ Compromisso			X	
	Conformidade	X			X
	Legitimidade/ Padrões			X	X
	Tempo	X			X

Fonte: Brandão (2005).

Para destacarmos ainda mais sobre os elementos-chave na composição das etapas de negociação, serão descritos a seguir um referencial baseado nos estudos de Brandão et al (2010) que definem cada passo como:

• **Contexto**: é concebido pelo melhor canal de negociação de forma que se obtenha uma maior cooperação entre as partes envolvidas. Em linhas gerais, trata-se da identificação de cenários de forma holística, sejam nos aspectos político, econômico, social, ambiental, cultural, religioso, comercial, como em outros que se configurarem importantes para estabelecer o processo negocial;

• **Interesses**: são inquietações, anseios, neces

- sidades, desconfianças e expectativas motivadoras dos arranjos envolvidos subjetivamente e racionalmente no íntimo dos envolvidos. A problemática de uma negociação não está nas posições colidentes, mas, sobretudo, nos aspectos subjetivos do sujeito, de cada um dos lados.
- **Opções**: são prováveis acordos ou partes deles que podem, criativamente, atender ambos os lados. São também maneiras e formas de se utilizar os diferentes interesses para criar valor no processo;
- **Relacionamento**: corresponde ao modelo geral de como as partes se comportam, dentro e fora da negociação;
- **Alternativas**: são ações que podem ser realizadas por uma das partes independente dos interesses das outras partes. Negociadores mais hábeis necessitam sempre entrar em um processo de negociação com um mapeamento completo sobre a sua melhor alternativa caso o acordo não ocorra;
- A **comunicação**: é fundada por mensagens que ao serem trocadas pelas partes envolvidas devem ser claras e eficientes. Dentre os dois fatores decisivos no processo de comunicação, estão: a) a eficiência do processo de comunicação e dos canais de comunicação utilizados; e, b) o nível de relacionamento e compreensão entre as partes;
- **Tempo**: empregado como uma variável estratégica, pois é ele que define o período necessário para o desenvolvimento das negociações;
- **Legitimidade**: refere-se à percepção de quão justo é o acordo ou a proposta alcançada. Abarca ajuizamentos de probidade e equidade sobre os assuntos em discussão e devem ser utilizados para análise dos acordos. Para tanto, é necessário um aporte documental entre esses princípios, regulamentos, políticas e leis para balizar o processo negocial;
- **Compromissos**: são afirmações sobre as finalidades do que as partes pretendem no futuro. A componente conformidade refere-se à base legal necessária à viabilização de um acordo.
- Refere-se à **legitimidade** dos contratos relativos à execução dos acordos. Sendo observada a legislação, a constância dos órgãos reguladores, responsáveis por estabelecer a ordem de discussão.

Ao finalizar a Seção 2, foi possível perceber que as dúvidas e incertezas fazem parte de uma negociação e isso pode provocar conflitos, os quais poderão atrapalhar ou lerdear a materialização dos objetivos. É necessário, portanto, cruzar as informações disponíveis com os elementos-chave da negociação para que as arestas sejam supridas por estratégias. Sabe-se que numa negociação sempre haverá objeções e que devem ser apreciadas como um sinal de interesse do cliente, dúvidas sobre os benefícios, valores, entre outros elementos.

Retomando a aula

Segunda etapa concluída! Esperamos que as explicações desta aula foram suficientes para perceber a importância de instrumentalizar suas ações em decisões estratégicas. Vamos, então, relembrar:

1 - Habilidades e Competências do Negociador

Vimos, na primeira seção desta aula que para se tornar um exímio negociador, dentre as habilidades e atitudes profissionais é preciso aprimorar a capacidade de audição e de observação.

Além disso, a criatividade é elemento diferencial e precisa para tanto, ter repertório, ter instrumentos com novos argumentos para evitar, muitas vezes, um padrão comportamental único, pois sempre existem diversas situações que devem ser levadas em conta.

E, por último, ter sensibilidade para identificar as características e habilidades do opositor, antecipando as reações o que possibilita a adaptação de argumentos ou mudança de estratégia negocial. Portanto, treine e solicite, quando possível, auxílio às pessoas mais experientes.

2 - Principais instrumentos da negociação

Nessa parte da aula foi possível perceber alguns passos para constituição dos instrumentos negociais, onde cada profissional deverá pesquisar e escolher as ferramentas necessárias para concluir com êxito seu propósito.

Vimos que a matriz de negociação proposta pelos professores David Fairman, Yann Duzert e Alain Lempereur de Harvard-MIT, FGV/EBAPE e IRENE/ESSEC, está fundamentada a partir da abordagem de ganhos mútuos e agrupa as quatro etapas do processo de negociação, os dez elementos, as formas e os métodos de avaliação. Ao cruzar essas informações (identificando os itens fundamentais no processo), o estudante e/ou profissional poderá experimentar dentro da sua organização, um simulado de ações e atitudes necessárias para mediar os conflitos e propor soluções para o sucesso almejado pela organização ao qual representa.

Vale a pena

Vale a pena **ler**

Como Chegar ao Sim – A Negociação de Acordos Sem Concessões, 3. Ed. (2014). Roger Ficher, Willian Ury e Bruce Patton, da Editora IMAGO, e faz parte do Projeto de Negociação da *Harvard Law School*.

Minhas anotações

Referências

ALBRECHT, K. *O pensamento gerencial precisa descobrir o cliente e o serviço.* Folha management (suplemento da Folha de São Paulo), n. 4, set. 1995.

BERRY, L. L.; PARASURAMAN, A. *Serviços de marketing:* competindo através da qualidade. São Paulo: Maltese-Norma, 1992.

_____. *O modelo emergente.* HSM Management, p. 58-64, n.13, março/abril 1999.

BRUYNE, Paul de. *Dinâmica da pesquisa em ciências sociais:* os pólos da prática metodológica. Rio de Janeiro: Francisco Alves, 1991.

CANNIE, J. K.; CAPLIN, D. *Mantendo clientes fiéis e para sempre.* São Paulo: Makron Books, 1994.

COBRA, M. H. N.; ZWARG, F. A. *Marketing de serviços:* conceitos e estratégias. São Paulo: McGraw-Hill, 1986.

FITZSIMMONS, J. A.; FITZSIMMONS, M. J. *Administração de serviços:* operações, estratégia e tecnologia da informação. 4. ed. Porto Alegre: Bookman, 2000.

GRONROOS, C. *Strategic management and marketing in the service sector.* Helsingfors: Swedish school of economics and business administration, 1982.

HOROVITZ, J. *Qualidade de serviço:* a batalha pela conquista do cliente. São Paulo: Nobel, 1993.

KOTLER, P. *Administração de marketing.* São Paulo: Atlas, 1994.

LAS CASAS, A. L. *Marketing de serviços.* São Paulo: Atlas, 1991.

LEHTINEN, Uolevi ; LEHTINEN, Jarmo R. *Service quality:* a study of quality dimensions. Unpublished working paper, helsinki: service management institute. Finland: OY, 1982.

LEVITT, T. *A imaginação em marketing.* São Paulo: Atlas, 1990.

MALHOTRA, Naresh K. *Marketing research:* an applied orientation. New Jersey: Prentice Hall, 1996.

MARCONI, M.; LAKATOS, E. *Técnicas de pesquisa.* São Paulo: Atlas, 1986.

PARASURAMAN, A.; BERRY, L. L.; ZEITHAML, V. A. *Refinement and reassessment of the SERVQUAL scale.* Journal of Retailing, 67 (winter), 1991, p. 420-50.

_____. *More on improving service quality Measurement.* Journal of Retailing, 69 (spring), 1993, p. 140-47.

_____. *SERVQUAL:* a multiple-item scale for Measuring customer perceptions of service quality. Journal of Retailing, 64 (spring), 1988, p. 12-40.

_____. *A conceptual servise equality and its implications for future research.* Journal of marketing, 49 (fall), 1985, p. 41-50.

PEPPERS, D.; ROGERS, M. *Marketing um a um:* marketing individualizado na era do cliente. Rio de Janeiro: Campus, 1994.

ROESCH, S. A. *Projetos de estágio em administração.* São Paulo: Atlas, 1995.

SASSER, W. et al. *Management of Servise Operations:* text and cases. Boston: Allyn & Bacon, 1978.

SLACK, Nigel et al. *Administração da produção.* São Paulo: Atlas, 1997.

WHITELEY, R. C. *A empresa totalmente voltada para o cliente.* Rio de Janeiro: Campus, 1992.

ENGEL, James F.; BLACKWELL, Roger D.; MINIARD, Paul W. *Comportamento do consumidor.* 8. ed. Rio de Janeiro: LTC, 2000.

RICHERS, Raimer. *O enigmático mais indispensável consumidor:* teoria e prática. Revista da Administração, jul./set. de 1984.

SHETH, N. Jagdish; MITTAL, Banwari; NEWMAN, I. Bruce. *Comportamento do cliente:* indo além do comportamento do consumidor. São Paulo: Atlas, 2001.

UNDERHILL, Paco. *Vamos às compras:* a ciência do consumo. São Paulo: Campus, 1999.

ALBRECHT, Karl. *Revolução nos serviços* - como as empresas podem revolucionar a maneira de tratar seus clientes. Tradução de Antônio Zoratto Samvicente. 5. ed. São Paulo: Pioneira, 1994.

BERRY, Leonard; PARASURAMAN, A. *Serviços de qualidade máxima* - guia prático de ação. Tradução de Outras Palavras. Rio de Janeiro: Campus, 1996.

BONNIE, Louis; KURTZ, David. *Marketing contemporâneo.* Tradução de Aline Neive Leite Almeida. Rio de Janeiro: LTC, 1998.

COLENGHI, Vitor. *OEM e Qualidade total:* uma integração perfeita. Uberaba: Sumus, 2007.

CSILLAG, João Mario. *Análise do valor.* São Paulo: Atlas, 1995.

DEMING, Wilians. *Qualidade* – a revolução da administração. Rio de Janeiro: Marques Saraiva, 1990.

FEIGENBAUM, Armand V. *Controle da qualidade total.* Tradução de Ailton Brandão Filho. São Paulo: Makroon Books, 1995. (v. 1)

FITZSIMONS, James A.; FITZSIMONS, Mona. *Administração de serviços:* operações, estratégia e tecnologia da informação. Tradução de Gustavo Severo de Borba et al. 2. ed. Bookman: Porto Alegre, 2000.

GALE, Bradley T. *Gerenciando o valor do cliente* – criando qualidade e serviços que os clientes podem ver. Tradução de Antônio Carneiro. São Paulo: Pioneira, 1996.

GARVIN, D. A. *Gerenciando a qualidade* – a visão estratégica e competitiva. Rio de Janeiro: Qualitymark, 1992.

GIANESI, Irineu; CORRÊA, Henrique. *Administração estratégica de serviços.* São Paulo: Atlas. 1996.

POSSAMAI, Osmar. *Disciplina:* "Qualidade desde o projeto". Florianópolis: UFSC, s/d.

ZACARELI, Sérgio. Administração estratégica da produção. São Paulo: Atlas, 2000.

BURBRIDGE, R. Marc. *et al. Gestão de Negociação.* São Paulo: Saraiva, 2005.

MARTINELLI, Dante P; VENTURA, Carla A:

MACHADO, Juliano R. *Negociação Internacional.* São Paulo: Atlas, 2004.

MELLO, José Carlos Martins F. de. *Negociação Baseada em Estratégia.* São Paulo: Atlas, 2003.

CHIAVENATO, I. *Administração:* teoria, processos e prática. 3. ed. São Paulo: Makron Books, 2002.

DUBRIN, A. J. *Princípios de administração.* Rio de Janeiro: Livros Técnicos e Científicos Editora S. A., 1998.

LACOMBE. F. *Administração:* princípios e tendências. São Paulo: Saraiva, 2003.

MEGGINSON, L. C. et al. *Administração:* conceitos e aplicações. 4. ed. São Paulo: Harbra, 1998.

MONTANA, J.; CHARNOV.B. *Administração.* São Paulo: Saraiva, 2003.

ROBBINS, S. *Administração:* mudanças e perspectivas. São Paulo: Saraiva, 2002.

STONER, J. A. F. et al. *Administração.* 5. ed. Rio de Janeiro: Livros Técnicos e Científicos Editora S. A., 1999.

UNDERHILL, Paco. Vamos às compras: A ciencia do consumo nos mercados globais. São Paulo: Elservier Editora, 2009.

RAPAILLE, Clotaire. O Código Cultural - Por que somos tão diferentes na forma de viver, amar e comprar? São Paulo: Elservier Editora, 2006.

KOTLER, Philip; KELLER, Kevin Lane. *Administração de marketing.* 12. ed. São Paulo: Pearson Prentice Hall, 2006.

_____. *Administração de marketing:* análise, planejamento, implementação e controle. 5. ed. São Paulo: Atlas, 1998.

MEDEIROS, Janine Fleith de; CRUZ, Cassiana Maris Lima. *Comportamento do consumidor:* fatores que influenciam no processo de decisão de compra dos consumidores. Teoria e Evidência Econômica (edição especial), Passo Fundo, v. 14, 2006.

RICHERS, Raimer. *O enigmático mais indispensável consumidor:* teoria e prática. Revista da Administração, jul./set. de 1984.

Minhas anotações

Minhas anotações

Graduação a Distância

3º SEMESTRE

Tecnologia em Gestão Comercial

FINANÇAS E
ORÇAMENTO

UNIGRAN - Centro Universitário da Grande Dourados

Rua Balbina de Matos, 2121 - CEP 79.824 - 9000
Jardim Universitário
Dourados - MS
Fone: (67) 3411-4141 / Fax: (67) 3411-4167

CEAD
Coordenadoria de Educação a Distância

Apresentação do Docente

Bem-vindo!

Fransérgio Sampatti Santos Matos, Administrador de Empresa e Contador devidamente registrado no CRC-MS, possui especialização em Metodologia do Ensino Superior e realizou o treinamento de liderança MASTERMIND pela Fundação Napoleon Hill. Já atuou como Gerente de Almoxarifado na Secretaria Municipal de Administração, vice-presidente da Comissão de Recebimento de mercadorias, secretário da Comissão de Avaliação de Patrimônio e gestor de frota do município de Dourados. Serviu o Exercito Brasileiro/Ministério da Defesa durante 2 anos e 5 meses. Tem experiência na área de Contabilidade Pública, Administração Pública, Administração de recursos Materiais e Patrimoniais e Gestão Pública. Atualmente é coordenador do setor de Logística da Unigran, coordenador do curso técnico em Qualidade no Centro Estadual de Educação Profissional de Dourados. Como docente, atua nos cursos técnicos em Qualidade e Agronegócios nas disciplinas de Produtividade e Estoque e Logística aplicada ao agronegócio. Na modalidade EAD da Unigranet atua nos cursos Tecnologia em Processos Gerenciais e Tecnologia em Gestão Comercial nas disciplinas Análise de desempenho financeiro, custos e formação de preços e Finanças e Orçamento. Na modalidade Semipresencial atua no curso Tecnologia em Gestão Comercial nas disciplinas de Planejamento Estratégico e Finanças e Orçamento.

MATOS, Fransérgio Sampatti Santos. BRUM, Saulo França. Finanças e Orçamento. Dourados: UNIGRAN, 2019.

66 p.: 23 cm.

1. Contabilidade. 2. Estratégia. 3. Custos.

Saulo França Brum, Administrador de Empresas devidamente registrado no CRA-MS, está cursando Doutorado em Educação pela Universidade Federal da Grande Dourados – UFGD, possui Mestrado Profissional em Produção e Gestão Agroindustrial, especialização em Gestão Financeira, Orçamentária e Auditoria e graduação em Administração de Empresas. Já atuou como Coordenador de Recursos Humanos da Taurus distribuidora de Petróleo. Tem experiência na área de Administração, com ênfase em Administração Pública, Gestão de Materiais, rotinas de contabilidade comercial e cargos de Liderança. Atualmente, é Oficial do Exército Brasileiro/Ministério da Defesa e Coordenador do curso de Administração – EAD e Semipresencial da UNIGRAN. Como docente, atua nos cursos de Pós-graduação MBA executivo em Administração com ênfase em Recursos Humanos e MBA Contabilidade Gerencial e Controladoria, MBA Comunicação e Marketing, MBA Gestão de Projetos e Gestão Educacional. Na modalidade presencial, atua nos cursos Administração de Empresas, Administração de Agronegócios, Comunicação Social e Publicidade & Marketing nas disciplinas de Estágio Supervisionado, Informática Aplicada ao Agronegócio, Gestão de Empresas Jornalísticas, Gestão de Empresas Publicitárias, Administração de Materiais e Patrimoniais (Logística), Empreendedorismo e orientador do Trabalho de Conclusão de Curso (TCC) e na modalidade à distância nas disciplinas Administração de Materiais e Patrimoniais (Logística),de Trabalho de Conclusão de Curso (TCC) e Estágio Curricular Supervisionado.

Minhas anotações

Sumário

Conversa Inicial

Caros(as) alunos e alunas,

É um prazer enorme trabalhar com vocês a disciplina de Finanças e Orçamento, sabendo que todos estão cheios de vontade e um propósito único, o de aprendizagem.

Nos tempos atuais, onde a velocidade das informações acompanha a velocidade da luz, nossas decisões devem ser tão rápidas quanto às informações recebidas. Em um mercado global e veloz, as nossas decisões devem ser certeiras, sem chance de erro, pois a qualquer erro cometido o preço a ser pago será alto.

Nesta disciplina de Finanças e Orçamento, portanto, aprenderemos a tomar as decisões corretas, no momento certo, com o auxílio de ferramentas práticas e rápidas. Assim, juntamente com a teoria dessa disciplina, aliada a sua criatividade, vocês terão subsídios para gerenciar e tomar decisões em qualquer empresa.

O objetivo de nossa disciplina é oferecer uma visão prática da aplicação da Contabilidade como uma ferramenta de trabalho, na tomada de decisão nas empresas e organizações onde vocês estarão inseridos, independente do cargo que ocuparem.

Focados neste objetivo, esperamos que vocês se doem a esta disciplina, curso e faculdade, pois somente desta forma poderão alcançar o tão sonhado resultado de tornar-se profissionais de sucesso. Mantendo o compromisso entre professor e aluno iremos trilhar este caminho juntos, até o final.

Durante o desenvolvimento de nossa disciplina, ficará evidente, por meio de exemplos e demais casos práticos aqui demonstrados, os vários meios disponíveis ao controle e tomada de decisão. Iremos aprofundar conhecimentos sobre custos, que hoje são como uma grande engrenagem de ligação para o desenvolvimento. A busca de um resultado a um custo menor, obviamente sem deixar de prezar pela qualidade do produto ou serviço, tem sido o propósito buscado por todo grupo de empresas e empresários.

Desse modo, iremos abordar em nossa disciplina assuntos do dia a dia de cada um. Estaremos realizando observações, como análise comparativa de fatos que ocorrem na empresa na qual atuam, seja como gerentes, administradores, contadores ou sócios proprietários.

Temos orgulho em trabalhar com turmas iguais a de vocês, pois fica evidente a vontade e gana de buscar a cada dia mais conhecimento, fazendo de tudo isso um trampolim para sua carreira profissional.

Desejamos a vocês sucesso, felicidades e comprometimento para com sua vida acadêmica.

Um forte abraço e felicidades!

Professor Gustavo Deboleto

Aula 1º

Terminologia: custos e despesas

Seções de estudo

1 - Levantamento teórico a respeito de custos e despesas

Eliseu Martins (2009) é um dos principais representantes no país da escola americana de contabilidade, responsável também pela reformulação do currículo do curso de Ciências Contábeis no Brasil durante a década de 1980, em que defendeu a inclusão de disciplinas humanísticas na formação do contador. O autor compõe a atual diretoria da Comissão de Valores Mobiliários.

Em todas as suas obras, traz a definição e demonstra de maneira clara e objetiva o papel de gestor de custos, seja ele contador, administrador ou economista.

Devemos tratar os custos como uma ferramenta primordial nas tomadas de decisões, para que possa servir de instrumento no momento certo de investir ou tomar qualquer decisão, no sentido de melhorar o ambiente no qual está inserida a Contabilidade de Custos.

1.1 - Áreas onde os custos são utilizados

Devido ao crescimento das empresas com o consequente aumento da distância entre o administrador, os ativos e as pessoas administradas, passou a Contabilidade de Custos a ser encarada como uma eficiente forma de auxílio no desempenho dessa nova missão, a gerencial. Nesse novo campo, têm-se então suas funções relevantes: o auxílio ao controle e a ajuda às tomadas de decisão, fornecendo dados para o estabelecimento de padrões, orçamentos e outras formas de previsão.

> Quais são as áreas onde podemos aplicar este método?

Isso ocorre em todas as áreas, principalmente nas sociais (econômicas em particular), sendo relativamente comum encontrarmos Bancos, Financeiras, Lojas Comerciais, Escritórios de Planejamento, utilizando métodos de custos.

No meio desse emaranhado todo de nomes e ideias, normalmente o principiante se vê perdido e às vezes o experiente embaraçado. A Contabilidade de Custos faz parte da Contabilidade Gerencial ou Administrativa e dispõe de técnicas que são aplicadas não somente nas empresas públicas e privadas e entidades sem fins lucrativos, portanto auxilia na determinação dos custos e dos fatores de produção.

Contribui também no controle e observação dos desperdícios horas ociosas de trabalho, equipamentos mal utilizados e na qualificação exata da matéria-prima dentro do processo produtivo de uma indústria.

A Contabilidade de Custos se tornou cada vez mais importante na área gerencial de uma empresa, passando a ser utilizada no planejamento, no controle de custos e, principalmente, na tomada de decisão, sendo esse método

uma ferramenta fundamental dentro de qualquer organização.

1.2 - Da contabilidade de custos à contabilidade financeira

Até a revolução industrial, quase só existia a Contabilidade Financeira, que desenvolvida na Era Mercantilista, estava bem estruturada para servir às empresas comerciais.

Porém, para apuração do resultado de cada período, bem como para o levantamento do balanço em seu final, bastava o levantamento dos estoques em termos físicos, já que sua medida em valores monetários era extremamente simples: o Contador verificava o montante pago por item estocado, e dessa maneira valorava as mercadorias.

Fazendo então o cálculo, computando o estoque inicial, mais as compras do período e comparando com o que restava, apurava-se o custo das mercadorias vendidas.

Fórmula:

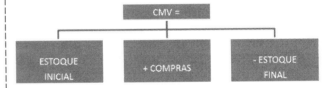

Exemplo:

Considerando que a empresa Controller S/A. possui o seguinte estoque de mercadorias. Estoque Inicial R$ 20.000,00 as compras de mercadorias R$ 12.000,00 e o Estoque final do período é de R$ 6.000,00. Sendo assim, iremos aplicar na fórmula:

CMV =	Estoque inicial + Compras	– Estoque final
CMV =	20.000,00 + 12.000,00	– 6.000,00
CMV =	26.000,00	

Com o auxílio desse método de apuração de custos, esse montante era confrontada com as receitas líquidas obtidas na venda desses bens e, então, se chegava ao lucro bruto, do qual ainda deve deduzir as despesas necessárias à manutenção da empresa durante o período, à venda dos bens e ao financiamento de suas atividades.

Demonstração do Resultado do Exercício:

Receita Bruta de Vendas	30.000,00
- Custo Mercadoria Vendida	(26.000,00)
= Receita Liquida de Vendas	4.000,00
= Lucro Bruto	4.000,00

> Em nossa demonstração de resultado, não foram considerados e nem demonstrados os demais custos e despesas.

Dessa forma, era bastante fácil o conhecimento e a verificação do valor de compra dos bens existentes, bastando a simples consulta aos documentos de sua aquisição.

> Vamos seguir em frente, pois ainda temos muitos assuntos a serem tratados! Nosso próximo passo é entender a evolução da Contabilidade de Custos à Contabilidade Gerencial.

1.3 - Da contabilidade de custos à contabilidade gerencial

Devido ao crescimento das empresas, com o consequente aumento da distância entre o administrador, os ativos e as pessoas administradas, passou a Contabilidade de Custos a ser encarada como uma eficiente forma de auxílio no desempenho dessa nova missão gerencial.

Nesse seu novo campo, a Contabilidade de Custos tem duas funções relevantes; o auxílio ao controle e a ajuda às tomadas de decisões. Quanto ao controle, sua mais importante missão é fornecer dados para o estabelecimento de padrões, orçamentos e outras formas de previsão e, num estágio imediatamente seguinte, acompanhar efetivamente o acontecido para comparar com os valores anteriormente definidos.

No que diz respeito à decisão, seu papel reveste-se de suma importância, pois consiste na alimentação de informações sobre valores relevantes que dizem respeito às consequências de curto prazo sobre medidas de introdução ou corte de produtos, administração de preços, opção de compra ou produção.

Como se pode notar, a Contabilidade de Custos nas últimas décadas passou de mera auxiliar na avaliação de estoque e lucros para importante arma de controle e decisão gerencial.

Tendo então fundamento dentro da organização para um levantamento mais preciso, dando mais segurança na tomada de decisões, pois o administrador está munido de uma importante fonte de informação, em que todos os critérios foram analisados passo a passo antes de qualquer tomada de decisão.

1.4 - A contabilidade de custos em empresas não industriais

A Contabilidade de Custos teve como advento um melhor aproveitamento em outros campos que não estão ligados ao meio industrial.

Empresas como, instituições financeiras, empresas comerciais, prestadoras de serviços etc., onde seu uso para efeito de balanço era quase irrelevante, passou a explorar seu potencial para controle e até as mais importantes tomadas de decisões.

Hoje é comum encontrarmos bancos, financeiras, lojas comerciais e escritórios de planejamento utilizando de técnica provinda da contabilidade de custos. A Contabilidade de Custos está tão presente não só no cotidiano das empresas e indústrias, mas também no dia a dia, na hora de comprar um determinado produto.

A primeira pergunta que fazemos: quanto custa?

Com isso, estamos utilizando essa ferramenta, sem ao menos saber que estamos usando o método e ficamos atentos para que os custos de aquisição de determinado produto não vá reduzir de forma considerável nossos rendimentos.

Após verificar onde estão sendo utilizados os custos existentes, você poderá agora distinguir como é aplicado segundo a sua terminologia.

2 - Custos e despesas: terminologia aplicada

Neste momento, iremos entender de maneira simples e direta como devemos classificar os custos e os elementos que compõem todo processo, seja na indústria e demais empresas.

Iremos iniciar nosso estudo pelos gastos, onde os mesmo existem no momento em que a empresa adquiriu um bem ou serviço, ou seja, no momento em que existe o reconhecimento contábil da dívida assumida ou da redução do ativo dado em pagamento.

2.1 - Gastos e Desembolso

Preciso entender... O que é gasto?! O que é desembolso?!

Fonte: <http://cartaolaranja.blogspot.com.br/2009/08/pegue-o-dinheiro-do-pis-e-do-cofins-de.html>. Acesso em: 02 mar. 2012.

Conceito

Compra de um produto ou serviço qualquer que gera sacrifício financeiro para a entidade, sacrifício esse representado por entrega ou promessa de ativos (normalmente dinheiro) (MARTINS, 2006, p. 24).

É um conceito extremamente amplo e que se aplica a todos os bens e serviços adquiridos. Assim, temos gastos com a compra de matérias-primas, com mão de obra, tanto na produção, quanto na distribuição, gastos com honorários da diretoria, gastos na compra de um ativo imobilizado etc.

Para melhor entendimento podemos dizer que, esse sacrifício financeiro é relativo a bens ou serviços ocorridos na produção de outros bens ou serviços. Além de, no entanto, poder representar tanto uma despesa quanto um custo. Podemos dizer que gastos sacrifício financeiro com que a entidade arca para a obtenção de um produto ou serviço qualquer. Sendo assim, podemos dizer que a compra de madeira para se produzir armários de cozinha é um gasto, já que representou um sacrifício financeiro na sua aquisição.

Exemplo:

Matéria-prima utilizada na produção (aquisição de madeira para fabricação de armários de cozinha).

Outro termo da Contabilidade de Custos que temos e é importante sabermos e tratarmos é a respeito do desembolso que é "o pagamento resultante da aquisição de um bem ou serviço" (MARTINS, 2006, p. 25).

2.2 - Investimentos

Vamos entender o que são investimentos!

Investimentos: Todo gasto efetuado para aquisição de bens ou serviços a fim de produzir outros bens e serviços são investimentos. Tais sacrifícios feitos pela aquisição de bens ou serviços, que são estocados nos ativos da empresa para baixa, ou amortização quando de sua venda, de

Fonte: <fatosenoticias.com>. Acesso em: 29 mar. 2012.

seu consumo, de seu desaparecimento ou de sua desvalorização são especificamente chamados de investimentos.

Exemplo:

A máquina que é usada para cortar, furar a madeira na fabricação de armários é um gasto, na sua aquisição, porém, se torna um investimento devido a sua função no processo de produção.

2.3 - Perda

Vamos entender o que é perda!

Perda: Bem ou serviço consumido de forma anormal e involuntária. Não se deve confundir com despesa, muito menos com custo, exatamente por suas características de anormalidade, não sendo então um sacrifício para obtenção de receita.

Exemplo:

Perdas com incêndios, estoques obsoletos. Um caso como greve de funcionário durante algum período é uma perda e, muitas vezes, confunde-se com custos de produção, como poderá ser um custo já que todo processo de produção está parado, deixando assim de agregar valor aos produtos em elaboração.

2.4 - Custos

Vamos entender o que são custos!

Custos: Gasto relativo ao bem ou ao serviço utilizado na produção de outros bens e serviços, que só é reconhecido como custo no momento da utilização dos fatores de produção para a fabricação de um produto ou execução de um serviço (MARTINS, 2006, p. 25).

Exemplo:

A energia elétrica é um gasto no ato da aquisição, que passa imediatamente para custos por sua utilização na fabricação de determinado produto, tal como móveis planejados.

De acordo com Secretaria da Receita Federal:

O custo da produção dos bens ou serviços compreenderá, obrigatoriamente (BRASIL, RIR/99, art. 290):

a. o custo de aquisição de matérias-primas e quaisquer outros bens ou serviços aplicados ou consumidos na produção, inclusive os de transporte e seguro até o estabelecimento do contribuinte e os tributos não recuperáveis devidos na aquisição ou importação;

b. o custo do pessoal aplicado na produção, inclusive na supervisão direta, manutenção e guarda das instalações de produção;

c. os custos de locação, manutenção e reparo e os encargos de depreciação dos bens aplicados na produção;

d. os encargos de amortização, diretamente relacionados com a produção;

e. os encargos de exaustão dos recursos naturais utilizados na produção.

2.5 – Despesas

Vamos entender o que são despesas!

Despesa - Bem ou serviço consumido direta ou indiretamente para obtenção de receitas, são itens que reduzem o Patrimônio Líquido e que têm essa característica de representar sacrifícios no processo de obtenção de receitas (MARTINS, 2006, p. 25).

Exemplo:

O computador usado no departamento financeiro que fora transformado em investimento tem uma parcela reconhecida como despesa (depreciação), sem transitar por custo.

Novo exemplo: A energia elétrica é um gasto no ato da aquisição, que passa imediatamente para despesas quando é utilizada no setor administrativo da empresa.

2.5.1 - Tipos de Despesas

Vamos entender outros tipos de despesas:

Despesas Comerciais: São aquelas que ocorrem nos estabelecimentos que têm como finalidade, vender ou promover alguma mercadoria ou produto. Exemplificando as despesas comerciais temos: comissões, amostra grátis, brindes e publicidade.

Despesas Administrativas: Esses gastos têm como finalidade manter a máquina administrativa funcionando com regularidade, na tarefa de gerir, controlar ou administrar uma riqueza patrimonial. Podemos citar como despesas administrativas: honorários dos advogados, economistas, administradores, aluguel do escritório e gastos de material e impressão.

Despesas Financeiras: São aquelas realizadas com a finalidade de se obter o chamado capital de financiamento, ou desconto concebido por realizações antecipadas de funcionamento. Podemos classificar as despesas financeiras da seguinte forma: juros pagos sob empréstimos, descontos concebidos nos recebimentos antecipados e despesas para obtenção de empréstimos.

3 - Contabilidade fiscal e contabilidade gerencial

Dividimos a contabilidade em Contabilidade Fiscal ou Financeira e a Contabilidade Gerencial.

A Contabilidade Fiscal ou Financeira é aquela formada por lançamentos contábeis, livros fiscais como diário e razão e pelos demonstrativos como, por exemplo, o balanço patrimonial, demonstrativo de resultado de exercícios e demonstrativo de origem e aplicação de recursos.

Muitas vezes a Contabilidade Fiscal não fornece informações detalhadas suficientes para o administrador tomar suas decisões. Da necessidade de informações detalhadas e rápidas para o administrador gerir a empresa é que surgiu a Contabilidade Gerencial.

A Contabilidade Gerencial é de uso exclusivo do administrador da empresa e tem como função principal fornecer informações detalhadas e em tempo real dos acontecimentos da empresa.

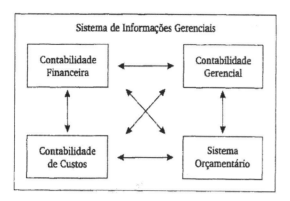

Fonte: <http://www.ebah.com.br/content/ABAAAAGNYAB/a-contabilidade-custos>. Acesso em: 06 abr 2012.

Através do nível de detalhamento da Contabilidade Gerencial é possível detectar desperdícios, perdas e processos ultrapassados. É a lei da oferta e da procura: quando poucas empresas oferecem um produto com certeza esse produto será consumido, mesmo que o preço seja elevado.

Até A Revolução Industrial o empresário formava seu preço de venda através da seguinte fórmula:

FORMULA.		
PREÇO DE VENDA =	LUCRO	+ CUSTO

Onde teremos:

- O custo era formado de maneira aproximada porque o lucro era grande o suficiente para cobrir qualquer erro ocorrido na formação do custo.

Após a Revolução Industrial, a oferta de produtos aumentou e a concorrência também. Essa concorrência levou à redução de preços e melhoria de qualidade. O preço de venda já não era mais determinado pelo industrial, mas pelo mercado.

Quando o empresário percebeu a nova realidade do mercado, passou a adotar a seguinte fórmula para descobrir se a sua empresa era eficiente:

FORMULA		
RESULTADO=	PREÇO DE VENDA	- CUSTO.

Onde:

- preço de venda é determinado pelo mercado.
- custo é determinado pela eficiência da sua linha de produção.
- resultado é a diferença entre o preço e o custo.

Nessa nova realidade o empresário só teria lucro se o seu custo fosse menor do que os preços praticados pelo mercado. Então surgiu a necessidade de o empresário ter informações precisas e controle total sobre seus custos, surgindo assim a Contabilidade de Custos.

A Contabilidade de Custos, que será tema do nosso estudo daqui para frente, é um braço da Contabilidade Gerencial que fornecerá todas as informações possíveis sobre os custos de produção dos produtos.

3.1 - Contabilização: compreender e avaliar custos e despesas

Teoricamente, a separação é fácil:

Os gastos relativos ao processo de produção são custos, e os relativos à administração, às vendas, logística, marketing e aos financiamentos, são despesas.

Na prática, entretanto, uma série de problemas aparece pelo fato de não ser possível a separação de forma clara e objetiva. Por exemplo: podemos ter a conta de energia elétrica que pode sido gasta tanto para produção quanto em serviços administrativos.

Imagine que este trabalhador tem dentro da empresa a função de operário e a máquina que ele trabalha ou o setor no qual ele está alocado consome cerca R$ 1.000,00 de energia por mês, na produção de calçados. Esta energia é custo, já que está ligada diretamente a produção de um bem ou serviço.

Custos estão ligados diretamente à produção de outros bens e serviços.

Agora vamos imaginar que na mesma empresa de calçados, a energia que é consumida na sala do gerente administrativo é uma despesa, já que não está ligada à produção de calçados.

Despesa não está ligada diretamente à produção de determinado produto ou serviço.

Então, pessoal, sempre que surgirem dúvidas lembrem-se destas definições, que temos certeza irão ajudar muito na compreensão dos métodos de separação de custos e despesas.

Os mesmos problemas existem para outros setores, tais como: Departamento de Compras, que efetua aquisições tanto para a fábrica quanto para a Administração, Vendas, etc.

Como tentativa de solução ou pelo menos de simplificação, algumas regras básicas podem ser seguidas:

a. Na compra dos materiais já devemos identificá-los se são custos ou despesas.

- Por exemplo: Caso os materiais sejam para a indústria e sendo agregado ao produto que esta sendo produzido é custo. Agora caso venha ser utilizado para fins administrativos e não será agregado ao produto é despesa.

b. O controle interno da empresa deve funcionar de tal maneira a criar rotinas de gastos para que estes sejam contabilizados onde realmente são consumidos.

- Por exemplo: O salário de um motorista que entrega os produtos acabados, aqueles fabricados pela indústria ou empresa, é considerado custo. Agora, o salário de um motorista que realiza serviços, como condução de cliente ou até serviços administrativos (banco, cartório etc.), este, então, é despesa.

c. Para determinarmos se um gasto é despesa ou custo devemos nos perguntar, por exemplo, o seguinte: Eu consigo produzir determinado produto sem esse gasto? Se afirmativo, tal gasto é uma despesa. Se negativo, tal gasto é um custo.

- Por exemplo: Eu consigo produzir uma vassoura sem que a empresa tenha gasto com telefone? Sim. Logo, o gasto com telefone é uma despesa. Outro exemplo: Consigo produzir a mesma vassoura se não gastar com cabos de madeira? Não. Logo, o gasto com o cabo é um custo.

Fizemos uma caminhada interessante nesta aula, concordam? Adquirimos conhecimentos essenciais para a nossa formação profissional e para fundamentar e melhorar ainda mais a nossa construção de conhecimentos, a seguir, foram disponibilizadas algumas sugestões de Leituras e Sites. Agora, vamos rever os pontos principais desta aula.

Retomando a aula

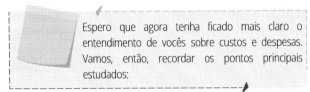

Espero que agora tenha ficado mais claro o entendimento de vocês sobre custos e despesas. Vamos, então, recordar os pontos principais estudados:

1 - Levantamento teórico a respeito de custos e despesas

Vimos que a Contabilidade de Custos tem duas funções relevantes; o auxílio ao controle e a ajuda às tomadas de decisões. Os custos são ferramentas primordiais nas tomadas de quaisquer decisões e investimentos.

A Contabilidade de Custos faz parte da Contabilidade Gerencial ou Administrativa e dispõe de técnicas que são aplicadas não somente nas empresas públicas e privadas e entidades sem fins lucrativos, porém auxilia na determinação dos custos e dos fatores de produção.

A Contabilidade de Custos está tão presente não só no cotidiano das empresas e indústrias, mas também no dia a dia, na hora de comprar um determinado produto.

2 - Custos e despesas: terminologia

Nesta seção, estudamos conceitos relacionados a gastos, desembolso, investimentos, perda, custos e despesas, conforme a terminologia de Contabilidade de Custos.

Tipos de Despesas:
a) Comerciais;
b) Administrativas;
c) Financeiras.

3 - Contabilidade fiscal e contabilidade gerencial

A Contabilidade Fiscal ou Financeira é formada por lançamentos contábeis, livros fiscais como, diário e razão e por demonstrativos como o balanço patrimonial, demonstrativo de resultado de exercícios e demonstrativo de origem e aplicação de recursos.

A Contabilidade Gerencial é de uso exclusivo do administrador da empresa, cuja função principal é fornecer informações detalhadas e em tempo real dos acontecimentos da empresa. Através do nível de detalhamento da Contabilidade

Gerencial é possível detectar desperdícios, perdas e processos ultrapassados, entre outros.

Os custos estão ligados diretamente à produção de outros bens e serviços. Enquanto que despesa, não está ligada diretamente à produção de determinado produto ou serviço.

Não esqueça!
Em caso de dúvidas, acesse as ferramentas "fórum" ou "quadro de avisos". Envie suas dúvidas diariamente ao professor.
Leia as recomendações postadas diariamente no Quadro de Avisos.
Acesse os sites recomendados. Amplie seus conhecimentos!

Vale a pena

Vale a pena **ler**

BEULKE, Rolando; BERTÓ, Dalvio José. *Gestão de Custos:* São Paulo: Saraiva, 2006.

CALDERELLI, Antonio. *Enciclopédia Contábil e Comercial Brasileira.* 29. ed. São Paulo: Cetec, 2004.

CREPALDI, Silvio Aparecido. *Curso Básico de Contabilidade de Custos.* 4. ed. São Paulo: Atlas, 2009.

HANSEN, Don R.; MOWEN, Maryanne M. *Gestão de custos.* Tradução Robert Brian Taylor. São Paulo: Cengage Learning, 2010.

IUDÍCIBUS, Sérgio de; José Carlos Marion. *Contabilidade Comercial:* Atualizado conforme Lei 11638/07 e MP nº 449/08. 8. ed. São Paulo: Atlas, 2009.

MARTINS, Eliseu. *Contabilidade de Custos.* Livro de Exercícios. 9. ed. São Paulo: Atlas, 2009.

Vale a pena **acessar**

Classe Contábil. Disponível em: <www.classecontabil.com.br>.

Conselho Federal de Contabilidade – CFC. Normas Brasileiras de Contabilidade. Brasília, 2004. Disponível em: <http://www.cfc.org.br>.

Conselho Regional de Contabilidade. Disponível em: <www.cfc.org.br>.

ContabilidadeFinanceira. Disponível em: <http://contabilidadefinanceira.blogspot.com.br/2011/10/ifrs-no-brasil.html>.

Demonstrações Financeiras. Disponível em: <http://www.cvm.gov.br>. Acesso em: 20 abr. 2012.

Revista Brasileira de Contabilidade. Disponível em: <http://www.cfc.org.br/conteudo.aspx?codMenu=60>.

Aula 2º

Classificação de custos de produção

Prezados(as) acadêmicos(as),

Quando tratamos da classificação de custos de produção, primeiramente precisamos compreender a relação existente entre a operação de produção de um bem ou serviço com os recursos utilizados no processo produtivo.

Assim, nesta aula, vamos conhecer os tipos de custos quanto ao produto e a produção, aplicar os custos fixos e os custos totais, além de entender como os custos se relacionam diretamente à gestão e à operação dos gastos de uma empresa, que através de suas atividades procura atender às necessidades da sociedade na qual se insere.

Boa aula!

— Bons estudos!

Objetivos de aprendizagem

Ao término desta aula, vocês serão capazes de:

- conceituar os tipos de custos de produção;
- compreender os meios de gerenciamento de produção;
- resolver custos de produção: variáveis, fixos e totais.

Seções de estudo

1 - Custos de produção
2 - Custos fixos
3 - Custos totais

1 - Custos de produção

Para gerenciarmos adequadamente os custos de produção precisamos aprender a classificá-los de maneira correta. Existem várias classificações para os custos de produção, mas as duas mais importantes são as seguintes:

a. quanto ao produto;
b. quanto à produção.

Fonte: <http://www.sempretops.com/empresa/custos-de-producao-%E2%80%93-conceito/>. Acesso em: 30 mar. 2012.

Vejamos, então, a seguir qual a classificação de custos quanto ao produto:

1.1 Quanto ao produto

Os custos são classificados em relação ao produto que está sendo produzido. Com relação ao produto os custos podem ser diretos ou indiretos.

1.1.1 - Custos Diretos

São os custos que conseguimos relacionar diretamente ao produto que está sendo produzido, sendo então de fácil entendimento, pois fica muito fácil de localizar o mesmo em um processo produtivo.

CONCEITO
De acordo com Anélio Berti (2009):

> [...] custos diretos são aqueles em que o técnico, não precisa de instrumentos, métodos ou fórmulas de auxílio para identificar, ou melhor colocando, é fácil identificá-los (BERTI, 2009, p. 62).

Para que possa ficar ainda mais claro este conceito

citaremos ainda Carlos Schier (2009), conforme afirma que:

> Os custos diretos são os custos que podem ser identificados e quantificados no produto ou serviço e valorizados com a relativa facilidade, são normalmente requisitados com a identificação previa de sua utilização, ou seja, ao emitir a requisição para o almoxarifado, o responsável pela produção já indica, na requisição, o destino do material (SCHIER, 2009, p. 17).

Os custos diretos apresentam as seguintes características:
- são contabilizados diretamente ao custo do produto.
- são mensuráveis.
- a quantidade consumida por unidade produzida é sempre a mesma.

Os principais exemplos de Custos Diretos são:
- matérias-primas;
- embalagens; e
- horas de mão de obra.

Os custos diretos são de fácil identificação em relação aos produtos.

1.1.2 - Custos indiretos

São aqueles custos que ocorrem na linha de produção, mas não conseguimos alocar, ou melhor, reconhecer de maneira direta ao custo do produto

Conceito
De acordo com Anélio Berti (2009):
Os custos indiretos são aqueles em que é preciso de um auxílio, de uma metodologia, de uma forma de rateio para identificar o custo e não se pode afirmar com certeza ou com precisão se realmente o valor é correto (BERTI, 2009, p. 62).

Os Custos Indiretos apresentam as seguintes características:
- geralmente são consumidos por mais de um produto;
- são alocados ao custo do produto através de rateio;
- não são mensuráveis por unidade produzida.

Os principais exemplos De Custos Indiretos são:
- depreciação de máquinas;
- mão de obra indireta;
- energia elétrica; e
- manutenção, salário de supervisão e aluguel da fábrica.

Os custos indiretos são de difícil identificação sendo necessários auxilio de rateio (distribuir proporcional a cada produto conforme sua participação no processo produtivo).

1.2 - Quanto à produção

Uma das classificações mais importantes na contabilidade de custos é quanto a quantidade produzida ou produção. Essa classificação fornece informações suficientes para que seja elaborado o planejamento da produção e dos gastos.

1.2.1 - Custos variáveis

Fonte: <http://universofemininodayumi.blogspot.com.br/2010/11/compras-online-tire-proveito-das.html>. Acesso em: 31 mar. 2012.

Conceito

Custos variáveis são aqueles custos que variam em função da quantidade produzida, é de fácil entendimento esta questão, porém, temos que encontrar fontes seguras para esta definição e de acordo com Rodney Wernke (2005):

> [...] são gastos cujo total do período esta proporcionalmente relacionada com volume de produção: quanto maior for o volume de produção, maiores serão os custos variáveis totais do período, isto é, o valor total dos valores consumidos ou aplicados na produção tem seu crescimento vinculado a quantidade produzida pela empresa (WERNKE, 2005, p. 8).

As principais características dos custos variáveis são:
- geralmente é um custo direto;
- o volume consumido por unidade produzida será sempre o mesmo;
- só existirá quando existir produção;
- a quantidade consumida terá uma variação na mesma proporção do volume produzido;
- geralmente o seu consumo será determinado por unidade produzida.

Exemplo: Na produção de calças jeans, o tecido será um custo variável, porque para produzir uma calça serão consumidos dois metros de tecido. Se a produção aumentar para duas calças o consumo será de 4 metros. Se não existir produção não existirá consumo de tecido.

Os custos variáveis estão relacionados à quantidade produzida de determinados produtos que fazem parte do processo produtivo.

Fórmula:

$$CVT = QT \times CV \text{ unitário}$$

Logo, o custo variável total com tecido no período foi de R$ 4.000,00.

Onde:

CVT = Custo variável total

QT = Quantidade produzida no período CV unit = Custo variável unitário

Aplicação da fórmula:

Se eu gasto dois metros de tecido para produzir uma calça jeans e o custo por metro de tecido é de R$ 10,00, e no período foram produzidas 2.000 unidades, para saber o custo total com tecido basta aplicarmos a fórmula:

CVT = QT x CV unitário

CVT = 2.000 unidades x 20,00 (10,00 X 2 Metros de Tecidos).

CVT = 40.000,00

Logo, o custo variável total com tecido no período foi de R$ 4.000,00.

Vejamos, como exemplo, o custo variável, conforme demonstrado no Gráfico 1:

Gráfico 1 - Custo Variável Total

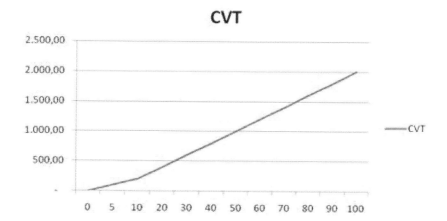

Tabela 1 – Controle de Produção

CONTROLE	DE < unit	PRODUÇÃO
QT	C < unit	CVT
0	20,00	0,00
5	20,00	100,00
10	20,00	200,00
20	20,00	400,00
30	20,00	600,00
40	20,00	800,00
50	20,00	1.000,00
60	20,00	1.200,00
70	20,00	1.400,00
80	20,00	1.600,00
90	20,00	1.800,00
100	20,00	2.000,00

No gráfico e na tabela acima podemos perceber o comportamento do custo variável total, onde à medida que aumentamos a produção o seu valor aumenta. Podemos, portanto, afirmar que quanto maior a produção maior serão os custos variáveis totais.

Exemplos de custos variáveis: Os exemplos de Custos Variáveis mais comuns são as matérias-primas, as embalagens e a mão de obra especializada. Na Tabela 2, abaixo, relacionamos alguns exemplos de custos variáveis extraídos da Contabilidade:

Tabela 2 – Exemplos de custos variáveis

Classificação	Produção	Custo unitário	Custo Total
	Quantidade	R$	R$
Chapas de aço (Kgs)	5.000	5,00	25.000,00
Tinta (Lt.)	200	10,00	2.000,00
Tinta fundo (Lt)	150	8,00	1.200,00
Tinta interna anticorrosão (Lt)	210	15,00	3.150,00
Eletrodos para solda (Kgs)	40	20,00	800,00
Custo Variável com materiais			32.150,00
Horas de corte	60	12,00	720,00
Horas de dobra	40	15,00	600,00
Horas de solda	110	30,00	3.300,00
Horas de pintura	80	20,00	1.600,00
Custo variável com mão de obra			6.220,00

Na tabela acima observamos os dados extraídos da contabilidade gerencial, onde possuímos as matérias-primas e a mão de obra gasta em determinado período para a produção de caixas de água tipo taça.

Observamos que apenas o valor total gasto não é o suficiente para formar o custo do nosso produto; precisamos também da quantidade consumida.

Assim, para uma produção de 20 caixas no período, podemos formar o custo variável conforme a tabela ao lado:

Tabela 3 – Custos Variáveis no Período

Classificação	Custos variável unitário	Custo variável total
Chapas de aço (Kgs)	1.250,00	25.000,00
Tinta (Lt)	100,00	2.000,00
Tinta fundo (Lt)	60,00	1.200,00
Tinta interna anticorrosão (l)	157,50	3.150,00
Eletrodos para solda (Kgs)	40,00	800,00
Custo Variável com materiais	1.607,50	32.150,00
Horas de corte	36,00	720,00
Horas de dobra	30,00	600,00
Horas de solda	165,00	3.300,00
Horas de pintura	80,00	1.600,00
Custo variável com mão de obra	311,00	6.220,00
Custo variável	1.918,50	38.370,00

Da tabela acima podemos extrair uma infinidade de informações úteis, podendo destacar as seguintes:
- custo por unidade produzida de cada item que compõe o custo. Por exemplo: para se produzir uma caixa de água se gasta R$ 1.250,00 de chapas de aço.
- o Custo Variável Unitário, ou seja, o custo para se produzir uma caixa de água é de R$ 1.918,50.
- o custo total com materiais para se produzir uma caixa de água foi de R$ 1.607,50.

Considerações gerais:

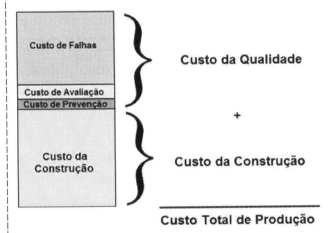

Fonte: <http://basedetestedesoftware.blogspot.com.br/2010/05/o-custo-da-qualidade-de-software.html>. Acesso em: 31 mar. 2012.

Podemos afirmar que:
- O custo variável não será o maior problema para a empresa, porque o seu gasto só ocorre quando ocorrer produção.
- Através do controle do custo variável poderemos detectar os prováveis desperdícios na produção.
- Toda vez que tentamos reduzir custo simplesmente adquirindo materiais mais baratos poderemos reduzir o custo do produto, mas poderemos reduzir a sua qualidade também.

Quando não há desperdício na linha de produção, quanto maior for o consumo de materiais, significa que maior será a sua produção.

2 - Custos fixos

Os custos fixos são aqueles custos que não variam em função da quantidade produzida, mesmo que a quantidade de peças, quilos, metros, unidades ou litros produzidos seja maior ou menor, tais custos terão o mesmo valor no final do período.

Fonte: <http://revistavisaojuridica.uol.com.br/advogados-leis-jurisprudencia/70/artigo252345-1.asp>.Acesso em: 30 mar. 2012

Conceito
Conforme afirma Wernke (2005):

> [...] são aqueles cujos valores totais tendem a permanecer constantes (fixos) mesmo havendo alterações no nível de atividades operacionais do período, são os custos que tem seu montante fixado independente de oscilações na atividade fabril, não possuindo qualquer vinculação com o aumento ou redução do numero de unidades produzidas no mês (WERNKE, 2005, p. 8).

As principais características dos custos fixos são:
* geralmente é um custo indireto.
* o volume consumido por unidade produzida será inversamente proporcional à quantidade produzida. Quanto maior for a produção menor será o custo fixo unitário.
* existirá mesmo quando não existir produção.
* a quantidade consumida no período será a mesma independentemente da quantidade produzida.
* geralmente o seu consumo será determinado por período.

Exemplo: Na produção de calças jeans, a depreciação das máquinas e o aluguel do prédio serão fixados por mês. Existindo ou não produção o valor pago será aquele determinado em contrato.

Os custos fixos têm seu montante fixado independente da quantidade produzida, sendo seu valor desvinculado do volume fabricado.

Fórmula:

CF unitário = CFT / QT

Onde:
CFT = Custo Fixo Total
QT = Quantidade Produzida no Período
CFunit = Custo Fixo Unitário

Aplicação da fórmula:
A Contabilidade nos informou que foram gastos com aluguel e depreciação R$ 40.000,00 no mês de maio. No mesmo período, foram produzidas 2.000 unidades de calças jeans. Logo, aplicamos a seguinte fórmula:

CF unitário = CFT / QT
C.F unitário = 40.000,00 / 2000
CF unitário = 200,00.

Portanto, o custo fixo unitário foi de R$ 200,00 por unidade para uma produção de 2.000 unidades. Se a quantidade produzida alterar, o custo fixo por unidade também altera.
Vejamos o gráfico abaixo:

Gráfico 2 - Custo Fixo Total

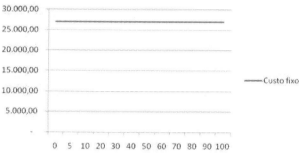

Analisando o gráfico percebemos que a linha do custo fixo total permanece inalterada em função da quantidade produzida, em que o valor do custo fixo total, apurado na tabela abaixo, é de R$ 27.000,00 para o mês de maio. Mesmo quando a produção é zero, o custo fixo total será de R$ 27.000,00, como podemos observar na Tabela 4, abaixo:

Tabela 4 – Custo Fixo Do Mês

LEVANTAMENTO DO CUSTO	FIXO DO MÊS
CUSTO	VALOR
Depreciação de máquinas	15.000,00
Aluguel do prédio	5.000,00
Manutenção de máquinas	2.000,00
Energia	5.000,00
Custo Fixo Total	27.000,00

Quanto à facilidade de identificação no produto, os custos são Diretos ou Indiretos.
Quanto ao volume produzido no período, os custos são Variáveis ou Fixos.

Gráfico 3 - Custo Fixo Unitário

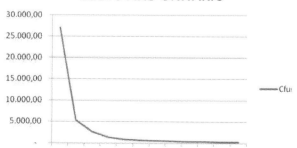

No Gráfico 3 apresentado, do custo fixo unitário, verificamos que quanto maior for a produção, menor será o seu custo fixo por unidade produzida.

Na tabela abaixo simulamos uma empresa produzindo caixas de água, cujo custo fixo total para o mês de maio foi de R$ 27.000,00. Assim, à medida que aumentamos a quantidade produzida o custo fixo unitário diminui.

Tabela 5 – Quantidade em relação ao custo fixo unitário

Quantidade produzida	Custo fixo unitário
1	27.000,00
5	5.400,00
10	2.700,00
20	1.350,00
30	900,00
40	675,00
50	540,00
60	450,00
70	385,71
80	337,50
90	300,00
100	270,00

Em relação ao Custo Fixo Unitário, podemos afirmar que quanto maior a produção, menor será o custo fixo unitário.

Exemplos de custos fixos: Os custos fixos mais comuns são as depreciações de máquinas, prédios, manutenção de máquinas e mão de obra indireta.

Considerações gerais:
Podemos afirmar que:
- O custo fixo será um grande problema para a empresa, porque geralmente é contratado por período e antes de ocorrer produção.
- O custo fixo representa todos os custos com a estrutura e o porte da empresa. Muitas vezes, quando a viabilidade econômica do negócio em questão indicar uma estrutura maior do que o mercado absorve, os custos fixos serão super dimensionados.
- Toda vez que tentarmos reduzir o custo fixo poderemos estar comprometendo a manutenção da estrutura ou até mesmo a produtividade da empresa.

3 - Custos totais

Fonte: <http://www.empresassa.com.br/2012/02/como-calcular-os-custos-fixos-e-o-custo.html>. Acesso em: 31 mar. 2012.

CONCEITO

Os custos totais dos produtos são apurados através da soma de todos os custos, ou seja, os custos variáveis somados com os custos fixos.

Podemos adotar a seguinte fórmula para apurarmos o custo total de um produto:

CT unitário = CV unitário + CFT/QT

Onde:
CT unitário = Custo Total Unitário
CV unitário = Custo Variável Unitário
CFT = Custo Fixo total
QT= Quantidade Produzida no Período

Para determinarmos o custo total da produção no período, podemos adotar a seguinte fórmula:

CT = CT unitário x QT

Exemplos de custos totais: Usando o exemplo anterior, onde produzimos caixas de água e apuramos os seguintes custos no período:

Custo	Valor
Custo variável unitário	1.918,50
Custo fixo total	27.000,00
Quantidade produzida	20

Com os dados acima podemos determinar o custo total unitário aplicando a fórmula:

C.T. unitário = CV unitário + CFT/QT

Onde:
C.T unitário = 1.918,50 + (27.000,00 / 20)
C.T unitário = 1.918,50 + 1.350,00
C.T unitário = 3.268,50

Apuramos o custo por unidade produzida de R$ 3.268,50. Se quisermos calcular o custo de toda a produção, ou melhor, o custo total então basta aplicarmos a seguinte fórmula:

CT = C.T. unitário x QT

Onde:

C. T = Custo Total unitário x Quantidade.
C.T = 3.268,50 X 20
C.T = 65.370,00

Para produzirmos 20 caixas de água, gastamos no período R$ 65.370,00. Utilizamos o custo total unitário para uma série de decisões como, por exemplo, comparar com a concorrência e para a formação dos preços de venda.

Markup - É um termo em inglês que significa a diferença entre o custo total de produção de um produto e seu preço de venda ao consumidor final.

Bem pessoal esta nossa aula termina aqui, mas iremos dar continuidade deste e demais assuntos na aula seguinte, mas queremos desejar a vocês boa sorte e muito sucesso no desenvolvimento de nossa disciplina.

Para a maior eficácia de seu curso procure acessar todas as ferramentas da plataforma de ensino, tais como o mural, o portfólio, as atividades, os arquivos anexados, o chat.

Participe do fórum de discussão. Envie suas dúvidas diariamente ao professor. Leia as recomendações postadas em atividades e no mural. Acesse os sites recomendados.

Caso venha a surgir alguma dúvida sobre esta nossa aula, poderão saná-las através das ferramentas, quadro de avisos, fórum e chats. Ou caso queira poderão enviar via email para: <reginaldo_contabeis@hotmail.com>

 Retomando a aula

Chegamos, assim, ao final de nossa segunda aula. Espero que agora tenha ficado mais claro o entendimento de vocês sobre a classificação dos custos. Vamos, então, recordar os principais pontos do que estudamos:

1 - Custos de produção

Nesta seção, vimos que os custos fixos são aqueles que não variam em função da quantidade produzida, mesmo que a quantidade de peças, quilos, metros, unidades ou litros produzidos seja maior ou menor, os mesmos terão igual valor no final do período.

2 - Custos fixos

Vimos que há várias classificações para os custos de produção, sendo as mais importantes:
a. Quanto ao Produto;
b. Quanto à Produção.

Quanto ao produto, os custos classificam-se em:
a. Custos diretos - São os custos que podem facilmente ser identificados e quantificados no produto ou serviço.
b. Custos indiretos - São aqueles custos que ocorrem na linha de produção, mas não conseguimos reconhecer de maneira direta ao custo do produto.

Quanto à produção, temos os Custos Variáveis, que são aqueles custos que variam em função da quantidade produzida de determinados produtos que fazem parte do processo produtivo de dado período.

3 - Custos Totais

Pudemos ver que os custos totais dos produtos são apurados através da soma de todos os custos, ou seja, os custos variáveis somados aos custos fixos.

 **Vale a** pena

 **Vale a pena ler**

BERTI, Anélio. *Contabilidade e Analise de Custos*. 2. ed. Curitiba: Juruá, 2009.

IUDICIBUS, Sergio de. *Contabilidade Comercial:* Atualizada conforme

Lei nº 11.638/07 e MP nº 449/08. 8 ed. São Paulo: Atlas, 2009.

MARTINS, Eliseu. *Contabilidade de Custos*. Livro de Exercícios. 9. ed. São Paulo: Atlas, 2009.

SCHIER, Carlos Ubiratan da Costa. *Gestão Prática de Custos*. Curitiba: Juruá, 200.

WERNKE, Rodney. *Gestão de Custos:* uma abordagem prática. São Paulo: Editora Atlas, 2001.

Vale a pena acessar

Associação Brasileira de Custos - ABC. Disponível em: <http://www. abcustos.org.br/>.

Classe Contábil. Disponível em: <http://www. classecontabil.com.br/v3/>.

Contabilidade Financeira. Disponível em: <http:// contabilidadefinanceira.blogspot.com.br/2011/10/ifrs-no-brasil.html>.

Entendendo custos, gastos e despesas para a formação de preços. Disponível em: <http://focoemnegocios.wordpress.com/2009/09/02/entendendo-e-calculando-custos-para-a-formacao-de-precos/>.

Markup e Margem de Contribuição. Disponível em: < http:// onoticiarioeconomico.blogspot.com.br/2011/05/markup-e-margem-de - contribuicao.html>.

Revista Universo Contábil - Furb. Disponível em: <furb.br/universocontabil/>.

 Minhas anotações

Minhas anotações

Aula 3º

Rateio

Caríssimos(as), agora, a fim de aprofundarmos nossos conhecimentos, estudaremos justamente os fundamentos e conceitos sobre o rateio.

Nesta aula, portanto, concentraremos a nossa atenção nos custos indiretos, cuja função remete a um sistema chamado rateio, sendo este uma divisão proporcional dos custos indiretos a cada produto ou serviço realizado por uma empresa.

Assim, vamos mostrar a importância do rateio no contexto e no exercício da gestão contábil, no sistema de produção.

Boa aula!

Bons estudos!

Objetivos de aprendizagem

Ao término desta aula, vocês serão capazes de:

- entender de forma clara e objetiva o sistema de rateio;
- abordar os aspectos conceituais da estrutura de rateio dos custos indiretos;
- compreender sobre temas importantes na definição do sistema de rateio.

Seções de estudo

1 - Levantamento teórico a respeito do critério de rateio
2 - Rateio: método de rateio ao produto
3 - Rateio: aplicação ao método de mão de obra indireta

Durante o estudo de cada Seção de nossa Aula sugerimos que faça resumos para condensar os conteúdos, reclassificando-os mentalmente. Esta estratégia pode facilitar a compreensão como link de conteúdos de conhecimentos prévios, já adquiridos em outras disciplinas ou mesmo na prática.

1 - Levantamento teórico a respeito do critério de rateio

Para que possamos ter uma definição clara a respeito do que vem a ser rateio, de acordo com (MARTINS, 2006, p. 89), se faz necessário que todos os custos indiretos sejam apropriados, por sua própria definição, de forma indireta aos produtos, isto é, mediante estimativas, critérios de rateio, previsão de comportamento de custos etc.

Fonte: <http://enquantoisso.com/curso-gratis-online-gestao-de-custos-hospitalares-e-onde-fazer/>. Acesso em: 03 abr. 2012.

Adotando ainda um papel fundamental por meio deste método de rateio, devemos destacar que sua aplicabilidade, como já mencionado, é justamente uma ferramenta que pode propiciar ao gestor uma maneira, mediante estimativa, que dado produto ou serviço irá receber um percentual de custos indiretos. Por meio de rateio em pontos percentuais, é possível mensurar os custos indiretos de cada produto e, desse modo, não sobrecarregar um único produto que esteja sendo fabricado.

Para um bom programa de rateio é interessante destacar os custos indiretos e suas funções no sistema de gestão e apropriação. Sendo que os custos ocorrem na linha de produção, mas que não conseguimos alocar, ou melhor, reconhecer de maneira direta o custo do produto. De acordo com Anélio Berti (2009):

Os custos indiretos é aquele em que é preciso de um auxílio, de uma metodologia, de uma forma de rateio para identificar o custo e não se pode afirmar com certeza ou com precisão se realmente o valor é correto (BERTI, 2009, p. 62).

Como podemos notar, o método de rateio é muito discutido tendo em vista que o item principal é sua apropriação em relação aos produtos que estão sendo produzidos.

Para escolhermos uma base de rateio razoável devemos observar as seguintes características:
- A base escolhida deverá ser sempre um direcionador comum aos dois produtos e ser um custo variável. Por exemplo: em uma confecção de calças e camisas possuímos dois produtos. A base de rateio ideal deveria ser a quantidade de tecido usada em cada produto. Não poderíamos usar botões ou quantidade de peças, porque os tamanhos são diferentes.
- Além de comum a todos os produtos, a base deve representar o consumo de custo fixo. Por exemplo: quanto mais matéria-prima for processada em uma máquina, mais essa máquina será desgastada.

Podemos exemplificar algumas bases de rateio bastante usadas:
- quantidade de matéria-prima consumida pelos produtos.
- número de horas de trabalho.
- quantidade produzida.
- número de colaboradores.
- área ocupada.

2 - Rateio: método de rateio ao produto

Geralmente, para os custos comuns a vários produtos, utilizamos algumas bases de rateio lógicas.

O critério de rateio que vai ser primeiramente lembrado será o de percentual aplicado a cada um dos produtos.

Assim, vemos que para a alocação dos custos indiretos é necessário efetuar uma análise de seus componentes e verificar quais critérios melhor se relacionam a esses custos com os produtos.

Vemos como é necessário também que o responsável pela decisão da forma de apropriação de custos conheça detalhadamente o sistema de produção. O desconhecimento da tecnologia de produção pode provocar erros graves na apuração dos custos.

Figura 1 – Esquema básico do método de custeio por absorção

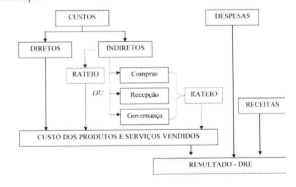

Sendo importante destacar que erros cometidos de forma involuntária na produção de um determinado bem ou serviço comprometem o resultado que a espera, erros em sua maioria das vezes impossíveis de consertar naquele momento, sendo então apenas uma dica para que não ocorram nos demais processos de produção.

Neste momento, veremos um exemplo de como apropriar os custos indiretos aos mais diferentes produtos, e com isso aperfeiçoar o desempenho e melhorar os resultados.

Muito bem pessoal, vamos estudar o exemplo a seguir e resolver este problema de rateio.

Conto com a participação de todos(as). Vamos lá!

Exemplo:

A indústria de peças para motocicletas apresentou alguns dados relevantes, que devem ser levados em consideração para que possa ser formada uma estrutura de custos, que possa trazer maior confiabilidade, principalmente no momento de tomada de decisão.

Problema a ser resolvido:

1. Os custos diretos com matéria prima é de R$135.000,00 distribuído aleatoriamente aos produtos A, B e C.
2. O consumo com energia elétrica da indústria foi de R$ 47.000,00 sendo R$ 9.000,00 consumida de maneira indireta.
3. O seguro pago pela indústria foi de R$ 2.000,00 e podemos afirmar que seguros é classificado com o uma despesa, mas que neste caso será atribuído como custos indiretos;
4. O total de custos com mão de obra foi de R$ 27.000,00 sendo que R$ 5.400,00 foi apropriado de maneira indireta ao produto;
5. O mês em questão foi apropriado R$ 4.000,00 de custos com manutenção das máquinas equipamentos da indústria, pois esta manutenção foi realizada por uma empresa que é especialista em manutenção de equipamentos industriais;
6. No mesmo período a depreciação das máquinas e equipamentos foram de R$ 6.000,00 já que a depreciação é considerada como um custo indireto da produção.

Solução do problema:

1. Passo – criar uma tabela com todos os dados apresentados no problema;
2. Passo – classificar os produtos dentro da tabela;
3. Passo – identificar e separar os custos diretos dos custos indiretos
4. Passo – apresentar o total dos custos diretos e indiretos para que venha facilitar a distribuição em cada percentual de participação.

Indústria de Motocicletas S/A					
Descrição	Prod A	Prod B	Prod C	C I F *	Total
Matéria prima	40.000,00	60.000,00	30.000,00		130.000,00
Energia	10.000,00	16.000,00	12.000,00	9.000,00	47.000,00
Seguros				2.000,00	2.000,00
Mão obra	7.000,00	8.200,00	6.400,00	5.400,00	27.000,00
Manutenção				4.000,00	4.000,00
Depreciação				6.000,00	6.000,00
Total	57.000,00	84.200,00	48.400,00	26.400,00	216.000,00

Muito bem pessoal, estou gostando do que estou vendo, a planilha está montada com a classificação dos produtos, com seus custos diretos e indiretos. Agora vamos aplicar o método do rateio.

Indústria de Motocicletas S/A.					
Produtos	Custos diretos	Custos indiretos	Total		
	R$	%	R$	%	C D + C I F
PR					
OD A	57.000,00	30,06%	7.935,84	30,06%	64.935,84
Prod B	84.200,00	44,41%	11.724,24	44,41%	95.924,24
Prod C	48.400,00	25,53%	6.739,92	25,53%	55.139,92
Total	189.600,00	100%	26.400,00	100%	216.000,00

Todos estão se perguntando: de onde apareceram estes percentuais?

Como segue no modelo logo abaixo:
Dividimos o custo direto do produto A (57.000,00) pelo total dos custos (189.600,00). Então, encontramos os (30,06%) que é o percentual de participação dos custos diretos ao produto.

Muito embora já tenhamos um percentual sobre o produto que fora produzido, é importante então destacar que este produto irá receber em sua planilha de custos 30,06% referente ao seu percentual de participação dos custos diretos e assim iremos aplicar aos custos indiretos.

Todos estão se perguntando: como iremos fazer isso?!

Atenção! Vamos a um exemplo de como foi realizado o calculo!

Podemos neste momento considerar que temos agora um parâmetro a respeito de como iremos aplicar o rateio aos custos indiretos, já que temos um norte a ser seguido, já que neste momento é realmente o momento de aplicar esta metodologia.

Sendo um critério onde devemos sempre analisar a melhor maneira de aplicar os recursos provenientes, deve se ter uma alocação dos custos em cada produto de acordo com participação de cada item no processo de produção ou industrialização.

3 - Rateio: aplicação ao método de mão de obra indireta

Nas empresas é comum uso da mão obra, item este fundamental e de extrema importância principalmente quando tratamos com o material humano, "pessoas" que algumas intitulam como empregados. Enfim, muito embora, neste caso, o que iremos abordar é justamente como devemos aplicar o valor desta mão de obra em nossos produtos.

Quando temos em nosso quadro de colaboradores pessoas capazes de satisfazer todas as necessidades e atender a todos os anseios desta organização, a maneira de como é conduzida e os resultados obtidos graças a estes colaboradores é fantástico. Sendo importante destacar os salários, encargos sociais e empregados que trabalham diretamente na produção.

Porém, mesmo as empresas tendo um seleto grupo de pessoas que se integra diretamente na busca do crescimento contínuo da organização, ainda existe em muitos casos a necessidade da empresa recorrer a uma mão de obra externa, que neste momento iremos chamar de mão de obra indireta.

Sendo importante destacar que quando contratamos por um período pequeno este trabalhador, que em sua maioria presta apenas um serviço específico, chamamos sua mão de obra como indireta, já que o mesmo não compõe o quadro funcional da empresa. Muitas vezes o trabalhador compõe o quadro de colaboradores no quadro funcional da empresa, mas como gerentes de setores, gestores de recursos humanos, gerentes e diretores, e como estes infelizmente não estão ligados diretamente à produção daquele determinado bem ou serviço, daí a necessidade desta nomenclatura mão de obra indireta.

Quando observarmos que temos mão de obra indireta na fabricação de um produto deve-se mensurar a participação da mesma já que o intuito maior é justamente levantar e apresentar os custos na produção e fabricação de um produto específico da empresa.

Vejamos as três situações demonstradas nas Tabelas 3, 4 e 5 abaixo:

Tabela 3 – Matéria-prima e custos

Indústria de Motocicletas S/A.			
Descrição	PROD A	PROD B	TOTAL
Matéria prima	20.000,00	30.000,00	50.000,00
Custos diretos	12.000,00	15.000,00	27.000,00
Total	32.000,00	45.000,00	77.000,00

Tabela 4 – Horas utilizadas

Indústria de Motocicletas S/A.			
Descrição	Prod A	Prod B	Total
Horas utilizadas	800 horas	700 horas	1500 Horas

Tabela 5 – Custos indiretos

Indústria de Motocicletas S/A.			
Descrição	Prod A	Prod B	Total
Custos Indiretos			220.000,00

Como podemos visualizar nas tabelas acima, temos os produtos e seus custos diretos de fabricação, onde os mesmos também apresentam a quantidade de horas que cada produto utiliza em termos de mão de obra em horas trabalhadas, temos que lembrar que esta mão de obra é que iremos chamar de mão de obra indireta, já que as horas trabalhadas nos produtos foram prestadas da seguinte forma, horas de trabalho dos gerentes e supervisores da empresa.

Pessoal! Vamos aplicar os dados apresentados para encontrar, pelo método de rateio, os custos indiretos e aplicar estes custos aos produtos em questão.

Neste momento iremos encontrar o custo das horas dos produtos apresentados anteriormente.

Solução do problema:

Como podemos verificar os produtos tiveram cerca de R$ 220.000,00 em custos indiretos, este foram distribuídos aleatoriamente a cada produto produzido pela empresa onde o produto A absorveu 800 horas e o produto B absorveu 700 horas onde que somadas tivemos 1.500 horas a serem distribuídas aos produtos.

Neste momento, teremos que fazer a simples divisão do total dos custos indiretos que neste caso é R$ 220.000,00 com o total de horas indiretas provenientes de mão de obra indiretas que é 1.500 horas.

Temos o seguinte resultado:
Rateio horas = 220.000,00 / 1500
Rateio horas = 146,67 por hora.

O custo por hora será de R$ 146,667.

Agora, iremos aplicar o custos hora indireta a cada produto da empresa para que possamos realmente integrar este valor no momento de mensurar todos os custos de produção.

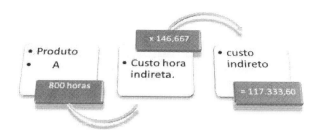

O produto a eu entendi. E agora... Como fica o produto B?

Neste caso, iremos adotar a mesma forma para o produto B que obteve durante o seu período de fabricação cerca de 700 horas indiretas, provenientes de mão de obra indireta.

Neste momento teremos uma planilha completa com alocação de todos os custos diretos e indiretos rateados aos dois produtos. Confira abaixo:

Produto B

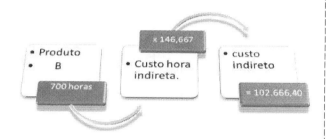

Percebemos que o rateio distribuiu os custos indiretos na mesma proporção das horas trabalhadas. Vejamos, abaixo:

Tabela 6 – Custos indiretos e horas trabalhadas

Indústria de Motocicletas S/A.			
Descrição	Prod A	Prod B	Total
Matéria Prima	20.000,00	30.000,00	50.000,00
Custos Diretos	12.000,00	15.000,00	27.000,00
TOTAL DIRETOS	32.000,00	45.000,00	77.000,00
Custos Indiretos	?	?	220.000,00
Horas indiretas	800 horas	700 horas	1500 horas
TOTAL			297.000,00

Tabela 7 – Matérias-primas e custos

Indústria de Motocicletas S/A.			
Descrição	Prod A	Prod B	Total
Matéria Prima	20.000,00	30.000,00	50.000,00
Custos Diretos	12.000,00	15.000,00	27.000,00
TOTAL DIRETOS	32.000,00	45.000,00	77.000,00
Custos Indiretos	117.333,60	102.666,40	220.000,00
Horas indiretas	800 horas	700 horas	1500 horas
TOTAL	149.333,60	147.666,40	297.000,00

No esquema abaixo, para melhor compreensão do rateio em custos diretos e indiretos, podemos visualizar a distribuição dos custos:

Figura 2 – Esquema básico do método de distribuição dos custos.

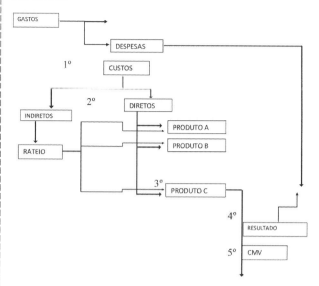

Muito bem pessoal, espero que nesta aula sobre rateio vocês tenham visualizado a maneira de aplicar este critério de distribuição dos custos aos produtos e demais departamentos por onde cada produto é alocado.

Não esqueçam! Em caso de dúvidas, acessem as ferramentas "fórum" ou "quadro de avisos". Acessem as ferramentas habituais e interajam conosco!
Lembrem-se: Vocês estão fazendo um curso à distância. Portanto, vocês são os agentes, os responsáveis pela busca de vosso aprendizado. Sucesso!

Retomando a aula

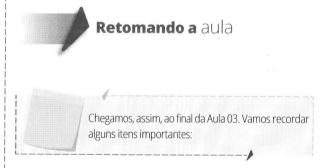

Chegamos, assim, ao final da Aula 03. Vamos recordar alguns itens importantes:

1 - Levantamento teórico a respeito do critério de rateio

Vimos, nesta seção, que o rateio é uma ferramenta que serve para propiciar ao gestor uma maneira, mediante estimativa, que dado produto ou serviço irá receber um percentual de custos indiretos.

Mediante o rateio em pontos percentuais, é possível mensurar os custos indiretos de cada produto e, desse modo, não sobrecarregar um único produto que esteja sendo fabricado. No programa de rateio é interessante destacar os custos indiretos e suas funções no sistema de gestão e apropriação.

Como exemplos de bases de rateio bastante usadas, encontramos:

- quantidade de matéria-prima consumida pelos produtos.
- número de horas de trabalho.
- quantidade produzida.
- número de colaboradores.
- área ocupada.

2 - Rateio: método de rateio ao produto

Utilizamos como critério de rateio, o de percentual, aplicado a cada um dos produtos. Para a alocação dos custos indiretos é necessário efetuar uma análise de seus componentes e verificar quais critérios melhor se relacionam a esses custos com os produtos.

Vimos também ser necessário que o responsável pela decisão da forma de apropriação de custos conheça detalhadamente o sistema de produção. O desconhecimento da tecnologia de produção pode provocar erros graves na apuração dos custos. É preciso, portanto, apropriar os custos indiretos aos mais diferentes produtos, e com isso aperfeiçoar o desempenho e melhorar dos resultados.

3 - Rateio: aplicação ao método de mão de obra indireta

A mão de obra utilizada pelas empresas é de fundamental importância no sentido de ser preciso aplicar o custo do valor desta mão de obra aos produtos produzidos, principalmente, os salários, encargos sociais e empregados que trabalham diretamente na produção.

Quando a empresa recorre à mão de obra externa, para além de seus colaboradores funcionais, a mesma é chamada de mão de obra indireta, cujo contrato é por um período limitado de tempo, apenas para prestar um serviço específico. Apesar disso, a mão de obra indireta precisa ser mensurada na participação dos custos de produção e fabricação de qualquer produto da empresa.

Vale a pena

Vale a pena **ler,**

BERTI, Anélio. *Contabilidade e Analise de Custos.* 2. ed. Curitiba: Juruá, 2009.

BEULKE, Rolando; BERTÓ, Dalvio José. *Gestão de Custos:* São Paulo: Saraiva, 2006.

MARTINS, Eliseu. *Contabilidade de Custos.* 9. ed. São Paulo: Atlas, 2009.

NEVES, Silvério das & VICECONTI, Paulo E. V. *Contabilidade de Custos.* 8 ed. Frase, 2008.

SCHIER, Carlos Ubiratan da Costa. *Gestão Prática de Custos.* Curitiba: editora Juruá, 2007.

WERNKE, Rodney. *Gestão de Custos:* uma abordagem prática. São Paulo: Editora Atlas, 2001.

Vale a pena **acessar,**

Associação Brasileira de Custos - ABC. Disponível em: <http://www. abcustos.org.br/>. Acesso em: 20 jul. 2018.

Classe Contábil. Disponível em: <http://www. classecontabil.com.br/v3/>. Acesso em: 20 jul. 2018.

Minhas anotações

Aula 4º

Departamentalização

Olá pessoal! Estamos de volta para mais uma aula. Na aula anterior nós já falamos sobre a importância do rateio e agora vamos conhecer os princípios da departamentalização no processo organizacional das empresas.

Antes de iniciar a leitura, gostaríamos que vocês parassem um instante para refletir sobre a questão: O que vem a ser a Departamentalização? Inicialmente, vamos entender a Departamentalização como uma maneira eficaz de evidenciar desperdícios, de esclarecer de maneira certa e concreta quais são os departamentos que apresentam ou absorvem maiores custos e como isso vem a interferir na competitividade de dado produto, depois de pronto no mercado consumidor.

Antes, vamos, então, verificar quais são os objetivos e quais as seções que serão desenvolvidas ao longo da aula.

Bom trabalho!

Bons estudos!

Objetivos de aprendizagem

Ao término desta aula, vocês serão capazes de:

- entender sobre o sistema de Departamentalização;
- identificar como podem ser classificados os departamentos;
- abordar os aspectos conceituais a respeito da departamentalização .

Seções de estudo

1 - Entender os conceitos: levantamento teórico a respeito da departamentalização

2 - Departamentalização: aplicabilidade do método como ferramenta de gestão de custos

3 - Terceirização

1 - Entender os conceitos: levantamento teórico a respeito da departamentalização

As empresas em meio ao seu processo organizacional possuem em sua estrutura física, setores nos quais são desenvolvidas cada atividade, que é mensurada e classificada de acordo com o papel de cada setor em questão, com uma visão mais ampla e voltada para redução de custos, buscando identificar estes custos.

Durante a Departamentalização será apresentado a participação, seja dos custos diretos ou indiretos, como meio de reconhecer a necessidade de um centro de custos que possa gerar informações úteis e estruturadas na empresa, inibindo e controlando gastos que não são necessários naquele setor ou departamento.

Departamento são os setores que cada empresa possui e fazem parte do processo de produção, melhoramento e beneficiamento de um determinado produto, onde pessoas e máquinas compõem todo o processo produtivo e, por esta razão, devemos dividir e classificar cada departamento de uma empresa para, assim, conseguir alocar os custos da mesma.

CONCEITO

Para Martins (2006, p. 65), departamento é a unidade mínima administrativa para a Contabilidade de Custos, representada por pessoas e máquinas que se desenvolvem atividades homogêneas. Diz-se unidade mínima administrativa porque sempre há um responsável para cada departamento ou, pelo menos, deveria haver.

Muito bem pessoal, como podemos notar o método departamentalização é um sistema que a empresa deve utilizar para mensurar e reconhecer quais são os departamentos que apresentam desperdícios ou até mesmo para que possa fazer uma distribuição igualitária a todos os departamentos da empresa. Conforme alguns estudos já realizados, a função da departamentalização é justamente evidenciar cada unidade administrativa.

Perez Junior & Oliveira (2011, p. 38), definem departamento como uma unidade operacional representada por um conjunto de homens e ou máquinas de características semelhantes desenvolvendo atividades homogêneas dentro de uma mesma área.

1.1 - Classificação dos departamentos

ATENÇÃO! É importante destacar que os departamentos se

Departamentos de produção

São os departamentos por onde o produto passa e agrega algum valor. Por exemplo: em uma serralheria os departamentos de corte e solda são de produção, porque a matéria-prima passa por eles e recebe algum tipo de valor, ou seja, o primeiro corta o aço e o segundo solda.

Departamentos de serviços e de apoio

São os departamentos que não trabalham diretamente para agregar valor ao produto. Também são chamados erroneamente de departamentos não produtivos. Os departamentos de apoio geralmente prestam serviços aos outros departamentos. Eles existem para o bom funcionamento da empresa. São exemplos de departamentos de apoio: almoxarifado, refeitório, médico e administrativo.

Departamento e centro de custos

Na maioria das vezes um Departamento é um Centro de Custos, ou seja, nele são acumulados os Custos Indiretos para posterior alocação aos produtos (Departamento de Produção) ou a outros Departamentos (Departamento de Serviços).

1.2 - Principais custos dos departamentos

Dentro dos departamentos encontramos custos indiretos que podem ser identificados diretamente com o departamento ou alocados através de uma lógica. Exemplificamos os mais comuns:

- **Aluguel:** é um custo comum à fábrica toda e há necessidade da adoção de algum critério para sua distribuição aos diversos Departamentos. Trata-se de um "Custo Comum" que geralmente distribuímos aos departamentos através da área ocupada por cada um.
- **Energia elétrica:** geralmente, a empresa mantém um medidor de força para cada departamento, que justifique a sua instalação e um outro para o resto da empresa, que compõe o custo do departamento da administração geral.
- **Mão de obra indireta:** Cada departamento possui os seus colaboradores com seus salários e encargos devidamente apropriados.
- **Depreciação das máquinas:** Através dos controles do imobilizado cada máquina encontra-se devidamente lotada em seu departamento. Consequentemente, a sua depreciação fará parte do custo do departamento.
- **Materiais indiretos:** Através de requisições os materiais indiretos solicitados pelos departamentos, farão parte do custo de cada departamento.

Os custos diretos (mão de obra direta, matéria-prima e outros) estão fora de nosso exemplo por estarmos aqui só tratando da apropriação dos indiretos.

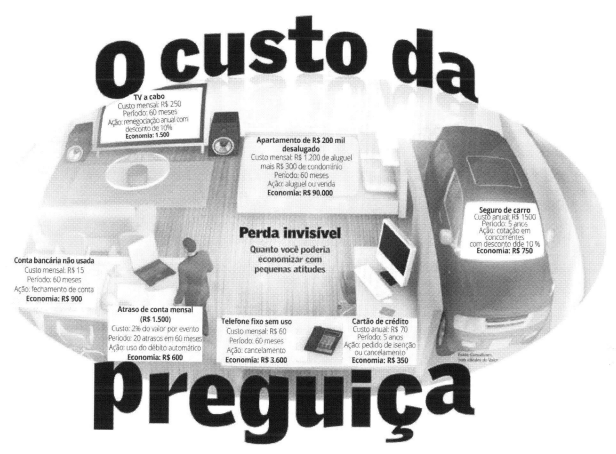

Fonte: <http://www.valor.com.br/financas/2530740/o-custo-da-preguica>. Acesso em: 22 abr. 2012.

Assim, para contabilizar os custos nas empresas é preciso:

- calcular os custos indiretos diretamente nos departamentos;
- identificar os custos específicos de cada departamento;
- utilizar várias bases de rateio dentro da empresa;
- localizar os desperdícios dos custos indiretos;
- realizar investimentos e treinamentos localizados, não mais genéricos;
- decidir com facilidade as decisões quanto à terceirização de determinadas atividades na empresa.

Abaixo, para facilitar a compreensão, por meio de exemplos práticos, simularemos a departamentalização da Indústria Mecânica Inox Limitada. Vejamos:

Exemplificando

Tabela 1 – Produtos, matéria-prima e mão de obra

Produtos	Matéria-prima	Mão de obra direta	Horas máquina
A	160.000,00	120.000,00	1.500
B	60.000,00	200.000,00	1.200
C	100.000,00	80.000,00	2.500

Tabela 2 - Custos indiretos

Custos indiretos	Valor
Energia elétrica	80.000,00
Água	100.000,00
Mão de obra indireta	220.000,00
Depreciação	130.000,00
Alugueis	100.000,00
Total	630.000,00

1º Passo a ser tomado

Neste momento iremos realizar uma divisão em percentuais dos custos indiretos que somados é R$ 630.000,00 e distribuiremos de acordo com participação da matéria prima aos três produtos que estão em elaboração.

Tabela 3 - Distribuição dos custos

Produtos	Matéria-prima	Percentuais	Custos indiretos
A	160.000,00	50%	315.000,00
B	60.000,00	18,75%	118.125,00
C	100.000,00	31,25%	196.875,00
TOTAL	320.000,00	100%	630.000,00

Todos estão se perguntando:

Como chegamos a estes percentuais?

Atenção! Vamos mostrar agora como foi realizada esta tarefa.

Como pode ser visto abaixo, temos que saber qual é a participação dos custos indiretos de cada produto. Então, vamos obter o resultado de rateio dos produtos. Confiram:

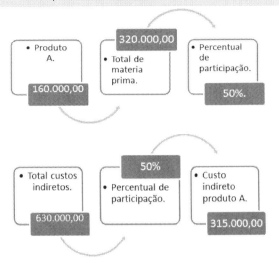

Muito bem pessoal, até aqui tudo certo?!

Agora iremos utilizar um exemplo mais completo a respeito da departamentalização. Vejamos a seguir:

Exemplo:

A indústria de Tecidos Algodão Sociedade Limitada, apresentou os seguintes custos diretos na produção, para os seguintes produtos:

Tabela 4 – Custos diretos da produção

Produtos	Custos diretos	Percentual
Produto A	65.000,00	25%
Produto B	65.000,00	25%
Produto C	52.000,00	20%
Produto D	78.000,00	30%
Total	260.000,00	100%

Notem que os custos indiretos no período foram estabelecidos da seguinte maneira:

Tabela 5 – Custos indiretos na produção

Custos indiretos	Valor
Produto A	48.000,00
Produto B	54.000,00
Produto C	16.000,00
Produto D	42.000,00
Total	160.000,00

Neste momento vale a pena lembrar que os custos diretos somados aos indiretos é um total de R$ 420.000,00 sendo que R$ 260.000,00 compreende em custos diretos e R$ 160.000,00 compreende em custos indiretos.

Neste segundo momento iremos apresentar a quantidade de horas que cada produto utiliza durante o processo de produção e a elaboração de cada produto.

Onde temos uma anotação que os produtos que estão sendo elaborados fez uso de 2.000 horas, sendo estas distribuídas proporcionalmente a cada produto.

Tabela 6 - Distribuição das horas aos produtos

Produtos	Hora máquina	Percentual
Produto A	600 Horas	30%
Produto B	200 Horas	10%
Produto C	400 Horas	20%
Produto D	800 Horas	40%
Total	2.000 Horas	100%

Agora iremos demonstrar como chegamos a estes percentuais. Observem abaixo:

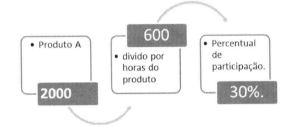

No entanto, notem que temos que observar que há produtos que compõem alguns de nossos departamentos como de corte, costura e acabamento e, neste momento, estão fazendo uso de horas máquina para continuar o processo de industrialização do produto.

Como segue abaixo, vejam os percentuais que cada produto utilizou nos departamentos de produção:

Tabela 7- Distribuição dos percentuais

Departamento	Corte	Costura	Acabamento	Total
Produto A	25%	40%	35%	100%
Produto B	25%	75%		100%
Produto C	45%	25%	30%	100%
Produto D	30%	40%	30%	100%

É importante destacar o quanto cada departamento consumiu em horas máquinas durante o processo de industrialização dos produtos, então tivemos que converter os percentuais de consumo em horas aos produtos do nosso departamento.

Tabela 8 - Distribuição do número de horas a cada departamento

Departamento	Corte	Costura	Acabamento	Total horas
Produto A	150	240	210	600 horas
Produto B	50	150	-	200 horas
Produto C	180	100	120	400 horas
Produto D	240	320	240	800 horas
Total	620	810	570	2000 horas

Como pode ser visto, na tabela 8, os percentuais foram convertidos em horas máquinas e com isso facilita o processo de rateio das horas máquinas trabalhadas aos produtos relacionados nos departamentos acima.

Então, como chegamos a estes valores?

Então, vamos demonstrar como chegamos a estes números de horas e utilizaremos o produto A como exemplo, já que é uma maneira uniforme de encontrar os números de horas a cada departamento e produto. Observem:

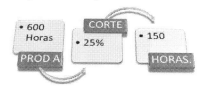

Como podemos notar é simples e fácil o entendimento: devemos apenas aplicar o percentual de 25 % de horas consumidas pelo corte sobre o total de 600 horas do produto, para sabermos quantas horas realmente este departamento consome de horas máquinas.

Vejam que até o presente momento apenas encontramos e distribuímos a quantidade de horas máquinas que cada produto utiliza e quanto de tempo é necessário para se tornar um produto totalmente acabado.

Então, neste momento, teremos um novo desafio, temos que responder a seguinte questão:

Quais são os custos indiretos que estão sendo distribuídos aos departamentos?

Respondendo a pergunta, os custos indiretos na produção, já mencionados anteriormente, serão distribuídos da maneira que segue em nossa Tabela 9. Assim, teremos uma visão mais clara e ficará muito mais fácil a compreensão de onde e como surgiram os valores existentes em nossa tabela:

Tabela 9 - Distribuição dos custos indiretos aos produtos

Descrição	Corte	Costura	Acabamento	Total
Manutenção	12.000,00	26.000,00	10.000,00	48.000,00
Depreciação	20.000,00	18.000,00	16.000,00	54.000,00
Aluguel	8.000,00	3.000,00	5.000,00	16.000,00
Outros	14.000,00	12.000,00	16.000,00	42.000,00
Total	54.000,00	59.000,00	47.000,00	160.000,00

Notem que os valores da Tabela 9 foram distribuídos aleatoriamente aos departamentos.

Neste momento, iremos distribuir os custos indiretos às horas que cada departamento necessita para mensurar o valor médio de hora máquina por departamento. Vejamos na Tabela 10:

Tabela 10 - Média de horas por departamento

Descrição	Corte	Costura	Acabamento	Total
Custo médio	54.000,00	59.000,00	47.000,00	160.000,00
Hora	620	810	570	2000
Máquina	87,10	72,84	82,46	80,00

Estão todos se perguntando:

De onde surgiram estes valores e como foi encontrado o custo médio? Então, vamos à resposta...

O custo médio surgiu da distribuição dos custos indiretos aos departamentos, e o custo da hora foi devido a divisão entre o custo médio encontrado ao número de horas que cada produto utiliza por departamento. Entendeu?!

Muito bem, como já encontramos a quantidade de horas que cada produto necessita para ser produzido e que a este produto é alocado devido a seu trânsito aos departamentos apresentados, podemos verificar na tabela abaixo como foi realizada esta distribuição. Observem:

Tabela 11 - Número de horas versus consumo por produto e departamento

Descrição	Corte	Costura	Acabamento	Total
Produto A	150 x 87,10	240 x 72,84	210 x 82,46	
	13.065,00	17.481,60	17.316,00	47.862,20
Produto B	50 x 87,10	150 x 72,84	-	
	4.355,00	10.926,00	-	15.281,00
Produto C	180 x 87,10	100 x 72,84	120 x 82,46	
	15.678,00	7.284,00	9.895,00	32.857,00
Produto D	240 x 87,10	320 x 72,84	240 x 82,46	
	20.904,00	23.308,80	19.790,00	64.002,80
TOTAL	**54.000,00**	**59.000,00**	**47.000,00**	**160.000,00**

É notório em nosso exemplo que os custos indiretos quando aferidos, utilizando assim o método de departamentalização, trazem ao gestor mais clareza quanto aos resultados que se espera e informa qual é o departamento que o produto obteve maior custo de produção.

Para isso iremos apresentar na tabela 12, uma análise comparativa entre os produtos que utilizaram e os que não utilizaram o método de departamentalização:

Tabela 12 - Apreciação dos custos, com e sem departamentalização

Produtos	Sem Departamentalização	Com Departamentalização
Produto A	48.000,00	47.862,20
Produto B	54.000,00	15.281,00
Produto C	16.000,00	32.857,00
Produto D	42.000,00	64.002,80
Total	160.000,00	160.000,00

Como podemos notar que com a aplicação do método de reconhecer cada setor por onde o produto está transitando fica fácil a identificação dos custos e, assim, conseguimos apropriar de maneira clara e objetiva, o que cada produto absorve por departamento, conforme segue a exemplificação a seguir:

Tabela 13 - Distribuição dos custos

Custos indiretos	%	Valor	Custos diretos	Total
Manutenção	30 %	48.000,00	65.000,00	113.000,00
Depreciação	10%	16.000,00	65.000,00	81.000,00
Aluguel	20%	32.000,00	52.000,00	84.000,00
Outros	40%	64.000,00	78.000,00	142.000,00
Total	100%	160.000,00	260.000,00	420.000,00

Quando se adota a departamentalização é seguro ao gestor realizar um estudo de maior profundidade e segurança a respeito dos gastos que a empresa apresenta. Este estudo, proporcionado pelo método de custo e suas inúmeras ferramentas e metodologias, permite visualizar, identificar, transparecer, qualificar e quantificar os custos reais que os departamentos agregam ao produto, facilitando o processo de tomada decisão.

Até aqui, contemplamos os métodos de aplicação dos custos aos mais variados departamentos, que podem existir em uma empresa.

Adotamos o método de rateio para mensurar os valores, tratando de custos indiretos, e consideramos também os custos de produção e demais custos.

Agora, na Seção 2, para continuar a nossa construção de conhecimentos, vamos falar sobre a aplicabilidade da departamentalização como ferramenta na gestão de custos.

2 - Departamentalização: aplicabilidade do método como ferramenta de gestão de custos

Os custos são distribuídos entre os departamentos mediante algumas regras, de acordo com a Contabilidade de Custos.

2.1 - Esquema completo da contabilidade de custos

Para distribuirmos os custos entre os departamentos precisamos seguir as seguintes regras:

1ª regra: Separar os custos em diretos e indiretos.

2ª regra: Alocar os custos diretos diretamente aos produtos.

3ª regra: Alocar os custos indiretos diretamente aos departamentos.

4ª regra: Separar os departamentos em dois grupos: de produção e de apoio.

5ª regra: Estabelecer uma ordem para os departamentos de apoio, identificando qual departamento mais presta serviços aos demais do que recebe, conforme exemplificamos abaixo:

a. Administração geral da fábrica é a primeira que deve ter seus custos distribuídos, pois mais presta do que recebe serviços. Além disso, é a de maior valor relativo em custos a ser apropriados aos demais departamentos.

b. Manutenção será o segundo departamento de serviços a ser alocado, porque ele também mais presta serviços ao almoxarifado e ao controle de qualidade do que deles recebe. Apesar de efetuar trabalhos para a administração geral, este setor não mais receberá custo de ninguém, pois já está com saldo zero. Da mesma forma que a própria administração geral, seus custos serão distribuídos também aos departamentos de produção que dela se beneficiaram.

c. Almoxarifado terá seus custos rateados aos departamentos que fizeram uso de seus préstimos, exceto os que já foram alvo de distribuição.

d. Controle de qualidade, apesar de prestar, às vezes, serviços à manutenção, terá seus custos alocados somente nos departamentos de produção que dela fizeram uso, já que os demais departamentos de serviços foram distribuídos. Ficou em último lugar, pois mais recebe benefícios da Manutenção do que lhe presta.

6ª regra: Estabelecer os diversos critérios de rateio para os departamentos de apoio.

7ª regra: Distribuir os custos indiretos dos departamentos de produção diretamente aos produtos.

3 - Terceirização

Nos tempos atuais, as empresas optaram por concentrar seus esforços em seus objetivos e transferir para as prestadoras de serviços as atividades de determinados departamentos de apoio.

 A terceirização pode ser conceituada como sendo a contratação de pessoas jurídicas para, através dos seus colaboradores, prestar serviços para as empresas.

Fonte: <http://universodalogistica.wordpress.com/category/terceirizacao/> Acesso em: 14 abr. 2012.

Os departamentos mais comuns a serem terceirizados pelas empresas são: logística, manutenção, refeitório, segurança e limpeza.

3.1 - Vantagens da terceirização

A terceirização traz muitas vantagens indiretas para as empresas.

Razões para a Terceirização

Trazer Inovações para o Negócio. 4%
Suprir Aumento da Demanda 11%
Reduzir Custos 36%
Aumentar Qualidade dos Serviços 13%
Focar as questões do Negócio

Fonte: <http://telemacopompei.blogspot.com.br/2011/05/terceirizacao.html> Aceso em: 20 abr. 2012.

Podemos citar como principais:

- eliminar investimentos em áreas meio da empresa;
- eliminação de departamentos da empresa;
- serviços qualificados em locais de apoio da empresa;
- rapidez na substituição de pessoal;
- eliminação de riscos trabalhistas.

Não podemos pensar que a terceirização reduzirá os gastos com pessoal. Quando terceirizamos empresas organizadas os gastos podem ser até mais elevados do que quando contratamos, mas a produtividade e a eliminação de várias obrigações trabalhistas fazem com que o custo final seja menor.

3.2 - Regras para terceirização

Para terceirizarmos determinados departamentos da empresa precisamos observar algumas regras, a fim de que não tenhamos aborrecimentos futuros.

Fonte: <http://www.migalhas.com.br/depeso/16,mi71915,71043-terceirizacao+an omia+inadmissivel>. Acesso em: 20 abr. 2012.

Para terceirizarmos determinados departamentos da empresa precisamos observar algumas regras:

- **Análise do mercado:** devemos analisar no mercado se existe mais de uma empresa prestadora de serviços e a qualidade delas.
- **Análise da empresa:** devemos observar os seguintes requisitos: tradição e recomendação no mercado, e investimentos em seu negócio, capital ou carta de fiança que garantam os riscos.
- **Exigências para a contratação:** quando contratamos serviços de terceiros por um longo período de tempo devemos exigir alguns documentos para nos precavermos de riscos que possam gerar vínculo empregatício entre a contratante e os colaboradores da contratada.

Por esse motivo devemos exigir:

Da empresa

- contrato assinado entre as partes;
- cópias de registro nos órgãos competentes;
- para o pagamento pelos serviços prestados, comprovação dos salários e encargos dos colaboradores.

Do colaborador

Para o colaborador da contratada, iniciar seus trabalhos dentro da empresa contratante devemos exigir os seguintes documentos:

- cópia do registro em carteira;
- carta da contratada apresentando o colaborador;
- uniforme do colaborador com a identificação da empresa contratada;
- todos os equipamentos necessários para a segurança do colaborador.

Muitas vezes, quando a terceirização não é feita de forma correta, o contratante acaba assumindo todos os encargos trabalhistas do colaborador da empresa contratada.

Devemos lembrar que mesmo quando a contratação ocorre de maneira correta, o contratante responde solidariamente pelos encargos e obrigações para com o colaborador.

Chegamos, assim, ao final de nossa quarta. Esperamos que os assuntos tratados tenham sido muito proveitosos. Agora, vamos rever resumidamente o que estudamos em cada seção. Confira também as sugestões disponibilizadas, para aprofundar seus conhecimentos. Até nossa próxima aula!

Retomando a aula

Antes de encerrar a Aula 04, é importante que retomemos os conteúdos estudados:

1 - Entender os conceitos: levantamento teórico a respeito da Departamentalização

Vimos que a departamentalização é uma maneira eficaz de evidenciar desperdícios e esclarecer de maneira certa e concreta quais são os departamentos que apresentam ou absorvem, maiores custos e como pode interfere na competitividade deste produto depois de pronto no mercado consumidor.

Os departamentos são os setores de dada empresa que fazem parte do processo de produção, melhoramento e beneficiamento de um determinado produto, onde pessoas e máquinas compõem todo o processo produtivo.

Os departamentos se classificam em dois grandes grupos: Produção e Apoio. Os principais custos indiretos dos departamentos podem ser: aluguel, energia elétrica, mão de obra indireta, depreciação das máquinas e materiais indiretos.

2 - Departamentalização: aplicabilidade do método como ferramenta de gestão de custos

Os custos são distribuídos entre os departamentos mediante algumas regras, conforme a Contabilidade de Custos. O custo com mão de obra divide-se em dois grupos: direta e indireta.

A Legislação Trabalhista Brasileira prescreve os direitos e os benefícios básicos que todas as empresas praticamente concedem aos seus colaboradores. Lembre-se, porém, que cada empresa pode aumentar o número de direitos e benefícios, uma vez que os mesmos são usados para motivar os colaboradores.

3 - Terceirização

A terceirização pode ser entendida como a contratação de pessoas jurídicas para, através dos seus colaboradores, prestar serviços para as empresas. Para terceirizarmos precisamos observar regras como: análise do mercado, análise da empresa e exigências para a contratação. Os departamentos mais comuns a serem terceirizados pelas empresas são: logística, manutenção, refeitório, segurança e limpeza.

Vale a pena

Vale a pena **ler**

BERTI, Anélio. *Contabilidade e Analise de Custos*. 2. ed. Curitiba: Juruá, 2009.

HANSEN, Don R.; MOWEN, Maryanne M. *Gestão de custos*. Tradução Robert Brian Taylor. São Paulo: Cengage Learning, 2010.

MARTINS, Eliseu. *Contabilidade de Custos*. Livro de Exercícios. 9 ed. São Paulo: Atlas, 2006.

_____. *Contabilidade de Custos*. 9. ed. Atlas, 2009.

PEREZ JUNIOR, José Hernandez & OLIVEIRA, Luís Martins de. *Contabilidade de Custos Para Não Contadores*. 4. ed. Atlas, 2009.

SCHIER, Carlos Ubiratan da Costa. *Gestão Prática de Custos*. Curitiba: Juruá, 2007.

Vale a pena **acessar**

ABDALA, Vantuil. *Terceirização*: anomia inadmissível. Disponível em: <http://www.migalhas.com.br/depeso/16,mi71915,71043-terceirizacao+anomia+inadmissivel>. Acesso em: 20 jul. 2018.

Associação Brasileira de Custos - ABC. Disponível em: <http://www. abcustos.org.br/>. Acesso em: 20 jul. 2018.

Congresso Brasileiro de Custos - ABC. Disponível em: <http://www.abcustos.org.br/congresso/view?ID_CONGRESSO=21>. Acesso em: 20 jul. 2018.

CRUZ, June Alisson Westarb; MARTINS, Tomás Sparano; GUINDANI, Roberto Ari; STADLER, Humberto; BARROS NETO, Remi Celso. *Custo de Capital e de Oportunidade na Estrutura do Custeio Direto:* Uma abordagem Empírica. In: Cadernos da Escola de Negócios da Unibrasil – N. 06 – 2008. Disponível em: <http://apps.unibrasil.com.br/revista/index.php/negociosonline/article/view/191>. Acesso em: 20 jul. 2018.

Revista Contemporânea de Contabilidade - RCC. Disponível em: <www.rcc.ufsc.br/>. Acesso em: 20 jul. 2018.

Minhas anotações

Aula 5°

Mão de obra

Olá pessoal, estamos de volta para mais uma aula.

Nas quatro primeiras aulas, nós estudamos sobre as terminologias de custos e despesas, a classificação de custos de produção, o Rateio e a Departamentalização, respectivamente.

Nesta aula estaremos tratando da mão de obra. Para iniciar nossas reflexões vamos buscar os dados históricos para compreender melhor os conceitos sobre Mão de Obra, a aplicabilidade das leis trabalhistas e, principalmente, a respeito dos custos dos nossos colaboradores, ou seja, dos funcionários das empresas, dada sua importância para o funcionamento e a manutenção do mercado empresarial.

Durante o estudo, procurem manter-se em um ambiente tranquilo que permita a concentração necessária para a construção dos conhecimentos. Portanto, não se omitam, leiam, anotem, resumam, pesquisem, questionem, discutam e interajam com o professor e colegas de curso.

Confiram agora os objetivos e as seções de estudo mediante as quais será desenvolvida nossa aula.

Bons estudos!

— *Bons estudos!*

Objetivos de aprendizagem

Ao término desta aula, vocês serão capazes de:

- abordar os aspectos conceituais sobre mão de obra e discorrer sobre particularidades dos demais assuntos abordados;
- classificar os tipos de mão de obra;
- realizar o cálculo dos custos da hora trabalhada.

Seções de estudo

1 - Mão de obra: história, conceito e legislação
2 - Mão de obra: obrigatoriedades e custos

1 - Mão de obra: história, conceito e legislação

Nesta aula, iremos tratar a respeito dos custos dos nossos colaboradores. Na realidade, iremos mensurar o valor da hora trabalho dos funcionários e qual é o reflexo que estes custos podem causar no resultado da empresa e na formação do preço de um determinado produto ou serviço.

Fonte: <http://sitedasoldagem.com.br/noticias/>. Acesso em: 20 abr. 2012.

É comum em todas as organizações a necessidade de material humano, pessoas capacitadas e capazes de desenvolver suas atividades laborais, sem que cause nenhum prejuízo a empresa ou quem a contratou.

Ao trabalhador temos os seus direitos garantidos pela Consolidação das Leis Trabalhistas - CLT, que ampara o empregado e remete o empregador a honrar os direitos garantidos por lei ao trabalhador.

No dia 01 de maio é comemorado o dia do trabalhador, justamente porque em 01 de maio de 1943, foi aprovada a CLT - Consolidação das Leis Trabalhistas, com isso garantindo todos os direitos aos empregados, porém o advento desta lei passou a regularizar algumas ações dos empregadores em desfavor a seus empregados.

Em nossa aula, tendo em vista a aprovação desta lei que garantiu aos empregados todos os direitos que a eles cabem, iremos tratar de alguns destes direitos, já que estamos investigando aspectos relacionados à mão de obra. Adiantamos que a mão de obra pode ser, dentro do processo produtivo ou de prestação de serviço, direta ou indireta.

A Lei trabalhista entrou em vigor em 01 de maio de 1943, mas a carteira de trabalho foi instituída pelo decreto nº 21.175, de 21 de março e posteriormente regulamentada pelo decreto 22.035, de 29 de outubro de 1932. O documento garante o acesso a alguns dos principais direitos trabalhistas, como o seguro- desemprego, os benefícios previdenciários, o Fundo de Garantia por Tempo de Serviço (FGTS) e o Programa de Integração Social (PIS).

De acordo com os dados históricos, até outubro de 1932 empregado algum tinha uma função e uma remuneração correta, com todos os registros que comprovasse sua ligação com a empresa e o fato mais curioso é que só 11 anos depois se criou uma lei que pudesse disciplinar as ações de relação entre empregado e empregador.

É importante destacar que todas as atividades exercidas pelos empregados são remuneradas. Normalmente, esta remuneração tem como base para pagamento de valores os salários mínimo, que é um indicador que auxilia o empregado em seu labore e ajusta para que não receba nenhum valor menor que o salário mínimo vigente do período.

Na Consolidação das Leis Trabalhistas, Lei nº 5.452, de 1 de maio de 1943, em seu artigo 76, temos que:

Salário mínimo é a contraprestação mínima devida e paga diretamente pelo empregador a todo trabalhador, inclusive ao trabalhador rural, sem distinção de sexo, por dia normal de serviço, e capaz de satisfazer, em determinada época e região do País, as suas necessidades normais de alimentação, habitação, vestuário, higiene e transporte (BRASIL, CLT, 1943).

Na contratação de um funcionário, seja por diária, comissão ou produção, sua remuneração não pode ser inferior ao salário mínimo. Pois o salário mínimo sempre será a base para que o empregador possa adotar um critério que remunere de maneira legal os seus colaboradores, sem infringir a lei e o direito garantido ao trabalhador.

Justamente por estarmos tratando da mão de obra em nossa aula, por esta razão estaremos tratando também de alguns aspectos legais, dando uma visão ampla sobre remuneração e dados históricos a respeito da obrigatoriedade entre empregador e empregado e vice versa.

Em custos é comum que tudo que esteja relacionado à produção seja tratado como custo e até mesmo existem momentos que confundimos estes custos quanto a sua classificação. Por isso, torna-se difícil em alguns casos evidenciar se estes custos são diretos ou indiretos na produção de um determinado produto ou serviço. Analisando esta dificuldade é que, neste momento, iremos tratar dos custos com mão de obra e também como a mesma é classificada e direcionada no processo de produção e melhoramento de um produto ou serviço.

Devemos levar em consideração que a mão de obra compreende o trabalho das pessoas aplicado direta ou indiretamente na fabricação de um produto.

Devemos sempre destacar que os custos com mão de obra não correspondem apenas aos gastos com salários, mas engloba todos os gastos com as pessoas envolvidas na produção, sendo estes gastos todos aqueles decorrentes da folha de pagamento.

Mas como classificamos a mão de obra dentro de uma empresa, indústria, comércio e prestação de serviços?!

O custo com mão de obra divide-se em dois grupos: direta e indireta.

Mão de obra direta: Devido aos altos custos com mão de obra direta nos dedicaremos ao seu estudo, a fim de aprender a calcular o custo de uma hora trabalhada. A mão de obra direta pode ser classificada como sendo a somatória dos salários e dos encargos com os colaboradores que desempenham atividades técnicas diretamente no produto.

São exemplos de mão de obra direta: operador de máquinas, mecânicos, eletricistas etc.

Mão de obra indireta: Classificamos como mão de obra indireta a somatória dos salários e dos encargos com os colaboradores que desempenham atividades comuns e não-especializadas dentro da empresa e que, muitas vezes, não compensa apurar o custo da hora trabalhada ou mesmo controlar o tempo de trabalho em cada atividade.

São exemplos de mão de obra indireta: carregadores, faxineiros, seguranças, etc.

1.1 – Método de mão de obra direta

Agora iremos classificar quais são os métodos de mão de obra aplicados na empresa, indústria, comércio e prestação de serviço, tendo como foco o custo desta mão de obra.

A mão de obra deve ser classificada como:

- Mão de obra direta
- Mão de Obra Indireta

CONCEITO

Para Osni Moura Ribeiro (2005, p. 102), a mão de obra direta é aquela que pode ser facilmente identificada em relação aos produtos. Isso nos remete a pensar que quando há facilidade de identificação da mão de obra daquele funcionário ao produto em questão classificamos como mão de obra direta.

Já para Eliseu Martins (2009, p. 133), mão de obra direta é aquela relativa ao pessoal que trabalha diretamente sobre o produto em elaboração, desde que seja possível a mensuração do tempo despendido e a identificação de que executou o trabalho, sem necessidade de qualquer apropriação indireta de rateio. Se houver qualquer tipo de alocação por meio de estimativas ou divisões proporcionais, desaparece a característica de direta.

Atenção! Então podemos considerar que todo trabalhador que esteja ligado diretamente na produção ou elaboração de um produto, o custo da sua mão de obra será direto, ou seja, mão de obra direta.

Podemos salientar que os operários de uma indústria de calçados ou até mesmo operários da construção civil, assim destacando os pedreiros, carpinteiros, serventes, eletricista e encanadores, o serviço no qual estes profissionais executam podem ser classificados como mão de obra direta, já que estão diretamente comprometidos com a construção e execução de uma obra civil, obra que pode ser um apartamento, casa, etc.

O mesmo termo se aplica ao operário da indústria já que a este profissional seu labore esta ligado diretamente na produção, confecção e montagem do produto que a empresa oferece no mercado.

Então, como eu estou envolvido diretamente na produção, minha mão de obra é direta?

Exatamente! Sua mão de obra é direta.

Vamos antecipar os estudos de nossa próxima subseção com um questionamento:

Qual é outro método de mão de obra que existe?!

1.2 – Método de mão de obra indireta

Neste momento, iremos estudar e conhecer o método de mão de obra indireta, método este que é aplicado em vários setores e existente nas mais diversas atividades econômicas existentes em nosso país.

CONCEITO

Para Osni Moura Ribeiro (2009, p. 102), o método de mão de obra indireta compreende os gastos com pessoal que trabalha na empresa, sem interferência diretamente na fabricação dos produtos. Sempre que não for possível identificar o gasto com pessoal em relação às unidades produzidas, esse gasto será considerado mão de obra indireta.

Já para Eliseu Martins (2006, p. 133), se recorrer a qualquer critério de rateio ou estimativa, configura-se para efeito contábil, em indireta.

Podemos então evidenciar que a mão de obra indireta pode ser, de um supervisor, encarregado, chefe de seção, faxineiros etc.

Assim, é importante destacar que a mão de obra indireta assume uma posição de colaboradores da empresa que não estão ligados diretamente na produção o custo com sua mão de obra é indireta.

Atenção! Lembre que a mão de obra indireta não age diretamente na produção de um determinado produto.

Devido este pessoal não agir diretamente na produção, mas sua função é normalmente de supervisão, manutenção serviços que estes profissionais prestam, acabam beneficiando toda a produção em conjunto. Portanto, torna-se necessário que tais gastos sejam rateados, por critérios ou arbitrados, para diversos produtos fabricados.

A empresa só poderá considerar como mão de obra direta o tempo realmente utilizado no processo de produção de forma direta.
Por exemplo: se durante a produção ocorrer uma queda de energia, será considerado como custo indireto de produção. Agora caso a indústria venha paralisar suas atividades por motivo de greve ou acidentes graves, deverá ser considerado como perda.

2 - Mão de obra: obrigatoriedades e custos

Para os gestores pessoas que estão a frente dos negócios que a empresa realiza no dia a dia é importante colocar, um adendo a respeito das obrigatoriedades que devem ser realizadas pelos gestores de toda e qualquer empresa.

Em um período de gestão é relevante destacar que custo com mão de obra direta é diferente dos gastos com a folha de pagamento com funcionários.

2.1 - Direitos e benefícios básicos

Para Eliseu Martins (2006, p.134), custo com mão de obra não se confunde com o valor pago à produção, mesmo aos operários diretos. Só se caracteriza como tal a utilizada diretamente sobre o produto. Portanto, o custo de mão de obra direta varia com a produção, enquanto que a folha relativa ao pessoal da própria produção é fixa.

Neste caso então podemos considerar que:

> O custo com a mão de obra direta é variável em relação à produção, já a folha de pagamento mesmo que seja relativa ao pessoal da produção é um custo fixo.

Na elaboração e apreciação dos custos com a mão de obra: devemos identificar quais são os custos que integra a mão de obra de um funcionário, para que possa ser mais esclarecedor em relação as decisões que poderão ser tomadas no curto prazo. A legislação trabalhista reza em suas doutrinas que além do salário contratual é de direito do trabalhador alguns proventos.

> Para os funcionários públicos será aplicada a legislação de acordo com o estatuto do funcionalismo público.

Para Aristeu Oliveira (2001, p. 65), os principais proventos existentes na folha de pagamento são: salário, horas extras, adicional de insalubridade, adicional de periculosidade, adicional noturno, salário-família, diárias para viagem e ajuda de custo; e os principais descontos são: quota de previdência, imposto de renda, contribuição sindical, seguros, adiantamentos, faltas e atrasos,vale-transporte.

Nesta apreciação, devemos considerar que esta é uma visão global de proventos que podem integrar a folha de pagamento dos funcionários, sendo indispensável fazer uma ressalva já que para cada tipo de atividade e ocupação teremos proventos de acordo com as devidas ocupações funcionais dos trabalhadores.

Ainda fazendo uma apreciação aos proventos de direito que o trabalhador possui no labore de sua função, iremos citar o mais usuais, para que no final desta aula todos possam identificar o custo da hora homem trabalhada.

Nesta concepção, podemos considerar como proventos os salários e remunerações paga aos trabalhadores, já que o salário é a contraprestação mínima devida e paga diretamente pelo empregador a todo trabalhador e a remuneração são valores pagos pelo empregador ao empregado além do salário.

Na Consolidação das Leis Trabalhistas, Lei nº 5.452, de 1 de maio de 1943, em seu artigo 457, temos que os proventos:

> Compreendem na remuneração do empregado, para todos os efeitos legais, além do salário devido e pago diretamente pelo empregador, como contraprestação do serviço, as gorjetas que receber (BRASIL, LEI Nº 5.452, 1943).

Então, toda remuneração paga ao empregado além do salário, devemos considerar como remuneração entre estas podemos inclusive destacar as seguintes remunerações: comissões, percentuais, gratificações ajustadas, diárias de viagem e abonos pagos pelo empregador ao empregado.

Devemos observar que não se incluem nos salários as ajudas de custo, assim como as diárias para viagem que não excedam de 50% do salário percebido pelo empregado.

Ao empregado confere o direito de férias, como celebra o art. 142 da CLT, o empregado perceberá, durante as férias, a remuneração que lhe for devida na data de sua concessão.

Além das verbas de direito sobre as férias o trabalhador terá o direito de mais 1/3 (um terço) de férias sobre sua remuneração.

Sendo importante destacar que todo empregado terá direito anualmente ao gozo de um período de férias, sem prejuízo em sua remuneração. Normalmente, o empregado terá direito a 30 dias de férias corridos quando não houver faltado ao serviço mais de 05 vezes no ano.

Para melhor compreensão, neste momento, vamos usar um exemplo de cálculo de férias de um funcionário.

Tabela 1 - Férias

Empresa América. Ltda		
Funcionário	Reginaldo José da Silva	Admissão 03.2011
Função	Montador	
Departamento	Indústria	
Remuneração	R$ 1.600,00	
Demonstrativo de férias		
Férias	R$ 1.600,00	
1/3 de férias	R$ 533,33	
Total de férias	R$ 2.133,33	

Neste momento, podemos verificar que o funcionário irá receber o valor correspondente ao salário do mês em férias mais um terço deste salário de férias, que somados teremos um total de R$ 2.133,33 referentes às férias deste colaborador.

Outro evento de direito dos colaboradores é o décimo terceiro salário, que corresponde a um salário extra a todo trabalhador que tenha trabalhado na empresa durante os 12 meses do ano, ou período proporcional a 12 meses.

Sendo assim, em alguns casos o trabalhador terá direito ao décimo terceiro salário e, em alguns casos, há empresas que costumam inclusive remunerar o colaborador com décimo quarto salário. Normalmente, isso ocorre quando se estabelece metas de produção e as mesmas são alcançadas.

Mas quanto custa a hora homem para a empresa?

Aos colaboradores cabe o direito aos salários, férias, um terço de férias, décimo terceiro salário, e outros proventos que são a eles garantidos por lei. Devemos destacar que muito embora a empresa esteja obrigada ao pagamento de todos estes proventos ao trabalhador, a mesma tem também a seu encargo o pagamento das obrigações sociais, obrigações estas que incide sobre a folha de pagamento, como INSS e FGTS.

Estas obrigações para a empresa pode chegar até 33,8% da folha de pagamento, sendo assim, um funcionário com salário de R$ 1.000,00 chega a custar para empresa cerca de R$ 333,80 além do seu salário mensal.

Tabela 2 – Demonstração dos encargos sociais

Descrição	Valores	Percentual %
SALARIO	1.000,00	
INSS	200,00	20%
Terceiros	58,00	5,8%
FGTS	80,00	8%
TOTAL	1.338,00	33,8%

A atividade que o funcionário desempenha dentro da empresa, não pode ultrapassar ao número de 220 horas semanais, sendo este o número máximo de horas que um empregado deve cumprir no desenvolvimento de suas atividades na empresa.

Dentro desta relação empregado empregador deve-se levar em conta uma questão muito importante que diz a respeito às faltas, pois as mesmas comprometem, e muito, os custos operacionais da empresa, principalmente, faltas justificadas, aquelas que veem acompanhadas de atestado médico. Pois, estas faltas justificadas acabam sendo abonadas e, com isso, os custos tendem a aumentar cada fez que isso ocorre.

2.2 - Cálculo do custo da hora trabalhada

Então, agora iremos a um exemplo, onde será apresentado o custos da hora homem. Observe que:

Antonio Carlos Martins desenvolve atividade de torneiro mecânico, na empresa Alfa Inox Ltda. Durante o ano de 2011, o salário deste funcionário foi de R$ 2.000,00 ao mês. O mesmo recebeu férias e décimos terceiro e, em alguns dias, precisou ausentar-se da empresa para tratamento médico, cerca de 7 dias.

A pergunta que faço a todos é o quanto custou a hora homem deste funcionário na empresa em questão?

Para que esta pergunta possa ser respondida devemos apresentar um demonstrativo que apresente este custo por hora homem.

Até este momento, sabemos que o custo deste funcionário é de R$ 35.680,09 ao ano, porém devemos destacar quantos dias realmente foi produtivo, ou melhor, foi trabalhado. Vale lembrar que os sábados e domingos são esporádicos, pois temos alguns meses do ano que temos mais que quatro domingos ou sábados no mês.

Muito bem, agora que já sabemos qual é o custo total deste funcionário e ficou claro que durante o ano de 2011 o mesmo trabalhou/produziu por cerca de 249 dias.

Devido à complexidade da legislação trabalhista brasileira, apresentamos a seguir uma sequência de regras para apurar o custo da hora trabalhada:

1ª regra: Determinar os rendimentos anuais do trabalhador:

Rendimento	Fórmula
Salário anual	11 meses x salário mensal
13º Salário Proporcional	01 salário mensal por ano de trabalho
Férias Proporcionais	01 salário mensal por ano de trabalho
1/3 sobre férias	Férias proporcionais / 3
RENDIMENTO ANUAL	SOMATÓRIA DOS ITENS ACIMA

Consideramos 11 meses trabalhados, porque 1 mês é de direito do colaborador para gozar férias. Cada cargo tem os seus rendimentos determinados por lei, conforme demonstramos acima.

2ª regra: Determinar os encargos sociais que incidem sobre os rendimentos:

Encargos sociais	Percentual sobre os rendimentos
INSS empresa	(+ ou -) 20 %
Sistemas S	(+ ou -) 2,8 %
Seguro Acidente de Trabalho	(+ ou -) 3 %
FGTS	8 %
Encargos sociais totais	(+ ou -) 33,8 % dos encargos sociais

Os encargos sociais acima representam os percentuais médios, pois os mesmos variam de empresa para empresa de acordo com o seu ramo de atividade. Eles representam o que a empresa recolhe aos órgãos públicos. Não estão incluídos os encargos sociais descontados dos colaboradores.

3ª regra: Determinar os direitos e benefícios do trabalhador:

Direitos e benefícios	Valor
Transporte até o local de trabalho	Os valores variam de acordo com a empresa.
Alimentação	
Auxílio periculosidade	20% do salário mínimo
Auxílio insalubridade	20% do salário mínimo
Plano de saúde	
Gasto total com direitos e benefícios	Somatória

Acima exemplificamos os direitos e benefícios básicos que todas as empresas praticamente concedem aos seus colaboradores. Cada empresa pode aumentar o número de direitos e benefícios, uma vez que usamos tais benefícios para motivar o nosso colaborador.

Lembramos que os valores devem ser anuais. Os auxílios mencionados acima são apenas atividades que se enquadram como perigosas ou insalubres e que dão direito ao recebimento.

4ª regra: Determinar os gastos anuais com equipamentos e uniformes:

Equipamento	Valor
Uniformes	
Equipamentos de segurança	
Gasto total com equipamentos	Somatória

Os uniformes e equipamentos são de obrigação da empresa fornecer. Devemos calcular o valor gasto anualmente com cada colaborador. Vale lembrar que existem equipamentos de proteção que chegam a valer mais de R$ 10.000,00 e possuem uma vida útil limitada em horas de uso.

5ª regra: Determinar o gasto anual com o colaborador:

Gastos anuais	Valores
Rendimentos anuais	
Encargos sociais	
Direitos e benefícios	
Equipamentos e uniforme	
Gastos totais	Somatória

O valor dos gastos totais apurados apresentados é a somatória de todos os gastos que tivemos durante um ano de trabalho com esse colaborador.

6ª regra: Determinar o total de horas trabalhadas no ano:

Unidade	Cálculo	Quantidade de dias
Dias no ano	+	365
Descanso semanal remunerado + ou -	-	48
Feriados + ou -	-	12
Férias	-	30
Total de dias úteis	=	275
Jornada de trabalho	Normal	44 horas semanais
Total de horas úteis no ano		Jornada diária x dias úteis

Os descansos semanais e feriados são determinados com base no calendário local, principalmente os feriados que variam de localidade para localidade.

A jornada semanal é determinada em função da profissão do colaborador. Por exemplo: a maioria dos colaboradores possuem uma jornada semanal de 44 horas, mas os bancários e as telefonistas têm a jornada reduzida para 30 horas semanais.

7ª regra: Determinar o custo por hora trabalhada. Com as informações acima podemos calcular o valor de uma hora trabalhada, que faremos através da seguinte fórmula:

Custo por hora = Gastos totais / Horas úteis

O custo apurado acima expressa exatamente o custo de uma hora de trabalho de cada trabalhador.

Custo por hora = 35.680,03 / (8 horas diária x 275 dias úteis) Custo por hora = 35.680,03/ 220 horas

Custo por hora = 16,21 por hora.

Devemos lembrar que o custo deste funcionário será de R$ 16,21 por hora, sendo importante ratear este valor aos produtos que serão elaborados.

2.3 - Contabilização do custo com mão de obra direta

O gasto com mão de obra direta é contabilizado em duas contas:

Perdas: A cada hora que o colaborador fica parado, por qualquer motivo, significa que o mesmo não produziu. Portanto, contabilizamos diretamente no resultado como perdas. São exemplos de perdas com mão de obra: o tempo parado por máquinas quebradas, as greves legais e as faltas abonadas.

Custo do produto: A cada hora trabalhada do colaborador em determinado produto contabilizamos em seu custo.

Agora entendemos porque o salário do colaborador é fixado por mês e o custo com mão de obra direta é variável: porque contabilizamos no custo do produto apenas o tempo que ele realmente trabalhou.

Os gastos com aviso prévio e indenizações contabilizam como despesas, porque não conseguimos prever.

Chegamos, assim, ao final de nossa quinta aula. Após conferir o resumo-chave e as sugestões de livros e sites para pesquisa complementar, vamos fazer uma pequena pausa, antes de iniciarmos nossa sexta aula, quando então trataremos das demonstrações contábeis.

Retomando a aula

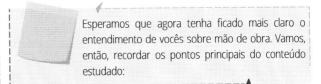

Esperamos que agora tenha ficado mais claro o entendimento de vocês sobre mão de obra. Vamos, então, recordar os pontos principais do conteúdo estudado:

1 - Mão de obra: história, conceito e legislação

Aprendemos que a mão de obra compreende o trabalho das pessoas aplicado direta ou indiretamente na fabricação de um produto. A mão de obra pode ser direta ou indireta, dentro do processo produtivo ou de prestação de serviço. A mão de obra direta age diretamente na produção de um determinado produto enquanto que a mão de obra indireta não.

Devemos sempre destacar que os custos com mão de obra não correspondem apenas aos gastos com salários, mas engloba todos os gastos com as pessoas envolvidas na produção, sendo estes gastos todos aqueles decorrentes da folha de pagamento.

2 - Mão de obra: obrigatoriedades e custos

O custo de mão de obra direta varia com a produção, enquanto que a folha relativa ao pessoal da própria produção é fixa.

A legislação trabalhista reza em suas doutrinas que além do salário contratual é de direito do trabalhador os seguintes proventos: salário, horas extras, adicional de insalubridade, adicional de periculosidade, adicional noturno, salário-família, diárias para viagem e ajuda de custo, férias, um terço de férias, décimo terceiro salário, entre outros. Os principais descontos são: quota de previdência, imposto de renda, contribuição sindical, seguros, adiantamentos, faltas e atrasos, vale-transporte.

Outros proventos que são garantidos por lei, são o pagamento das obrigações sociais, obrigações estas que incide sobre a folha de pagamento, como INSS e FGTS.

Não esqueçam! Em caso de dúvidas, acessem as ferramentas "fórum" ou "quadro de avisos".
Enviem suas dúvidas diariamente ao professor. Leiam as recomendações postadas diariamente em atividades e no mural.
Acessem os sites recomendados. Habituem-se a fazer leituras complementares, para ampliar seus conhecimentos.

Vale a pena

⁴Vale a pena ler,

HOJI, Masakazu. *Administração financeira e orçamentária:* matemática financeira aplicada, estratégias financeiras, orçamento empresarial. 10. ed. São Paulo: Atlas, 2012.

MARTINS, Eliseu. *Contabilidade de Custos.* Livro de Exercícios. 9. ed. São Paulo: Atlas, 2006.

_____. *Contabilidade de Custos.* 9. ed. Atlas, 2009.

OLIVEIRA, Aristeu. CLT *Consolidação das Leis do Trabalho.* São Paulo: Atlas, 2001.

MUSSAK, E. *Metacompetência:* uma nova visão do trabalho e da realização pessoal. 2. ed. São Paulo: Gente, 2003.

RIBEIRO, Osni Moura. *Contabilidade Básica.* 25. ed. São Paulo: Saraiva, 2005.

SILVA, César Augusto Tibúrcio; FREIRE, Fátima de Souza. *Balanço social:* teoria e prática. Inclui o Novo Modelo do IBASE. São Paulo: Atlas, 2001.

SOUZA, Alceu; CRUZ, June Alisson Westarb. *Classificando Custos Fixos e Variáveis por meio de Métodos Estatísticos.* Revista Mineira de Contabilidade, v. 34, p. 22-30, 2009.

⁴Vale a pena acessar,

Associação Brasileira de Custos - ABC. Disponível em: <http://www. abcustos.org.br/>.

Congresso Brasileiro de Custos - ABC. Disponível em: <http://www.abcustos.org.br/congresso/view?ID_CONGRESSO=21>.

Conselho Federal de Contabilidade – CFC. Normas Brasileiras de Contabilidade. Brasília, 2004. Disponível em <http://www.cfc.org.br>.

Entendendo custos, gastos e despesas para a formação de preços. Disponível em: <http://focoemnegocios. wordpress.com/2009/09/02/entendendo-e-calculando-custos-para-a-formacao-de-precos/>.

Revista Universo Contábil - Furb. Disponível em: <furb. br/universocontabil/>.

Minhas anotações

Minhas anotações

Aula 6º

Margem de contribuição

Na aula anterior nós já falamos sobre a mão de obra, seus direitos e deveres e, principalmente, os custos diretos ou indiretos dos nossos colaboradores, ou seja, o valor da hora trabalhada por funcionários, cujos custos refletem na formação do preço de um determinado produto ou serviço nas empresas.

Nesta aula, vamos abordar sobre a importância da Margem de Contribuição, que alocada ao valor de cada unidade produzida, contribui para pagar os custos fixos e o lucro da empresa, de modo que a empresa possa atingir as metas estabelecidas.

Aprenderemos a calcular a Margem de Contribuição, mediante o preço de vendas e do custo variável. Apresentaremos as formas da Margem de Contribuição, quais sejam, a positiva, a neutra e a negativa.

Vamos, então, à aula?! Bons estudos!

Bons estudos!

Objetivos de aprendizagem

Ao término desta aula, vocês serão capazes de:

- abordar os aspectos conceituais de estudo sobre preço de venda e de custos variáveis;
- entender, o mais completo possível, a respeito dos temas importantes na definição de custos;
- calcular a margem de contribuição, mediante o preço de vendas e dos custos variáveis.

Seções de estudo

1 - Preço de venda e custos variáveis
2 - Margem de contribuição
3 - Métodos: margem de contribuição como ferramenta gerencial

1 - Preço de venda e custos variáveis

Todo profissional utiliza ferramentas gerenciais direta ou indiretamente em seu dia a dia, muito embora este profissional não conheça ou até mesmo conheça, mas não faz o uso devido durante toda a sua atuação profissional nas organizações onde este profissional está inserido.

Para chegarmos ao cálculo da Margem de Contribuição, primeiramente, precisamos entender a respeito do preço de venda e suas características em função da quantidade produzida, em relação aos custos que agrega.

Para tanto, iniciemos com um questionamento:

O que, de fato, é preço de venda?

O preço de venda é um valor agregado a um produto, serviço ou patrimônio de uma empresa, sendo mensurado em moeda.

Assim, podemos dizer, então que preço é o valor monetário expresso numericamente a uma mercadoria, serviço ou patrimônio.

Tudo tranquilo, até aqui?!
Vamos seguir em frente, pois temos que entender as características dos custos variáveis. Vamos lá?!

É importante salientar que na aula anterior tratamos dos custos variáveis e neste momento iremos rever alguns fatores importantes, para que possamos dar continuidade ao entendimento dos custos variáveis.

1.1 - Custos variáveis

Conceito

Os Custos Variáveis são aqueles que variam em função da quantidade produzida. É de fácil entendimento esta questão, porém, temos que, encontrar fonte segura para esta definição e de acordo com Rodney Wernke (2005, p. 8):

São gastos cujo total do período está proporcionalmente relacionada com volume de produção: quanto maior for o volume de produção, maiores serão os custos variáveis totais do período, isto é, o valor total dos valores consumidos ou aplicados na produção tem seu crescimento vinculado a quantidade produzida pela empresa.

Agora fiquem atentos!
O custo variável está em função da produção, ou seja, está vinculado ao volume de produção.

Neste momento, apesar deste conceito ser simples e de fácil entendimento, podem surgir inúmeras dúvidas. Podemos considerar como custo variável aqueles elementos que tendem a aumentar ou diminuir em função da produção de determinado produto.

Podemos citar os exemplos mais comuns de custos variáveis, que são:
- matéria-prima;
- embalagem;
- impostos.

Com a exposição dos elementos acima, em razão do exemplo dado, temos certeza que irá facilitar o entendimento dos elementos que iremos estudar logo à frente.

É comum que toda empresa, independente de seu porte e estrutura física, leve em consideração todos os elementos que possam de alguma forma reduzir o lucro ou reduzir o seu resultado.

Assim, com base neste pensamento mercadológico, onde todos estão e têm uma preocupação imensa na redução máxima e possível de seus custos e despesas, para que venha manter-se no mercado competindo com os demais concorrentes e, obviamente, venha obter resultados positivos, ou seja, "lucros".

2 - Margem de contribuição

No mundo dos negócios temos que tomar inúmeras decisões rapidamente. E quando temos que tomar decisões, sejam elas quais forem, é importante que tenhamos sempre ferramentas úteis para auxiliar nesta tomada de decisão.

Quantos negócios e quantas decisões são tomadas em razão de um simples acesso a uma Home Page, seja de um fornecedor de matéria-prima para sua empresa como uma simples e segura conferência de toda movimentação financeira no banco na qual sua empresa detém uma conta corrente. Podemos dizer que até a conciliação bancária tornou-se prática e pode ser acompanhada a todo tempo.

Quantas vezes nos flagramos fazendo cotações e orçamentos para decidir o melhor momento de comprar ou, até mesmo, de lançar um novo produto no mercado. Inúmeros estudos e pesquisas são realizados visando estas transações comerciais.

Analisando toda esta evolução das empresas, é que temos que fazer uso de ferramentas que facilitem e apresente de maneira clara e transparente o objetivo de onde queremos chegar, com isso facilitando todo processo de decisão.

Então, agora iremos tratar de uma destas ferramentas de decisão que é justamente, a Margem de Contribuição, para a qual foi criada uma fórmula bastante simples que nos auxilia em praticamente todas as decisões financeiras e produtivas dentro da empresa.

Todos devem estar se perguntando:

O que é margem de contribuição?

Conceito

De acordo com Eliseu Martins (2006), entendemos que:

Margem de contribuição por unidade, que é a diferença entre o preço de venda e o custo variável de cada produto; é o valor que cada unidade efetivamente traz à empresa de sobra entre sua receita e o custo que de fato provocou e que lhe pode ser imputado sem erro (MARTINS, 2006, p. 178).

Então, podemos dizer que:

Margem de contribuição é a diferença entre o preço de venda e os custos variáveis.

Viram como é fácil?

É comum encontrar em inúmeros livros que a margem de contribuição é formada pelo preço de venda subtraindo do mesmo os custos variáveis. Todavia, temos que pensar que para formar a margem de contribuição é preciso levar em consideração as despesas variáveis e, assim, formar a margem de contribuição.

Então, devo apropriar as despesas variáveis na margem de contribuição.

Deve ser consideradas as despesas variáveis no cálculo da margem de contribuição, mas somente as despesas variáveis e os custos variáveis, pois os demais custos e despesas não compõem esta ferramenta de tomada de decisão. Nosso próximo passo é a fórmula da margem de contribuição, conforme segue:

MARGEM DE CONTRIBUIÇÃO		
MC =	PREÇO DE VENDA -	CUSTOS VARIAVEIS.

Agora temos presente a fórmula da margem de contribuição, onde constam os itens que a compõem, sendo extremamente importante ressaltar que esta é uma maneira simplificada de apresentação da mesma, haja visto que estão ausentes as despesas variáveis.

A indústria LATA NOVA LTDA, fabricante de latas de alumínio, comercializa cada produto por ela fabricado ao preço de R$ 1,97 a unidade, para cada unidade produzida a empresa tem custos com impostos no montante de R$ 0,23 e comissões sobre a cada unidade comercializada em R$ 0,12. Neste caso, qual seria a margem de contribuição desta indústria?

Vamos resolver este pequeno problema!

Tabela 1 - Margem de contribuição

Indústria Lata Nova LTDA.
Margem contribuição = preço de venda Custos variaveis
MC = preço de venda – (custos variáveis + despesas variaveis)
MC = 1,97 – (0,23 + 0,12)
MC = 1,97 – 0,35
MC = 1,62 por unidade

Podemos perceber que matematicamente a fórmula é simples, o que apresenta certo grau de dificuldade é sua aplicação no mundo dos negócios e sua interpretação.

Então, na análise de custos criamos a seguinte definição para a margem de contribuição: Margem de contribuição é o valor que cada unidade produzida contribui para pagar os custos fixos e o lucro da empresa.

Importante lembrar que:

A cada unidade produzida pela empresa lata nova ltda esta unidade contribui com R$ 1,62 para formação do resultado da empresa.

2.1 - Valores que integram a margem de contribuição

A fórmula da margem de contribuiçao parece bastante simples, mas o que mais dificulta o seu cálculo é saber o que realmente compõe os valores de preço e custo.

Para isso, criamos uma tabela prática da composição da margem de contribuição:

Tabela 2 – Margem de contribuição

	Preço de venda bruto
-	Impostos
-	Comissões das vendas
=	Preço de venda líquida.

Existem duas maneiras de utilizarmos o preço de venda para calcular a margem de contribuição:

Preço de venda bruto: Quando utilizamos o preço de venda bruto para calcular a margem de contribuição, devemos considerar como custos variáveis os impostos e as comissões sobre venda.

Preço de venda líquido: Quando utilizamos o preço de venda líquido para calcular a margem de contribuição fica simples, pois os valores gastos com impostos e comissões sobre vendas já foram descontados. Neste caso, a composição dos custos variáveis ficará por conta dos materiais, da mão de obra e da embalagem.

A margem de contribuição pode apresentar três formas. Vamos conferi-las na próxima seção. Vamos lá!

3 - Métodos: margem de contribuição como ferramenta gerencial

3.1 - Margem de contribuição positiva

É a margem de contribuição que todos os empresários querem, pois o preço de venda é maior do que os custos com materiais e mão de obra direta.

Tabela 3 – Margem de contribuição positiva

Preço de venda	197,00
Impostos	23,00
Custos variáveis	12,00
Margem contribuição	162,00

Notem que o produto apresentou uma margem de contribuição positiva, ou seja, de R$ 162,00 por unidade. Podemos concluir que quanto maior a margem de contribuição unitária, melhor será para o empresário.

Existem duas formas para aumentarmos o valor da margem de contribuição:

1ª Aumento de preço de venda

Aumentar o preço do produto é uma alternativa para elevar a margem de contribuição, porém deve-se tomar cuidado, porque toda vez que se aumenta o preço de um produto pode ocorrer a redução no volume de vendas.

O aumento no preço só é válido quando o mercado absorve este aumento, caso contrário podemos perder mais com a queda na quantidade vendida.

2ª Redução no custo variável

Uma outra alternativa, e a mais correta em um mercado competitivo, é a redução no custo variável dos produtos. O administrador deve sempre procurar alternativas para reduzir o custo variável dos produtos, com negociações melhores, novos fornecedores, novos processos de produção e valor dos materiais mais baratos. O cuidado que o empresário deve tomar ao reduzir custo dos materiais é que isto não pode significar redução na qualidade do produto final.

Desse modo, podemos concluir que a margem de contribuição ideal é aquela que contribui para a empresa atingir as metas estabelecidas.

3.2 - Margem de contribuição neutra

A margem de contribuição neutra, ou igual a zero, é uma situação onde a diferença entre o preço de venda e custo variável é igual a zero. No exemplo abaixo podemos verificar que a margem de contribuição é igual a zero:

Tabela 4 – Margem de contribuição neutra

Preço de venda	197,00
Impostos	123,00
Custos variáveis	74,00
Margem contribuição	0,00

Cuidado com a margem de contribuição neutra!

A seguir, citaremos alguns exemplos em que a empresa poderá comercializar seus produtos com uma margem de contribuição neutra:

- **lançamento de um produto:** Quando a empresa lança um produto pode fixar seu preço de venda igual ao seu custo variável a fim de conquistar o mercado.
- **produto fora de linha:** Alguns produtos ficam fora de linha rapidamente, então procuramos recuperar apenas o valor do seu custo para não perder tudo. Um bom exemplo disso é um modelo de celular, pois quando sai um modelo novo o antigo "encalha", então vendemos sem ganhar nada pensando apenas em recuperar o custo.
- **outro produto apresenta margem positiva:** Muitas vezes a empresa produz vários produtos, e então comercializa um produto com uma margem de contribuição neutra, porque possui outro produto com margem positiva. Por exemplo: uma indústria produz xampu e condicionador para cabelos. Ela não ganha nada no xampu, pois seu objetivo é ganhar no condicionador.
- **estratégia de marketing:** Em uma campanha de marketing a empresa pode determinar uma quantidade de um produto qualquer e comercializá-la com margem de contribuição igual a zero.

Quando uma empresa trabalha com margem de contribuição neutra e o administrador tem consciência do que está ocorrendo não há problema algum. O maior problema ocorre quando esta situação acontece sem o conhecimento do administrador.

Podemos antecipar o que pode ocorrer com uma empresa trabalha por muito tempo com margem de contribuição neutra:

- o prejuízo da empresa será igual à soma dos custos fixos com as despesas do período;
- a empresa não conseguirá ampliar a sua capacidade produtiva;
- a empresa não conseguirá repor suas máquinas ou reformá-las;
- quando as máquinas ficarem velhas, a empresa poderá fechar ou terá que entrar no mercado buscando financiamentos para comprar novas máquinas. Se isto ocorrer, e a empresa continuar trabalhando dessa forma, não conseguirá pagar tais financiamentos.

A seguir, apresentamos um gráfico representando o comportamento financeiro de uma empresa que trabalha com margem de contribuição neutra.

Gráfico 1 – Contribuição neutra

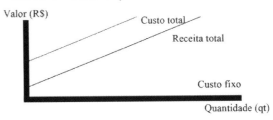

Verificamos no gráfico acima que a diferença entre a receita total e o custo total será um valor negativo igual ao valor dos custos fixos. Quando a empresa trabalha com uma margem de contribuição neutra não importa o volume produzido, pois seu prejuízo será igual ao valor do custo fixo.

3.3 - Margem de contribuição negativa

Agora temos um problema sério: o resultado da diferença entre o preço de venda e os custos variáveis é um resultado negativo.

Tomamos o exemplo anterior e aumentamos o custo para entender o que ocorre com uma margem de contribuição negativa:

Tabela 5 – Margem de contribuição negativa

Preço de venda	197,00
Impostos	123,00
Custos variáveis	100,00
Margem contribuição	(26.00)

No exemplo apresentado a empresa perde R$ 26,00 a cada unidade vendida.

O custo dos materiais é maior do que o preço de venda. Neste caso, quanto mais a empresa vender, maior será o seu prejuízo.

Fonte: <http://blog.buscadescontos.com.br/ofertas-de-carnaval/> Acesso em: 30 mar. 2012.

A empresa poderá operar com uma margem de contribuição negativa em casos bastante específicos, como citaremos abaixo:

- **produto com defeito:** os produtos que possuem algum defeito, e que não podem ser reparados, podem ser vendidos sem comprometer nossa marca, com o objetivo de reduzir o valor da perda. Por exemplo: uma calça saiu com um defeito que poderá comprometer nossa marca, então retiramos todas as etiquetas e vendemos a calça para empresas especializadas em consertar os defeitos para depois comercializá-las.

- **produto totalmente fora de linha:** Um produto totalmente fora de linha, que ninguém mais quer, será vendido por qualquer preço apenas para não deixá-lo no estoque. Por exemplo: um carburador do Corcel I: é melhor vender perdendo dinheiro do que deixá-lo mais dez anos no estoque.

- **estratégia de marketing:** A empresa pode determinar que perderá um valor X por unidade vendida como estratégia de marketing, até o seu produto se tornar conhecido.

No gráfico a seguir, podemos verificar o comportamento financeiro da empresa que trabalha com uma margem de contribuição negativa:

Gráfico 2 – Margem de contribuição negativa

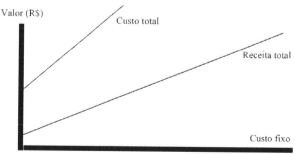

Percebemos que quanto mais aumenta a quantidade vendida, mais aumenta o custo total, e assim a reta do custo se distancia cada vez mais da reta das receitas. Podemos afirmar que o prejuízo da empresa aumenta a cada unidade vendida.

Calculamos o prejuízo através da seguinte fórmula:

Prejuízo = Custo Fixo + (QT x - MC x -1)

Onde:

CF = Custo fixo

QT = Quantidade vendida

- MC = Margem de contribuição negativa

- 1= Multiplicador para tornar o valor da margem de contribuição positivo

Viram como é fácil?

Então, vamos a mais um exemplo:

Tabela 6 – Prejuízo

Preço de venda	197,00
Impostos	123,00
Custos variáveis	100,00
Margem contribuição	(26.00)
Quantidade vendida	2.000
Custo fixo	40.000,00

Com os dados acima podemos calcular o valor do prejuízo:

Prejuízo = CF + (QT x -MC x -1)

Prejuízo = 40.000,00 + (2.000 x - 26,00 x – 1)

Prejuízo = (92.000,00)

ATENÇÃO! Para uma margem de contribuição negativa de R$ 26,00 por unidade, uma produção de 2.000 unidades no período e um custo fixo de R$ 40.000,00, o prejuízo foi de R$ 92.000,00. O prejuízo da empresa teria sido menor se a mesma não tivesse produzido nada.

Quando a empresa sabe que está comercializando seus produtos com uma margem de contribuição negativa e tem a situação sob controle ninguém será pego de surpresa. O maior problema é quando a empresa pensa que está ganhando e não consegue visualizar o problema.

Vamos imaginar um exemplo de acordo com os dados a seguir:

Tabela 7 – Problema de margem de contribuição negativa

Preço de venda	197,00
Impostos	65,00
Custos variáveis	115,00
Margem contribuição	17,00

Qual é o risco da margem de contribuição positiva tendo um valor baixo?!

Fonte: <http://marcosassi.com.br/tag/padrao-internacional-ifrs> Acesso em: 29 mar. 2012.

No exemplo acima, teoricamente a empresa está ganhando R$ 17,00 por unidade vendida, contudo faltou uma informação importante: o pagamento é feito com cheque para 60 dias e este cheque é trocado na empresa de factoring.

Neste caso temos uma nova situação, conforme podemos verificar na Tabela 8, abaixo:

Tabela 8 – Problema de margem de contribuição negativa

Preço de venda	197,00
Impostos	65,00
Custos variáveis	115,00
Juros pagos	21,00
Margem contribuição	(4,00)

Podemos perceber que no impulso de vender o empresário, muitas vezes, esquece de calcular se vale à pena vender ou se é preferível deixar de vender. No exemplo acima, o que em um primeiro momento pensava-se estar ganhando - R$ 17,00, na realidade estávamos perdendo R$ 4,00 por unidade vendida.

O cálculo da margem de contribuição parece bastante simples, mas será de grande utilidade para o desenvolvimento da nossa próxima aula.

Assim, chegamos ao final de mais uma aula. E então? Tudo bem até aqui?

Esperamos que seus estudos referentes a Aula 06 tenham sido proveitosos. É importante que reflita sobre os conteúdos e as estratégias didáticas empregadas para a aprendizagem: o que foi bom? O que pode melhorar?

Habitue-se a fazer leituras complementares, a fim de ampliar sua compreensão e os seus conhecimentos sobre os temas abordados.

Vamos fazer uma breve pausa e retornar para a próxima aula, quando, então, iremos conhecer e aprofundar as demais técnicas contábeis. Até lá!

Retomando a aula

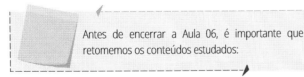

Antes de encerrar a Aula 06, é importante que retomemos os conteúdos estudados:

1 - Preço de Venda e Custos Variáveis

Nesta primeira seção, vimos que preço é o valor monetário expresso numericamente a uma mercadoria, serviço ou patrimônio. Já os custos variáveis são aqueles que variam em função da quantidade produzida, ou seja, estão vinculados ao volume de produção.

2 - Margem de Contribuição

Aprendemos que Margem de contribuição é a diferença entre o preço de venda e os custos variáveis. Desse modo, para formar a margem de contribuição é preciso levar em consideração as despesas variáveis e, assim, formar a margem de contribuição. Assim, as despesas variáveis devem ser apropriadas na margem de contribuição.

Os valores que integram a margem de contribuição são os preços de vendas brutas e de vendas líquidas, utilizados para calcular a margem de contribuição.

3 - Métodos: Margem de Contribuição Como Ferramenta Gerencial

A margem de contribuição apresenta três formas:
- margem de Contribuição Positiva é quando o preço de venda é maior do que os custos com materiais e mão de obra direta.
- margem de Contribuição Neutra é a situação na qual a diferença entre o preço de venda e do custo variável seja igual a zero.
- margem de Contribuição Negativa é o resultado negativo da diferença entre o preço de venda e dos custos variáveis.

Vale a pena

Vale a pena **ler**

BERTI, Anélio. *Contabilidade e Análise de Custos*. 2. ed. Curitiba: Juruá, 2009.

BEULKE, Rolando; BERTÓ, Dalvio José. *Gestão de Custos*. São Paulo: Saraiva, 2006.

HANSEN, Don R.; MOWEN; Maryanne, M. *Gestão de custos*. Tradução Robert Brian Taylor. São Paulo: Cengage Learning, 2010.

HONRNGREN, Charles T.; SRIKANT M.; FOSTER, George. *Contabilidade de custos*. 11. ed. São Paulo: Pearson – Prentice Hall, 2004.

NETO, Pedro Coelho – organizador. *Manual de Procedimentos Contábeis para Micro e Pequenas Empresas*. Brasília, SEBRAE-CFC. 2002.

OLIVEIRA, Aristeu. M*anual de Prática Trabalhista*. 34. ed. São Paulo: Atlas, 2002.

WERNKE, Rodney. *Gestão de Custos:* uma abordagem prática. São Paulo: Editora Atlas, 2001.

Vale a pena **acessar**

Associação Brasileira de Custos - ABC. Disponível em: <http://www. abcustos.org.br/>.

Classe Contábil. Disponível em: <http://www. classecontabil.com.br/v3/>. Congresso Brasileiro de Custos - ABC. Disponível em: <http://www.abcustos.org. br/congresso/view?ID_CONGRESSO=21>.

Revista Brasileira de Contabilidade - CFC. Disponível em: <www.cfc.org.br/conteudo.aspx?codMenu=9>.

Serviço Brasileiro de Apoio às Micro e Pequenas Empresas – SEBRAE.

Pesquisas. Disponível em: <http://www.sebrae.gov. br>.

Aula 7º

Custo, volume e lucro

Vamos para mais uma etapa da disciplina Gestão de Custos! Nas aulas anteriores aprendemos a calcular a margem de contribuição e o custo da mão de obra. Nesta aula aprenderemos a interpretar as informações e a tomar decisões para alterar os valores, a fim de atingirmos os objetivos da empresa.

Para isso, vamos entender melhor a relação da capacidade produtiva com o custo fixo, bem como a relação entre a composição do produto e o mercado, a fim de tomarmos decisões quanto ao preço de venda, considerando o funcionamento do mercado, em uma economia de mercado.

Lembrem-se que durante o estudo estaremos esperando sua participação no "fórum", "quadro de avisos" ou "chat".

Agora, é com vocês! Boa Aula!

Bons estudos!

Objetivos de aprendizagem

Ao término desta aula, vocês serão capazes de:

- compreender o comportamento do custo fixo e a capacidade de produção da empresa;
- analisar a margem de contribuição, em relação a composição do produto e o mercado;
- determinar como fixar o preço de venda, pelo custo variável e pela margem de contribuição.

Seções de estudo

1 - Custo fixo
2 - Análise da margem de contribuição
3 - As decisões com relação ao preço de venda

1 - Custo fixo

Fonte: <http://www.vidadeexecutivo.com/2010/07/reflexoes-sobre-o-lucro.html>. Acesso em: 14 abr. 2012.

Vimos na Contabilidade Comercial que o custo fixo de uma empresa é composto basicamente por: depreciação de máquinas, locação do imóvel da fábrica, energia, mão de obra indireta, entre outros.

Abaixo, na Figura 1, exemplificamos os fatores que compõem a Demonstração do Resultado do Exercício (DRE):

Figura 1- Demonstração do resultado do exercício

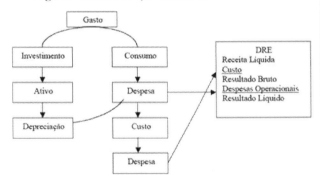

Fonte: <http://paula-contabeis-una.blogspot.com.br/>. Acesso em: 31 mar. 2012.

O custo fixo total representa o custo com a estrutura da empresa. Assim, quanto maior o custo fixo, teoricamente maior será o porte da empresa.

No Gráfico 1, abaixo, poderemos visualizar melhor o comportamento do custo fixo e a capacidade de produção da empresa:

Gráfico 1 – Custo fixo

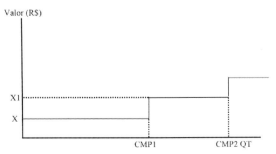

Percebemos que o custo fixo total quando bem administrado representa o porte da empresa. Assim, com um custo fixo X poderemos produzir no máximo uma quantidade de produto representada no gráfico por CMP1 (capacidade máxima de produção).

Se quisermos produzir qualquer unidade a mais precisaremos investir mais, comprar mais máquinas, contratar mais mão de obra, enfim, nosso custo fixo irá aumentar para X1 e nossa capacidade de produção passará para CMP2. Consequentemente, os pontos de equilíbrio ficarão mais altos e precisaremos vender mais para atingir nossos objetivos.

Fonte: <http://consultoriafaccin.com.br/artigos-faccin/analise-critica-indiciamento-SESVESP-suposto-cartel-b.html>. Acesso em: 17 mar. 2012.

Para entendermos melhor a relação da capacidade produtiva com o custo fixo, vamos tomar como exemplo um ônibus. Para transportar de 0 a 50 passageiros é necessário um ônibus e um motorista (custo fixo). Para transportar de 51 a 100 passageiros é preciso dois ônibus e dois motoristas. Consequentemente, o meu custo fixo vai dobrar.

Podemos tomar como regra geral com relação ao custo fixo e a capacidade de produção:

- o porte da empresa deve ser dimensionado de acordo com a participação no mercado que a empresa pretende ter.
- quando a empresa estiver produzindo e vendendo toda sua produção, antes de fazer novos investimentos, poderemos explorar mais nossa estrutura trabalhando com dois ou três turnos de trabalho, pois se o aumento de demanda for temporário não justifica novos investimentos.
- novos investimentos para aumentar a capacidade de produção só serão justificados quando o mercado estiver consolidado e absorver tal produção.

Usando o exemplo do ônibus, não justificaria a compra de um segundo ônibus apenas para atender 10 passageiros a mais.

Vale lembrar que o custo fixo, depois de contratado, é difícil de diminuirmos. Por exemplo: depois que a empresa adquirir o segundo ônibus e contratar o segundo motorista, a perda para se desfazer dos mesmos será grande, por isso, é necessário a análise do mercado antes da aquisição. Pense nisso!!!

2 - Análise da margem de contribuição

Quando analisamos a margem de contribuição, verificamos a composição do produto e o mercado.

Atenção! Para aumentarmos ou diminuirmos a margem de contribuição temos quatro alternativas:

- **Aumento de preço de venda:** Toda vez que aumentamos o preço de venda, nossa margem de contribuição aumenta. Contudo, corremos o risco de vender uma menor quantidade e poderemos perder mais na queda do volume de vendas do que ganhamos com o aumento de preços. Não podemos esquecer que quem determina o preço ideal é o mercado.

- **Diminuição do preço de venda:** Toda vez que diminuímos nosso preço de venda, nossa margem de contribuição diminui. Em contra partida, a quantidade pode aumentar. Nesse caso, o que estamos deixando de ganhar no preço, poderemos ganhar no aumento do volume de vendas.

- **Diminuição do custo variável:** Cuidado! Toda vez que procuramos diminuir custo variável, estamos mexendo na qualidade do nosso produto, pois os custos variáveis representam a matéria-prima e a mão de obra especializada. Não podemos diminuir custo variável apenas pensando em aumentar a margem de contribuição, porque a qualidade poderá cair e as vendas despencarem.

- **Aumento do custo variável:** Toda vez que aumentamos o custo variável sem aumento do preço de venda, nossa margem de contribuição diminui e precisaremos vender mais para atingir nossas metas. Só podemos justificar o aumento do custo variável quando pudermos repassar esse aumento no preço final do produto, caso contrário tal acréscimo de custo provocará um aumento no volume de venda.

Para entendermos melhor as teorias acima, vamos simular uma empresa produzindo óleo de soja, cujo produto principal é o óleo de soja enlatado. Observem na Tabela 1, abaixo, os dados da simulação de uma empresa que produz óleo de soja:

Tabela 1 – Dados de simulação: empresa produz óleo de soja.

INFORMAÇÕES INICIAIS	
Custo fixo (mensal)	500.000,00
Depreciação de máquinas (mensal)	100.000,00
Retorno sem o ativo (mensal)	30.000,00
Preço de venda (lata 900ml)	2,10
Custo variável (lata 900 ml)	1,20
Margem de contribuição (lata 900 ml)	0,90
Ponto de equilíbrio contábil (latas)	555.556
Ponto de equilíbrio financeiro (latas)	444.444
Ponto de equilíbrio econômico (latas)	588.889
Capacidade de produção (latas)	650.000

Na tabela acima temos todas as informações, considerando que os pontos de equilíbrio e a capacidade de produção são mensais. Podemos observar que o ponto de equilíbrio econômico está bem próximo da capacidade máxima de produção, ou seja, para obtermos um lucro de R$ 30.000,00 mensais precisamos vender praticamente toda a capacidade de produção da empresa.

Vamos imaginar todas as alterações possíveis, conforme veremos a seguir:

1ª - Diminuição de custo fixo:

Comprovamos que sempre que diminuímos o custo fixo, as quantidades dos pontos de equilíbrio diminuem, ou seja, precisamos produzir menos para atingir nossos objetivos.

Fonte: <http://blog.uniararas.br/administracao/?p=469>. Acesso em 30 mar. 2012.

Tabela 2 – Custo fixo e depreciação

INFORMAÇÕES INICIAIS	
Custo fixo (mensal)	450.000,00
Depreciação de máquinas (mensal)	85.000,00
Retorno sem o ativo (mensal)	30.000,00
Preço de venda (lata 900ml)	2,10
Custo variável (lata 900 ml)	1,20
Margem de contribuição (lata 900 ml)	0,90
Ponto de equilíbrio contábil (latas)	500.000
Ponto de equilíbrio financeiro (latas)	405.556
Ponto de equilíbrio econômico (latas)	533.333
Capacidade de produção (latas)	650.000

2ª - Aumento de custo fixo

Quando aumentamos o custo fixo sem qualquer aumento de produção, além de termos que produzir mais para não termos prejuízo, temos um problema muito maior, pois os pontos de equilíbrio contábil e econômico estão localizados acima da capacidade máxima de produção.

Isso significa que mesmo a empresa produza 100% de sua capacidade não conseguirá cobrir seus custos de produção. Nesse caso, a empresa trabalha sempre no prejuízo conseguindo, no máximo, honrar seus compromissos financeiros com terceiros.

Tabela 3 – Aumento do custo fixo na produção

INFORMAÇÕES INICIAIS	
Custo fixo (mensal)	600.000,00
Depreciação de máquinas (mensal)	120.000,00
Retorno s/ o ativo (mensal)	30.000,00
Preço de venda (lata 900 ml)	2,10
Custo variável (lata 900 ml)	1,20
Margem de contribuição (lata 900 ml)	0,90
Ponto de equilíbrio contábil (latas)	666.667
Ponto de equilíbrio financeiro (latas)	533.333
Ponto de equilíbrio econômico (latas)	700.000
Capacidade de produção (latas)	650.000

3ª - Diminuição de preço de venda

Quando diminuímos o preço de venda nossa margem de contribuição também diminui; consequentemente nossos pontos de equilíbrio aumentam e até ultrapassam a capacidade de produção. Só diminuímos preço de venda quando temos capacidade de produção ociosa. Caso contrário, não alteramos o preço de venda.

Tabela 4 – Preço de venda e produção

INFORMAÇÕES INICIAIS	
Custo fixo (mensal)	500.000,00
Depreciação de máquinas (mensal)	100.000,00
Retorno s/ o ativo (mensal)	30.000,00
Preço de venda (lata 900 ml)	1,99
Custo variável (lata 900 ml)	1,20
Margem de contribuição (lata 900 ml)	0,79
Ponto de equilíbrio contábil (latas)	632.911
Ponto de equilíbrio financeiro (latas)	506.329
Ponto de equilíbrio econômico (latas)	670.886
Capacidade de produção (latas)	650.000

4ª - Aumento no preço de venda

Que maravilha!

Quem não quer aumentar o preço de venda sem que haja aumento de custo?

Tabela 5 – Preço de venda

INFORMAÇÕES INICIAIS	
Custo fixo (mensal)	500.000,00
Depreciação de máquinas (mensal)	100.000,00
Retorno s/ o ativo (mensal)	30.000,00
Preço de venda (lata 900 ml)	2,20
Custo variável (lata 900 ml)	1,20
Margem de contribuição (lata 900 ml)	1,00
Ponto de equilíbrio contábil (latas)	500.000
Ponto de equilíbrio financeiro (latas)	400.000
Ponto de equilíbrio econômico (latas)	530.000
Capacidade de produção (latas)	650.000

Toda a vez que aumentamos o preço de venda, aumentamos a margem de contribuição e, consequentemente, diminuímos as quantidades a serem produzidas para atingirmos nossas metas.

Infelizmente, em um mundo globalizado, isso está cada vez mais difícil de ocorrer.

5ª - Diminuição no custo variável

Nos tempos atuais, a todo o momento surgem novas tecnologias que acabam colaborando para a redução dos nossos custos de produção.

Podemos citar, como exemplo, o surgimento do açúcar líquido, que foi ótimo para as indústrias de refrigerantes e doces, pois reduziu o custo para se transformar o açúcar cristalizado em xarope líquido.

Podemos sim reduzir custos variáveis sem alterar a qualidade do nosso produto. Para isso, precisamos acompanhar o mercado que fornece matéria-prima para o nosso produto.

Tabela 6 – Redução do **custo de produção**

INFORMAÇÕES INICIAIS	
Custo fixo (mensal)	500.000,00
Depreciação de máquinas (mensal)	100.000,00
Retorno s/ o ativo (mensal)	30.000,00
Preço de venda (lata 900 ml)	2,10
Custo variável (lata 900 ml)	1,10
Margem de contribuição (lata 900 ml)	1,00
Ponto de equilíbrio contábil (latas)	500.000
Ponto de equilíbrio financeiro (latas)	400.000
Ponto de equilíbrio econômico (latas)	530.000
Capacidade de produção (latas)	650.000

E como verificamos na tabela anterior, quando reduzimos o custo variável, aumentamos a margem de contribuição, diminuindo as quantidades a serem produzidas nos pontos de equilíbrio.

6ª - Aumento no custo variável

Todo aumento de custo variável pode estar ligado a dois fatores internos da empresa: desperdícios ou ineficiência na aquisição dos materiais.

Verificamos que o aumento de custo variável impacta diretamente nos pontos de equilíbrio. Com o exemplo acima, onde verificamos as alterações das variáveis de custo e preço, conseguimos visualizar a relação direta entre custo/ volume e lucro.

Tabela 7 – Aumento do custo variável

INFORMAÇÕES INICIAIS	
Custo fixo (mensal)	500.000,00
Depreciação de máquinas (mensal)	100.000,00
Retorno s/ o ativo (mensal)	30.000,00
Preço de venda (lata 900 ml)	2,10
Custo variável (lata 900 ml)	1,35
Margem de contribuição (lata 900 ml)	0,75
Ponto de equilíbrio contábil (latas)	666.667
Ponto de equilíbrio financeiro (latas)	533.333
Ponto de equilíbrio econômico (latas)	706.667
Capacidade de produção (latas)	650.000

Podemos concluir que todas as decisões com relação à variação de preço e custo influenciarão diretamente no volume a ser produzido para que a empresa obtenha o lucro desejado.

3 - As decisões com relação ao preço de venda

Pessoal, antes de aprendermos a forma correta de tomarmos decisões quanto ao preço de venda, precisamos relembrar o funcionamento do mercado em uma economia de mercado.

Sabemos que existem três fatores que determinam o consumo de um produto:

- **gosto do cliente:** O cliente precisa gostar do produto que está sendo oferecido.
- **preço do produto:** O produto que está sendo oferecido deve estar dentro da realidade do mercado, pois ninguém pagará mais caro por um produto, sabendo que existem outros iguais no mercado com menor valor.
- **renda do consumidor:** A renda do consumidor é o que vai determinar se este é nosso cliente ou não.

Podemos resumir tais fatores em uma frase clássica:

"Quem determina o preço do nosso produto é o mercado".

Assim, se fixarmos um preço para o nosso produto fora do que o mercado pode pagar, com certeza este não será vendido.

Uma última orientação: quando falamos em quantidade produzida esta quantidade deve ser a mesma que será vendida, caso contrário os problemas financeiros da empresa só aumentarão.

3.1 - Fixação do preço de venda

Fica difícil fixarmos o preço de venda através do cálculo de custo total, uma vez que o custo fixo é rateado pelo volume de venda, e só teremos esse volume ao final do período.

Poderíamos trabalhar com previsões de volume de vendas, mas nem sempre vão coincidir com a realidade do mercado.

Vamos apresentar duas hipóteses para entendermos porque a melhor decisão deve ser tomada com base no custeio variável e na margem de contribuição, e não no custo total.

Tabela 8 – 1ª Simulação

Hipótese A		Hipótese B	
Preço de Venda	500,00	Preço de venda	435,00
Custo variável	220,00	Custo variável	220,00
Quantidade vendida	1.400	Quantidade vendida	1.800
M.C. Unitário	280,00	M.C. Unitário	215,00
M.C. Total	392.000,00	M.C. Total	387.000,00

Podemos verificar que nesta situação a melhor alternativa é a "hipótese A" que nos oferece a maior margem de contribuição total e a menor quantidade vendida. Bastaria apenas verificar se a margem de contribuição total cobre os custos fixos, as despesas e o lucro mínimo desejado.

Veja abaixo uma situação totalmente diferente:

Tabela 9 – 2ª Simulação

Hipótese A		Hipótese B	
Preço de venda	700,00	Preço de venda	650,00
Custo variável	220,00	Custo variável	220,00
Quantidade vendida	2.000	Quantidade vendida	2.500
M.C. Unitário	480,00	M.C. Unitário	430,00
M.C. Total	960.000,00	M.C. Total	1.075.000,00

Neste exemplo, temos uma situação que muitas vezes pode induzir o empresário a uma decisão errada. Se o empresário tomar a decisão pelo preço de venda ou pela margem de contribuição unitária, a melhor opção será a "hipótese A".

Contudo, o que importa realmente é a rentabilidade, então, nesse caso, a melhor opção, apesar de oferecer o menor preço de venda, é a "hipótese B".

A melhor decisão a ser tomada com relação ao preço de venda é sempre pela opção que nos oferece a melhor margem de contribuição total. Quando adotamos essa regra estamos definindo o melhor preço e a melhor quantidade para obtermos a melhor lucratividade

3.2 - Preço de venda, margem de contribuição de capacidade de produção

Um dos maiores dilemas para o empresário é saber a hora de conceder um desconto a um determinado cliente.

Vejamos um exemplo: o Sr. Paulo Gouvêa gostaria de fazer um pedido de compra de 1.000 caixas de erva mate para tereré ao preço de R$ 30,00 por caixa, mas se a empresa baixar para R$ 28,00 por caixa ele comprará 1.500 caixas.

Tabela 10 – Preço de venda em relação ao custo variável

Hipótese A		Hipótese B	
Preço de venda	30,00	Preço de venda	28,00
Custo variável	18,00	Custo variável	18,00
Quantidade vendida	1.000	Quantidade Vendida	1.500
M.C. Unitário	12,00	M.C. Unitário	10,00
M.C. Total	12.000,00	M.C. Total	15.000,00

A princípio, tomando por base a teoria da maior margem de contribuição total, concederíamos o desconto e venderíamos as 1.500 caixas. O único fator que poderia inviabilizar essa negociação seria a capacidade de produção. Se as 1.500 caixas puderem ser produzidas sem a necessidade de horas extras ou gastos extras, com certeza fecharíamos a negociação.

Um fator que muitas vezes pode levar o empresário a tomar decisões erradas é a limitação da capacidade de produção.
Para isso, o mesmo fecha todos os pedidos que lhe aparecem pela frente, se esquecendo de verificar se possui capacidade de produção, sem aumentar os gastos.

Podemos concluir, então, que a melhor alternativa de preço é a que nos oferece a maior lucratividade e proporciona a colocação no mercado de toda a produção da empresa.

3.3 - Custo de reposição

Todos os sistemas de custeio são gerenciais, e servem, na maioria das vezes, para auxiliar nas decisões e controle da empresa.

No Brasil, onde não é permitido corrigir as contas de estoque do balanço e as taxas de inflação são altas, ficou difícil ter uma noção real do lucro da empresa.

Desse modo, foi criado o sistema de custo de reposição

para tomarmos algumas decisões. Confira abaixo:

A regra do custo de reposição é bastante simples:

Para calcularmos a margem de contribuição ou lucro de uma empresa não usamos o custo do nosso produto em estoque, mas, sim, consideramos o custo que teríamos para repor esse produto no estoque hoje.

Analisemos agora uma empresa que comercializa, por exemplo, cartuchos de tinta para impressoras:

Data	Histórico	Quant.	Valor Unitário	Total
10/fev.	Compra de cartuchos	20	75,00	1.500,00
20/mar.	Venda de cartuchos	20	120,00	2.400,00
Lucro da atividade				900,00

Quando analisamos o resultado contábil da empresa, constatamos que ela apresentou um lucro de R$ 900,00. Porém existe um problema: para o lucro apresentado ser real a empresa deveria repor sua quantidade no estoque e sobrar o lucro no caixa ou estar investido em outros ativos.

Data	Histórico	Quant.	Valor Unitário	Total
10/fev.	Compra de cartuchos	20	75,00	1.500,00
20/mar.	Venda de cartuchos	20	120,00	2.400,00
20/mar.	Reposição do estoque	20	95,00	1.900,00
Lucro da atividade				500,00

O lucro real da empresa foi de R$ 500,00, pois efetuamos uma cotação junto ao nosso fornecedor e verificamos que os preços subiram.

O custo de reposição é bastante utilizado em épocas de inflação alta, onde as compras são feitas periodicamente e os preços sobem todos os dias. Utilizamos o custo de reposição para corrigir os nossos preços e para controle da empresa.

Como estamos indo até aqui?
Esperamos que o conteúdo esteja sendo entendido. Não deixem de fazer as leituras sugeridas e consultar os sites ao final da aula.

Nosso objetivo é tornar a aprendizagem de vocês um momento de realização pessoal e profissional. Até a próxima aula!

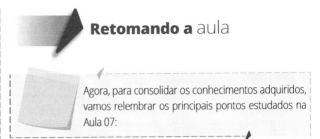

Retomando a aula

Agora, para consolidar os conhecimentos adquiridos, vamos relembrar os principais pontos estudados na Aula 07:

1 - Custo fixo

Nesta seção, aprendemos que o custo fixo de uma empresa é composto basicamente por: depreciação de máquinas, locação do imóvel da fábrica, energia, mão de obra indireta, entre outros.

O custo fixo total representa o custo com a estrutura da empresa. Assim, quanto maior o custo fixo, teoricamente maior será o porte da empresa.

2 - Análise da margem de contribuição

Vimos que para analisarmos a margem de contribuição, é preciso verificar a composição do produto e o mercado. A margem de contribuição, portanto, é igual ao preço de venda, subtraído do custo variável.

Todas as decisões com relação à variação de preço e custo influenciarão diretamente no volume a ser produzido para que a empresa obtenha o lucro desejado.

3 - As decisões com relação ao preço de venda

A melhor decisão a ser tomada com relação ao preço de venda é sempre pela opção que nos oferece a melhor margem de contribuição total, ou seja, definimos o melhor preço e a melhor quantidade para obtermos a melhor e maior lucratividade, com a colocação no mercado de toda a produção de uma empresa.

A margem de contribuição ou lucro de uma empresa não é dada pelo custo do produto em estoque, mas, sim, considerando o custo provável para repor dado produto no estoque hoje.

Lembre: "Quem determina o preço do nosso produto é o mercado".

Não esqueçam! Em caso de dúvidas, acessem as ferramentas "fórum" ou "quadro de avisos". Já estamos no ambiente virtual esperando sua participação!
Lembrem-se de que estaremos esperando suas sugestões para melhorar nossos recursos e técnicas didáticas utilizadas no curso. Afinal, na EAD a construção de conhecimento é um trabalho de todos nós.

Vale a pena

Vale a pena ler

BERTI, Anélio. *Contabilidade e Análise de Custos*. 2. ed. Curitiba: Juruá, 2009.

BRUNI, Adriano Leal & FAMÀ, Rubens. *Gestão de Custos e Formação de Preços com Aplicações na Calculadora* HP 12C e Excel: Série Finanças na Prática. 5. ed. Atlas; São Paulo, 2008.

HANSEN, Don R.; MOWEN, Maryanne M. *Gestão de custos.* Tradução

Robert Brian Taylor. São Paulo: Cengage Learning, 2010.

HOJI, Masakazu. *Administração financeira e orçamentária:* matemática financeira aplicada, estratégias financeiras, orçamento empresarial. 10. ed. São Paulo: Atlas, 2012.

HONRNGREN, Charles T.; SRIKANT M.; FOSTER, George. *Contabilidade de custos.* 11. ed. São Paulo: Pearson – Prentice Hall, 2004.

IUDÍCIBUS, Sérgio de; MARION, José Carlos. *Contabilidade Comercial:* Atualizado conforme Lei 11638/07 e MP nº 449/08. 8. ed. São Paulo: Atlas, 2009.

NETO, Pedro Coelho – organizador. *Manual de Procedimentos Contábeis para Micro e Pequenas Empresas.* Brasília, SEBRAE-CFC. 2002.

SOUZA, Alceu; CRUZ, June Alisson Westarb. *Classificando Custos Fixos e Variáveis por meio de Métodos Estatísticos.* Revista Mineira de Contabilidade, v. 34, p. 22-30, 2009.

Vale a pena **acessar**

Associação Brasileira de Custos - ABC. Disponível em: <http://www. abcustos.org.br/>.

Congresso Brasileiro de Custos - ABC. Disponível em: <http://www.abcustos.org.br/congresso/view?ID_CONGRESSO=21>.

CRUZ, June Alisson Westarb; MARTINS, Tomás Sparano; GUINDANI, Roberto Ari; STADLER, Humberto; BARROS NETO, Remi Celso. *Custo de Capital e de Oportunidade na Estrutura do Custeio Direto:* Uma abordagem Empírica. In: Cadernos da Escola de Negócios da Unibrasil – N. 06 – 2008. Disponível em: <http://apps.unibrasil.com.br/revista/index.php/negociosonline/ article/view/191>.

Entendendo custos, gastos e despesas para a formação de preços. Disponível em: <http://fococmnegocios.wordpress.com/2009/09/02/entendendo-e-calculando-custos-para-a-formacao-de-precos/>.

Revista Brasileira de Contabilidade - RBC - Fórum Contábeis. Disponível em: <www.contabeis.com.br/forum/.../rbc-revista-brasileira- de-contabilida...>.

Serviço Brasileiro de Apoio às Micro e Pequenas Empresas – SEBRAE. Pesquisas. Disponível em: <http://www.sebrae.gov.br>.

Minhas anotações

Minhas anotações

Aula 8°

Pontos de equilíbrio

E aí, turma, estão animados(as) para continuar estudando os conteúdos propostos no Plano de Ensino desta disciplina, tirando o máximo de proveito e enriquecendo conhecimentos para a sua formação?

Nesta última aula, é importante ressaltar que iremos fazer uso de todos os métodos estudados até agora, bem como os termos e definições a respeito de custos e suas classificações, e ainda teremos a presença constante da margem de contribuição.

Tais assuntos abordados, com certeza, fundamentarão seus conhecimentos e contribuirão para um melhor entendimento, esclarecendo-os(as) para realizarem com sucesso as atividades propostas para esta aula.

Sendo assim, vamos continuar firmes em nossos estudos, pois é a partir da agregação contínua de novos conhecimentos que nos tornaremos profissionais qualificados.

Boa aula!

Bons estudos!

Objetivos de aprendizagem

Ao término desta aula, vocês serão capazes de:

- compreender e conceituar o ponto de equilíbrio;
- calcular os três pontos de equilíbrio: o Contábil, o Financeiro e o Econômico;
- conceituar e calcular a margem de contribuição.

Seções de estudo

1 - Conceitos: pontos de equilíbrio
2 - Métodos: quantidade e valor

1 - Conceitos: pontos de equilíbrio

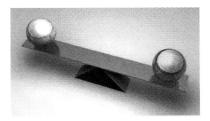

Fonte: <http://www.creditoecobranca.com/>. Acesso em: 31 mar.2012.

Para iniciar nossas reflexões nesta aula, é importante sabermos a respeito do que se trata o ponto de equilíbrio.

 O que é um ponto de equilíbrio?

De acordo com Anélio Berti (2009), aprendemos que:

O ponto de equilíbrio é o momento em que o resultado das operações das empresas é nulo, ou seja, a receita total é igual à soma dos custos e despesas totais. Se a empresa operar acima desse nível, passa a ter um resultado positivo (lucro), abaixo desse nível o resultado é negativo (prejuízo) (BERTI, 2009, p. 149).

> Então, o ponto de equilíbrio é o momento que a empresa não tem nem lucro e nem prejuízo, pois o resultado é nulo.

Comumente em economia, o ponto de equilíbrio, também denominado ponto de ruptura (break-even-point), é a conjugação de receitas totais com os custos totais.

O ponto de equilíbrio em uma economia de mercado nada mais é do que a igualdade entre receitas totais e a somatória dos custos totais com as despesas totais.

Podemos representar o ponto de equilíbrio através da fórmula:

PONTO DE EQUILIBRIO:		
CUSTOS FIXOS TOTAIS +	DESPESAS FIXAS TOTAIS /	MARGEM DE CONTRIBUIÇÃO

Na fórmula acima percebemos que há uma igualdade, ou seja, o ponto de equilíbrio por definição representa uma situação onde para determinado preço de venda, custo variável, custo fixo e quantidade vendida a empresa não terá lucro ou prejuízo.

Podemos afirmar que quando a empresa atinge o seu ponto de equilíbrio, ao aplicarmos o cálculo "receita total - custos totais - despesas totais" o resultado será igual a zero.

Exemplo: Em uma empresa que produz peças para computadores, apresentaram-se os seguintes dados para o mês de agosto de 2011:

O preço de venda por unidade da empresa é o seguinte:

Preço de venda	R$ 36,00

Os custos fixos e despesas fixas mensais da empresa são os seguintes:

Despesas com água e luz	R$ 2.100,00
Honorários contábeis	R$ 1.500,00
Salários	R$ 25.354,00
Encargos sociais sob os salários	R$ 6.726,00
Seguros	R$ 12.000,00
Total	R$ 47.680,00

Os custos variáveis unitários da empresa são:

Custos variáveis	R$ 14.00
Impostos	R$ 6.00
Total	R$ 20,00

Vamos aplicar os dados a fórmula?!

Calculemos:

Ponto de equilíbrio =	Custos despesas fixas
	Preço de venda – custos Despesas variáveis
Ponto de equilíbrio =	47.680,00
	(36,00 – 20,00)
Ponto de equilíbrio =	47.680,00
	16,00
Ponto de equilíbrio =	2.980 unidades

> Neste caso, temos que produzir 2980 unidades para pagar os custos e despesas fixas da empresa.

Podemos verificar que ponto de equilíbrio ocorrerá quando a empresa produzir e vender 2.980 unidades.

Para isso elaboramos um demonstrativo de resultado para verificar se a nossa fórmula está correta:

Tabela 1 – Ponto de equilíbrio

Demonstrativo de Resultado			
	Quantidade	Valor Unitário	Valor Total.
Receita Venda	2.980	36,00	107.280,00
Impostos	2.980	6,00	(17.880,00)
Custo Variável	2.980	14,00	(41.720,00)
Lucro Bruto			47.680,00
Custo despesas fixas			(47.680,00)
Lucro/prejuízo			0,00

Podemos verificar que o ponto de equilíbrio dessa empresa ocorreu em 2.980 unidades. Nessa situação, a empresa não apresentou nem lucro nem prejuízo.

Como pode se notar, tem um ponto de equilíbrio em

unidades, mas caso eu queira saber em valor que fórmula e que maneira iria usar as informações para chegar a este resultado.

E o ponto de equilíbrio em valor, como seria?

Como foi visto no exemplo logo acima, é preciso que tenha uma produção ou volume de vendas de 2.980 unidades, mas para caso eu queira saber qual é o valor deste ponto de equilíbrio para que possa ser pago os custos e despesas da empresa de computadores.

Tudo tranquilo, até aqui?! E então, entendeu direitinho o conteúdo?

Na próxima seção, estudaremos os passos do método contábil utilizados para apurar a quantidade e valor.

2 - Métodos: quantidade e valor

Para calcular o ponto de equilíbrio, seguimos os seguintes passos:

1º Passo – encontrar o percentual da margem de contribuição.

Preço de venda unitário	36,00	100%
Margem de contribuição	16,00	

16,00 /36,00 = 0.444%

2º Passo – aplicar o percentual da margem de contribuição aos custos e despesas fixas totais.

	Custos despesas fixas
Ponto de equilíbrio valor =	Percentual da margem de
	Contribuição

Sendo assim:

Ponto de equilíbrio valor =	47.680,00
	0.444%

Deve-se conservar memória do cálculo.

Então, o Ponto de equilíbrio valor é justamente o valor apresentado logo abaixo:

Ponto de equilíbrio valor =	R$ 107.280,00

Ou seja:

A. Ponto de equilíbrio em quantidade	2.980 unidades
B. Preço de venda unitário	R$ 36,00
Ponto de equilíbrio em valor (A x B)	R$ 107.280,00

Muito bem pessoal, vamos em frente, pois temos outros pontos de equilibrío a serem tratados.

Para uma melhor análise das operações e das finanças da empresa, utilizaremos não um, mas três pontos de equilíbrio.

2.1 - Ponto de equilíbrio contábil

Gráfico 1 – Ponto de equilíbrio

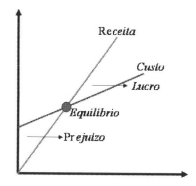

O ponto de equilíbrio contábil representa o volume que a empresa necessita produzir para cobrir todos os seus custos e as suas despesas.

Utilizando a fórmula da margem de contribuição, podemos simplificar a fórmula do ponto de equilíbrio contábil, conforme demonstrado abaixo:

PONTO DE EQUILÍBRIO CONTÁBIL		
CUSTOS FIXOS TOTAIS +	DESPESAS FIXAS TOTAIS/	MARGEM DE CONTRIBUIÇÃO

Onde:
PEC = Ponto de equilíbrio contábil
CF = Custo fixo do período
DESP = Despesa total do período
MCU = Margem de contribuição unitária

Preço de venda por unidade da empresa é o seguinte:

Preço de venda	R$ 46,00

Os custos fixos e despesas fixas mensais da empresa são os seguintes:

Custos fixos	R$ 18.200,00
Despesas totais	R$ 30.000,00

O custo variável unitário da empresa é o seguinte:

Custos variáveis	R$ 26.00

Nossa margem de contribuição será:

MCU = Preço de venda – custo variáveis	46,00 – 26,00
MCU =	20,00

Se tomarmos como exemplo a situação anterior e calcularmos o ponto de equilíbrio contábil com a nova fórmula, ficará muito mais simples.

Logo:

Ponto de equilíbrio contábil =	48.200,00
	20,00

Então, temos a seguinte quantidade:

Ponto de equilíbrio contábil =	2.410 unidades

Neste momento, é importante verificar como está o resultado apresentado pelo método do ponto de equilíbrio contábil.

Sendo importante que o responsável pelas decisões na empresa verificar as condições para que possa realmente estar produzindo ou comercializando determinado item de sua linha de produção ou linha direcionadora ao mercado consumidor.

Tabela 2 – Ponto de equilíbrio contábil

Demonstrativo de Resultado			
	Quantidade	Valor Unitário	Valor Total.
Receita Venda	2.410	46,00	110.860,00
Custo Variável	2.410	26,00	(62, 660,00)
Lucro Bruto			48.2000,00
Custo despesas fixas			(48.200,00)
LUCRO/PREJUÍZO			0,00

Para calcular o ponto de equilíbrio contábil, seguimos os seguintes passos:

1° Passo – encontrar o percentual da margem de contribuição.

Preço de venda unitário	46,00	
Margem de contribuição	20,00	100%

20,00 /46,00 =0.4347%

2° Passo – aplicar o percentual da margem de contribuição aos custos e despesas fixas totais.

Ponto de equilíbrio valor =	Custos despesas fixas
	Percentual da margem de contribuição

Sendo assim:

Ponto de equilíbrio valor =	48.200,00
	0.4347%

Deve-se conservar memória do cálculo.

Então, o Ponto de equilíbrio valor é justamente o valor apresentado logo abaixo:

Ponto de equilíbrio valor =	R$ 110.860,00

Ou seja:

A. Ponto de Equilíbrio em Quant.	2.410 unidades
B. Preço de venda unitário	R$ 46,00
Ponto de Equilíbrio em Valor (A x B)	R$ 110.860,00

Para melhor compreensão, vamos visualizar a seguir o gráfico do ponto de equilíbrio contábil.

Podemos representar o ponto de equilíbrio contábil graficamente:

Gráfico 2 – Ponto de equilíbrio contábil

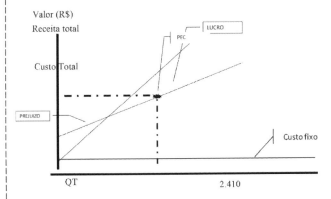

Se observarmos o gráfico acima, verificaremos que:

- Se a empresa produzir abaixo do ponto de equilíbrio, entrará no prejuízo.
- A empresa só terá lucro quando produzir acima do ponto de equilíbrio.
- Quanto mais a empresa produzir, maior será o seu lucro.

O ponto de equilíbrio contábil tem como utilidade principal fornecer a quantidade mínima que a empresa poderá produzir sem que entre no prejuízo.

Quando a empresa trabalha um longo período de tempo produzindo apenas a quantidade de ponto de equilíbrio contábil poderá ocorrer que:

Manterá a sua estrutura atual e qualquer ampliação dependerá de capital de terceiros.
A empresa não conseguirá ser agressiva no mercado e poderá ser absorvida ou sufocada pela concorrência.

2.2 - Ponto de equilíbrio financeiro

Todas as empresas sejam industriais, comerciais ou prestadoras de serviços, possuem sazonalidade em suas atividades, isto é, operam em alta no período relativo a dada estação do ano.

Por exemplo: uma cervejaria vende mais nos meses de verão do que nos meses de inverno.

O ponto de equilíbrio financeiro nos fornecerá a quantidade mínima a ser produzida para que a empresa consiga honrar seus compromissos financeiros com terceiros. Existem alguns custos e despesas que não desembolsamos. Podemos exemplificar tais custos como a depreciação de máquinas e aluguel de prédio próprio. São valores que ficarão no caixa da empresa.

Utilizamos a seguinte fórmula para calcular o ponto de equilíbrio financeiro:

PONTO DE EQUILÍBRIO FINANCEIRO		
CUSTOS FIXOS TOTAIS +	DESPESAS FIXAS TOTAIS - DEPRECIAÇÃO /	MARGEM DE CONTRIBUIÇÃO

Onde:
PEF = Ponto de equilíbrio financeiro
CF = Custo fixo do período
DESP= Despesa total do período
DEP = Depreciação de máquinas
MC = Margem de contribuição unitária

Mas o que é depreciação?

De acordo com artigo 305, da Regulamentação do Imposto de Renda a Pessoa Jurídica:

A depreciação de bens do ativo imobilizado corresponde à diminuição do valor dos elementos ali classificáveis, resultante do desgaste pelo uso, ação da natureza ou obsolescência normal.

Referida perda de valor dos ativos, que têm por objeto bens físicos do ativo imobilizado das empresas, será registrada periodicamente nas contas de custo ou despesa (encargos de depreciação do período de apuração) que terão como contrapartida contas de registro da depreciação acumulada, classificadas como contas retificadoras do ativo permanente (RIR/1999).

Tomando o exemplo anterior, onde identificamos o valor da depreciação de máquinas, poderemos calcular o ponto de equilíbrio financeiro.

O preço de venda por unidade da empresa é o seguinte:

Preço de venda	R$ 46,00

Os custos fixos e despesas fixas mensais da empresa são os seguintes:

Custos Fixos	R$ 18.200,00
Despesas Totais	R$ 30.000,00
Depreciação	R$ 1.200,00

O custo variável unitário da empresa é o seguinte:

Custos variáveis	R$ 26.00

Nossa margem de contribuição será:

MCU = preço de venda – custo variáveis	46,00 – 26,00
MCU =	20,00

Se tomarmos como exemplo a situação anterior e calcularmos o ponto de equilíbrio financeiro com a nova fórmula, ficará muito mais simples:

Logo:

Ponto de equilíbrio financeiro =	48.200,00 – 1.200
	20,00

Então, temos a seguinte quantidade:

Ponto de equilíbrio financeiro =	2.350 unidades

O ponto de equilíbrio financeiro é o momento em que as receitas líquidas de vendas empatam com a parcela de custos totais.

Tabela 3 – Ponto de equilíbrio financeiro

Demonstrativo de Resultado			
	Quantidade	Valor Unitário	Valor Total.
Receita Venda	2.350	46,00	108.100,00
Custo Variável	2.350	26,00	(61.100,00)
Lucro Bruto			47.000,00
Custo despesas fixas			(47.000,00)
Lucro/Prejuizo			0,00

Para calcular o ponto de equilíbrio financeiro, seguimos os seguintes passos:

1º Passo – encontrar o percentual da margem de contribuição.

Preço de venda unitário	46,00	100%
Margem de contribuição	20,00	

20,00 /46,00 =0.4347%

2º Passo – aplicar o percentual da margem de contribuição aos custos e despesas fixas totais.

Ponto de equilíbrio valor =	Custos despesas fixas
	Percentual da margem de contribuição

Sendo assim:

Ponto de equilíbrio valor =	47.000,00
	0.4347%

Deve-se conservar memória do cálculo.

Então, o ponto de equilíbrio valor é justamente o valor apresentado logo abaixo:

Ponto de equilíbrio valor =	R$ 108.100,00

Ou seja:

A. Ponto de Equilíbrio em Quantidade	2.350 unidades
B. Preço de venda unitário	R$ 46,00
Ponto de Equilíbrio em Valor (A x B)	R$ 108.100,00

Para atingir o ponto de equilíbrio financeiro, a empresa deverá produzir 600 unidades a menos do que para atingir o ponto de equilíbrio contábil. Graficamente, o ponto de equilíbrio financeiro ficará representado da seguinte forma:

Gráfico 3 – Ponto de equilíbrio financeiro

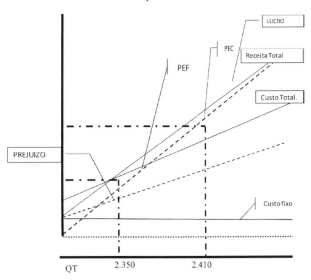

Analisando o gráfico percebemos que:
- quando retiramos o valor da depreciação do custo fixo total, o seu valor diminuiu.
- com o custo fixo menor, a empresa precisa produzir menos para atingir o ponto de equilíbrio financeiro.
- o ponto de equilíbrio financeiro está localizado na área de prejuízo contábil da empresa.

Com relação à situação da empresa ao longo do tempo, podemos afirmar que:
- quando a empresa opera produzindo apenas a quantidade relativa ao ponto de equilíbrio financeiro, terá um prejuízo igual ao valor da depreciação.
- se a empresa trabalhar por um período prolongado nesta situação, não conseguirá repor ou fazer a manutenção de suas máquinas. Desse modo, a empresa ficará sucateada.
- toda vez que a empresa produzir a quantidade do ponto de equilíbrio financeiro em períodos de baixa nas vendas, posteriormente deverá produzir a mais para cumprir as suas metas.
- nesta situação, a empresa conseguirá manter seus pagamentos em dia, apenas com terceiros.

2.3 - Ponto de equilíbrio econômico

Nos tempos atuais onde a concorrência é global, as empresas veem o lucro como uma obrigação tão séria quanto uma dívida junto a um fornecedor.

Para estabelecer metas de venda e lucro, todas as empresas determinam um retorno sobre o capital investido. Esse retorno é calculado com base nos riscos da atividade e na comparação com o mercado financeiro. Por exemplo: se uma empresa investe um capital qualquer em uma atividade, o lucro ao final do exercício deverá ser igual ou superior ao que a empresa ganharia no mercado financeiro. Caso contrário, seria preferível manter o capital aplicado.

Para a empresa determinar metas de vendas, surgiu o ponto de equilíbrio econômico, que poderá ser calculado através da seguinte fórmula:

PONTO DE EQUILÍBRIO ECONÔMICO:		
CUSTOS FIXOS TOTAIS +	DESPESAS FIXAS TOTAIS + RETORNO S/ATIVO	MARGEM DE CONTRIBUIÇÃO

Onde:
PEE = Ponto de equilíbrio econômico
CF = Custo fixo do período
DESP = Despesa total do período
Rs/A = Retorno sobre o ativo
MC = Margem de contribuição unitária

Seguindo o exemplo anterior, e supondo que a empresa investiu R$ 20.000,00 e deseja obter um retorno sobre o investimento de 10%, o retorno sobre o ativo no período será de R$ 2.000,00. As informações contábeis ficariam da seguinte forma:

O preço de venda por unidade da empresa é o seguinte:

Preço de venda	R$ 46,00

Os custos fixos e despesas fixas mensais da empresa são os seguintes:

Custos Fixos	R$ 18.200,00
Despesas Totais	R$ 30.000,00
Retorno sem ativo	R$ 2.000,00

O custo variável unitário da empresa é o seguinte:

Custos variáveis	R$ 26.00

Nossa margem de contribuição será:

MCU = preço de venda – custos variáveis	46,00 – 26,00
MCU =	20,00

Se tomarmos como exemplo a situação anterior e calcularmos o ponto de equilíbrio financeiro com a nova fórmula, ficará muito mais simples.

Logo:

Ponto de equilíbrio econômico =	48.200,00 + 2.000,00
	20,00

Então, temos a seguinte quantidade:

Ponto de equilíbrio econômico =	2510 unidades

Sendo o ponto de equilíbrio econômico o momento em que as receitas líquidas de vendas empatam com a parcela de custos totais.

Tabela 4 – Ponto de equilíbrio econômico

Demonstrativo de Resultado			
	Quantidade	Valor Unitário	Valor Total.
Receita Venda	2.510	46,00	115.460,00
Custo Variável	2.510	26,00	(65.260,00)
Lucro Bruto			50.200,00
Custo despesas fixas			(50.200,00)
LUCRO/PREJUÍZO			0,00

Para calcular o ponto de equilíbrio econômico, seguimos os seguintes passos:

1º Passo – encontrar o percentual da margem de contribuição.

Preço de venda unitário	46,00	100%
Margem de contribuição	20,00	

20,00 /46,00 = 0.4347%

2º Passo – aplicar o percentual da margem de contribuição aos custos e despesas fixas totais.

Ponto de equilíbrio valor =	Custos despesas fixas
	Percentual da margem de contribuição

Sendo assim:

Ponto de equilíbrio valor =	50.200,00
	0.4347%

Então, o Ponto de equilíbrio valor é justamente o valor apresentado logo abaixo:

Ponto de equilíbrio valor =	R$ 115.460,00

Ou seja:

A. Ponto de Equilíbrio em Quant.	2.510 unidades
B. Preço de venda unitário	R$ 46,00
Ponto de Equilíbrio em Valor (A x B)	R$ 115.460,00

Para a empresa cumprir as metas de lucro, deverá produzir no mínimo 2.510 unidades. Graficamente o ponto de equilíbrio econômico ficaria da seguinte forma:

Em análise ao gráfico abaixo verificamos que:
- Precisamos produzir acima do ponto de equilíbrio contábil para atingir o ponto de equilíbrio econômico.
- Quando a empresa atinge seu ponto de equilíbrio econômico, obterá um lucro igual ao seu retorno sobre o ativo.
- Quando a empresa trabalha no ponto de equilíbrio econômico conseguirá cumprir suas metas de resultado.

Gráfico 4 – Ponto de equilíbrio econômico

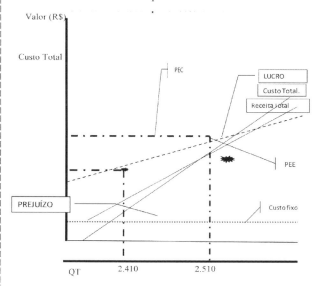

Aprendemos, assim, os passos para calcular os três pontos de equilíbrio contábil, financeiro e econômico, bem como também a margem de contribuição.

Fizemos uma caminhada interessante em nossa última aula, concordam? Até aqui adquirimos conhecimentos essenciais para a formação profissional, portanto, as ferramentas estudadas serão de grande utilidade para trabalharmos em nosso dia a dia, em relação a processos de tomada de decisão nas empresas, sem deixar de sempre buscar novos métodos e tecnologias que possa facilitar e melhorar continuamente o meio no exerceremos nossa profissão.

A seguir, resumimos os pontos principais desta aula e a seguir foram disponibilizadas algumas sugestões de Leituras e Sites. Até a próxima disciplina!

Retomando a aula

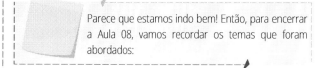

Parece que estamos indo bem! Então, para encerrar a Aula 08, vamos recordar os temas que foram abordados:

1 - Conceitos: pontos de equilíbrio

O ponto de equilíbrio, em economia, denominado ponto de ruptura (break-even-point), é a conjugação de receitas totais com os custos totais, ou seja, a receita total é igual a soma dos custos e despesas totais, sendo nulo o resultado das operações das empresas.

Quando uma empresa opera acima desse nível, passa a ter um resultado positivo (lucro), quando opera abaixo desse nível o resultado é negativo (prejuízo).

2 - Métodos: quantidade e valor

- Ponto de Equilíbrio Contábil - Tem como utilidade principal fornecer a quantidade mínima que a empresa poderá produzir sem que entre no prejuízo, ou seja, representa o volume que a empresa necessita produzir para cobrir todos os seus custos e as suas despesas.

- Ponto de Equilíbrio Financeiro - Fornece a quantidade mínima a ser produzida para que a empresa consiga honrar seus compromissos financeiros com terceiros. Há alguns custos e despesas que não são desembolsados como, por exemplo, a depreciação de máquinas e aluguel de prédio próprio. Estes valores ficarão no caixa da empresa.

- Ponto de Equilíbrio Econômico - Surgiu da necessidade das empresas estabelecerem metas de vendas e lucro, para determinarem um retorno sobre o capital investido.Esse retorno é calculado com base nos riscos da atividade e na comparação com o mercado financeiro.

Não esqueçam! Em caso de dúvidas, acessem as ferramentas "fórum" ou "quadro de avisos".

Procurem consultar a bibliografia recomendada ao final deste guia de estudos. Tenham certeza de que o sucesso do curso dependerá também do esforço pessoal, dedicação e espírito investigativo de cada um sobre o conteúdo estudado, da resolução dos exercícios e da interação com o professor e colegas de curso.

Já estamos no ambiente virtual esperando sua participação. Lembrem- se de que estaremos esperando suas sugestões para melhorar nossos recursos e técnicas didáticas utilizadas no curso.

Vale a pena

Vale a pena **ler**

CALDERELLI, Antonio. *Enciclopédia Contábil e Comercial Brasileira.* 29. ed. São Paulo: Cetec, 2004.

CREPALDI, Silvio Aparecido. *Curso Básico de Contabilidade de Custos.* 4. ed. São Paulo: Atlas, 2009.

_____. *Contabilidade Gerencial.* 4. ed. São Paulo: Atlas, 2008. MARION, José Carlos; REIS, Arnaldo Carlos de Resende. *Mudanças nas Demonstrações Contábeis.* São Paulo: Saraiva, 2003.

OLIVEIRA. Edson. *Contabilidade informatizada:* Teoria e Prática. 4. ed. São Paulo: Atlas, 2006.

PADOVEZZE, Clóvis Luís. *Introdução à Administração Financeira.* 2. ed. São Paulo: Cengage Learning, 2011.

_____. *Contabilidade Gerencial* – Um enforque em sistema de informação contábil. 6. ed. São Paulo: Atlas, 2009.

PINA E CUNHA, MIGUEL et al. 3. ed. *Manual de Comportamento Organizacional e Gestão.* São Paulo: Editora RH, 2004.

SOUZA, Alceu; CRUZ, June Alisson Westarb. *Classificando Custos Fixos e Variáveis por meio de Métodos Estatísticos.* Revista Mineira de Contabilidade, v. 34, p. 22-30, 2009.

Vale a pena **acessar**

Associação Brasileira de Custos - ABC. Disponível em: <http://www. abcustos.org.br/>.

Fundação Brasileira de Contabilidade - FBC. Disponível em: <www.fbc.org.br/fbc.htm>.

Classe Contábil. Disponível em: <http://www. classecontabil.com.br/v3/>.

Contabilidade Financeira. Disponível em: <http://contabilidadefinanceira.blogspot.com.br/2011/10/ifrs-no-brasil.html>.

Demonstrações Financeiras. Disponível em: <http://www. cvm.gov.br>.

Regulamentação do Imposto de Renda a Pessoa Jurídica. Disponível em: <http://www.receita.fazenda.gov.br/PessoaJuridica/DIPJ/2005/PergResp2005/pr360a373.htm>. Acesso em: 05 jun. 2011.

Revista Brasileira de Contabilidade - CFC. Disponível em: <www.cfc.org.br/conteudo.aspx?codMenu=9>.

Referências

_____. *Contabilidade de Custos.* 9. ed. Atlas, 2009.

_____. *Contabilidade Gerencial* – Um enforque em sistema de informação contábil. 6. ed. São Paulo: Atlas, 2009.

_____. *Contabilidade Gerencial.* 4. ed. São Paulo: Atlas, 2008. HANSEN, Don R.; MOWEN, Maryanne M. *Gestão de custos.* Tradução Robert Brian Taylor. São Paulo: Cengage Learning, 2010.

_____. *Manual de Prática Trabalhista.* 34. ed. São Paulo: Atlas, 2002.

ALBERTO, Valder Luiz Palombo. *Perícia Contábil.* 3. ed. São Paulo: Atlas, 2002.

BARROW, Colin. *Como Gerenciar as Finanças no Seu Próprio Negócio.* Tradução de Eliana Rocha. São Paulo: Publifolha, 2001.

BERTI, Anélio. *Contabilidade e Análise de Custos.* 2. ed. Curitiba: Juruá, 2009.

BEULKE, Rolando; BERTÓ, Dalvio José. *Gestão de Custos:* São Paulo: Saraiva, 2006.

BRASIL. *Consolidação das leis do Trabalho.* 22 ed. Porto Alegre: Saraiva, 1997.

BRUNI, Adriano Leal & FAMÀ, Rubens. *Gestão de Custos e Formação de Preços com Aplicações na Calculadora* HP 12C e Excel: Série Finanças na Prática. 5ª edição. Atlas; São Paulo, 2008.

CALDERELLI, Antonio. *Enciclopédia Contábil e Comercial Brasileira.* 29. ed. São Paulo: Cetec, 2004.

CFC (APPCFC). Coletânea atualizada e consolidada até 31-10-2001 das leis das sociedades por ações e do mercado de valores mobiliários. Brasília: LSA/ CVM, 2001.Campus, 2003.

CREPALDI, Silvio Aparecido. *Curso básico de Contabilidade*

de Custos. São Paulo: Ed. Atlas, 2009.

CREPALDI, Silvio Aparecido. *Curso Básico de Contabilidade de Custos.* 4. ed. São Paulo: Atlas, 2009.

HERNANDEZ PEREZ JUNIOR, José. *Gestão estratégica de Custos.* São Paulo: Ed. Atlas, 2011.

HOJI, Masakazu. *Administração financeira e orçamentária:* matemática financeira aplicada, estratégias financeiras, orçamento empresarial. 10. ed. São Paulo: Atlas, 2012.

HONRNGREN, Charles T.; SRIKANT M.; FOSTER, George. *Contabilidade de custos.* 11. ed. São Paulo: Pearson – Prentice Hall, 2004.

IUDÍCIBUS, Sérgio de; MARION, José Carlos. *Contabilidade Comercial:* Atualizado conforme Lei 11638/07 e MP nº 449/08. 8. ed. São Paulo: Atlas, 2009.

LEONE, GEORGE SEBASTIÃO GUERRA. *Curso de Contabilidade de*

MARION, José Carlos; REIS, Arnaldo Carlos de Resende. Mudanças nas *Demonstrações Contábeis.* São Paulo: Saraiva, 2003.

MARTINS, Eliseu. *Contabilidade de Custos.* Livro de Exercícios. 9 ed. São Paulo: Atlas, 2006.

MARTINS, ELISEU. *Contabilidade de Custos.* São Paulo: Atlas, 2010.

MARTINS, ELISEU. *Contabilidade de custos:* o uso da contabilidade de custos como instrumento gerencial de planejamento e controle; sua utilização para fins fiscais e societários. São Paulo: Atlas, 2010.

MATARAZZO, Dante C. *Análise financeira de balanços:* abordagem básica e gerencial. 6. ed. São Paulo: Atlas, 2003.

MUSSAK, E. *Metacompetência: uma nova visão do trabalho e da realização pessoal.* 2ª ed. São Paulo: Gente, 2003.

NETO, Pedro Coelho – organizador. *Manual de Procedimentos Contábeis* para Micro e Pequenas Empresas. Brasília: SEBRAE-CFC, 2002.

NEVES, Silvério das & VICECONTI, Paulo E. V. *Contabilidade de Custos.* 8 ed. Frase, 2008.

NEVES, Silvério. *Contabilidade de custos:* um enfoque direto e objetivo. SP: Frase, 1998.

OLIVEIRA, Aristeu. *CLT Consolidação das Leis do Trabalho.* São Paulo: Atlas, 2001.

OLIVEIRA. Edson. *Contabilidade informatizada:* Teoria e Prática. 4. ed. São Paulo: Atlas, 2006.

PADOVEZZE, Clóvis Luís. *Introdução à Administração Financeira.* 2. ed. São Paulo: Cengage Learning, 2011.

PEREZ JUNIOR, José Hernandez & OLIVEIRA, Luís Martins de. *Contabilidade de Custos* Para Não Contadores. 4. ed. Atlas, 2009.

PINA E CUNHA, MIGUEL et al. 3. ed. *Manual de Comportamento Organizacional e Gestão.* São Paulo: Editora RH, 2004.

RIBEIRO, Osni M. *Contabilidade de custos:* fácil. São Paulo: Saraiva.

RIBEIRO, Osni Moura. *Contabilidade Básica.* 25. ed. São Paulo: Saraiva, 2005.

ROBLES, J. A. *Custos de Qualidade:* uma estratégia para a competição global- São Paulo: Atlas, 2004.

SCHIER, Carlos Ubiratan da Costa. *Gestão Prática de Custos.* Curitiba: Juruá, 2009.

SILVA, César Augusto Tibúrcio; FREIRE, Fátima de

Souza. *Balanço social:* teoria e prática. Inclui o Novo Modelo do IBASE. São Paulo: Atlas, 2001.

SOUZA, Alceu; CRUZ, June Alisson Westarb. *Classificando Custos Fixos e Variáveis por meio de Métodos Estatísticos.* Revista Mineira de Contabilidade, v. 34, p. 22-30, 2009.

WERNKE, Rodney. *Gestão de Custos:* uma abordagem prática. São Paulo: Editora Atlas, 2001.

Minhas anotações

Minhas anotações

Printed in Great Britain
by Amazon